前　言

　　金融是实体经济的血脉、现代经济的核心，而商业银行又是金融业的主体、全社会金融资源的配置中心，商业银行体系是否完善、资本是否充足、治理结构及组织架构是否健全、内控是否严密、运营是否安全，以及服务和效益质量水平的高低，最终决定了实体经济能否持续稳定健康发展。

　　经过四十二年的革新与发展，中国银行业发生了翻天覆地的变化，从一元银行体制到多种类型银行业金融机构并存，从银行间无序竞争、高风险运行到有序发展、风险可控运行，从长期封闭发展到全面对外开放，整个银行业的资产也从1978年的1 876.5亿元增长到2019年的290万亿元，中国银行业已经形成以国有控股商业银行为主体，其他银行业金融机构相互并存、互为补充、层次分明、分工协作、协调发展的现代银行体系。但另一方面，我国商业银行也面临着复杂、严峻的国内国际经济环境与形势：一是我国经济发展进入新常态，银行失去了以往业务拓展所依赖的"高储蓄、高投资、高增长"的环境；二是利率市场化进程加快，银行业净息差下降；三是随着互联网金融和资本市场的发展，金融脱媒严重；四是银行业的开放程度和国际化程度逐步提高，业务规则要与国际接轨；五是《巴塞尔Ⅲ：后危机改革的最终方案》落实公布，银行业将要实施监管新规。在这样复杂多变的环境与形势下，银行业正经受经济下行周期的冲击，资产规模增速放缓、不良贷款"双升"、盈利增速下降、资本补充压力加大。因此，我国银行业依然面临诸多挑战和考验，银行业的变革和发展依然任重道远！

　　作为金融及其相关专业的学生，他们是未来中国金融业的主力军、银行业的潜在从业者，他们有必要对商业银行的基本经营管理理论和主要业务操作有一个比较系统、全面的认识和了解，并能运用所学理论与知识分析、评价、解决商业银行经营与管理中的相关问题，将来才有能力投身于中国金融和经济社会事业发展的大潮中，为国家的发展和强盛贡献自己的力量。而要学好银行相关理论与业务知识，必须选好适合的教材，教材是知识呈现的一个载体，同时也是给学习者指引方向的一个指南针。我国目前公开出版的有关"商业银行经营管理"方面的教材版本众多，令人眼花缭乱、难以取舍。但相当部分的教材定位于研究型本科院校，具有较强的理论性和学术性，但实用性和适用性上欠缺，并不能满足应用型本科人才的培养要求。《商业银行业务经营与管理（第二版）》这本书的编写以社会实际需要为核心目标，在保证基本理论知识的前提下，删繁就简、化难为易，既使理论分析重点突出、概念清晰，又不忽视对业务知识和专业技能的推介。总体上看，本书既具有理论性和政策性，同时也具有实用性和操作性的特点。特别是这次再版时，我们增加了银行业专业人员职业资格考试（QCBP）的部分内容，涉及银行业法律法规与综合能力、公司信贷、个人贷款、风险管理、银行管理等内容。本书既可以作为高等财经院校师生教学、研究、学习银行业务的参考用书，也可以作为金融机构管理人员及业务人员了解银行业务、提升业务管理和服务水平的业务用书。

本书由哈尔滨金融学院多年来一直从事商业银行经营管理、商业银行信贷管理、商业银行实务、商业银行创新业务、金融风险管理等金融专业课程教学工作的一线教师，以及从事金融实务工作的银行从业者共同参与编写完成，何铁林任主编，刘永祥、刘香任副主编，王会钧、张婷婷、史宁、胡海波、何楠、孙飞霞、黄鑫为参编。具体编写分工如下：哈尔滨金融学院的刘永祥编写第一、第三章，何铁林编写第二、第四、第七章，王会钧编写第五章，张婷婷编写第六章，刘香编写第八、第十章，史宁编写第九章，胡海波编写第十三章；松花江银行的何楠编写第十一章；哈尔滨银行的孙飞霞编写第十二章；兴业银行的黄鑫编写第十四章。

在本书的编写过程中，我们参阅和引用了大量的文献资料和专家学者的论述，他们的研究成果为本书的编写提供了丰富的素材，我们表示由衷的谢意。如果有参考文献因疏忽而没有被列出，在这里对作者表示深深的歉意。

中国金融出版社的编辑为本书的编辑出版提出了许多宝贵的意见和建议，付出了辛勤劳动，在此也表示由衷的谢意。由于编者水平有限，书中一定还存在着一些不足和问题，恳请广大读者和同行批评指正，以便我们不断修改完善。

编者

2020 年 3 月 3 日

高等学校应用型本科金融学
"十三五"规划教材

金融学系列教材

商业银行业务经营与管理

（第二版）

Business Operation and Management
of Commercial Bank

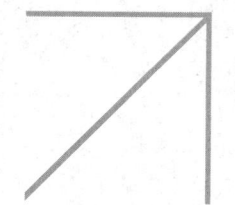

主　编　何铁林
副主编　刘永祥　刘香

中国金融出版社

责任编辑:张菊香
责任校对:张志文
责任印制:陈晓川

图书在版编目(CIP)数据

商业银行业务经营与管理/何铁林主编. —2 版. —北京:中国金融出版社,2020.6
高等学校应用型本科金融学"十三五"规划教材
ISBN 978 – 7 – 5220 – 0374 – 0

Ⅰ.①商… Ⅱ.①何… Ⅲ.①商业银行—经营管理—高等学校—教材 Ⅳ.①F830.33

中国版本图书馆 CIP 数据核字(2020)第 031273 号

商业银行业务经营与管理(第二版)
SHANGYE YINHANG YEWU JINGYING YU GUANLI(DI – ER BAN)

出版
发行   中国金融出版社
社址   北京市丰台区益泽路 2 号
市场开发部   (010)66024766,63805472,63439533(传真)
网上书店   http://www.chinafph.com
            (010)66024766,63372837(传真)
读者服务部   (010)66070833,62568380
邮编   100071
经销   新华书店
印刷   保利达印务有限公司
尺寸   185 毫米×260 毫米
印张   20.75
字数   463 千
版次   2013 年 8 月第 1 版 2020 年 6 月第 2 版
印次   2020 年 6 月第 1 次印刷
定价   43.00 元
ISBN   978 – 7 – 5220 – 0374 – 0
如出现印装错误本社负责调换 联系电话(010)63263947
编辑部邮箱:jiaocaiyibu@126.com

目 录

第一章 商业银行概述/1
第一节 商业银行的性质与职能/1
一、商业银行的产生与发展/1
二、商业银行的性质/3
三、商业银行的职能/3
第二节 商业银行的经营原则与组织结构/5
一、商业银行的经营原则/5
二、商业银行的内部组织结构/6
三、商业银行的外部组织形式/7
第三节 我国的商业银行体系/10
一、大型商业银行/10
二、全国性股份制商业银行/12
三、城市商业银行/12
四、农村中小金融机构/13
五、民营银行/14
六、外资银行/15
第四节 现代商业银行的发展趋势/15
一、综合化/15
二、创新化/16
三、科技化/16
四、国际化/17
【本章小结】/19
【重点概念】/19
【思考与练习题】/19

第二章 商业银行资本管理/21
第一节 商业银行资本的界定与功能/21
一、商业银行资本的含义/21
二、商业银行资本的功能/22
第二节 商业银行资本充足率及其国际标准/23
一、商业银行资本充足率/23
二、《巴塞尔协议Ⅰ》/25
三、《巴塞尔协议Ⅱ》/27
四、《巴塞尔协议Ⅲ》/29
第三节 我国商业银行的监管资本/32
一、资本构成/32
二、资本扣除项/33
三、最低资本要求/34
四、储备资本和逆周期资本要求/34
五、附加资本要求/34
六、第二支柱资本要求/34
七、杠杆率监管要求/35
八、资本充足率的计算/36
第四节 商业银行资本的筹集/36
一、商业银行资本的来源/36
二、提高商业银行资本充足率的策略/39
【本章小结】/40
【重点概念】/41
【思考与练习题】/41

第三章 商业银行负债管理/43
第一节 商业银行负债的构成/43
一、商业银行负债的含义及特点/43
二、商业银行负债的作用/43

三、商业银行负债的构成/44

四、商业银行负债管理的基本原则/45

第二节 商业银行存款业务管理/45

一、传统的存款种类/45

二、存款业务的创新/46

三、我国商业银行的存款种类/49

四、影响存款规模的主要因素/53

五、存款的经营管理/54

六、存款保险制度/58

第三节 商业银行非存款业务管理/65

一、短期借款/65

二、长期借款/67

三、商业银行借款的经营管理/69

【本章小结】/71

【重点概念】/72

【思考与练习题】/72

第四章 商业银行贷款管理概述/73

第一节 商业银行贷款业务的构成及贷款流程/73

一、贷款的基本要素/73

二、贷款的种类/75

三、贷款的基本流程/78

第二节 商业银行贷款分类、损失准备计提及不良贷款管理/80

一、贷款分类/80

二、贷款损失准备的计提/86

三、不良贷款/88

第三节 商业银行的贷款定价/92

一、贷款定价原则/92

二、贷款价格的构成/93

三、影响贷款定价的因素/94

四、贷款定价的方法/95

【本章小结】/99

【重点概念】/100

【思考与练习题】/100

第五章 公司贷款/102

第一节 固定资产贷款与流动资金贷款/102

一、固定资产贷款/102

二、流动资金贷款/105

第二节 并购贷款/106

一、并购贷款的定义/107

二、并购贷款的基本要素/107

三、发放并购贷款的机构条件/108

四、并购贷款的原则/108

五、并购贷款的主要形式/109

六、并购贷款的特征/109

七、并购贷款业务的主要风险/110

第三节 银团贷款/113

一、银团贷款的产生与发展/114

二、银团贷款的成员及其职责/115

三、银团贷款的收费/117

四、银团贷款的特点/117

第四节 项目融资/119

一、项目融资的含义/119

二、项目融资的种类/119

三、项目融资的适用范围/120

四、项目融资的主要当事人及其职责/120

五、项目融资的基本特点/121

【本章小结】/124

【重点概念】/124

【思考与练习题】/125

第六章 个人贷款/126

第一节 个人贷款概述/126

一、个人贷款的含义/126

二、开展个人贷款的意义/126
三、个人贷款的种类及其特征/127
四、个人贷款的相关规定/127

第二节 个人消费类贷款/128
一、个人住房贷款/128
二、个人汽车贷款/130
三、个人教育贷款/132
四、个人住房装修贷款/135
五、个人耐用消费品贷款/135
六、个人旅游消费贷款/135
七、个人医疗贷款/135

第三节 个人经营类贷款/136
一、个人商用房贷款/136
二、个人经营贷款/136
三、农户贷款/136
四、创业担保贷款/136

【本章小结】/138
【重点概念】/138
【思考与练习题】/138

第七章 客户信用分析/139

第一节 客户财务分析/139
一、财务比率分析/139
二、现金流量分析/146

第二节 客户非财务因素分析/147
一、非财务因素分析的作用/147
二、非财务因素分析的主要内容/148

第三节 贷款担保分析/159
一、贷款担保的含义/159
二、贷款担保的作用和局限性/160
三、保证担保分析/161
四、抵押担保分析/162
五、质押担保分析/164

第四节 信用评级与授信/169
一、信用评级的概念/169
二、信用评级因素/169
三、信用评级方法/170
四、信用评级流程/172
五、信用评级结果/174
六、授信/174

【本章小结】/176
【重点概念】/177
【思考与练习题】/177

第八章 商业银行证券投资管理/179

第一节 商业银行证券投资的对象/179
一、商业银行证券投资的含义和功能/179
二、商业银行证券投资的主要对象/180
三、商业银行证券投资的特点/183
四、商业银行证券投资的原则/184

第二节 商业银行证券投资的收益与风险/184
一、证券投资收益/185
二、证券投资风险/187
三、证券投资风险与收益的关系/190

第三节 商业银行证券投资策略/191
一、证券投资组合管理策略/191
二、证券投资期限管理策略/194

第四节 我国商业银行的证券投资/196
一、我国商业银行的投资业务范围/196
二、银行间债券市场/197
三、银行间债券市场的债券交易品种/201

【本章小结】/207
【重点概念】/208
【思考与练习题】/208

第九章 商业银行现金资产管理/210

第一节 商业银行现金资产的构成/210

一、现金资产的概念/210

二、现金资产的构成/210

三、现金资产的作用/211

四、现金资产的特点/212

第二节　商业银行现金资产管理/213

一、现金资产的管理原则/213

二、库存现金的管理/214

三、存款准备金的管理/218

四、同业存款的管理/221

【本章小结】/223

【重点概念】/224

【思考与练习题】/224

第十章　商业银行表外业务管理/225

第一节　表外业务概述/225

一、中间业务/225

二、表外业务/226

三、中间业务与表外业务/227

四、表外业务的分类/227

五、表外业务的特点/227

六、表外业务遵循的原则/228

第二节　服务类业务/231

一、支付结算业务/231

二、代理业务/231

三、咨询顾问业务/234

四、资产托管业务/234

五、保管业务/238

六、银行卡业务/238

七、理财业务/240

第三节　担保承诺类业务/240

一、银行承兑汇票/240

二、银行保函/241

三、信用证/241

四、备用信用证/241

五、贷款承诺/242

六、票据发行便利/242

第四节　衍生产品交易业务/242

一、远期/242

二、期货/243

三、互换/243

四、期权/244

【本章小结】/246

【重点概念】/247

【思考与练习题】/247

第十一章　信托与租赁业务/248

第一节　信托业务/248

一、信托的含义/248

二、信托的构成要素/248

三、信托业务的分类/249

四、信托的功能/251

五、信托业务的主要内容/252

六、银信类业务/252

七、信托与银行信贷的区别/252

第二节　融资租赁业务/259

一、融资租赁的含义/259

二、融资租赁的基本形式/259

三、融资租赁的特点/259

四、融资租赁的主要功能/260

五、融资租赁的租金构成/261

六、商业银行开展融资租赁业务的优势/261

【本章小结】/264

【重点概念】/265

【思考与练习题】/265

第十二章　电子银行业务/266

第一节　电子银行业务概述/266

一、电子银行业务的含义/266
　　二、电子银行业务的特点/267
　　三、电子银行业务的优势/267
　　四、中国电子银行业务的发展/268
　　五、开办电子银行业务的条件/270
第二节　网上银行业务/273
　　一、网上银行的概念/273
　　二、网上银行的分类/273
　　三、网上银行的主要业务/274
　　四、网上银行的开通方式/275
　　五、网上银行的安全使用/275
第三节　电话银行业务/276
　　一、电话银行的含义/276
　　二、电话银行的服务内容/276
　　三、电话银行的开通方式/277
　　四、电话银行的优缺点/277
　　五、电话银行的安全使用/277
第四节　手机银行业务/278
　　一、手机银行的概念/278
　　二、手机银行的开通方式/278
　　三、手机银行的功能/278
　　四、手机银行的特点/279
　　五、手机银行的安全使用/280
第五节　自助银行业务/281
　　一、自助银行的形式/281
　　二、自助银行的自助设备及主要功能/282
　　三、自助银行的安全使用/283
【本章小结】/283
【重点概念】/284
【思考与练习题】/284

第十三章　商业银行风险管理/286
第一节　商业银行风险管理概述/286
　　一、商业银行风险/286
　　二、商业银行风险管理/289
第二节　信用风险管理/292
　　一、信用风险的分类/292
　　二、信用风险的计量/292
　　三、信用风险的管控手段/294
第三节　市场风险管理/295
　　一、市场风险的分类/295
　　二、市场风险的计量/296
　　三、市场风险的管控手段/297
第四节　操作风险管理/298
　　一、操作风险的分类/298
　　二、操作风险的计量/299
　　三、操作风险的管控手段/299
第五节　流动性风险管理/300
　　一、流动性风险的分类/300
　　二、流动性风险的计量/300
　　三、流动性风险的管控手段/301
【本章小结】/302
【重点概念】/303
【思考与练习题】/304

第十四章　商业银行资产负债管理理论与方法/305
第一节　商业银行资产负债管理理论/305
　　一、资产管理理论/305
　　二、负债管理理论/307
　　三、资产负债综合管理理论/308
第二节　资金缺口管理/309
　　一、资金缺口与利率敏感比率/309
　　二、资金缺口、利率敏感比率与银行净利差/310
　　三、资金缺口管理/311

第三节 持续期缺口管理/313
    一、持续期概念的引入/313
    二、狭义的持续期/314
    三、广义的持续期/316
    四、持续期缺口管理/317

【本章小结】/320

【重点概念】/321

【思考与练习题】/321

第一章

商业银行概述

【本章学习目标】
1. 了解商业银行的产生和发展的两种途径;
2. 掌握商业银行的性质和职能;
3. 掌握商业银行的"三性"经营原则及其内在逻辑;
4. 了解商业银行的外部组织形式,掌握商业银行的内部组织机构;
5. 了解我国当前的商业银行体系及现代商业银行的发展趋势。

第一节 商业银行的性质与职能

一、商业银行的产生与发展

(一) 商业银行的概念

商业银行(Commercial Bank)是以经营工商业存、放款为主要业务并以获取利润为目的货币经营企业。最初使用"商业银行"这个概念,是因为这类银行在发展初期,只承做"商业"短期放贷业务,放款期限一般不超过一年,放款对象一般为商人和进出口贸易商。人们将这种主要以吸收短期存款、发放短期商业贷款为基本业务的银行称为商业银行。与最初主要发放基于商业行为的自偿性贷款的形态相比,现代商业银行的业务范围不断扩大,逐渐成为多功能、综合性的"金融百货公司"。

商业银行的定义应包括以下要点:商业银行是一个信用授受的中介机构;商业银行是以获取利润为目的的企业;商业银行是唯一能提供活期存款的金融组织。因此我们把现代商业银行定义为以获取利润为经营目标,以多种金融资产和金融负债为主要经营对象,为客户提供多样化、综合性服务,具有多功能的金融企业。我国的商业银行是指依照《中华人民共和国商业银行法》和《中华人民共和国公司法》设立的吸收公众存款、发放贷款、办理结算等业务的企业法人。

(二) 商业银行的产生

商业银行的产生大概可分为三个阶段,原始状态时期、萌芽时期、现代商业银行时期，三个阶段并不具有完整的连贯性和继承性。总的来说商业银行是随着商品经济的产生而产生的，商品经济是商业银行产生的土壤。商品经济是需要等价交换的，必然产生对货币的各种需求，因而对经营货币的商业银行也产生需求。

1. 原始状态时期。银行是经济中最为重要的金融机构之一。西方银行业的原始状态可溯及古巴比伦时期。考古学家在阿拉伯大沙漠发现的石碑证明，在公元前2000年以前，巴比伦的寺院已对外放款，而且放款采用由债务人开具的类似本票的文书，交由寺院收执，且此项文书可以转让。公元前4世纪，希腊的寺院、公共团体、私人商号也从事各种金融活动，但这种活动只限于货币兑换，还没有办理放款业务。罗马在公元前200年也有类似希腊银行业的机构出现，但较希腊银行业又有所进步，它不仅经营货币兑换业务，还经营贷放、信托等业务，同时对银行的管理与监督也有明确的法律条文。

2. 萌芽时期。萌芽时期是商业银行汇兑和存贷等业务在全球范围内不断发展的时期。文艺复兴时期，欧洲贸易以地中海沿岸国家为范围，以意大利为中心，意大利的威尼斯、热那亚是国际贸易的中心，商贾云集。由于各国商人所携带的铸币形状、成色、重量各不相同，必须实行货币兑换。随着商品经济的发展，货币收付的规模日益扩大，各国贸易商为了避免携带和保存货币可能导致的损失与危险，将其货币存放在货币兑换商那里，并委托他们办理汇兑与支付业务。这样，货币兑换商手中便积聚了大量的货币。而他们发现这些长期大量积存的货币余额相当稳定，于是把暂时闲置的资金贷放给社会上的资金需求者，信贷业务就产生了。货币兑换商从原来的被动接受客户委托保管货币转变为积极主动揽取货币保管业务，货币兑换商开始降低保管费，取消以至给委托保管货币的客户一些好处，保管业务演变为存款业务。此时，货币兑换商也就演变成了集存贷款和汇兑支付、结算业务于一身的早期银行了。当时，意大利的主要银行有1272年佛罗伦萨的巴尔迪银行，1310年的佩鲁齐银行，1397年的麦迪西银行，1407年的热那亚圣乔治银行等。从16世纪末开始，银行普及到欧洲其他国家。如1609年成立的阿姆斯特丹银行，1619年成立的汉堡银行，1621年成立的纽伦堡银行等都是欧洲早期著名的银行。

早期银行业的生存基础还不是社会化大生产的生产方式，服务对象还主要是政府和封建贵族，银行业的放款带有明显的高利贷性质，其提供的信用还不利于社会再生产过程。同时，与现代商业银行相比，早期银行业务的成本较高，而且风险较大。

3. 现代商业银行时期。封建主义银行贷款具有高利贷的性质，年利率平均在20%~30%，严重阻碍着社会闲置资本向产业资本的转化。另外，早期银行的贷款对象主要是政府等一批特权阶层而非工商业，新兴的资产阶级工商业无法得到足够的信用支持，而资本主义生产方式产生与发展的一个重要前提是要有大量的为组织资本主义生产所必需的货币资本，因此新兴的资产阶级迫切需要建立和发展资本主义银行。在政府的帮助下，英国于1694年建立了历史上第一家资本主义股份制的商业银行——英格兰银行。它的出现，宣告了高利贷性质的银行业在社会信用领域垄断地位的结束，标志着资本主义现代银行制度开始形成。

(三) 现代商业银行发展的两种途径

西方商业银行的发展基本遵循两种传统。一是英国式融通短期资金传统。英美等国商业银行的贷款业务至今仍以短期自偿性商业贷款为主。这种传统的优点是能够较好地保持银行的安全性和清偿力，缺点是银行业务的发展受到了一定的限制。二是德国式综合银行传统。这一传统的主要特点是：商业银行不仅提供短期商业性贷款，而且提供长期贷款，甚至可以投资于企业股票与债券，参与企业的决策与发展，为企业的兼并与重组提供财务咨询、财务支持等投资银行服务。至今，不仅德国、瑞士、奥地利等少数欧洲国家坚持这一传统，而且美国、日本等国的商业银行也有向综合银行发展的趋势。这种传统的优点是利于银行开展全面的业务经营活动，为企业提供全方位的金融服务，缺点是会加大银行的经营风险，因而对银行的经营管理提出了更高的要求。

二、商业银行的性质

(一) 商业银行是企业

商业银行是拥有法人地位的企业，具有一般工商企业的基本特征。如商业银行必须具备业务经营所需的自有资本，并达到管理部门所规定的最低资本要求；必须照章纳税；实行自主经营、自担风险、自负盈亏、自我约束；以获取利润为经营目的和发展动力。在中国，商业银行的组织形式和机构设置都应符合《公司法》的规定。

(二) 商业银行是特殊的企业

商业银行的成立实行特许制，由国家特许成立。在中国，发放银行经营许可证的部门是国务院银行业监督管理机构。特许审批过程主要是：首先由申请人提出申请，然后由国务院银行业监督管理机构予以审查。审查有形式审查和实质审查。形式审查要弄清各种申请文件、资料是否齐全，是否符合法律规定，实质审查要弄清申请人是否符合经营商业银行业务的各项条件。经批准设立的商业银行，由国务院银行业监督管理机构颁发经营许可证，并凭该许可证向工商行政管理部门办理登记，领取营业执照。值得一提的是，特许批准的权力完全属于国家，符合成立商业银行的各项条件也并不意味着一定能取得经营许可证。商业银行的经营对象不是普通商品，而是货币、资金，商业银行业务活动的范围不是生产流通领域，而是货币信用领域，商业银行不是直接从事商品生产和流通的企业，而是为从事商品生产和流通的企业提供金融服务的企业。

(三) 商业银行是特殊的金融企业

商业银行经营存款业务和贷款业务，能够在这两种业务的不断循环下进行货币创造。其他非存款类金融机构虽然具有筹集资金和资金运用的业务，但均不能同时经营存款业务和贷款业务及其结算业务，不具备货币创造的条件，从而没有货币创造的功能。

商业银行对整个社会经济的影响要远远大于任何一个企业，商业银行受整个社会经济的影响也较任何一个具体企业更为明显。此外，商业银行责任也具有特殊性，除了对股东和客户负责之外，还需要对整个社会负责。

三、商业银行的职能

马克思曾把商业银行称为资本主义生产方式最精巧和最发达的产物。这句话说明了商业银行在现代经济中的重要作用，或者说商业银行担负着社会经济中的重要职能。

（一）信用中介职能

信用中介是商业银行最基本、最能反映其经营活动特征的职能。这一职能的实质，是通过银行的负债业务，把社会上的各种闲散货币集中到银行里，再通过集中货币需求的资产业务，把它投向经济各部门。商业银行作为货币资本的贷出者与借入者的中介人来实现资本的融通，并从吸收资金的成本与发放贷款利息收入、投资收益的差额中获取利益收入，形成银行利润。商业银行通过信用中介的职能实现资本盈余和资金节余短缺之间的融通，并不改变货币资本的所有权，改变的只是货币资本的使用权。

（二）支付中介职能

商业银行在办理负债业务的基础上，通过为客户办理货币结算、货币收付、货币兑换、存款转移等业务发挥支付中介职能。商业银行为客户办理支付、结算等业务时，主要方式是账户间划拨和转移，从而最大限度地节约现钞流转使用和降低流通成本，加快结算过程和货币资本的周转，为社会化大生产的顺利进行提供有利条件。

（三）信用创造职能

商业银行在信用中介职能和支付中介职能的基础上，产生了信用创造职能。商业银行能够吸收各种存款，用其所吸收的各种存款发放贷款，在支票流通和转账结算的基础上，贷款又转化为存款，最后在整个银行体系，形成数倍于原始存款的派生存款。商业银行通过自己的信贷活动创造和收缩活期存款，而活期存款则构成货币供给量的主要部分。

（四）金融服务职能

银行由于联系面广，信息比较灵通，特别是电子计算机在银行业务中的广泛应用，使其具备了为客户提供信息服务的条件，咨询服务、对企业决策支援等服务应运而生。工商企业生产和流通专业化的发展，又要求把许多原来属于企业自身的货币业务转交给银行代为办理，如发放工资、代理支付其他费用等。个人消费也由原来单纯的钱物交易，发展为转账结算。在现代经济生活中，金融服务已成为商业银行的重要职能。

（五）调节经济职能

银行对宏观与微观经济的调节作用是利用银行掌握的信贷、利率、外汇等经济杠杆进行的。银行信贷资金的规模与投向，直接影响到生产和流通，影响到总供给与总需求的平衡；银行实行差别利率政策，体现出国家产业政策的要求，从而促进产业结构与产品结构的调整；银行为企业提供资金，有利于企业的技术改造。

同时，银行成为国民经济的神经中枢和社会经济信息的汇总中心，具有社会公共簿记的作用。经济研究和决策部门可以从银行存款和贷款数量大小的变化、信贷资金周转的快慢、现金投放和回笼的多少、结算数量和方向变动的趋势等信息，全面地掌握社会经济的动态，并据此分析经济中出现的新情况与新问题。

第二节 商业银行的经营原则与组织结构

商业银行要遵循盈利性、安全性和流动性的经营原则。商业银行的内部组织结构和外部组织形式要依据各种因素做综合考量。

一、商业银行的经营原则

商业银行经营的高负债率、高风险性及受到监管的严格性等特点决定了商业银行的经营必须严格遵循一定的原则，而且其遵循的原则不能是单一的，而只能是几个方面的统一，现在各国商业银行已普遍认同在经营活动中必须遵循盈利性、安全性和流动性的"三性"原则。

（一）盈利性

盈利性是指商业银行获得利润的能力，它是商业银行经营管理的总目标。商业银行作为一种企业，最终目标是为股东获取尽可能多的回报，实现利润最大化。利润最大化既是商业银行实现充实资本、加强实力、巩固信用、提高竞争能力的基础，也是股东利益所在，是银行开拓进取、积极发展业务、提高服务质量的内在动力。商业银行的所有业务活动，包括向谁提供贷款、投资何种证券、是否开设分支机构、提供什么样的代理咨询等服务，都要服从盈利性这一目标。

（二）安全性

安全性是指商业银行应努力避免各种不确定因素对它的影响，使银行经营的资产与负债免遭可能的风险损失。商业银行的安全性包括两个方面：一类是负债的安全，包括资本的安全、存款的安全、各项借入资金的安全；另一类是资产的安全，包括现金资产、贷款资产和证券资产的安全。保持安全性的侧重点在于保持高质量的资产，高质量资产又包含两层意思，即资产本金和利息的同时收回。如果资产本金（如贷款本金）不能及时足额收回，必然影响到银行的资金流动性、清偿力和信用状况，损失银行资金甚至导致银行破产。同时，因为资产所占用的资金是以负债方式筹措的，商业银行要为此支付一定的利息。如果只收回本金而没有收回利息，它的资金就会减少并造成损失。从另外一个角度看，商业银行为了保证其资产的安全性，应尽量减少非盈利性资产（如现金资产），以免遭受机会成本的损失。

（三）流动性

流动性是指商业银行能够随时满足客户提现和必要的贷款需求的支付能力，包括资产的流动性和负债的流动性。资产的流动性是指商业银行资产在不发生损失的情况下迅速变现的能力。负债的流动性是指商业银行以合理的成本随时举借新债，以满足资金需求的能力。其中，贷款的流动性具体表现在两个方面：一是商业银行贷款本息能按期足额收回，以随时应付客户的提存；二是商业银行能满足新的、合理的贷款需求。

上述三原则中，安全性是基础，流动性是条件，盈利性是目的。商业银行在业务经营过程中，要同时兼顾以上三个原则，全面考虑盈利性、安全性、流动性的要求。三个原则有统一的一面，也存在矛盾的一面。其中，安全性与流动性成正比，但与盈利性相矛盾。资产期限越短，风险性越小，资产的安全性和流动性也就越高，但利率相应就越低，利息收入也就越少；反之，资产的期限越长，利润也就越高，但风险也越大，安全性和流动性也就越小。盈利性、安全性和流动性三个原则的选择和组合是就银行整体而言的，需要对各种负债和各种类型资产进行综合研究，寻求最佳组合。

我国修订后的《商业银行法》第四条规定，商业银行以安全性、流动性、效益性为经营原则，实行自主经营，自担风险，自负盈亏，自我约束。

二、商业银行的内部组织结构

商业银行的内部组织结构也就是商业银行的公司治理结构。所谓的公司治理是指股东大会、董事会、监事会、高级管理层、股东及其他利益相关者之间的相互关系，包括组织架构、职责边界、履职要求等治理制衡机制，以及决策、执行、监督、激励约束等治理运行机制。

按照决策权、执行权和监督权"三权分立"的原则，商业银行的内部组织结构一般由决策机构、执行机构和监督机构三个部分组成。

（一）决策机构

股份制形式的商业银行决策机构由股东大会和董事会及其下设的各种专门委员会构成。商业银行股东大会是最高权力机构，每年定期召开股东大会和股东例会，股东可依股权大小参与事务，对经营管理和各种重大议案进行表决。股东大会是股份制商业银行决定宏观性、方向性、整体性及长期性的战略方针政策的场所。商业银行董事会是由股东大会选举产生的日常性质的决策机构，有权处理经授权的一切事务，董事长的选任由董事会决定，是董事会的核心人物。董事长通常由具有广泛人脉资源、通晓业务和管理、具有较强战略眼光的人员担任，一般情况下是由商业银行大股东或较大股东担任或推荐的。董事会的重要职能是确定经营目标和经营决策，选聘行长、总稽核及其他高级管理人员，设立各种专门委员会，等等。

（二）执行机构

商业银行的执行机构由行长（总经理）、副行长（副总经理）、行长领导下的各委员会、各业务职能部门和分支机构构成。行长（总经理）组织业务活动，是银行的行政首脑，对董事会负责。行长必须既通晓各个业务流程又具有专门的管理经验，既要具有团队精神又要具有较强执行力，同时还必须具有战略思维，能抓住机会拓展新业务，最终能提高银行的盈利水平。商业银行副行长（副总经理）是协助行长（总经理）专门管理某些特定部门的，他们通常是该业务方面的专家，也必须具有和行长相似的素质和经验。在行长（总经理）、副行长（副总经理）高级管理层下设公司金融委员会、个人金融委员会、金融市场委员会等专门委员会。各委员会在相应的章程及授权范围内勤勉履责，努力推进经营管理各项工作。各职能部门是银行开展经营活动的依托，是行长（总经理）为中心的经营管理体系中执行日常业务的机构，如公司业务部、个人金融部、国际结算部、风险管理部、稽核部等。分支机构是商业银行的基层组织,直接面向客户服务,分支机构的数目由银行规模和业务特点决定。

(三) 监督机构

商业银行的监督机构为监事会,由股东大会选举监事组成,监事会是银行的内部监督机构,有很大的权威性。它不仅检查和评估商业银行业务经营和管理的状况,而且有权对董事会制定的银行经营目标和经营决策进行检查,有权对董事的活动进行审查。监事会不受董事会的控制,而是直接对股东大会负责,董事、高级管理人员不得兼任监事。

 知识链接 1-1
中国工商银行治理架构

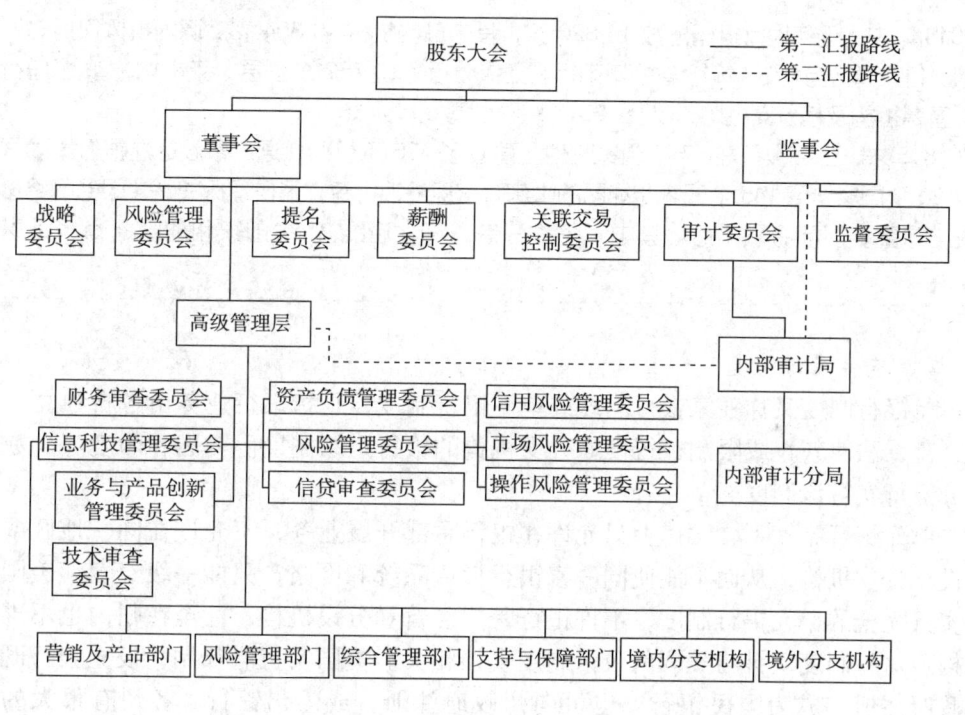

三、商业银行的外部组织形式

商业银行的外部组织形式是指商业银行在社会经济生活中的存在形式,也就是商业银行的外部组织结构、商业银行的外部组织制度。银行的种类、规模大小、业务特点及政府的监管法规等因素决定了商业银行的外部组织形式。

(一) 分支行制度

分支行制度也称总分行制度,是指在总行之下,在国内外普遍设立分支机构的商业银行组织制度。中国、英国是实施该制度的典型国家。分支行制度按管理方式不同又可进一步划分为总行制和总管理处制。总行制即总行除了领导和管理分支行外，本身也对外营业；而在总管理处制下，总行只负责管理和控制分支行，本身不对外营业，在总行所在地另设分支行或营业部开展业务活动。如我国的工商银行、农业银行、中国银行、建设银行四大行实行的是总行制，交通银行实行的是总管理处制。

分支行制度便于银行扩大经营规模，增强银行实力，提供优质金融服务；便于银行分散风险，提高其安全性；便于引进并采用先进的技术设备和管理手段；便于提高银行宏观管理水平。但是，由于分支机构过多、级次复杂，也加大了银行内部的控制难度。

知识链接 1-2
工商银行境内外分支机构网络 ······································

2018 年末，工商银行机构总数 16 820 家，其中境内机构 16 394 家。境内机构包括总行、36 个一级分行及直属分行、446 个省会城市行及二级分行、15 752 个基层分支机构，29 个总行利润中心、直属机构及其分支机构，以及 130 个控股公司及其分支。

2018 年末，工商银行在 47 个国家和地区建立了 426 家机构，通过参股标准银行集团间接覆盖非洲 20 个国家，与 145 个国家和地区的 1 502 家境外银行建立了代理行关系，服务网络覆盖六大洲和全球重要国际金融中心。其中，在"一带一路"沿线 21 个国家和地区拥有 131 家分支机构。

（二）单元银行制度

单元银行制度又称独家银行制度或单一银行制度，是指银行业务由各自独立的商业银行经营，法律禁止或限制银行设立分支机构的银行组织制度。美国和印度等少数国家的部分银行实行该制度。

在单元银行制度下，法律上只允许在银行总部开展业务，不允许在同一地区或不同地区设立分支机构，从而不能使同一家银行形成系统和网络，只能一级经营。美国曾长时期实行完全的单元银行制度，不许银行跨州经营和分设机构，甚至在州内也不准设分支机构。这种制度安排与美国的政治制度直接相关。美国实行联邦制，设立银行既可向联邦政府注册，成为国民银行，也可向州政府注册，成为州银行。各州有很大的立法权，为了避免银行跨州经营和分设机构可能导致的资金流失以及对本州银行生存形成的竞争压力，各州对跨州经营均予立法禁止和限制。而联邦政府也认为这一举措对避免银行业垄断势力的出现大有好处。随着经济的发展，地区经济联系的加强，以及金融业竞争的加剧，美国在 20 世纪 70 年代后就逐渐开始放松对银行分设机构的限制。1994 年 9 月，美国通过《瑞格—尼尔跨州银行与分支机构有效性法》（*The Riegle-Neal Interstate Banking and Branching Efficiency Act*），允许商业银行跨州建立分支机构。总体上看，美国的单元银行制度正在逐步解体，大多数州已经允许银行符合一些限制条款后设立分支机构。

单元银行制度能够限制银行业的垄断，减缓银行集中的进程；有利于银行与地方政

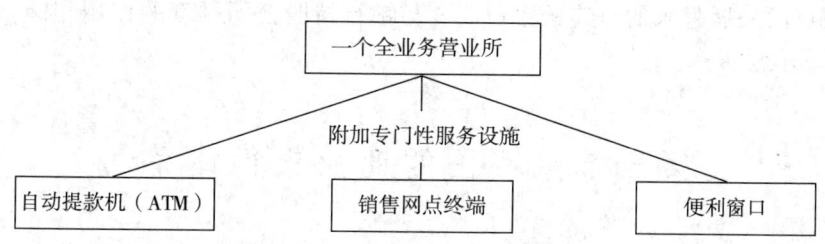

图1-1 单元银行制度的组织结构

府协调，适合本地区需要，集中全力为本地区服务；自主性强，灵活性大，能够即时改变经营策略；银行管理层次较少，中央银行控制和管理意图传得快。但是，单元银行制度难以取得规模效益，限制了银行在全国范围内的竞争，不利于银行业的发展；同时，单元银行制度也不利于资金的调剂，资金不能做到最优化配置。

（三）银行持股公司制度

银行持股公司制度是指由某法人集团注册成立一家公司，再通过该公司以持股方式控制其他独立银行的银行组织制度。在法律上，这些银行是独立的，他们有自己的董事会并对其股东负责，但其业务与经营政策，由持股公司操纵和控制。

银行持股公司制度在美国最为流行，主要原因是它可以纠正单元银行制度下银行资金实力相对较弱、市场竞争力不强的弊端。一方面它可以绕开单元银行制度对商业银行经营范围与业务区域所设置的种种法律限制。另一方面，由于母公司在扣除子公司的经营成本以后应纳税的纯收入会较低，因此发展持股公司制度也可以减少纳税。

银行持股公司制度的优点是能够有效地扩大资本总量，增强银行实力，提高银行抵御风险的能力，弥补单元银行制度的不足；缺点是容易引起金融权力过度集中，并在一定程度上影响银行的经营活力。

知识链接1-3
中国平安保险（集团）股份有限公司

中国平安保险（集团）股份有限公司于1988年诞生于深圳蛇口，是中国第一家股份制保险企业，至今已发展成为集保险、银行、投资三大主营业务为一体，核心金融业务与互联网金融业务并行发展的个人金融生活服务集团之一。

平安集团旗下子公司包括平安寿险、平安产险、平安养老险、平安健康险、平安银行、平安信托、平安证券、平安大华基金等，涵盖金融业各个领域，已发展成为中国少数能为客户同时提供保险、银行及投资等全方位金融产品和服务的金融企业之一。

（四）连锁银行制度

连锁银行制度又称联合制，是指某个人或某集团通过持股方式控制两家或两家以上独立银行的一种银行组织制度。连锁银行制度曾盛行于美国中西部，是为了弥补单元银行制度的缺点而发展起来的。连锁银行制度与银行持股公司制度的作用相同,差别在于其没有持股公司。

第三节 我国的商业银行体系

我国商业银行在新中国成立后的发展经历了一段不平凡的过程,改革开放初期,我国的银行还是专业银行,市场经济制度的确立迫切要求专业银行向商业银行转变,同时要求改组或成立一些为地区经济服务的中小型商业银行,目前我国商业银行的体系已较为完善,各类商业银行在业务上既相互竞争又相互补充,充满生机和活力。总的来说,当前我国商业银行体系由大型商业银行、全国性股份制商业银行、城市商业银行、农村中小金融机构、民营银行和外资银行构成。

统计数据显示,我国银行业资产和负债规模稳步增长。2020年第一季度末,我国银行业金融机构本外币资产302.4万亿元,同比增长9.5%。其中,大型商业银行本外币资产124.0万亿元,占比41.0%,资产总额同比增长10.3%;股份制商业银行本外币资产54.2万亿元,占比17.9%,资产总额同比增长12.8%。银行业金融机构本外币负债276.9万亿元,同比增长9.1%。其中,大型商业银行本外币负债113.9万亿元,占比41.1%,负债总额同比增长9.9%;股份制商业银行本外币负债49.9万亿元,占比18.0%,负债总额同比增长12.1%。

一、大型商业银行

大型商业银行又称国有大型商业银行、六大国有控股银行,是指下列六家银行。

(一)中国工商银行股份有限公司

1983年9月,国务院决定中国人民银行专门行使中央银行职能,另组建中国工商银行,承接原来由中国人民银行办理的工商信贷和储蓄业务。1984年1月1日,中国工商银行正式成立,这标志着我国专业银行体系的最终确立。随后,中国工商银行经历了专业银行、国有独资商业银行和股份制改造等阶段,并于2006年10月在上海证券交易所和香港联交所同日挂牌上市。季报显示,截至2020年3月31日,工商银行总资产320 944.78亿元,总负债293 141.84亿元,客户贷款及垫款总额175 159.21亿元,客户存款242 202.94亿元,资本充足率16.52%。

(二)中国农业银行股份有限公司

中国农业银行最初成立于1951年,1979年2月恢复成立后,成为在农村经济领域占主导地位的国有专业银行。1994年4月中国农业发展银行从中国农业银行分设成立,粮棉油收购资金供应与管理等政策性业务与农业银行分离,1996年农村信用社与农业银行脱离行政隶属关系,中国农业银行开始向国有独资商业银行转变。1997年,农业银行基本完成了作为国家专业银行"一身三任"的历史使命,开始进入了真正向国有商业银行转化的新的历史时期。2009年1月15日,中国农业银行完成了股份制改造,2010年

7月15日和16日分别在上海和香港两地上市。季报显示，截至2020年3月31日，农业银行总资产262 263.88亿元，总负债241 935.51亿元，发放贷款和垫款总额141 380.99亿元，吸收存款195 398.07亿元，资本充足率16.32%。

（三）中国银行股份有限公司

中国银行的前身是中国第一家国家银行——户部银行（1905年8月在北京成立）。1908年2月，户部银行改为大清银行行使中央银行职能。1912年至1928年，中国银行成为南京临时政府和北洋政府的中央银行。1928年10月26日，国民政府公布了《中国银行条例》，明确中国银行经国民政府特许为国际汇兑银行。1994年中国银行由外汇外贸专业银行开始向国有商业银行转化，不再在外汇业务享有垄断地位。2004年8月26日，中国银行整体改制为股份有限公司，并于2006年6月、7月分别在香港联合交易所和上海证券交易所上市。2018年，中国银行再次入选全球系统重要性银行，成为新兴市场经济体中唯一连续8年入选的金融机构。季报显示，截至2020年3月31日，中国银行资产总额240 246.45亿元，负债总额219 661.31亿元，客户贷款总额138 041.06亿元，客户存款总额167 834.92亿元，资本充足率为15.34%。

（四）中国建设银行股份有限公司

中国建设银行的前身是中国人民建设银行，成立于1954年10月1日，1994年建设银行将长期承担的代理财政职能和政策性贷款职能分别移交给财政部和新成立的国家开发银行，开始按照商业银行的要求对经营管理体制进行全面改革。2004年9月，中国建设银行完成股份制改造，并于2005年10月和2007年9月分别在香港和上海完成上市工作。季报显示，截至2020年3月31日，建设银行资产总额271 101.65亿元，负债总额247 751.10亿元，发放贷款和垫款总额159 833.11亿元，吸收存款197 067.93亿元，资本充足率17.22%。在英国Brand Finance 2018年度全球银行品牌价值500强排行榜中，中国建设银行名列第二位。

（五）交通银行股份有限公司

交通银行始建于1908年（清光绪三十四年），1987年4月1日重新组建，是新中国第一家全国性的国有股份制商业银行，总行设在上海。2005年6月，交通银行在香港联合交易所上市，成为中国境内第一家赴境外发行上市的商业银行。2007年5月，交通银行成功发行A股并在上海证券交易所挂牌上市。季报显示，截至2020年3月31日，交通银行资产总额104 543.83亿元，负债总额96 326.54亿元，客户贷款余额55 680.59亿元，客户存款余额62 989.73亿元，资本充足率14.16%。2019年，交通银行已连续十一年跻身《财富》世界500强，营业收入排名第150位，在《银行家》杂志全球1 000家大银行中一级资本排名第11位。

（六）中国邮政储蓄银行股份有限公司

中国邮政储蓄银行股份有限公司于2007年3月6日正式成立，是在改革邮政储蓄管理体制的基础上组建的商业银行。中国邮政储蓄银行承继原国家邮政局、中国邮政集团公司经营的邮政金融业务及因此而形成的资产和负债，并继续从事经营范围和业务许可文件批准、核准的业务。2012年1月，邮政储蓄银行整体改制为股份有限公司，中国邮政储蓄银行股份有限公司坚持服务"三农"、服务中小企业、服务城乡居民的大型零售商业银行定位，发挥邮政网络优势，强化内部控制，合规稳健经营，为广大城乡居民及企业提供优质金融服务，实现股东价值最大化，支持国民经济发展和社会进步。2015年，邮政储蓄银行引入十家境内外战略投资者，进一步提升了综合实力。2016年9月，邮政储蓄银行在香港联交所挂牌上市，2019年12月，在上交所挂牌上市，圆满完成"股改—引战—A、H两地上市"三步走改革目标。季报显示，截至2020年3月31日，邮政储蓄银行资产总额107 986.24亿元，负债总额101 475.63亿元，客户贷款及垫款总额52 422.48亿元，吸收存款97 626.87亿元，资本充足率14.57%。

二、全国性股份制商业银行

自20世纪90年代开始，我国陆续建立了多家全国性股份制商业银行，包括中信银行、光大银行、华夏银行、广东发展银行、平安银行、招商银行、上海浦东发展银行、兴业银行、民生银行、恒丰银行、浙商银行、渤海银行12家。这些股份制商业银行采取股份制形式的现代企业组织架构，按照商业银行的运营原则，高效决策、灵活经营，逐步建立了科学的管理机制和市场化的管理模式。当前，股份制商业银行已经成为我国商业银行体系中一支富有活力的生力军，成为银行业乃至国民经济发展不可缺少的重要组成部分。

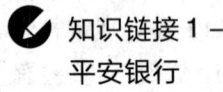

知识链接1-4
平安银行

平安银行是一家总部设在深圳的全国性股份制商业银行（深圳证券交易所：000001）。中国平安保险集团及其控股子公司合计持有该行58%的股份，为该行控股股东。截至2019年末，在职员工34 253人，通过全国91家分行、1 058家营业机构为客户提供多种金融服务。

平安银行的前身是深圳发展银行（中国内地第一家上市商业银行）和深圳市商业银行（中国第一家城市商业银行），2012年6月，原深圳发展银行以吸收合并的方式完成两行整合，并于同年7月，正式更名为平安银行。

三、城市商业银行

城市商业银行是中国银行业的重要组成和特殊群体，其前身是20世纪80年代设立的城市信用社。20世纪90年代中期，各地以城市信用社为基础，组建城市合作银行，后改称为城市商业银行。城市商业银行是在中国特殊历史条件下形成的，是中央金融主管部门整肃城市信用社、化解地方金融风险的产物。城市商业银行坚持服务本地的功能定位，围绕服务地方经济、城镇化、小微企业、城乡居民开展战略和业务模式转型，成为城市基础普惠金融服务的主要提供者。截至2019年底，全国共有城市商业银行134家。

第一章 商业银行概述

知识链接 1-5
哈尔滨银行

哈尔滨银行成立于 1997 年 2 月，总部位于哈尔滨市。现已在天津、重庆、大连、沈阳、成都、哈尔滨等地设立了 17 家分行，在北京、广东、江苏、吉林、黑龙江等 14 个省市发起设立了 32 家村镇银行，并发起设立东北地区第一家金融租赁公司——哈银金融租赁有限责任公司及黑龙江省第一家消费金融公司——哈尔滨哈银消费金融有限责任公司。截至 2019 年 12 月 31 日，哈尔滨银行（集团）拥有营业机构 374 家，分支机构遍布全国七大行政区。2014 年 3 月 31 日，哈尔滨银行在香港联合交易所主板成功上市（股票代码 06138.HK），是中国第三家登陆香港资本市场的城市商业银行，也是中国东北地区第一家上市的商业银行。截至 2019 年 12 月 31 日，哈尔滨银行（集团）资产总额为 5 830.894 亿元。

四、农村中小金融机构

我国农村中小金融机构主要包括农村信用社、农村商业银行、农村合作银行和村镇银行。

农村信用社原本是由农民入股，实行社员民主管理，主要为社员提供金融服务的合作金融组织。但受农村经济制度、农村经济社会发展水平及农村信用社历史发展路径影响，农村信用社脱离了合作制性质。2003 年国务院关于《深化农村信用社改革试点方案》，确定了本轮农村信用社改革的目标是按照"明晰产权关系、强化约束机制、增强服务功能、国家适当扶持、地方政府负责"的总体要求，加快产权制度和管理体制改革，把农村信用社逐步办成由农民、农村工商户和各类经济组织入股，为农民、农业和农村经济发展服务的社区性地方金融机构，对不同地区实行不同的股权制度和组织形式。在股权制度选择上，分别实行股份制、股份合作制、合作制等。在组织形式上，分别成立农村商业银行、农村合作银行、县（市）农村信用合作联社等。

2007 年 1 月，我国放宽农村银行业金融机构准入政策，颁布《村镇银行管理暂行规定》，允许金融机构在农村设立村镇银行。村镇银行是指依据有关法律规定，由境内外金融机构、境内非金融机构企业法人、境内自然人出资，在农村地区设立的主要为当地农民、农业、农村经济发展提供金融服务的银行业金融机构。截至 2019 年末，我国共有农村信用社 722 家，农村合作银行 28 家，农村商业银行 1 478 家，村镇银行 1 630 家。

知识链接 1-6
我国的村镇银行

为解决我国农村地区银行业金融机构网点覆盖率低、金融供给不足、竞争不充分等问题，在前期充分研究论证的基础上，2006 年 12 月，银监会调整放宽了农村地区银行业金融机构的准入政策，开始试点探索设立以村镇银行为主体的新型农村金融机构，在解决广大农村地区"贷款难、贷款贵、贷款不方便"问题上迈出了实质性步伐。2007年3月，全国第一家村镇银行——四川仪陇惠民村镇银行在革命前辈朱德同志老家四川省仪陇县挂牌成立。

十年来，银监会坚持贯彻落实国家城乡统筹和区域协调发展战略，督促村镇银行机构布局不断向中西部和欠发达县域倾斜，同时加快分支机构向乡镇延伸，提高农村金融服务覆盖率；坚持村镇银行股权民营化和股东本土化原则，鼓励包括民间资本在内的各类资本投资设立村镇银行；坚持市场定位监管，督促村镇银行坚守"立足当地、立足社区、立足基层、支农支小"的经营理念，持续增加农村地区金融供给；实施严格风险监管，坚决守住金融风险底线。在政策引导、严格监管和相关各方的积极支持配合下，村镇银行从无到有、从小到大，在服务县域经济过程中实现了稳健发展。

截至2017年末，村镇银行机构组建数量已达1 601家，其中中西部地区机构占比65%；已覆盖全国31个省份的1 247个县（市、旗），县域覆盖率达68%；全国758个国定贫困县和连片特困地区所辖县市中，有416个（占比55%）县市已设立或已备案规划拟设村镇银行。村镇银行坚持扎根县域、坚守定位、专注农小、做精做优，在完善农村金融组织体系、激活农村金融供给市场、优化城乡金融资源配置等方面作出了积极贡献，已成为服务乡村振兴战略、助力普惠金融发展的金融生力军。

五、民营银行

2013年6月国务院发布《关于金融支持经济结构调整和转型升级的指导意见》中提出，"尝试由民间资本发起设立自担风险的民营银行、金融租赁公司和消费金融公司等金融机构"。2014年银监会启动民营银行试点工作。截至2019年底，共批准筹建了18家民营银行，现已全部获批开业。这18家民营银行分别是深圳前海微众银行、上海华瑞银行、温州民商银行、天津金城银行、浙江网商银行、重庆富民银行、四川新网银行、湖南三湘银行、福建华通银行、武汉众邦银行、山东威海蓝海银行、北京中关村银行、江苏苏宁银行、吉林亿联银行、梅州客商银行、辽宁振兴银行、安徽新安银行、江西裕民银行。

作为金融市场的重要组成部分，民营银行特殊的产权结构和经营形式使其具有机制活、效率高、专业性强等一系列优点。因此，民营银行是中国国有金融体制的重要补充。

知识链接1-7

微众银行

微众银行是国内首家开业的民营银行，由腾讯、百业源和立业等多家知名企业发起设立，于2014年12月获得由深圳银监局颁发的金融许可证，注册资本为42亿元人民币。2015年1月4日，微众银行发放了首笔贷款。

既是网络银行，又是民营银行，作为新兴事物，这类机构有着经营机制灵活、治理结构清晰、交易成本较低、没有历史包袱、客户体验较好、业务可跨地域覆盖等显著优势。但同时，小微企业贷款风险难把控、揽储不易、流动性低、关联交易等风险和劣势也客观存在，关键在于其能否针对传统金融体系难以覆盖的盲区，发挥自身与众不同的优势，以全新的理念和技术推出商业可持续的金融产品和服务，弥补空白点。

↑ 资料来源：王璐."微众"一小步 "金改"一大步［N］.经济日报，2015-01-06.

六、外资银行

根据《外资银行管理条例》，外资银行是指依照中华人民共和国有关法律、法规，经批准在中华人民共和国境内设立的下列机构：一家外国银行单独出资或者一家外国银行与其他外国金融机构共同出资设立的外商独资银行；外国金融机构与中国的公司、企业共同出资设立的中外合资银行；外国银行分行；外国银行代表处。其中，外商独资银行、中外合资银行和外国银行分行统称为外资银行营业性机构。

按照《外资银行管理条例》，外商独资银行、中外合资银行按照原银监会批准的业务范围，可以经营部分或者全部外汇业务和人民币业务；经中国人民银行批准，可以经营结汇、售汇业务。外国银行分行按照原银监会批准的业务范围，可以经营部分或者全部外汇业务以及对除中国境内公民以外客户的人民币业务。

截至2019年10月末，外资银行在华共设立了41家外资法人银行、114家母行直属分行和151家代表处，外资银行营业机构总数976家，资产总额3.37万亿元。外资银行来华不仅有助于中国本土银行更快更好地与国际金融市场的各种规范和标准接轨，而且为中资银行拓展海外业务创造了条件。

第四节 现代商业银行的发展趋势

商业银行是一国金融体系中的重要组成部分。在当今的信用社会，商业银行的活动对实体经济部门具有重要影响。20世纪80年代以来，商业银行由于受国际债务危机、监管制度的改变、通信技术的巨大发展等影响而发生了前所有未有的变化。

一、综合化

监管的放松和日益激烈的竞争，极大地提高了商业银行的资金成本。随着客户资金选择渠道的增多，竞争的激烈，商业银行的存款吸收成本不断上升。银行不得不以有竞争力的市场利率和其他服务手段寻求新的资金来源，如发行大额CD、贷款证券化。客户也不再满足于商业银行提供的传统业务，而要求银行提供全功能的资产管理业务。银行业务随即出现综合化趋势，即银行的经营范围已经不仅仅局限于存款、贷款、货币兑换等传统服务领域，而成为能够提供银行、证券、保险、信托、信息咨询、租赁等一揽子服务的"金融超市"或"金融百货公司"。

> **知识链接 1-8**
> **中国建设银行综合性经营转型**
>
> 2004年，建设银行第一家子公司——建银国际在香港成立，综合性经营拉开帷幕。经过十余载砥砺奋进，综合化战略已成为建设银行集团转型发展宏伟蓝图的重要内容，综合性经营取得长足进步，基本建成满足客户多元化需求的门类齐全、功能融合、协同优良的综合性服务平台，综合性经营成效显著。
>
> 首先是综合性经营平台基本建成。
>
> 2012年，建设银行确立了"综合性、多功能、集约化"的战略定位，加快向综合性银行集团转型是其中的重要内容。
>
> 建设银行非银行金融牌照覆盖了基金、租赁、信托、寿险、住房储蓄、期货、财险、境外投行、养老金管理和造价咨询十大行业，跨市场、跨行业、跨区域的综合金融服务功能基本健全，为全面建设最具价值创造力的现代商业银行集团打下了坚实基础。
>
> 其次是集团协同初显成效。
>
> 近年来，建设银行子公司发展强劲，整体规模和盈利快速增长，明显快于所在行业平均水平。
>
> 同时，子公司专业能力不断提升，集团成员业务联动快速增长。2012年以来，建设银行母行向子公司推荐客户、代销子公司产品、资产管理协同合作等业务联动总量年均增长超过30%，母子公司业务联动总量突破万亿，同比增长超过40%。
>
> 最后是综合金融服务能力显著提升。
>
> 2012年以来，建设银行在综合性转型的基础上，积极推进大资产大负债管理，着力增强非银行子公司发展能力，探索建立多产品、多渠道、多条线、多部门的综合定价、综合核算和综合考核机制，基本建成为客户服务的门类齐全、功能融合、协同优良的综合性经营管理体系。

二、创新化

20世纪80年代以来，由于国际金融市场中各类金融资产价格频繁大幅波动，金融风险剧增。为了防范风险，占领更大的市场份额，商业银行参与了大量的金融工具创新，包括金融衍生产品、银行资产证券化和表外业务创新。未来，知识和技术含量较高的与个人理财、利率、汇率、股指期货等有关的投资银行、资产管理、衍生金融工具等表外业务会得到较大的发展。

三、科技化

近年来，商业银行面临的经营环境有了显著变化，金融业竞争加剧、金融需求多元化、综合经营步伐加快，对商业银行利润持续增长提出挑战。在金融科技的浪潮下，银行业要充分利用金融科技（FinTech）所带来的机遇，依托大数据、云计算、区块链、人工智能等新技术，创新服务方式和流程，整合传统服务资源，联动线上线下优势，充分地结合互联网技术、利用互联网思维进行转型，以提升整个银行业的资源配置效率。

> 知识链接1-9
> 金融科技浪潮下，银行业如何找到转型的切入点？

2017年以来，不少对市场反应灵敏的商业银行纷纷宣布与科技公司、电商企业开展合作，建设银行与阿里巴巴和蚂蚁金服宣布进行战略合作，工商银行与京东金融签署了金融业务合作框架协议，农业银行与百度战略合作并共建金融科技联合实验室，中国银行与腾讯合作成立了金融科技联合实验室。招商银行则在业绩报告中将金融科技定位为转型的"核动力"，并提出要打造金融科技银行。

8家大型中资银行转型升级布局及产品

银行	战略、平台	互联网巨头合作	融资、信贷产品	支付
工商银行	E-ICBC 3.0战略	京东	工银快贷、微贷、网贷通	云闪付、手机
农业银行	农银e管家、惠农e通	百度	E链贷	云闪付、刷脸取款、农银快e付
中国银行	云端银行易惠通	腾讯	中银E贷	长城e闪付
建设银行	E付卡、金融云	阿里巴巴	云税贷	云闪付、龙支付
交通银行	手机信用卡	苏宁	蕴通产业链	云闪付
招商银行	招商银行APP6.0、摩羯智投	滴滴出行	E招贷、闪电贷	云闪付、一网通
中信银行	中信联盟、交易+	苏宁	税信贷	云闪付、薪金煲
民生银行	凤凰计划、E民生、I民生	奇虎360	云快贷、云抵押	云闪付、民生付

资料来源：亿欧网。

可以看出，中国银行业对金融科技的发展日益重视，大多数银行都将其作为发展重点与转型方向。金融科技在这些合作中的核心功能往往是为传统银行提供高效率低成本的基础设施，并通过技术创新帮助银行机构不断提高交易效率、降低成本，进而在此基础上提升风险管理能力和资产配置能力。从目前的发展趋势看，互联网、生物识别、大数据、人工智能、区块链等技术的应用，将使未来银行更加便捷、普惠、高效、安全，这是近期金融科技给银行赋能的重要领域。

四、国际化

国际化是当今世界经济发展的一个重要特征，是经济全球化的必然结果。20世纪90年代以来，为实现业务的多元化和达到规模经济，西方发达国家的商业银行加快了国际化的步伐，不仅在国外广设分支机构提供传统的商业银行业务和投资银行业务，而且进行跨国并购实现资产经营一体化。

商业银行经营的国际化主要包括银行机构国际化、银行业务国际化、银行市场国际化和银行管理国际化，其中比较重要的是银行机构的国际化和银行业务的国际化。

银行机构的国际化主要通过在国外设立分支机构来实现，具体的组织形式主要有以下三种。第一，直接设立分支机构。这种组织形式主要适用条件宽松、外国法律允许的情况。第二，收购外国金融机构作为附属机构，附属机构可以全部或者部分归本国银行所有。通过这一方式，不仅可以避开设立分支行的限制，而且可以很快融入国外市场。

第三，设立国外空壳银行，即在国外设立空壳银行吸收当地存款，吸收的资金由国内的分支行使用。这种组织形式主要是为了规避所在国法规的监管。目前，全球70%以上的商业银行采用第一种组织形式。

银行业务的国际化包括在国外向当地居民提供金融产品和服务与在境内提供国际业务。在境内提供国际业务是指在境内为本国居民提供外币金融服务，或者为非本国居民提供欧洲货币业务。

知识链接 1－10
《2018 全球银行国际化报告》 摘要

《2018 全球银行国际化报告》选取来自 38 个主要经济体的 106 家银行进行深入分析。这些银行 2017 年资产总额约为 70 万亿美元，相当于当年全球 GDP 的 86%。该报告使用"银行国际化指数"（BII）代表性地展现了全球银行业的国际化现状。

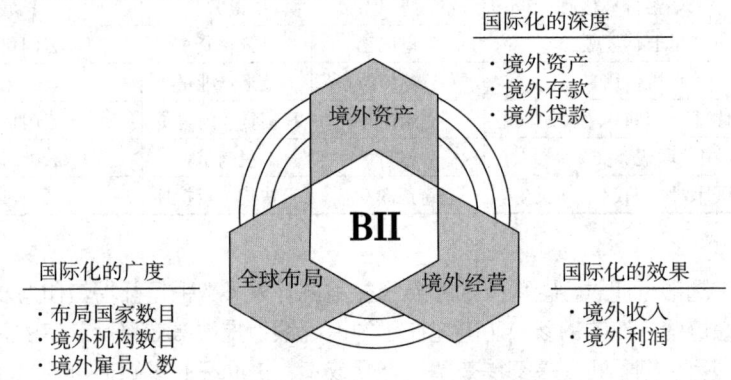

银行国际化评分体系：三大维度

该报告对 64 家银行（数据较完整）进行 BII 排名，并得出几点结论。

▶ **最国际化银行**

BII排名	全球银行		发达国家银行		发展中国家银行	
1	渣打银行	67.9	渣打银行（英国）	67.9	阿拉伯银行（约旦）	50.9
2	花旗集团	59.3	花旗集团（美国）	59.3	国民联合银行（巴林）	38.8
3	汇丰集团	53.9	汇丰集团（英国）	53.9	马来亚银行（马来西亚）	31.3
4	西班牙国际银行	53.3	西班牙国际银行（西班牙）	53.3	中国银行（中国）	26.7
5	北欧联合银行	53.3	北欧联合银行（瑞典）	53.3	新卢布尔雅那银行（斯洛文尼亚）	26.0
6	荷兰国际集团	53.2	荷兰国际集团（荷兰）	53.2	中国工商银行（中国）	17.0
7	德意志银行	53.0	德意志银行（德国）	53.0	巴罗达银行（印度）	15.9
8	瑞士瑞信银行	52.8	瑞士瑞信银行（瑞士）	52.8	约旦贸易金融住宅开发银行（约旦）	15.6
9	瑞银集团	51.2	瑞银集团（瑞士）	51.2	布洛姆银行（黎巴嫩）	15.4
10	阿拉伯银行	50.9	法国兴业银行（法国）	43.7	印度银行（印度）	13.9

前九来自发达国家　　　　　　　　BII均值54.1　两倍余　BII均值25.2

最国际化银行排名（前十）

18

第一章 商业银行概述

第一，最国际化的银行基本来自发达国家。2017年，全球银行BII前十名中9家来自发达国家。BII以银行境外经营数据占比衡量银行国际化水平，为"最国际化银行"，其排名表现反映出，当前国际舞台上的跨国银行，仍以国际化历史更为久远的发达国家银行为主。

第二，发达国家银行国际化水平总体较高。排名前十的发达国家银行BII数值基本超过50分，境外发展与境内同等重要甚至超越境内发展。欧洲地区银行因国内市场规模较小、区域地缘关系密切，国际化水平普遍较高，在发达国家银行前十名中占据9席。

第三，发展中国家银行国际化水平参差不齐。一方面，发展中国家前十名，仅阿拉伯银行BII数值达50分以上，仅有5家银行BII数值超过20分，整体水平较低，且各银行间差距较大。另一方面，前十名中，约旦、中国、印度各有两家银行，地缘关系、宗教文化、国内经济发展均对银行国际化有较大影响。

【本章小结】

现代商业银行是指以获取利润为经营目标，以多种金融资产和金融负债为主要经营对象，为客户提供多样化、综合性服务，具有多功能的金融企业。

商业银行产生经历了两种途径，旧式高利贷银行的转变和股份制原则的直接组建，其发展也经由两种途径：英国式融通短期资金传统和德国式综合银行传统。

从性质上看，商业银行是企业、特殊企业、特殊的金融企业；商业银行具有信用中介、支付中介、信用创造、金融服务和调节经济等多项职能，其中，信用中介是商业银行最基本、最能反映其经营活动特征的职能。

商业银行在经营活动中必须遵循"盈利性、安全性和流动性"的"三性"原则；我国商业银行以安全性、流动性、效益性为经营原则，实行自主经营，自担风险，自负盈亏，自我约束。

从内部组织结构上看，商业银行一般由决策机构、执行机构和监督机构三个部分组成；从外部组织形式上看，商业银行主要有分支行制度、单元银行制度、持股公司制度和连锁银行制度四种基本形式。

我国商业银行体系由大型商业银行、全国性股份制商业银行、城市商业银行、农村中小金融机构、民营银行和外资银行构成。

当前，商业银行的发展呈现出综合化、创新化、科技化和国际化的趋势。

【重点概念】

商业银行　分支行制度　单元银行制度　银行持股公司制度　连锁银行制度
"三性原则"

【思考与练习题】

1. 请按历史发展来简述"现代商业银行是随商品经济产生而产生、发展而发展的"

这个观点。

2. 简述商业银行的性质和主要职能。
3. 简述商业银行业务经营的"三性"原则及其相互关系。
4. 简述分支行制度及其优缺点。
5. 简述单元银行制度及其优缺点。
6. 简述银行持股公司制度及其优缺点。
7. 简述商业银行内部组织结构及其职能分工。
8. 简述我国当前的商业银行体系,并且谈一谈你认为在哪些方面还需要加强和完善?
9. 简述我国民营银行发展面临的机遇和挑战。
10. 简述现代商业银行的发展趋势。
11. 请从公司治理角度谈一谈我国商业银行改革和发展的问题。
12. 请联系实际谈一谈我国目前农村金融服务体系的构建情况及其存在的主要问题。

第二章

商业银行资本管理

【本章学习目标】
1. 了解商业银行资本的界定;
2. 了解历史上出现的几种资本充足性测量方法,并简单评价;
3. 了解《巴塞尔协议Ⅰ》的主要内容;
4. 掌握《巴塞尔协议Ⅱ》三大支柱的具体内容;
5. 掌握《巴塞尔协议Ⅲ》的主要内容;
6. 掌握我国商业银行监管资本的相关规定;
7. 掌握银行资产持续增长模型;
8. 掌握商业银行内、外部筹集资本的方法及优缺点;
9. 掌握提高商业银行资本充足率的途径。

第一节 商业银行资本的界定与功能

一、商业银行资本的含义

银行资本是一个较为复杂且不断发展的概念,商业银行使用资本这个概念时,通常有三个方面的含义,一是财务会计意义上的,即账面资本;二是外部监管意义上的,即监管资本;三是内部管理意义上的,即经济资本。银行资本各种不同的相关概念阐述如下:

(一) 会计资本

会计资本又称账面资本,属于会计学概念,是指商业银行持股人的永久性资本投入,即出资人在商业银行资产中享有的经济利益,其金额等于资产减去负债的余额,包括实收资本、资本公积、盈余公积、未分配利润等。会计资本反映了银行实际拥有的资本水平,是银行资本金的静态反映,与银行面对的实际风险并无关联。

(二) 监管资本

监管资本涉及两个层次的概念:一是银行实际持有的符合监管规定的合格资本;二

是银行按照监管要求应当持有的最低资本量或最低资本要求。合格资本是指按照监管规定，银行根据自身情况计算得出的资本数量。从监管角度看，部分账面资本不具有吸收损失的功能（如商誉），需要从资本中扣除；而某些不属于会计角度的内容（如可转换债券），但因具有一定的吸收损失的功能，可以计入监管资本当中。最低资本要求则是监管规定的，用于覆盖银行面临主要风险损失所必须持有的资本数量。

外部监管当局最关心的是保护存款人利益，促进银行审慎经营，维持金融体系稳定，因此要求银行持有足够的合格资本能够覆盖其所面临的风险水平，即应大于最低资本要求。

（三）经济资本

经济资本是描述在一定的置信度水平下（如99%），为了应对未来一定期限内资产的非预期损失而应该持有或需要的资本金。经济资本是根据银行资产的风险程度计算出来的虚拟资本，即银行所"需要"的资本，或"应该持有"的资本，而不是银行实实在在拥有的资本。经济资本本质上是一个风险的概念，因而又称为风险资本。从银行审慎、稳健经营的角度而言，银行持有的资本数量应大于经济资本。

经济资本本质上是银行的一种内部管理工具，运用经济资本的方法，可以将银行不同类别的风险进行定量评估并转化为统一的衡量尺度，以便于银行分析风险、考核收益和经营决策。商业银行可以结合自己的情况选择相应的计量方法和容忍度水平，对同样的风险水平，银行选择的方法和容忍度不同，经济资本计量结果也会不同。

二、商业银行资本的功能

（一）营业功能

银行最原始的资金来源是资本金。通俗地讲，资本金就是银行经营货币业务的"本钱"。在存款流入之前，资本为银行注册、组建和经营提供了所需资金。一家新银行需要启动资金来购买土地、盖新楼、租场地、购买装备设施，甚至聘请职员。资本为银行的增长和新业务、新计划及新设施的发展提供资金。当银行成长时，它需要额外的资本，用来支持其增长并且承担提供新业务和建新设施的风险。大部分银行最终的规模超过了创始时的水平，资本的注入使银行在更多的地区开展业务，建立新的分支机构来满足扩大了的市场和为客户提供便利的服务。资本作为规范银行增长的因素，有助于保证银行实现长期可持续的增长。管理当局和金融市场要求银行资本的增长大致与贷款及其风险资产的增长一致。因此，随着银行风险的增加，银行资本吸纳损失的能力也会增加，银行的贷款和存款如果扩大得太快，市场和管理机构会给出信号，要求它或者放慢速度，或者增加资本。根据规定，发放给一个借款人的贷款限额不得超过银行资本的10%，因此资本增长不够快的银行会发觉自己在争夺大客户的竞争中失去了市场份额。商业银行存款的期限较为灵活，而资产的期限却存在刚性，因此商业银行资产负债的期限错配决定了其存在较大的流动性风险。资本金中的二级资本主要组成部分是长期债务，可以有效地缓解银行资金来源与资金运用的期限错配。较高的资本也是银行在日常经营中树立公众信心和市场声誉的必要前提。

(二) 保护功能

作为"本钱"的资本金除了在创办时用以购置房地产、设备及支付增设分支机构的费用外,当银行资产遭受损失而存款人提款时,银行将动用部分或全部资本金来保护存款人利益。在信息不对称的情况下,由于商业银行的存款人难以对商业银行监督企业投资行为的情况进行观察,因此在商业银行和存款人之间便有了产生道德风险的可能性,这将影响商业银行与存款人之间的关系,从而影响商业银行吸收存款的数量。为了有效地减少商业银行与存款人之间产生的道德风险,商业银行在对企业贷款时,最好的办法就是投入一定比例的自有资本,存款人会根据商业银行投入的自有资本的比例来判断商业银行贷款项目质量的好坏。当商业银行资本充足时,商业银行对企业的投资行为进行监督的可信度就会较高,商业银行与存款人之间产生道德风险的可能性就会较小,资本消除了债权人(包括存款人)对银行财务能力的疑虑。

商业银行作为信用中介,一方面,其资金来源主要是存款负债,其中储蓄存款约占全部负债的60%;另一方面,作为资金运用的资产业务将资金投向各种盈利性资产,不可避免地存在各种风险,一旦风险转化为现实损失,它将面临着弥补损失和满足存款人流动性要求的义务。当银行遭受损失时,首先使用银行的收益进行弥补,如果不够,就要动用资本金进行抵补,只要银行的损失不超过收益和资本之和,存款人的利益就不会受到损害,受损失的只是股东。

(三) 管理功能

所有国家都对申请设立银行的资本金数额有明确规定,我国相关法律规定,设立全国性商业银行的注册资本最低限额为10亿元人民币,设立城市商业银行的注册资本最低限额为1亿元人民币,设立农村商业银行的注册资本最低限额为5000万元人民币。商业银行资本结构的特殊性决定了政府对商业银行资本充足率的监管要求。资本在商业银行经营管理中具有核心作用,是银行一切活动的基础,在各种风险防范措施都失效时,资本构成商业银行最后的风险防线,因此商业银行通过各种方式保持一定的资本。当管理层注意到银行的问题并恢复银行的盈利性之前,资本通过吸纳财务和经营损失,减少了银行破产的风险,银行的资本应保持能经受坏账损失的风险。监管当局在确定资本的质量时,主要考虑的是它能否吸收损失;在确定资本的数量时,主要考虑的是可能出现的损失的大小。资本水平高的银行有能力进行高风险高收益的业务,获得比资本金水平较低的银行更高的收益。

第二节 商业银行资本充足率及其国际标准

一、商业银行资本充足率

(一) 商业银行资本充足性与资本充足率

商业银行资本充足性包含两方面的含义。其一,银行资本能够抵御其涉险资产的风险,即当这些涉险资产的风险变为现实时,银行资本足以弥补由此产生的损失;其二,对于银行资本的要求应当适度,如果过高会影响金融机构的业务开展及其资产的扩张,如果过低会给银行带来经营风险甚至倒闭。商业银行资本充足至少要达到两个要求:一是量的要求,即总量要达标;二是质的要求,即结构要合理。具体介绍如下:

1. 资本数量充足。资本数量充足是指商业银行资本数量必须超过金融管理当局所规定的能够保障正常营业并足以维持充分信誉的最低限度。它包含了资本适度的含义,即保持过多的资本是没有必要的。首先,资本量过高导致高资本成本,权益资本成本不能避税,资本的综合成本提高会导致吸收存款的成本上升,银行的盈利性下降;其次,过高资本量反映银行可能失去了较多的投资机会。

2. 资本结构合理。资本结构的合理,是指各种资本在资本总额中占有合理的比重,以尽可能降低商业银行的经营成本与经营风险,增强经营管理与进一步筹资的灵活性。《巴塞尔协议Ⅰ》要求核心资本在总资本中要达到50%以上,《巴塞尔协议Ⅲ》要求总资本充足率最低为8%,而其中一级资本充足率最低为6%。规模不同的商业银行其资本结构应该有所区别:小型商业银行为吸引投资者及增强其经营灵活性,应力求以普通股筹措资本;而大型商业银行则可相对扩大资本性债券,以降低资本的使用成本。当贷款需求不足而存款供给相对充分时,应以增加二级资本为主;反之,则应采取增加一级资本。

(二)资本充足率的衡量变化

由于各个历史阶段所面对的经营环境和金融风险理念的差别,商业银行在对待资本充足方面的测量方法也不尽相同,经历了由简至繁、由低级向高级的进化过程。基于风险的资本充足性标准包括四个要素:(1)一个对资本构成的普适定义。(2)一个对银行表内业务和表外业务的风险权重的确定标准。(3)对一级资本、总资本与总的风险调整资产的最低比率的界定。(4)对资本重组性标准实施的阶段性规定。从历史的角度来看,资本充足率的衡量经历了以下几个阶段:

1. 资本与存款比率。早在20世纪初,人们使用该值度量商业银行资本充足情况,该指标起源于以存贷业务为商业银行主要业务时期。当时商业银行破产倒闭大多由挤兑风险引发,即不能满足储户存款需要引发的流动性风险导致银行破产风险的产生。人们认为这种风险的产生是因为商业银行资本不足以应付提取存款的需要,然而该方法对银行的风险缺乏深入分析,简单根据存款规模确定银行应该持有的资本水平,忽视了银行的潜在损失与风险性贷款的密切关系。银行的风险主要来自贷款和投资等资产项目,而不是存款,即使银行的资本量符合这一比率,仍然存在意外损失的风险。由于银行破产的最直接因素是存款人挤兑,因此规定资本与存款的比率应达到10%以上,实际上这是表象,造成银行流动性缺乏的真正原因是贷款或投资不当。

2. 资本与总资产比率。该方法考虑了资金的运用情况,计算简便,能够在一定程度上反映银行资本抵御资产损失的能力,却没有反映商业银行的资产组合策略与风险结构。因为两个资产相同的银行,由于资产组合选择不同,风险差别可能很大。该种观点克服了没有考虑资金运用的缺陷,但没有考虑资产风险差异,实际上一些资产如国债是零风险的。银行为了应付资本充足率的管制,只需通过金融创新将表内业务移到表外,便可轻松缩小分母。

3. 资本与风险资产比率。由于银行的资产结构发生了变化，银行监管的重点相应转向银行资本与风险资产的比率，并规定这一比率不得低于20%。该方法已经初具现代资本充足率指标的雏形，将现金与政府债券视为无风险资产，排除在分母之外，同时考虑了风险资产。但此法未考虑风险资产的进一步细分，不同风险资产的风险程度肯定存在差异。假若没有对风险资产进行细分，银行完全可以在不改变分母总量的前提下投资于更高风险的组合。

4. 纽约公式。纽约公式也称分类比率法，是20世纪50年代初由美国联邦储备银行设计的，按资产风险高低分为六类，并各自规定了资产要求比率，最后利用加权平均法将上述资产额分别乘以各自风险权数，即可求得银行的最低资本量。纽约公式的六类资产包括库存现金等无风险资产；政府债券、优质商业票据等风险较小的资产；普通风险资产；风险较高的资产；可疑贷款等有问题的资产；亏损资产和固定资产。纽约公式一定程度上开创了分类风险资产的先河，但有两个缺陷：一是没有对资本依其重要性进行分类，二是忽略了表外资产。

二、《巴塞尔协议Ⅰ》

（一）《巴塞尔协议Ⅰ》推出的背景

20世纪70年代前，国际银行间的监管主要依靠双边协调。1974年德国赫斯坦特银行，美国富兰克林银行等国际银行相继倒闭，极大地震惊了国际金融界。人们开始意识到，银行国际化、金融工具的创新及银行表外业务的发展，已经使各国对商业银行的监管弱化，而商业银行本身所承担的风险却大大增加，严重威胁着国际金融体系与各国经济的顺利运行与健康发展。

在此背景下，1974年底十国集团中央银行行长倡议建立一个由中央银行和银行监管当局为成员的委员会，主要任务是讨论有关银行监管的问题。成员国家包括比利时、加拿大、法国、德国、意大利、日本、卢森堡、荷兰、瑞典、瑞士、英国和美国。该委员会的办公地点设在国际清算银行的总部所在地瑞士的巴塞尔，因此被称为巴塞尔委员会。巴塞尔委员会的宗旨是加强银行监管的国际合作，共同防范和控制银行风险，保证国际银行业的安全和发展。

1988年7月，巴塞尔委员会通过了《统一国际银行资本计量和资本标准的国际协定》，即《巴塞尔协议Ⅰ》，又称《巴塞尔资本协议》，该协议规定银行必须根据自己的实际信用风险水平持有一定数量的资本。《巴塞尔资本协议》是衡量单家银行乃至整个银行体系稳健性最重要的指标，为各国银行监管当局提供了统一的资本监管框架，使全球银行资本监管标准总体上趋于一致。

（二）《巴塞尔协议Ⅰ》的主要内容

《巴塞尔协议Ⅰ》确立了资本充足率监管的基本框架，第一次在国际上明确了资本充足率监管的三个要素，即监管资本定义、风险加权资产计算和资本充足率监管要求。

1. 统一了监管资本定义。《巴塞尔协议Ⅰ》提出了两个层次的资本：核心资本和附属资本，又称一级资本和二级资本。核心资本主要包括实收资本（或普通股）、公开储备（资本公积、盈余公积、留存利润、股票发行溢价）；附属资本主要包括非公开储备、重估储备、普通准备金、混合资本工具和长期次级债务等。

2. 建立了资产风险的衡量体系。《巴塞尔协议Ⅰ》主要关注信用风险，根据银行资产风险水平的大小分别赋予不同的风险权重，共分为0、10%、20%、50%、100%五个档次。资产的账面价值与相应的风险权重相乘，计算出风险加权资产，综合反映资产的风险水平。表内风险资产的计算公式为

$$表内风险资产 = \sum 表内资产额 \times 风险权数$$

表2–1　　　　　　　　《巴塞尔协议Ⅰ》表内资产风险权数

类别		项目	风险权数
固定权数	Ⅰ	a. 现金； b. 以本币定值，并以此通货对中央政府和中央银行融通资金的债权； c. 对经济合作与发展组织（OECD）成员国的中央政府或中央银行的其他债权； d. 用现金或者用OECD国家中央政府债券作担保，或由OECD国家的中央政府提供担保的贷款	0
	Ⅱ	a. 对多边发展银行的债权，以及由这类银行提供担保或以这类银行的债券作抵押的债权； b. 对OECD国家内注册银行的债权以及由OECD国家内注册银行提供担保的贷款； c. 对OECD以外国家注册的银行余期在1年内的债权和由OECD以外国家的法人银行提供担保的、余期在1年内的贷款； d. 托收中的现金款项； e. 对非本国的OECD国家的公共部门机构的债权，以及由这些机构提供担保的贷款	20%
	Ⅲ	完全以居住用途的房产作抵押的贷款	50%
	Ⅳ	a. 对私人机构的债权； b. 对OECD之外国家的中央政府的债权； c. 对公共部门所属的商业公司的债权； d. 房屋设备和其他固定资产； e. 不动产和其他投资； f. 所有其他的资产	100%
非固定权数	Ⅰ	对国内政府公共部门机构（不含中央政府）的债权和由这样的机构提供担保的贷款	0、10%、20%、50%
	Ⅱ	a. 对国内政府的债权； b. 所有证券或即将到期的1年以下的证券； c. 1年以上的证券	0 或其他 10% 20%
	Ⅲ	十国集团拥有股东权益的多边发展银行的债权	20%或其他

随着银行表外业务的迅速发展及其资产风险的增大,银行资本要求也应包含和体现这类活动可能产生的损失。但表外业务风险测定非常困难,《巴塞尔协议Ⅰ》建议采用"信用转换系数"把表外业务额转化为表内业务额,然后再根据表内同等性质的项目进行风险加权。

《巴塞尔协议Ⅰ》把银行的表外项目分成五大类,并对前四类表外业务分别给定了信用转换系数,第五类则因其与外汇和利率有关而需作特别处理。表外业务及其信用转换系数如下:

① 100%信用转换系数的表外业务:
    a. 直接信用替代工具,如保证和承兑;
    b. 销售和回购协议以及有追索权的资产销售;
    c. 远期资产购买、超远期存款、部分缴付款项的股票和代表承诺一定损失的证券。

② 50%信用转换系数的表外业务:
    a. 某些与交易相关的或有项目;
    b. 票据发行融通和循环包销便利;
    c. 其他初始期限在 1 年以上的承诺。

③ 20%信用转换系数的表外业务:有自行偿付能力的与贸易有关的或有项目。

④ 0 信用转换系数的表外业务:类似初始期限在 1 年以内的,或可以在任何时候无条件取消的承诺均属此列。

⑤ 与外汇和利率有关的或有项目:商业银行在这类项目的交易中,可能发生的损失仅仅是替换成本,而非交易合同所代表面值的信用风险。为此,《巴塞尔协议Ⅰ》建议利用现时风险暴露法和初始风险暴露法这两种特殊的处理方法。

信用转换系数是表外业务转换为表内资产的前提条件,也是正确计算银行风险加权资产的重要依据。表外风险资产的计算公式为

$$表外风险资产 = \sum 表外资产 \times 信用转换系数 \times 表内相对性质资产的风险权数$$

3. 确定了资本充足率的监管标准。资本充足率为资本与风险加权资产的比值。《巴塞尔协议Ⅰ》规定商业银行资本充足率不得低于 8%,核心资本充足率不得低于 4%。即

资本充足率 = 总资本 / 风险加权资产 × 100%
          = (核心资本 + 附属资本)/(表内风险资产 + 表外风险资产) × 100% ≥ 8%
核心资本充足率 = 核心资本 / 风险加权资产 × 100%
            = 核心资本 /(表内风险资产 + 表外风险资产) × 100% ≥ 4%

三、《巴塞尔协议Ⅱ》

(一)《巴塞尔协议Ⅱ》推出的背景

1997 年 7 月全面爆发的亚洲金融危机引发了巴塞尔委员会对金融风险全面而深入的思考。从巴林银行、大和银行的倒闭到东南亚的金融危机,人们看到,金融业存在的问题不仅仅是单一的信用风险问题,而是由信用风险、市场风险和操作风险互相交织、共

商业银行业务经营与管理（第二版）

同作用造成的。在这种情况下，巴塞尔委员会于1997年9月推出《有效银行监管的核心原则》，表明巴塞尔委员会已经确立了全面风险管理的理念。该文件共提出涉及银行监管7个方面的25条核心原则。尽管这个文件主要解决监管原则问题，未能提出更具可操作性的监管办法和完整的计量模型，但它为此后巴塞尔协议的完善提供了一个具有实质性意义的监管框架，为新协议的全面深化留下了广阔的空间。

为更准确地反映当前各银行实际承受的风险水平，实现保障银行稳健、安全运营的目标，以强化资本约束、增强风险敏感性、强调风险管理的全面性、兼顾不同发展水平，巴塞尔委员会于2004年6月正式发表了《巴塞尔新资本协议》，又称《巴塞尔协议Ⅱ》，即《统一资本计量和资本标准的国际协议：修订框架》，并决定于2006年底在十国集团开始实施。

（二）《巴塞尔协议Ⅱ》的主要内容

《巴塞尔协议Ⅱ》与《巴塞尔协议Ⅰ》保持了一定的连续性，资本充足率计算总体框架保持不变，继续采取了资本/风险加权资产的形式，维持了资本充足率最低要求，基本保持了原资本定义。与《巴塞尔协议Ⅰ》不同的是，《巴塞尔协议Ⅱ》构建了"三大支柱"的监管框架，扩大了资本覆盖风险的种类，改革了风险加权资产的计算方法。

1. 第一支柱：最低资本要求。《巴塞尔协议Ⅱ》仍然将资本充足率作为保证银行稳健经营、安全运行的核心指标，仍将银行资本分为核心资本和附属资本两类，继续规定商业银行总资本充足率不得低于8%，核心资本充足率不得低于4%，但进行了两项重大创新：一是在资本充足率的计算公式中全面反映了信用风险、市场风险、操作风险的资本要求；二是引入了计量信用风险的内部评级法，银行既可以采用外部评级公司的评级结果确定风险权重，也可以用各种内部风险计量模型计算资本要求。

《巴塞尔协议Ⅱ》资本充足率的计算公式为

资本充足率 =（资本 – 扣除项）/
（风险加权资产 + 12.5倍的市场风险资本 + 12.5倍的操作风险资本）

2. 第二支柱：监督检查。监管部门的监督检查是为了确保各银行建立起合理有效的内部评估程序，用于判断其面临的风险状况，并以此为基础对其资本是否充足作出评估。监管当局要对银行的风险管理和化解状况、不同风险间相互关系的处理情况、所处市场的性质、收益的有效性和可靠性等因素进行监督检查，以全面判断该银行的资本是否充足。在实施监管的过程中，应当遵循以下四项原则：其一，银行应当具备与其风险相适应的评估总量资本的一整套程序，以及维持资本水平的战略。其二，监管当局应当检查和评价银行内部资本充足率的评估情况及其战略，以及银行监测和确保满足监管资本比率的能力；若对最终结果不满意，监管当局应采取适当的监管措施。其三，监管当局应希望银行的资本高于最低资本监管标准比率，并应有能力要求银行持有高于最低标准的资本。其四，监管当局应争取及早干预，从而避免银行的资本低于抵御风险所需的最低水平；如果得不到保护或恢复则需迅速采取补救措施。

新协议的监管理念认为，银行不应当仅仅满足于达到简单的最低资本充足率的要求,而应当根据自己的具体情况进一步建立更能够符合自己特殊需要的风险管理程序。由于监管者对于银行全行业具有宏观的了解,知道各家银行使用的风险管理技术,所以它们能够帮助各家银行提高内部风险管理的水平和效率。在此支柱下监管者与银行应当进行持续的对话和交流,从而能够进行有效的监督并在必要时采取措施。银行管理部门应具备一套内部资本评估程序以及与本行特定的风险状况和控制环境相一致的资本目标,监管当局要负责针对各银行的风险进行监督检查,评估其资本是否充足,其中包括银行是否妥善处理了不同风险之间的关系。在监督检查过程中,监管当局应参照其对不同银行最佳做法的了解确定监管资本各类方法需满足的最低标准。

3. 第三支柱:市场约束。第三支柱又称市场纪律、信息披露,是对第一支柱和第二支柱的补充。市场约束旨在通过市场力量来约束银行,其运作机制主要是依靠利益相关者(包括银行股东、存款人、债权人等)的利益驱动。出于对自身利益的关注,利益相关者会在不同程度上和不同方面关心其利益所在银行的经营状况,特别是风险状况,为了维护自身利益免受损失,在必要时采取措施来约束银行。由于利益相关者关注银行的主要途径是银行所披露的信息,因此,《巴塞尔协议Ⅱ》特别强调提高银行的信息披露水平,加大透明度,要求银行披露资本充足率、资本构成、风险敞口及风险管理策略、盈利能力、管理水平及过程等。

综合来看,三大支柱相辅相成互为补充,有助于提高金融体系的安全性和稳健性。

四、《巴塞尔协议Ⅲ》

(一)《巴塞尔协议Ⅲ》推出的背景

《巴塞尔协议Ⅱ》正式实施的第一年,美国次贷危机爆发,并逐步发展成全球的金融危机,极大地冲击了银行体系,并带来了整个世界经济的衰退。在这场危机中,有着158年历史的投行雷曼兄弟轰然倒塌。但从2008年雷曼中期报告来看,根据《巴塞尔协议Ⅱ》的监管指标,雷曼应该是安全的:截至2008年中,其一级资本充足率为11%;截至2008年第三季度末,"流动性池"中仍有420亿美元流动储备,现金资本在剔除长期资金需求后尚余150亿美元。这充分暴露出《巴塞尔协议Ⅱ》的缺陷和落后。

在这种情况下,全球金融管理当局意识到:如果要建立充满活力的银行系统来应对各种重大的危机,抵御金融动荡,必须要对监管的标准和方法进行改革。2009年,在G20峰会的推动下,国际社会制定了一揽子金融改革计划,其中便包括《巴塞尔协议Ⅲ》。2010年11月,二十国集团首尔峰会批准了巴塞尔委员会起草的第三版《巴塞尔资本协议》(《巴塞尔协议Ⅲ》),确立了银行业资本和流动性监管的新标准,要求各成员国从2013年开始实施,2019年前全面达标。

(二)《巴塞尔协议Ⅲ》的主要内容

1. 强化资本充足率监管标准。资本监管框架始终是巴塞尔委员会监管框架的核心,也是危机后金融监管改革的主要内容。第三版《巴塞尔资本协议》全面强化了资本充足率监管的三个要素:

(1)提升资本工具损失吸收能力。强调资本数量与资本质量同等重要,大幅提高了各类资本工具的监管标准,提高各类资本工具的损失吸收能力。界定并区分一级资本和二级资本的功能:一级资本应能够在银行持续经营条件下吸收损失,其中普通股(含留存收益)应在一级资本中占主导地位;二级资本仅在银行破产清算条件下承担损失。

(2) 增强风险加权资产计量的审慎性。提高了资产证券化交易风险暴露的风险权重,大幅提高了内部模型法下市场风险资本要求和定性标准,大幅提高了源自场外衍生品和证券融资交易的交易对手信用风险的资本要求。

(3) 提高资本充足率监管标准。明确了三个层次的最低资本要求(见表2-2):核心一级资本充足率为4.5%,一级资本充足率为6%,总资本充足率为8%,并规定商业银行资本充足率不得低于最低资本要求。补充设置了2.5%的储备资本要求,用于应对严重经济衰退带来的损失。补充设置0~2.5%的逆周期资本要求,在经济上行期提取,用于在经济下行期吸收损失。此外,对全球系统重要性银行,按照其系统重要性程度,设置附加资本要求为1%~3.5%。

表2-2　　　　　各层次资本充足率监管要求、功能和监管安排

资本要求	核心一级资本	一级资本	总资本
最低资本要求	4.5%	6.0%	8.0%
储备资本要求	2.5%	—	—
最低资本要求+储备资本要求	7.0%	8.5%	10.5%
逆周期资本要求	0~2.5%	—	—
系统重要性银行附加资本要求	1%~3.5%	—	—

知识链接2-1
全球系统重要性银行

全球系统重要性金融机构(Global Systemically Important Financial Institutions,G-SIFIs)是指在金融市场中承担了关键功能、具有全球性特征的金融机构,这些机构一旦发生重大风险事件或经营失败,就会对全球经济和金融体系带来较大影响甚至是系统性风险。全球系统重要性银行(Global Systemically Important Banks,G-SIBs)被视为全球银行业的"稳定器"。

在2008年爆发的国际金融危机中,欧美一些大型复杂金融机构陷入经营危机甚至倒闭,并蔓延至其他金融机构,从而演变为系统性风险,引起了各国对系统重要性金融机构监管问题的广泛关注。如何解决"大而不能倒"的问题,防范系统性金融风险,成为国际金融危机发生五年来金融监管改革的热点和难点问题。

2009年4月,G20伦敦峰会决定,金融稳定理事会(Financial Stability Board,FSB)负责研究和提出全球系统重要性银行名单,制定危机处置政策。巴塞尔银行监管委员会(Basel Committee on Banking Supervision,BCBS)重点研究G-SIBs的识别和评估方法,以及资本附加等

监管政策。2011年7月,FSB和BCBS分别发布了《系统重要性金融机构有效处置》和《全球系统重要性银行:评估方法和额外吸损要求》两份征求意见稿。2011年11月,经G20戛纳峰会批准,FSB发布了G-SIFIs监管政策框架,确定了首批29家G-SIBs名单,主要分布于欧美和日本等发达国家。这些银行被划分成了多个层级,银行所处的层级越高,其重要性就越大,需要持有的资本也就越多。从2019年开始,这些银行还需持有可以在发生危机并导致银行资本受损时减记的债券,以帮助补充资本金。

2018年11月16日,FSB发布了2018年G-SIBs名单。与2017年相比,2018年上榜银行数量减少至29家。北欧联合银行和苏格兰皇家银行两家银行退出榜单,法国人民储蓄银行集团重新进入榜单。从上榜银行分布区域看,欧洲银行上榜数量继续呈下降趋势,从一度拥有18家降至13家。另外,美国有8家,中国有4家,日本有3家,加拿大有1家。

2018年G-SIBs名单及附加资本要求

分级	附加资本要求	G-SIBs名单
5	3.5%	无
4	2.5%	摩根大通1家
3	2.0%	花旗集团、德意志银行、汇丰控股共3家
2	1.5%	美国银行、中国银行、巴克莱银行、法国巴黎银行、高盛集团、中国工商银行、三菱日联金融集团、富国银行共8家
1	1.0%	中国农业银行、纽约梅隆银行、中国建设银行、瑞士信贷集团、法国人民储蓄银行集团、法国农业信贷银行、ING集团、瑞穗金融集团、摩根士丹利、加拿大皇家银行、西班牙桑坦德银行、法国兴业银行、英国渣打银行、美国道富银行、三井住友金融集团、瑞银集团、裕信银行共17家

2. 引入杠杆率监管标准。杠杆率监管指标基于规模计算(该指标采用普通股或一级资本作为分子,所有表内外风险暴露作为分母),与具体资产风险无关,以此来控制商业银行资产规模的过度扩张,并作为资本充足率的补充指标。《第三版巴塞尔资本协议》要求杠杆率不能低于3%,要求银行自2015年开始披露杠杆率信息,2018年正式纳入第一支柱框架。

3. 建立流动性风险量化监管标准。《第三版巴塞尔资本协议》提出了两个流动性量化监管指标:流动性覆盖率(LCR)和净稳定融资比率(NSFR)。所谓流动性覆盖率(LCR),是指优质流动性资产与未来30日的资金净流出量之比,用于衡量在短期压力情景下(30日内)单个银行的流动性状况。所谓净稳定融资比率(NSFR),是指一年内可用的稳定资金与业务所需的稳定资金之比,该指标反映银行中长期流动性状况。在正常情况下,商业银行的流动性覆盖率和净稳定融资比率都不得低于100%。

《第三版巴塞尔资本协议》发布后,经过长达7年的研究讨论、影响评估和复杂博弈,2017年12月8日,巴塞尔委员会发布了《巴塞尔Ⅲ:后危机改革的最终方案》，将于2022年正式开始实施。该方案是对此前发布的《第三版巴塞尔资本协议》的补充修订，其核心是重新构造风险加权资产计量监管框架，具体包括信用风险标准法、信用风险内部评级法、操作风险资本计量方法、资本底线、杠杆率监管框架的修订内容。

第三节 我国商业银行的监管资本

2012年6月7日，《商业银行资本管理办法（试行）》（以下简称《资本办法》）公布，自2013年1月1日起施行。此后，银监会根据巴塞尔委员会的修订进展，于2015年2月对部分表外项目的信用转换系数进行了修订。

《资本办法》坚持国际标准与中国国情相结合、《巴塞尔协议Ⅱ》和《巴塞尔协议Ⅲ》统筹推进、宏观审慎监管和微观审慎监管有机统一的总体思路，全面引入了《巴塞尔协议Ⅲ》确立的资本质量标准及资本监管最新要求，涵盖了最低资本要求、储备资本要求和逆周期资本要求、系统重要性银行附加资本要求等多层次监管要求，促进银行资本充分覆盖银行面临的系统性风险和个体风险。

一、资本构成

我国商业银行总资本包括核心一级资本、其他一级资本和二级资本。其中，核心一级资本是银行资本中最核心的部分，承担风险和吸收损失的能力也最强。核心一级资本包括实收资本或普通股、资本公积、盈余公积、一般风险准备、未分配利润、少数股东资本可计入部分。其他一级资本与核心一级资本相比，承担风险和吸收损失的能力相对较差，主要包括其他一级资本工具及其溢价、少数股东资本可计入部分。在银行实践中，其他一级资本主要包括符合条件的优先股、永续债等。一级资本的目标是在持续经营前提下吸收损失，而二级资本目标是在破产清算情况下吸收损失，承担风险与吸收损失的能力相对更差，主要包括二级资本工具及其溢价、超额贷款损失准备、少数股东资本可计入部分。在银行实践中，二级资本工具主要包括符合条件的次级债、可转债及符合条件的超额贷款损失准备金等。

知识链接2-2

商业银行资本工具创新

2018年国际金融危机暴露出全球银行体系资本损失吸收能力不足的问题。为此，BCBS（巴塞尔银行监管委员会）在《巴塞尔协议Ⅲ》中重新界定了资本的定义，即合格的非普通股资本工具必须具有在银行资本不足或濒临倒闭时转换为普通股或直接减记的条款，以增强资本工具的损失吸收能力，即应急资本和自救机制。

应急资本的基本机制是在银行的监管资本工具（如优先股、长期次级债务等）条款中事先约定，在规定的触发条件（如资本充足率低于一定阈值或银行无法自主生存）发生时，能够全部或部分转化为普通股或直接减记。应急资本大体上相当于一种"在线修复工具"，当银行出现问题时，能及时获取高质量的普通股资本，以保证持续经营（going–concern）。

自救机制是通过合同约定或法律强制规定，在银行不可持续经营（gone–concern）的状况下通过将债权减记或债权转换成股权的方式使债权人承担金融机构损失。自救机制的实施途径主要有两种方式：一是合同式自救机制（contractual bail–in），即在债务工具发行合同中约定，在特定情况下债务工具应当按照一定条件转换成普通股或直接减记；二是法律式自救机制（statutory bail–in），即在法律中规定，在特定条件下相关债务转换成普通股或直接减记。自救机制本质上是对应急资本概念的拓展，应急资本是针对银行普通股之外的监管资本工具，而自救机制则将适用范围从监管资本工具扩展至银行负债，如高级短期债务、衍生品等，有观点甚至提出将无存款保险的存款纳入自救框架。

目前，一些国际大型银行已按照《巴塞尔协议Ⅲ》的要求发行新的一级和二级资本工具，并在资本工具条款中增加了应急资本及自救债券转换或减记的规定。这些资本工具具有以下特点：一是有多种触发条件，包括资本充足率低于一定阈值、监管部门认定银行需要救助、在一定期限内要求强制转换等。二是损失吸收机制多样，包括转换为普通股、永久减记或暂时减记。三是溢价更高，应急资本工具的票息通常比传统资本工具高50～200个基点，吸引了如对冲基金、高净值客户、专业基金公司等风险偏好更高的投资者。部分经济体的监管部门已将应急资本要求纳入了资本监管框架。

长期以来，受金融市场不发达等因素制约，我国商业银行资本工具类型较为单一。借鉴国际经验，结合我国实际情况，探索发行新型资本工具，能够丰富资本补充渠道，提升银行资本实力。考虑到新型资本工具发行面临法律监管约束、投资者基础有限、配套基础设施尚待完善等因素，应按照"循序渐进、依法合规、简明适用"原则，依托现有发行渠道和市场基础，优先创新法律障碍较少的资本工具。

↑ 资料来源：《中国金融稳定报告2013》。

二、资本扣除项

1. 计算资本充足率时，商业银行应当从核心一级资本中全额扣除以下项目：

（1）商誉。
（2）其他无形资产（土地使用权除外）。
（3）由经营亏损引起的净递延税资产。
（4）贷款损失准备缺口。
（5）资产证券化销售利得。
（6）确定受益类的养老金资产净额。
（7）直接或间接持有本银行的股票。
（8）对资产负债表中未按公允价值计量的项目进行套期形成的现金流储备，若为正值，应予以扣除；若为负值，应予以加回。
（9）商业银行自身信用风险变化导致其负债公允价值变化带来的未实现损益。

2. 商业银行之间通过协议相互持有的各级资本工具，或银保监会认定为虚增资本的各级资本投资,应从相应监管资本中对应扣除。商业银行直接或间接持有本银行发行的其他一级资本工具和二级资本工具,应从相应的监管资本中对应扣除。对应扣除是指从商业银行自身相应层级资本中扣除。商业银行某一级资本净额小于应扣除数额的,缺口部分应从更高一级的资本净额中扣除。

3. 商业银行对未并表金融机构的小额少数资本投资,合计超出本银行核心一级资本净额10%的部分,应从各级监管资本中对应扣除。

4. 商业银行对未并表金融机构的大额少数资本投资中,核心一级资本投资合计超出本行核心一级资本净额10%的部分应从本银行核心一级资本中扣除;其他一级资本投资和二级资本投资应从相应层级资本中全额扣除。

5. 除由经营亏损引起的净递延税资产外,其他依赖于本银行未来盈利的净递延税资产,超出本行核心一级资本净额10%的部分应从核心一级资本中扣除。

6. 未在商业银行核心一级资本中扣除的对金融机构的大额少数资本投资和相应的净递延税资产,合计金额不得超过本行核心一级资本净额的15%。

7. 商业银行发行的二级资本工具有确定到期日的,该二级资本工具在距到期日前最后五年,可计入二级资本的金额,应当按100%、80%、60%、40%、20%的比例逐年减计。

三、最低资本要求

商业银行各级资本充足率不得低于如下最低要求:核心一级资本充足率不得低于5%;一级资本充足率不得低于6%;资本充足率不得低于8%。

四、储备资本和逆周期资本要求

商业银行应当在最低资本要求的基础上计提储备资本。储备资本要求为风险加权资产的2.5%,由核心一级资本来满足。

在特定情况下,商业银行应当在最低资本要求和储备资本要求之上计提逆周期资本。逆周期资本要求为风险加权资产的0~2.5%,由核心一级资本来满足。

五、附加资本要求

除满足最低资本要求、储备资本和逆周期资本要求外,系统重要性银行还应当计提附加资本,国内系统重要性银行附加资本要求为风险加权资产的1%,由核心一级资本满足。如果国内银行被认定为全球系统重要性银行,所适用的附加资本要求不得低于巴塞尔委员会的统一规定。

六、第二支柱资本要求

银保监会有权在第二支柱框架下提出更审慎的资本要求,确保资本充分覆盖风险,包括:根据风险判断,针对部分资产组合提出的特定资本要求;根据监督检查结果,针对单家银行提出的特定资本要求。

七、杠杆率监管要求

杠杆率是指商业银行一级资本与调整后的表内外资产余额的比率。杠杆率水平越高，表明商业银行资本越充足，抵御风险的能力越强。我国的商业银行并表和未并表的杠杆率均不得低于4%。系统重要性银行于2013年底前达到最低杠杆率要求，非系统重要性银行于2016年底前达到最低杠杆率要求。

> **知识链接2-3**
> **中国银监会发布《商业银行杠杆率管理办法》**
>
> 为引导商业银行加强杠杆率管理，有效控制杠杆化程度，维护商业银行的安全、稳健运行，中国银监会发布了《商业银行杠杆率管理办法》（以下简称《办法》），确立了我国银行业杠杆率监管政策的总体框架。
>
> 2008年国际金融危机引发了国际社会对现行监管制度的全面反思。金融体系资产负债表过度扩张、金融机构过度承担风险所导致的杠杆化程度过高，被广泛认为是危机发生的重要原因之一。危机之后"去杠杆化"过程的艰巨性及其对实体经济造成的负面冲击，使得控制金融体系的杠杆化程度成为金融监管的重要目标。同时，本次金融危机也显示，尽管危机前西方主要商业银行的资本充足率处于较高水平，但其杠杆化程度仍在不断扩大，表明单靠风险加权的资本充足率监管尚难以有效控制银行的杠杆化程度。尤其是，一些商业银行利用复杂的经济资本模型套利，变相降低了银行的资本充足水平，削弱了银行的风险抵御能力，加剧了金融体系的脆弱性。
>
> 针对危机显示的问题，目前国际上已经达成共识，即应在现有的风险加权资本充足率之外，引入简单、透明、不具有风险敏感性的杠杆率指标，有效控制银行体系的杠杆化程度。根据二十国集团和金融稳定理事会的要求，巴塞尔银行业监管委员会积极推进了全球统一的杠杆率标准设计工作。2010年12月，巴塞尔委员会发布了第三版巴塞尔协议（Basel Ⅲ），明确了杠杆率的国际监管标准。
>
> 中国银监会高度重视杠杆率的监管工作，在广泛调研、充分论证、认真测算的基础上，根据第三版巴塞尔协议和其他主要国家监管当局的实践，制定并发布《商业银行杠杆率管理办法》（以下简称《办法》），确立了我国银行业杠杆率监管总体政策框架。《办法》包含4章21条和1个附件，分别为总则、杠杆率的计算、杠杆率的监督管理和附则。
>
> 《办法》规定，杠杆率是指商业银行持有的、符合有关规定的一级资本与商业银行调整后的表内外资产余额的比率；商业银行并表和未并表的杠杆率均不得低于4%；银监会对商业银行的杠杆率及其管理状况实施监督检查，对银行业的整体杠杆率情况进行持续监测，加强对银行业系统性风险的分析与防范。
>
> 《办法》适用于我国所有商业银行，政策性银行、金融资产管理公司、农村合作银行、农村信用社、企业集团财务公司、金融租赁公司、汽车金融公司和消费金融公司等机构参照执行。
>
> ❶ 资料来源：银监会网站，2011年6月2日。

八、资本充足率的计算

我国商业银行应当按照以下公式计算资本充足率：

$$资本充足率 = \frac{总资本 - 对应资本扣减项}{风险加权资产} \times 100\%$$

$$一级资本充足率 = \frac{一级资本 - 对应资本扣减项}{风险加权资产} \times 100\%$$

$$核心一级资本充足率 = \frac{核心一级资本 - 对应资本扣减项}{风险加权资产} \times 100\%$$

其中，商业银行风险加权资产包括信用风险加权资产、市场风险加权资产和操作风险加权资产。

表2-3　　　　　　2019年商业银行资本充足率指标情况表（法人）

项目	第一季度	第二季度
核心一级资本净额（亿元）	157 426	157 039
一级资本净额（亿元）	165 671	167 202
资本净额（亿元）	203 904	207 010
信用风险加权资产（亿元）	1 315 061	1 342 691
市场风险加权资产（亿元）	20 216	19 873
操作风险加权资产（亿元）	96 002	96 096
应用资本底线后的风险加权资产合计（亿元）	1 438 222	1 466 078
核心一级资本充足率（%）	10.95	10.71
一级资本充足率（%）	11.52	11.40
资本充足率（%）	14.18	14.12
杠杆率（%）	6.64	6.55

资料来源：银保监会网站，2019年11月12日。

第四节　商业银行资本的筹集

一、商业银行资本的来源

（一）商业银行资本的内部筹集

1. 银行资产持续增长模型。美国经济学家戴维·贝勒的银行资产持续增长模型揭示了银行资产持续增长与银行资产收益率、红利支付率和资本充足率之间的关系。

定义：由内源资本所支持的银行资产的年增长率称为持续增长率。

（1）银行资产持续增长率的计算公式

$$SG = (TA_1 - TA_0)/TA_0 = \Delta TA/TA_0 \tag{2.1}$$

其中，SG 为银行资产增长率，TA 为银行总资产，ΔTA 为银行资产增长率。

（2）由于资本的限制，决定了银行资产的增长率等于银行资本的增长率（戴维·贝勒时期商业银行对于资本充足率衡量是资本与总资产比率）。其计算公式为

$$SG = \Delta TA/TA_0 = \Delta EC/EC_0 \tag{2.2}$$

其中，EC 为银行总股本，ΔEC 为银行股本增加额。

（3）当新增加的资本来源于未分配利润时，式（2.2）改为

$$SG = ROA(1-DR)/[(EC_1/TA_1) - ROA(1-DR)] \tag{2.3}$$

其中，ROA 为资产收益率，DR 为银行税后收入中的红利部分，$(1-DR)$ 为留存盈余比。

银行若完全利用内源资本来融资，就要仔细权衡银行资产增长率、资产收益率、股票派息率和资本充足率监管要求之间的平衡。一般来说内源融资是银行补充资本、提高资本充足率的第一选择，其优点在于不依赖外部条件，避免了金融工具的发行成本，不会稀释现有股东的控制权；缺点是会缴纳公司所得税，减少了银行的所得利润留存，影响银行的市值。

2. 商业银行资本的内部筹集。商业银行资本的内部筹集一般采取增加各种准备金和收益留存的方法。

（1）增加各种准备金。准备金通常有资本准备金、贷款损失准备金和投资损失准备金。以上几项准备金都是商业银行为了应付意外事件按照一定的比例从税前利润中提取出来的。它保留在银行账户上作为银行资本的补充，在一定程度上起着与股本资本相同的作用，准备金具备免税和低成本的双重好处，是西方国家商业银行乐于采取的筹集资本的措施。由于准备金多是为防备未来出现的亏损而设立，稳定性较差，金融管理当局对此一般会有所限制。

（2）收益留存。收益留存即从商业银行内部进行资本积累，包括剩余股利政策和固定股利支付率政策的改变。

3. 对商业银行资本内部筹集的评价。其优点在于：第一，不必依靠公开市场筹集资金，可免去发行成本因而总成本较低；第二，不会使股东控制权削弱，避免了股东所有权的稀释和所持有股票的每股收益的稀释。其缺点在于其筹集资本的数量在很大程度上受到商业银行本身的限制：第一，商业银行所能获得的净利润规模的限制；第二，受到商业银行股利分配政策的影响。

（二）商业银行资本的外部筹集

银行资本的外部筹集有发行普通股、发行优先股、发行资本债券等方法。

1. 发行普通股

（1）普通股的优点。与其他筹资方式相比，普通股筹措资本具有如下优点：第一，发行普通股筹措资本具有永久性，无到期日，不需归还。这对保证商业银行对资本的最低需

要、维持商业银行长期稳定发展极为有益。第二，发行普通股筹资没有固定的股利负担，股利的支付与否和支付多少，视商业银行有无盈利和经营需要而定，经营波动给商业银行带来的财务负担相对较小。由于普通股筹资没有固定的到期还本付息的压力，所以筹资风险较小。第三，发行普通股筹集的资本是商业银行最基本的资金来源，它反映了商业银行的实力，可作为其他方式筹资的基础，尤其可为债权人提供保障，增强商业银行的举债能力。第四，由于普通股的预期收益较高并可以一定程度地抵消通货膨胀的影响（通常在通货膨胀期间，不动产升值时普通股也随之升值），因此普通股筹资容易吸收资金。

（2）普通股缺点。第一，普通股的资本成本较高。从投资者的角度讲，投资于普通股风险较高，相应地要求有较高的投资报酬率。对于筹资商业银行来讲，普通股股利从税后利润中支付，不像债券利息那样作为费用从税前支付，因而不具抵税作用。另外，普通股的发行费用一般也高于其他证券。第二，以普通股筹资会增加新股东，这可能会分散商业银行的控制权。此外，新股东分享商业银行未发行新股前积累的盈余，会降低普通股的每股净收益，从而可能引发商业银行股价的下跌。

2. 发行优先股

（1）优先股的优点。第一，财务负担轻。由于优先股股利不是商业银行必须偿付的一项法定债务，如果公司财务状况恶化，这种股利可以不付，从而减轻了商业银行的财务负担。第二，财务上灵活机动。由于优先股没有规定最终到期日，它实质上是一种永续性借款。优先股的收回由商业银行决定，商业银行可在有利条件下收回优先股，具有较大的灵活性。第三，财务风险小。由于从债权人的角度看，优先股属于商业银行股本，从而巩固了商业银行的财务状况，提高了商业银行的举债能力，因此，财务风险小。第四，不减少普通股的收益和控制权。与普通股相比，优先股每股收益是固定的，只要商业银行净资产收益率高于优先股成本率，普通股每股收益就会上升；另外，优先股无表决权，因此不影响普通股股东对企业的控制权。

（2）优先股的缺点：第一，资金成本高。由于优先股股利不能抵减所得税，因此其成本高于债务成本。这是优先股筹资的最大不利因素。第二，股利支付的固定性。虽然商业银行可以不按规定支付股利，但这会影响商业银行形象，进而对普通股市价产生不利影响，损害到普通股股东的权益。当然，如在企业财务状况恶化时，这是不可避免的。但是，如企业盈利很大，想更多地留用利润来扩大经营时，由于股利支付的固定性，便成为一项财务负担，影响了商业银行的扩大再生产。

3. 发行资本债券

按照巴塞尔协议的规定，符合一定条件的债券可以列入银行的资本，如可转换债券、次级债券、混合资本债券、二级资本债、永续债等，这些债券我们统称为资本债券（这些债券的具体内容我们在本书第八章中详细介绍）。

（1）资本债券筹资的优点。第一，资本成本低。债券的利息可以税前列支，具有抵税作用；另外债券投资人比股票投资人的投资风险低，因此其要求的报酬率也较低。故商业银行债券的资本成本较低。第二，具有财务杠杆作用。债券的利息是固定的费用，债券持有人除获取利息外，不能参与商业银行净利润的分配，因而具有财务杠杆作用，在息税前利润增加的情况下会使股东的收益以更快的速度增加。第三，所筹集资金属于长期资金。发行债券所筹集的资金一般属于长期资金，可供商业银行在1年以上的时间内使用，这为商业银行安排长期贷款项目提供了有力的资金支持。

（2）资本债券筹资的缺点。第一，财务风险大。债券有固定的到期日和固定的利息支出，当商业银行资金周转出现困难时，易使商业银行陷入财务困境。第二，限制性条款多，资金使用缺乏灵活性。因为债权人没有参与商业银行管理的权利，为了保障债权人债权的安全，通常会在债券合同中包括各种限制性条款。这些限制性条款会影响商业银行资金使用的灵活性。

> **知识链接 2-4**
> **邮储银行成功发行 72.5 亿美元境外优先股**
>
> 2017年9月21日，中国邮政储蓄银行成功发行72.5亿美元境外优先股，全球资本市场反响热烈，投资者认购踊跃。本次标杆性交易在国际资本市场上创下多个纪录，系2010年以来全球最大的金融机构优先股发行，也是迄今为止亚洲最大的金融机构优先股发行。
>
> 邮储银行本次境外非累积永续优先股，发行规模为72.5亿美元，无到期日，附5年后发行人有条件的赎回权，股息率为4.500%。本次发行的投资者类型多元、地域分布广泛，国际投资机构占比达30%，包括众多全球知名投资机构，充分体现了国际资本市场对邮储银行经营实力的高度认可。
>
> 本次发行是邮储银行继2016年于香港上市后，在国际资本市场上的又一次重大融资活动，进一步提升了邮储银行的国际影响力。邮储银行充分利用自身资信优势，通过发行境外优先股，有效增强资本实力，优化资本结构，助力银行持续发展，致力于更好地服务社区、服务中小企业、服务"三农"，满足中国经济转型中最具活力的客户群体的金融服务需求。
>
> ↑ 资料来源：褚轩. 邮储银行成功发行72.5亿美元境外优先股［EB/OL］. 中国邮政网，2017-09-27.

二、提高商业银行资本充足率的策略

根据商业银行资本的来源方式，商业银行提高资本充足率主要有两个途径：一是增加资本，二是降低风险加权总资产。前者称为"分子策略"，后者称为"分母策略"。当然，银行也可以"双管齐下"，同时采取两个策略。

（一）分子策略

商业银行提高资本充足率的分子策略，包括增加一级资本和二级资本。

一级资本的来源包括发行普通股、提高留存利润等方式。普通股是银行核心一级资本的主要内容，但发行普通股的成本通常较高，且银行不能经常采用。留存利润是银行增加一级资本最便捷的方式，其成本相对于发行股票来说低得多。一般情况下，银行均会规定一定比例的净利润用于补充资本。但留存利润的多少取决于市场环境、银行的盈利能力，在多数情况下不可能在短时间内起到立竿见影的效果。除上述方式外，银行还可以采取发行优先股来补充一级资本，但应符合监管规定的一级资本工具合格标准。

二级资本主要来源于超额贷款损失准备、二级资本债等。商业银行可通过多计提拨备的方式增加二级资本，但只有超过监管规定最低要求的部分才能计入二级资本，而且拨备计提过多会影响银行的利润水平，从而影响利润留存。银行还可以通过发行二级资本债的方式来补充二级资本，但应符合监管规定的二级资本工具合格标准。

（二）分母策略

商业银行提高资本充足率的分母策略，总体思路是降低风险加权资产的总量，包括分别降低信用风险、市场风险和操作风险的资本要求。主要采用两种措施：一是降低规模，二是调整结构。

降低规模就是需要银行缩小整体的资产规模，这种方法能在提高银行资本充足率方面起到立竿见影的效果。但是对一家正常的银行来说，需要通过适度保持资产规模增长来保持市场规模、提高盈利能力，因此银行很少采取直接减少信贷投放，或者处置资产等降低规模的方法。因此，降低总的风险加权资产的方法，主要是调整资产结构，减少风险权重较高的资产，增加风险权重较低的资产。因此银行可以多发放零售类贷款，对公司类贷款，应主动减少评级低、风险高等资本消耗型资产的投放。在发放贷款时，要求客户尽量提供合格的抵、质押品，且要保证抵、质押品足值，等等。

（三）综合策略

商业银行提高资本充足率往往可以"双管齐下"，同时采取分子策略和分母策略，其中非常重要的一个综合性方法是银行并购。在两家或多家银行并购以后，新银行将拥有比以前单家银行大得多的资本，而且与此同时，可以合并以前多家银行重复的部分和机构，降低成本，增加利润，从而增加资本；可以对所有资产进行重组，化解业已存在的不良资产，降低风险加权总资产；可以利用合并后的新形象发行新股票，增加银行的一级资本。

【本章小结】

商业银行使用资本这个概念时，通常有三个方面的含义，一是财务会计意义上的，即账面资本；二是外部监管意义上的，即监管资本；三是内部管理意义上的，即经济资本。商业银行资本的功能主要有营业功能、保护功能和管理功能。

商业银行资本充足至少要达到两个要求：总量要达标和结构要合理。西方商业银行对于资本充足率衡量经历了资本与存款比率、资本与总资产比率、资本与风险资产比率、纽约公式等阶段。

银行国际化、金融工具的创新及表外业务的发展等背景，促使银行监管的国际合作和巴塞尔系列协议的产生。从《巴塞尔协议Ⅰ》到《巴塞尔协议Ⅱ》，再到目前的《巴塞尔协议Ⅲ》，全球银行业资本监管要求变得更为严格、科学和富有效率，这对于提高全球银行资本的总体水平和质量，维护金融业的稳定和防范系统性风险的发生具有重要作用。

我国坚持国际标准与中国国情相结合、《巴塞尔协议Ⅱ》和《巴塞尔协议Ⅲ》统筹推进、宏观审慎监管和微观审慎监管有机统一的总体思路，推出了《商业银行资本管理办法（试行）》。该办法涵盖了最低资本要求、储备资本要求和逆周期资本要求、系统重要性银行附加资本要求等多层次监管要求，促进银行资本充分覆盖银行面临的系统性风险和个体风险。

美国经济学家戴维·贝勒的银行资产持续增长模型揭示了银行资产持续增长与银行资产收益率、红利支付率和资本充足率之间的关系。商业银行资本的筹集有两种方法，即内部筹集和外部筹集。内部筹集资本一般采取增加各种准备金和收益留存的方法；外部筹集资本主要有发行普通股、发行优先股、发行资本债券等方法。

商业银行提高资本充足率主要有两个途径，一是增加资本，二是降低风险加权总资产。前者称为"分子策略"，后者称为"分母策略"。商业银行也可以采取"双管齐下"的综合策略。

【重点概念】

监管资本　经济资本　资本充足率　市场约束　一级资本　二级资本　杠杆率　流动性覆盖率　净稳定融资比率

【思考与练习题】

1. 简述商业银行资本的功能。
2. 简述《巴塞尔协议Ⅰ》的主要内容。
3. 简述《巴塞尔协议Ⅱ》的三大支柱。
4. 简述《巴塞尔协议Ⅲ》的主要内容。
5. 谈谈你对《巴塞尔协议Ⅲ》提高资本充足率监管标准及建立储备资本、逆周期资本和系统重要性银行附加资本的看法。
6. 简述我国商业银行监管资本的基本内容。
7. 简述商业银行资本筹集的两种方式。
8. 联系我国商业银行资本金现状，请你谈谈提高商业银行资本充足率的解决之道。
9. 某商业银行现有加权风险资产4亿元，核心一级资本充足率为2%，资本充足率为8%。如果银行未来风险资产将增加10%，而且要求核心一级资本充足率达到5%，资本充足率达到10%，那么该银行需要增加多少资本？其中核心一级资本需增加多少？
10. 某商业银行资产规模为50亿元、资本额为4亿元，其中2亿元为留存盈余的小银行，正好达到8%的最低资本充足率要求。该银行计划在下一年度提高资产增长率，而且使资本充足率保持8%不变，分析以下四种方案，按要求回答其中的问题。

注：这里的资本充足率为资本与资产之比；每个方案要列出等式，不能直接给出

结果。

方案（1）：如果资产增长率为8%，分红率为40%，则资产收益率为多少，该银行才能靠自身积累满足资产增长对资本的要求？

方案（2）：如果资产增长率为12%，分红率保持40%不变，则资产收益率要达到多少，该银行才能靠自身积累满足资产增长对资本的要求？

方案（3）：如果资产增长率为12%，资产收益率保持方案（1）的水平不变，如何调整分红率，该银行才能靠自身积累满足资产增长对资本的要求？

方案（4）：如果资产增长率为12%，资产收益率和分红率保持方案（1）的水平不变，则该银行需要增加多少外源资本才能满足资产增长对资本的要求？

第三章

商业银行负债管理

【本章学习目标】
1. 了解商业银行负债业务的含义、作用和构成，掌握商业银行负债管理的基本原则；
2. 掌握传统三大存款业务，了解存款业务的创新；
3. 掌握我国商业银行主要的存款业务种类及影响存款规模的主要因素；
4. 了解商业银行存款的成本管理、存款的稳定性和存款的营销；
5. 掌握存款保险制度的含义、作用，了解我国存款保险制度的主要内容和政策考虑以及存款保险处置金融风险的方式；
6. 掌握同业拆借、再贷款、再贴现、证券回购协议等短期借款业务的含义；
7. 了解金融债券的一般知识；
8. 了解短期借款的管理要点及发行金融债券的管理要点。

第一节 商业银行负债的构成

一、商业银行负债的含义及特点

负债是指过去的交易、事项形成的现实义务，履行该义务预期会导致经济利益流出企业。商业银行负债是商业银行在经营活动中尚未偿还的经济义务。

商业银行负债具有以下特点：第一，它必须是现实的、优先存在的经济义务，过去发生的、已经了结的经济义务或将来可能发生的经济义务都不包括在内；第二，它的数量是必须能够用货币来确定的，一切不能用货币计量的经济义务都不能称为银行负债；第三，商业银行负债只能在偿付以后才能消失，以债抵债只是原有负债的延期，不能构成新的负债。

二、商业银行负债的作用

（一）负债业务是商业银行资金的主要来源

商业银行的负债提供了商业银行90%左右的资金来源，商业银行负债规模和结构决定了商业银行经营的规模和方向,同时,商业银行的负债性质也决定了商业银行经营的特征。从银行的职能角度看,商业银行最基本的职能就是信用中介和支付中介。商业银行只有作为"借者的集中",才有可能作为"贷者的集中",即必须首先使自己成为全社会最大的债务人,才能成为全社会最大的债权人。同时,商业银行负债的结构包括期限、利率、投向等,决定着资产的运用方向和结构特征。只有商业银行的负债业务发展了,营运资金的规模才能扩大。

(二)负债业务是商业银行生存发展的基础

流动性是商业银行经营管理中必须要坚持的原则,而银行负债是解决银行流动性的重要手段。负债业务能够保持银行对到期债务的及时清偿能力,也为资产的增长提供后续资金。可见,负债业务是商业银行生存发展的基础,是商业银行维持资产增长的重要途径,对商业银行经营活动至关重要。

(三)负债业务是商业银行同社会各界联系的主要渠道

商业银行作为国民经济的综合部门和资金运动的枢纽,成为社会资金活动的集散地。社会上所有经济单位的闲散资金和货币收支,都离不开商业银行的负债业务。一方面,银行为社会各界提供金融投资的场所和工具,如各种存款和金融债券;另一方面,由于客户的资金流向经营领域,其货币收支随时会反映到银行的账面上,银行可以对其资金规模、资金流向及经营活动了如指掌。银行在为客户提供各种信息咨询、担保等金融服务的同时,也可以为宏观金融决策部门和银行自身的营销策略反馈必要的市场信息。所以,负债业务是商业银行同社会各界进行联系、提供服务、反馈信息和有效监督的重要渠道。

三、商业银行负债的构成

1. 就范围来讲,商业银行负债业务有广义和狭义之分。狭义的负债是指商业银行对他人的债务或欠款。商业银行以借贷方式向他人筹措资金,虽然可以在其经营范围内自由支配,但此时商业银行只是获得了资金的使用权,而没有所有权,这就决定了商业银行负有偿还义务,从而构成了其负债行为。广义负债除了包括商业银行对他人的债务之外,还包括商业银行的自有资本等,也就是说,所有形成商业银行资金来源的业务都是其负债业务。通常所说的负债是狭义上的负债。

2. 从取得资金的方式来讲,商业银行负债业务有被动负债、主动负债和其他负债。吸收存款属于商业银行被动负债,因为客户是否将货币资金存入银行、存入多少、信用关系是否因此发生,很大程度上取决于存款人的决策,商业银行在这种负债业务中处于相对被动地位;商业银行主动向市场借款,如发行金融债券、发行大额可转让定期存单、向中央银行借款、向同业借款等,在这些负债业务中处于主动地位,因此被称为主动负债;其他负债业务是指商业银行在办理业务中,或是没有固定的债权、或是没有规范化的信用关系的负债形式,如占有联行结算资金等。

3. 根据期限的不同,商业银行负债业务可分为短期负债、中期负债、长期负债。短期负债是指期限在一年以内(包含一年)的负债;中期负债是指期限在一年以上(不包含一年)、五年(包含五年)以下的负债;长期负债是期限在五年以上的负债。

四、商业银行负债管理的基本原则

商业银行在负债管理中,一般应遵循以下基本原则:

(一)依法筹资原则

商业银行在筹资过程中,无论采取何种方式或渠道,都必须严格遵守国家的相关法律法规,不得进行违法筹资和违规筹资活动。依法筹资原则有三重含义:一是商业银行的筹资范围和渠道都必须符合有关法律如《商业银行法》的规定,不得超范围筹集资金;二是商业银行筹资必须严格遵守国家的利率政策,不得违反利率政策筹集资金;三是不能利用不正当竞争的手段筹集资金。

(二)成本控制原则

商业银行在筹资活动中,要通过各种方法、手段力求降低筹资成本,为取得合理的利差创造条件,努力提高盈利水平。盈利性是商业银行追求的最终经营目标,而商业银行盈利水平的高低取决于收入与成本的配比关系,其中筹资成本又是经营成本的重要内容。所以,在其他条件相同的情况下,筹资成本的高低是直接影响商业银行盈利水平的关键因素。

(三)规模适度原则

商业银行在筹资活动中要根据业务发展需要,特别是资产规模扩张的要求,避免因过度负债引起支付困难。由于商业银行具有高负债、高风险的特点,客观上要求商业银行只有严格遵守各项风险监管指标的规定,才能提高经营信誉,保证经营的安全性,避免经营亏损甚至破产。规模适度是商业银行在筹资方面稳健经营的具体表现。

(四)结构合理原则

商业银行在筹资活动中,要通过保持合理的筹资结构,降低筹资成本和风险,提高负债的相对稳定性,维持商业银行资金流动性的需要。商业银行负债结构并没有绝对的标准,一般可以通过两个方面进行把握:一是负债筹资的综合平均成本,负债的综合平均成本低,负债结构就合理,反之就不合理;二是保持稳定的筹资来源,实行多样化的筹资方式和筹资渠道,避免单一的筹资方式和筹资渠道,减少筹资来源不稳定因素。

第二节　商业银行存款业务管理

存款是存款人基于对银行的信任而将资金存入银行,并可以随时或按约定时间支取款项的一种信用行为。存款是银行对存款人的负债,是银行最主要的资金来源,同时也是商业银行利润及规模扩张的最终决定因素。作为商业银行重要的资金来源之一,存款规模总是被现代商业银行的管理者视为衡量市场份额、评判银行业绩的重要标志。

一、传统的存款种类

不同国家的商业银行存款种类的划分也不尽相同,以美国等发达国家的商业银行为例,其传统的存款种类有活期存款、定期存款和储蓄存款三种。

(一) 活期存款

活期存款是指可以由客户随时存取而不需事先通知银行的一种存款。活期存款是客户出于交易目的而办理的存款,利用该存款账户,客户可以支取现金,也可以使用支票,但通常是使用支票进行转账,又称支票存款。

活期存款具有货币支付手段和流通手段职能,还具有较强的派生能力,从而成为商业银行的一项重要资金来源,也是商业银行扩大信用、联系客户的重要渠道。但由于该类存款存取频繁,手续复杂,所费成本较高,因此西方国家商业银行对活期存款一般都不支付利息,有时甚至还要收取一定的手续费。

(二) 定期存款

定期存款是指由客户与银行双方在存款时事先约定期限、利率,到期时才能支取本息的存款。

办理定期存款时,银行一般签发给客户载明存款金额、利率和期限的定期存单,定期存单为记名方式,不能转让,只能在签发银行兑现,但可以作为质押品从银行取得贷款。定期存款的期限较长而且存期固定,所以该类型存款对银行来说是比较稳定的资金来源,所承担的流动性风险较低,对商业银行的长期放款和投资具有重要意义。

(三) 储蓄存款

储蓄存款是客户为积蓄货币和获取利息而办理的一种存款,客户仅限于个人和非营利机构。

储蓄存款通常由银行给存款人开立一张存折,以此作为存取凭证,存折不能流通转让。储蓄存款不能签发支票,支用时只能提取现金。西方国家一般只允许商业银行的储蓄部门和专门的储蓄机构经营储蓄存款业务,且管理比较严格。

二、存款业务的创新

随着金融业的发展,投资工具的可选择性增加,单一的传统存款经营模式使得商业银行的存款量呈下降趋势,同时来自其他金融机构和商业银行内部竞争加剧,迫使商业银行创造出新的存款经营工具来满足自身资金需求。美国商业银行在存款业务创新方面尤为突出,其主要的创新品种有以下几种。

(一) 可转让支付命令账户

可转让支付命令账户(Negotiable Order of Withdrawal Account,NOW)也称付息的活期存款,对个人和非营利机构开立,既可用于转账结算,又可支付利息,年利率略低于储蓄存款,存户可随时开出支付命令书,或直接提现,或直接向第三者支付,其存款余额可取得利息收入。通过这种账户,商业银行既可以为客户提供支付上的便利,又支付利息,从而吸引客户,扩大存款。可转让支付命令账户是参加存款保险的。近年来NOW得到很大推广,并又有创新,如超级可转让支付命令账户(Super NOW),是美国商业银行于1983年开办的一种利率较高的存款账户业务。它与普通NOW账户的区别一是它可以无限制地开出支付命令;二是比普通NOW账户的利率更高,但须保持一定的最低余额，一般要求存款最低余额必须超过 2 500 美元。

（二）自动转账服务账户

自动转账服务账户（Automatic Transfer Service Accounts，ATS）是一种可以在储蓄存款账户和活期存款账户之间按照约定自动转换的存款账户。开办于 1987 年，是在电话转账服务账户的基础上发展起来的。与电话转账服务账户的不同之处在于存款在账户间的转换不需存款人电话通知而由银行按约定自动办理。存户可以同时在银行开立两个账户：有息的储蓄存款账户和无息的活期存款账户。活期存款账户的余额要始终保持 1 美元。银行收到存户所开出的支票需要付款时，可随时将支付款项从储蓄存款账户上转到活期存款账户上，自动转账，即时支付支票上的款项。开立自动转账服务账户，存户要支付一定的服务费。在开立此账户之前，存户一般先把款项存入储蓄存款账户，由此取得利息收入，而当需要开支票时，存户用电话通知开户行，将所需款项转到活期存款账户。

（三）货币市场存款账户

货币市场存款账户（Money Market Deposit Account，MMDA）性质介于储蓄存款与活期存款之间，货币市场存款账户的出现与货币市场基金有关。在《Q 条例》对商业银行支付存款利息的限制未取消之前，货币市场基金从银行手里夺走了不少存款。1982 年 12 月 16 日美国存款机构管制委员会正式批准商业银行开立这种可支付较高利率，并可以浮动，还可使用支票的账户。这一账户的存款者可定期收到一份结算单，记载所得利息、存款余额、提款或转账支付的数额等。货币市场存款账户的特点是：（1）客户开户时的起存金额为 2 500 美元，但以后不受此限额的约束；（2）日常平均余额如低于 2 500 美元，按 NOW 账户的较低利率计息；（3）存款利率没有上限的约束，银行每周调整一次利率；（4）没有最短存款期的限制，但客户提款必须提前 7 天通知银行；（5）账户使用货币市场存款账户进行收付转账，每月不得超过 6 次，其中以支票付款的不得超过 3 次；（6）存户的对象不限。由于货币市场存款账户可以支付较高的利息，且能够有条件地使用支票，因此颇受人们欢迎。

（四）协定账户

协定账户（Agreement Account）是一种可以在活期存款账户、可转让支付命令账户和货币市场存款账户三者之间自动转账的新型活期存款账户。银行与客户达成一种协议，即存户授权银行可将款项存在活期存款账户、可转让支付命令账户或货币市场存款账户中的任何一个账户上。对前两个账户都规定一个最低余额，超过最低余额的款项由银行自动转入同一存户的货币市场存款账户上，以便取得较高的利息。如果低于最低余额，也可由银行将同一存户在货币市场存款账户上的一部分款项，转入活期存款账户或可转让支付命令账户，以补足最低余额，满足支付需要。

（五）大额可转让定期存单

大额可转让定期存单（Large-denomination Negotiable Certificate of Deposit，CD）指银行发行的合约相对标准化、具有可转让性质的定期存款凭证，凭证上载有发行的金额及利率，还有偿还日期和方法。从本质上看，CD 仍然是银行的定期存款，但与传统的定期存款也有不同：（1）定期存款是记名的，是不能转让的，不能在金融市场上流通，而 CD 是不记名的，可以在金融市场上流通转让。（2）定期存款的金额是不固定的，有大有小，有整有零，CD 的金额则是固定的，而且是大额整数。（3）定期存款虽然有固定期限，但在没到期之前可以提前支取，不过损失了应得的较高利息；CD 则只能到期支取，不能提前支取。（4）定期存款的期限多为长期的；CD 的期限多为短期的，由 14 天到 1 年不等，超过 1 年的比较少。（5）定期存款的利率大多是固定的；CD 的利率有固定的也有浮动的，即使是固定的利率，在次级市场上转让时，还是要按当时市场利率计算。

对商业银行而言，CD 是一种新的有效的筹资工具，它具有主动性和灵活性，能够吸收数额庞大、期限稳定的资金。同时，它也是一种金融创新，极大地改变了商业银行的经营管理思想。对于投资者而言，CD 为其闲散资金的利用提供了极好的选择。

（六）个人退休金账户

个人退休金账户（Individual Retirement Account，IRA）是美国商业银行 1974 年为没有参加"职工退休计划"的个人创设的一种新型的储蓄存款账户。按照规定，只要工薪收入者每年在银行存入 2 000 美元，其存款利率可以不受《Q 条例》的限制，且可暂时享受免税优惠，直到存户退休以后，再按其支取的金额计算所得税。然而，由于退休后存户的收入减少，故这笔存款仍可按较低的税率纳税。个人退休金账户存款因存期较长，其利率也略高于一般储蓄存款。

IRA 账户是一种个人自愿投资性退休账户。所谓"自愿"是指是否购买 IRA 完全是居民个人的决策；所谓"退休账户"，是指这部分资金主要用于投资人退休后的养老用途，即正常情况下，这笔资金只有在投资人退休之后才能够使用；所谓"投资性"，是指居民购买 IRA 实质上是一种长期的基金投资，即 IRA 投资没有保底性收益，这点与养老保险有本质区别。相对于养老保险而言，IRA 风险较大，但获利机会也更多。

知识链接 3－1
美国个人退休金账户（IRA）的取款规定与惩罚

开办个人退休金账户（IRA）目的是让公民自己储备退休养老金，因而享受了美国联邦政府双重的税务优惠，但要受到某些限制。

1. 只有当客户年满 59 岁半以后，才可以从"个人退休金账户"中取款；
2. 客户可以自由安排取款的方式，既可以一次提取全部存款，也可以定期或者不定期取款，并在取款之时，开始作为普通的收入纳税；
3. 若客户年满 59 岁半以后并不急于用钱，也可以继续保持 IRA，但是，一旦年满 70 岁半之后，就必须开始取款，否则，要被惩罚性地扣留 50%；
4. 在身体正常的情况下，如果客户在 59 岁半之前取款，所取款的数目将要被扣掉 10%，如果客户不幸伤残或者去世，可以在 59 岁半之前取款，无任何惩罚。

（七）现金管理账户

现金管理账户（Cash Management Account，CMA）是 1977 年由美国美林证券公司推出的一种综合多种金融服务于一体的金融产品,它集支票账户、信用卡账户、证券交易账户于一体,通过货币市场共同基金(Money Market Mutual Fund,MMMF)进行运作。它的基本原理是客户在银行开立一个现金管理账户,银行自动把它转入MMMF内,并代客户进行基金投资,如果客户想买股票,也可从该账户内支付。如果支付的数额超过账户余额,银行可以自动透支,并以其账户的股票或其他证券作抵押。这样,客户享受到了商业银行提供的各种方便和流动性,又收到了投资银行提供的高收益,同时又将风险锁定在一定范围之内。

(八)指数定期存单

指数定期存单(Index CD)是指将存款客户的存款利息收益与某种指数的变动相挂钩的一种定期存单形式。

为了帮助那些没有时间或没有经验的存款客户也能够赢得股市行情看涨时的收益,1987年3月,大通曼哈顿银行开办了一种将存款收益与标准普尔500指数挂钩的定期存单,从而首创指数定期存单,此后指数定期存单这种形式被其他一些银行效仿。1989年1月以后,美国所有参加联邦存款保险的商业银行均已获取了发行这种定期存单的权利,并且商业银行也已将与存款收益相联系的指数类型进行了广泛的拓展,开辟出许多指数定期存单的新颖品种。到目前为止,在西方国家商业银行的具体实践中与存款利息挂钩的指数的范围非常广泛,主要包括商品价格指数、股票价格指数、黄金价格指数、汇率指数等,甚至可能与一场比赛的胜负相联系。

指数定期存单为众多资金有限的中小投资者间接创造了参与期货甚至期权交易等衍生金融产品的机会,为投资者在取得较为客观的收益的同时能避免投资风险提供了途径。

(九)投资账户

20世纪90年代初,面对日益严重的"金融脱媒"危机以及社会公众金融投资意识的不断增强,美国的部分商业银行开始向客户提供具有投资性质的高收益储蓄工具——投资账户(Investment Account),来为客户提供投资服务,以此防止或减少存款资金的流失。

投资账户就是商业银行与证券公司、保险公司等合作,通过银行计算机网络和销售渠道,向自己的存款客户等交叉销售股票、债券、年金保险、共同基金等金融产品,并向自己的存款客户提供咨询及投资组合等建议,帮助客户实现保值增值。投资账户最重要的优势在于它使银行有机会与客户保持现有关系,便于向客户提供其他服务并取得额外费用收入。从负面看,投资账户几乎不能向银行提供新的贷款资金,因为客户将存款用于购买股票、债券、共同基金股份及其他可交易证券。

三、我国商业银行的存款种类

我国商业银行的存款包括人民币存款和外币存款两大类,其中人民币存款又分为个人存款、单位存款和同业存款。这里我们只介绍人民币存款种类。

（一）个人存款

个人存款又叫储蓄存款，是指居民个人将闲置不用的货币资金存入银行，并可以随时或按约定时间支取款项的一种信用行为，是银行对存款人的负债。我国《商业银行法》规定，办理储蓄业务遵循"存款自愿、取款自由、存款有息、为存款人保密"的原则。

1. 活期存款。活期存款是指不规定存款期限，客户可以随时存取的存款。客户凭存折或银行卡及预留密码可在银行营业时间内通过银行柜面或银行自助设备随时存取现金。活期存款通常1元起存，部分银行的客户可凭存折或银行卡在全国各网点通存通兑。

（1）计息金额。存款的计息起点为元，元以下角分不计利息。利息金额算至分位，分以下尾数四舍五入。分段计息算至厘位，合计利息后分以下四舍五入。除活期存款在每季度结息日时将利息计入本金作为下一季度的本金计算复利外，其他存款无论存期多长，一律不计复利。

（2）计息时间。《中国人民银行关于人民币存贷款计结息问题的通知》（以下简称《通知》）中规定：从2005年9月21日起，我国对活期存款实行按季度结息，每季度末月的20日为结息日，次日付息。

（3）计息方式。《通知》中人民银行将计结息方式选择权下放到银行，银行除仍可沿用普遍使用的每年360天（每月30天）计息期外，也可选择将计息期全部化为实际天数计算利息，即每年为365天（闰年为366天），每月为当月公历的实际天数。另外，自2015年10月24日起，人民银行宣布对商业银行和农村合作金融机构等不再设置存款利率浮动上限，这意味着对于同一存款种类，各家银行之间将会出现计息方式及利率上的差异，从而使储户的最终利息收入并不相同。

《通知》中提供了两种计息方式的选择：一种是积数计息，另一种是逐笔计息。具体采用何种计息方式由各银行决定，储户只能选择银行，不能选择计息方式。

人民币存款计息的通用公式为

$$利息 = 本金 \times 实际天数 \times 日利率$$

人民币存款利率的换算公式为

$$日利率（‰）= 年利率（\%）\div 360$$

$$月利率（‰）= 年利率（\%）\div 12$$

积数计息法：按实际天数每日累计账户余额，以累计积数乘以日利率计算利息。目前，各家银行多使用积数计息法计算活期存款利息。计息公式为

$$利息 = 累计计息积数 \times 日利率$$

其中，累计计息积数=每日余额合计数。

逐笔计息法：按预先确定的计息公式逐笔计算利息。目前，各家银行多使用逐笔计息法计算整存整取定期存款利息。

计息期为整年（月）的，计息公式为

$$利息 = 本金 \times 年（月）数 \times 年（月）利率$$

计息期有整年（月）又有零头天数的，计息公式为

利息＝本金×年（月）数×年（月）利率＋本金×零头天数×日利率

2. 定期存款。定期存款是个人事先约定偿还期的存款，其利率视期限长短而定。定期存款主要有整存整取、零存整取、整存零取和存本取息四种，其中整存整取最为常见，是定期存款的典型代表。

3. 定活两便储蓄存款。定活两便储蓄存款是指存款时不确定存期，一次存入本金随时可以支取，利率随存期长短而变动的介于活期和定期之间的一种储蓄存款。我国目前规定，存期在一年以内的，整个存期按支取日整存整取定期储蓄同档次利率打六折计息；存期在一年以上的，无论存期多长，整个存期一律按支取日整存整取定期储蓄一年期存款利率打六折计息。定活两便储蓄存款存取灵活，流动性较好，既有定期之利，又有活期之便。

4. 个人通知存款。个人通知存款是一种不约定存期，支取时需提前通知银行，约定支取日期和金额方能支取的存款。个人通知存款无论实际存期多长，按存款人提前通知的期限长短划分为一天通知存款和七天通知存款两个品种。一天通知存款必须提前一天通知约定支取存款，七天通知存款则必须提前七天通知约定支取存款。个人通知存款一般5万元起存。

5. 教育储蓄存款。教育储蓄存款是指为了鼓励城乡居民以储蓄存款方式，为其子女接受非义务教育（指九年义务教育之外的全日制高中、大中专、大学本科、硕士和博士研究生）积蓄资金，促进教育事业发展而开办的储蓄存款。教育储蓄存款的开户对象为在校小学四年级（含四年级）以上学生，参加教育储蓄的储户如申请助学贷款，在同等条件下，金融机构应优先解决。教育储蓄存款起存金额为50元，本金合计最高限额为2万元。

知识链接3-2
个人银行账户分类管理新规

2015年12月25日，人民银行发布《中国人民银行关于改进个人银行账户服务加强账户管理的通知》，建立了新的银行账户分类管理机制。

人民银行规定，银行应按照"了解你的客户"原则，采用科学、合理的方法对存款人进行风险评级，根据存款人身份信息核验方式及风险等级，审慎确定银行账户功能、支付渠道和支付限额，并进行分类管理和动态管理。银行可通过柜面、远程视频柜员机和智能柜员机等自助机具、网上银行和手机银行等电子渠道为开户申请人开立个人银行账户。银行通过自助机具和电子渠道提供个人银行账户开立服务的，开户申请人只能持居民身份证办理。

在现有个人银行账户的基础上，增加银行账户种类，将个人银行账户分为Ⅰ类银行账户、Ⅱ类银行账户和Ⅲ类银行账户（以下分别简称Ⅰ类户、Ⅱ类户和Ⅲ类户）。银行可通过Ⅰ类户为存款人提供存款、购买投资理财产品等金融产品、转账、消费和缴费支付、支取现金等服务。银行可通过Ⅱ类户为存款人提供存款、购买投资理财产品等金融产品、限定金额的消费和缴费支付等服务。银行可通过Ⅲ类户为存款人提供限定金额的消费和缴费支付服务。银行不得通过Ⅱ类户和

Ⅲ类户为存款人提供存取现金服务,不得为Ⅱ类户和Ⅲ类户发放实体介质。

↑ 资料来源:中国人民银行网站,2015年12月25日。

（二）单位存款

单位存款又叫对公存款,是机关、团体、部队、企业、事业单位和其他组织以及个体工商户将货币资金存入银行,并可以随时或按约定时间支取款项的一种信用行为。

按存款的支取方式不同,单位存款一般分为单位活期存款、单位定期存款、单位通知存款、单位协定存款和保证金存款等。

1. 单位活期存款。单位活期存款是指单位类客户在商业银行开立结算账户,办理不规定存期、可随时转账、存取的存款类型。

单位活期存款账户又称单位结算账户,包括基本存款账户、一般存款账户、专用存款账户和临时存款账户。

（1）基本存款账户。基本存款账户简称基本户,是指存款人因办理日常转账结算和现金收付需要开立的银行结算账户。基本存款账户是存款人的主办账户,存款人日常经营活动的资金收付及其工资、奖金和现金的支取,应通过该账户办理。企业、事业单位等可以自主选择一家商业银行的营业场所开立一个办理日常转账结算和现金收付的基本账户,同一存款客户只能在商业银行开立一个基本存款账户。

（2）一般存款账户。一般存款账户简称一般户,是指存款人因借款或其他结算需要,在基本存款账户开户银行以外的银行营业机构开立的银行结算账户。一般存款账户可以办理现金缴存,但不得办理现金支取。

（3）专用存款账户。专用存款账户是指存款人对其特定用途的资金进行专项管理和使用而开立的银行结算账户,如住房基金、社会保障基金、更新改造资金等。

（4）临时存款账户。临时存款账户是指存款人因临时需要并在规定期限内使用而开立的银行结算账户。存款人在设立临时机构、异地临时经营活动、注册验资情形下,可以开立临时存款账户。该种账户的有效期最长不得超过二年。

2. 单位定期存款。单位定期存款是指单位类客户在商业银行办理的约定期限、整笔存入、到期一次性支取本息的存款类型。

3. 单位通知存款。客户在存入款项时不约定存期,支取时需提前通知商业银行,并约定支取存款日期和金额方能支取的存款类型。无论实际存期多长,按存款人提前通知的期限长短,可再分为一天通知存款和七天通知存款两个品种。

4. 单位协定存款。单位协定存款是一种单位类客户通过与商业银行签订合同的形式约定合同期限、确定结算账户需要保留的基本存款额度,对基本存款额度内的存款按结息日或支取日活期存款利率计息,超过基本存款额度的部分按结息日或支取日人民银行公布的高于活期存款利率、低于6个月定期存款利率的协定存款利率给付利息的一种存款。

5. 保证金存款。保证金存款是商业银行为保证客户在银行为客户对外出具具有结算功能的信用工具,或提供资金融通后按约履行相关义务,而与其约定将一定数量的资金存入特定账户所形成的存款类别。在客户违约后，商业银行有权直接扣划该账户中的存款，以最大限度地减少银行损失。

(三) 同业存款

广义的同业存款包括同业存放和存放同业两部分，这种业务是指金融机构之间开展的同业资金存入与存出业务。其中，同业存放是指因支付清算和业务合作等的需要，由其他金融机构存放于商业银行的款项。同业存放属于商业银行的负债业务，与此相对应的概念是存放同业，即存放在其他商业银行的款项，属于商业银行的资产业务。狭义上的同业存款仅仅指同业存放。

> **知识链接 3-3**
> **中国银行推出个人智能通知存款**
>
> 近日，中国银行推出个人智能通知存款产品。客户只需与中国银行签订协议，该客户指定的人民币活期存款账户余额达到中国银行规定的个人人民币通知存款起存金额要求时，中国银行为客户提供自动转存通知存款服务，并根据存款余额变动周期给予客户相应的一天或七天通知存款利息。
>
> 办理个人智能通知存款后，如果客户活期账户上的资金连续七天不发生变化，则该客户按照七天通知存款利率计息，获得的利息收益是活期存款收益的近 3 倍。
>
> 资料来源：中国金融网，2013 年 2 月 26 日。

四、影响存款规模的主要因素

影响商业银行存款变动的因素很多，大体上分为宏观和微观两类因素，前者影响整个社会的存款总量，而后者则对单个银行产生影响。

(一) 影响存款水平的宏观因素

1. 一国经济发展水平。从长期来看，一个国家经济发展水平对社会存款总量有决定性影响。一国经济发展程度可用国内生产总值来衡量，国内生产总值的增长一般也就意味着居民可支配收入的增加，居民增加的收入有三个主要去向：消费、储蓄和投资。一般来说消费的增长速度会低于收入的增长速度，这就意味着储蓄和投资增长会更快些，而居民储蓄增长绝大部分会体现出银行存款总量的增加。

2. 中央银行的货币政策。中央银行的货币政策在短期内会对社会上的存款总量产生非常重要的影响。中央银行作为一个调节社会上货币供给量的机构，会经常性地对货币总量供应进行调控，中央银行执行扩张性还是紧缩性货币政策，直接影响商业银行存款总量的大小，制约商业银行的存款派生能力。

3. 金融市场的相互竞争。金融市场主要由两大市场构成：以依靠商业银行为主的间接融资市场和以依靠证券机构为主的直接融资市场，这两大市场争夺社会上的闲散资金。以股票、债券等证券为主的市场有一定的主动性，当人们预期证券资产价格会上升时,就会将存款取出转移到证券市场,这时银行的存款总量会减少;当人们预期证券资产价格会下降时,就会卖出证券将钱存回银行,这时银行的存款总量会增加。

4. 社会保障程度。一般来说,社会保障程度与商业银行存款规模是反向变动的。社会保障程度越高,人们会预期将来支出下降,居民收入大部分会即期消费掉,这就会表现为银行存款总量减少;社会保障程度越低,人们对未来的不确定性增加,就会增加货币持有量以备不测之需,这就会表现为银行存款总量增加。

除以上因素外,金融监管机构的行为、物价水平、历史文化传统及居民偏好等也会对存款总量产生影响。

(二) 影响存款水平的微观因素

1. 银行的经营管理水平。银行的经营管理水平越高,就越能为客户提供更方便快捷、个性化更强的金融服务,并以高效优质的服务带动银行存款的增长。

2. 银行的资产规模和信誉。商业银行的实力和竞争力表现在两方面:资产规模体现出银行的硬实力,而信誉则是银行软实力的重要体现。银行的资产规模越大,抵御风险的能力越强,存款人就会觉得越安全,所以一般客户会选择规模较大的银行存款,同时银行作为一个信用机构,信誉是它生存的根本,信誉和形象优劣直接影响客户的心理和预期选择。

3. 服务项目和服务质量。商业银行是一个为顾客服务的机构,服务项目的广泛程度、是否针对客户的消费偏好一定程度上会影响到客户的选择,服务的快捷方便程度和服务环境的优劣会对客户心理产生影响。银行应努力采取多种措施来解决客户的各种需求,如营业厅内可多开一些营业窗口、用叫号机来解决排队难问题、网点要设在交通便利处、ATM 尽量采用有存取两用功能的、优化电脑和网络系统等。

4. 存款的种类与方式。银行应根据不同客户的金融需求针对市场准确定位,开发出一些适销对路的存款品种,在存款的盈利性和方便性方面多下功夫,设计出新型的存款品种并依市场变化不断改进,从量和质两方面来满足银行资产的需求。

综合以上影响存款的因素,宏观因素属于不可控因素,只能通过预测来采取防范措施。对于个体商业银行来说,微观因素属于可控或部分可控因素,银行可以采取一定措施使之朝自己有利的方向发展。

五、存款的经营管理

(一) 存款成本管理

1. 存款成本的构成。银行在进行成本管理时,经常使用的成本概念主要有利息成本、营业成本、资金成本、可用资金成本、相关成本等。

(1) 利息成本。利息成本是存款成本中最重要的成本,是银行以货币形式支付给客户的存款报酬。利息成本根据市场情况可以采用固定利率,也可以采用浮动利率计算,依期限的不同而不同。由于市场利率波动频繁,若以固定利率计息,在市场利率下降时会增加银行的存款成本,收益受损;市场利率上升时,银行则会受益。以浮动利率计息的存款,则可降低银行存款的利率风险,但会给银行成本预测和管理带来困难。

(2) 营业成本。营业成本也称非利息成本或服务成本，是指花费在吸收存款上的除利息之外的其他所有开支，包括员工的工资、设备和房屋的折旧费、办公费、广告宣传费、差旅费以及为客户提供其他服务的费用等。在利率管制的情况下，一些商业银行为了吸引客户存款，往往通过提供更多的服务来争取竞争中的优势，这导致非利息成本的快速增长，因此，营业成本就成为商业银行成本控制的关键。

(3) 资金成本。资金成本是指商业银行为吸收存款而支付的一切成本，即利息成本和营业成本之和，它反映了银行为取得存款而付出的代价。资金成本除以吸收的存款数额，得到资金成本率。

资金成本率 =（利息成本 + 营业成本）÷ 吸收的存款数额 × 100%

资金成本率是一个重要的成本分析指标，既可以用来比较银行不同年份吸收存款的成本，考察其发展趋势，也可以在银行同业，尤其是规模相同、条件相近的银行之间进行比较，从而明确其竞争地位。

(4) 可用资金成本。可用资金成本是指银行存款中可以用于贷款和投资上的那部分存款的成本。可用资金是银行总的资金来源中扣除应缴存的法定存款准备金和必要的超额准备金后的余额。可用资金成本的高低一般用可用资金成本率来衡量。

可用资金成本率 =（利息成本 + 营业成本）
÷（吸收的存款数额 − 法定存款准备金 − 必要的超额准备金）× 100%

可用资金成本率既可以用于各种存款之间的对比，分析为得到各种可用资金所要付出的代价，也可以在总体上分析银行可用资金成本的历史变化情况及比较本行与其他银行可用资金成本的高低。

(5) 相关成本。相关成本是指与商业银行增加存款有关，但未包括在以上四种成本中的各项开支。主要有两种类型：一种是风险成本，指的是因为存款的增加，引起银行风险增加而必须付出的代价，如存款总量的增加，会使利率敏感性存款增加，从而增加利率风险，因而需要增加相应的防范和抵御风险的费用支出；另一种是连锁反应成本，是指银行因为对吸收新存款增加服务和利息支出而引起对原有存款增加的开支，例如，银行为了争夺更多存款，往往以增加利息和提供服务的方式来吸引顾客，但在对新存款客户支付更多利息和提供更多服务的同时会产生"看齐效应"，以至于原客户也要求有同样高的利息和同样多的服务，从而加大了银行成本开支。

2. 存款成本的管理。存款成本的管理是商业银行存款负债管理的关键环节，存款成本的管理主要从存款结构和存款总量两个方面来考虑。

(1) 存款结构与成本控制

一般来说，存款的期限、利率和成本之间存在这样一种关系：存款的期限越长，利率就越高，其成本也就越高；反之亦然。但是如果进一步分析，就会发现情况未必一定如此。因为存款成本中除了利息成本还包括非利息成本，即营业成本。例如，活期存款与定期存款相比，活期存款的利息成本虽然很低，但它的营业成本却很高，因此活期存款的总成本不一定低于定期存款的总成本。商业银行在经营实践中，对存款结构的成本选择，需要处理好以下关系：一是尽量扩大低息存款的吸收，降低利息成本的相对数；

二是正确处理不同种类存款的利息成本和营业成本的比重关系,力求不断降低营业成本的支出,并减少其在总成本中所占份额;三是活期存款的发展战略必须以不减弱银行的信贷能力为条件;四是定期存款的发展不应以提高自身的比重为目标,而应与存款的派生能力相适应。

(2) 存款总量与成本控制

商业银行的存款总量和成本之间的关系有四种不同的组合模式:一是逆向组合模式,即存款总量增加,成本却下降,这是最佳的组合模式;二是同向组合模式,即存款总量增加,成本也增加,这种组合模式是否可取需要进一步分析;三是总量单向变化模式,即存款总量增加,成本保持不变,这是较理想的组合模式;四是成本单向变化模式,即存款总量不变,成本却增加,这是最差的组合模式。

从上述四种组合模式中可以发现,存款成本不仅与存款总量有关,而且与存款结构、单位成本内固定成本和变动成本的比例,以及利息成本和营业成本占总成本的比重都有密切的关系,并且这些因素并不一定都同存款总量的变动方向一致,从而形成上述各种不同的组合。商业银行存款成本控制的目标之一,就是在不增加成本或减少成本的情况下,尽可能吸收更多的存款。对于银行而言,要实现这一目标,应该从优化存款结构、创新存款品种、加强经营管理、提高工作效率和改善服务质量等方面入手,而不能单纯依靠提高存款利率、增设营业网点、增加银行员工等办法去扩大存款市场。因此,从存款成本的角度分析,商业银行的存款规模应保持适度,不宜过大或过小,应该努力寻求边际成本和实际收益的交点,从而使商业银行以最少的投入获得最大的收益。

(二) 提高存款的稳定性

商业银行吸收的存款可分为三大类:一是易变性存款,主要是活期存款,稳定性最差;二是准变性存款,主要是定活两便存款、通知存款等,稳定性稍强于易变性存款;三是稳定性存款,主要指定期存款、可转让定期存单及专项存款等,稳定性较强。

稳定性存款是形成商业银行中长期和高盈利资产的主要资金来源。存款的稳定性一般用存款稳定率来衡量。存款稳定率是一定时期内银行存款的最低余额与存款平均余额之比,用公式表示为

$$存款稳定率 = 存款最低余额 \div 存款平均余额 \times 100\%$$

该公式表明,存款总额中长期保留在银行的比例越大,存款稳定率越高,银行存款的稳定性就越强;反之存款总额中长期保留在银行的比例越小,存款稳定率越低,银行存款的稳定性就越弱。

提高存款的稳定性既要考虑宏观因素,也要考虑微观因素。宏观因素多是银行不能控制的外生变量,如政局的稳定、社会的安定与否、金融市场的发展水平、金融资产总量的多少、利率政策及利率水平等。银行应该更多地控制和影响微观方面的因素,如存款的种类、存款人的动机、存户数量的多少、存期长短、服务质量的高低、金融机构之间的竞争等。客户存款的目的,有的是获得支付上的便利,有的是保值增值,还有的是投机获利。一般而言,以保值增值为目的的存款稳定性高,其他类型的存款稳定性低。当存款规模一定时,银行存户数量越多,存款人之间此存彼取、相互抵消的可能性越

大，存款的稳定性越高，反之则越低。在存款利率管制严格、缺乏弹性的市场环境里，银行能否提供高质量的全面服务会直接影响存款的稳定性。如果服务质量好、效率高，并始终和客户保持良好、密切的关系，银行存款的稳定性就必将呈上升趋势，反之，如果服务质量差、效率低，则不但不能吸引新客户，甚至老客户的存款也会转移和流失。

（三）商业银行存款的营销

由于银行向市场所提供的产品具有无形性、同质性的特点，它不能依靠有形的感官来发现，只能依赖银行的宣传与营销活动来吸引客户。可见，银行的产品创新只能是在原有产品的本质特征基础上进行的，一家银行向社会提供新的金融产品与另一家银行提供的产品有相似之处，客户之所以选择某一家银行的产品，主要取决于该银行的规模、信誉、服务效率与质量、产品的内在吸引力等。因此，现代银行业一定要重视存款的营销工作，把竞争的重点放在营销上。

1. 调查市场，发现客户的市场需求。存款客户对存款工具的需求是多种多样的，他们存款的动机也有很大的差异，有的为了增值，有的为将来的消费做准备，有的出于安全保密与方便，等等。因此，银行通过市场调研，了解了客户的需求，就可以推出不同的产品种类，以满足客户的需求。

2. 开发新产品、合理定价。根据市场调查的结果，依据经济环境的变化与客户的需求，按不同的标准将需求和动机基本相似的客户划分为一个个子市场，通常将存款市场分为私人客户市场与机构客户市场。然后，根据不同的需求，设计出具有一定特色的存款产品。商业银行要将开发单一新产品与推出系列产品结合起来。开发单一产品只包括新产品本身，而推出配套系列产品不仅包括产品本身，还包括产品的售后服务、网点设置等。

商业银行在存款创新过程中，往往需要付出较高的成本，同时还要承担新产品失败的风险，而且金融产品的易模仿性，使得新产品的市场也不可能长期处于优势地位。因此，银行在存款产品创新过程中，要注意以下两方面：一是要体现出各自银行的经营特色，力争实现市场的分离，使得客户对银行现有的某项产品有较长时间的依赖性，提高垄断市场的份额，让竞争对手无法简单模仿；二是要实现合理的定价，实现成本与收益、收益与风险的有效平衡。银行产品的定价，应当是银行与客户同时受益。只顾及客户满意，不考虑银行的成本费用，银行得不偿失，最终目的没有达到；过多地考虑银行自身的收益，又会使市场萎缩。因此，银行存款工具的定价，就是要在满足客户存款服务要求与确保银行利益之间寻求一个均衡点。

3. 加强已有产品的吸收力，提高存款的稳定性。商业银行开发新产品固然可以在一定时间段内实现垄断利润，但对于中小银行来说，它们在市场上处于劣势地位，属于市场的追随者，在条件还不成熟的前提下，守住现有的市场，将现有的产品与服务做精细做完善，不但可以减少研发成本，还可以规避风险，实现稳健经营。

4. 多渠道组织存款。渠道网点建设对于银行来说十分重要，商业银行可考虑以下几种方式：一是自设网络系统，如分支机构网络、ATM 网络、电话服务、网上银行、增加服务窗口等；二是增加代理行渠道，加强银行间的合作；三是通过银行间的并购，这是

商业银行业务经营与管理（第二版）

快捷而有效的途径，不仅利用了对方的资源，而且扩大了存款来源渠道。

5. 向客户提供优质的服务。银行产品良好的优质服务和完善的网络系统是长期保持客户稳定的重要环节，是银行与客户建立长期合作关系的保证。商业银行可以采取人员促销、广告促销、公共关系促销以及营业推广等方式促进存款工具的销售。对于个人存款市场中的保值增值存款，可以满足客户增值货币的需求；不同期限的定期存款，能够满足客户方便存取与有计划消费的需求；各类交易账户存款，方便了客户支付结算的需求；花样翻新的电话网络存储业务，是为了满足客户突破时间地域的限制、提高工作效率的要求等。对于机构存款，服务的着眼点主要体现在效率与安全上。

六、存款保险制度

存款保险制度是有效保护存款人利益、及时防范化解金融风险、维护金融稳定的一项金融业基础性制度安排，与中央银行最后贷款人及审慎监管制度共同构成现代金融安全网的三大核心支柱。

（一）存款保险制度的含义

存款保险又称存款保障，是指国家以立法的形式为公众存款提供明确的法律保障，设立专门的存款保险基金，当吸收存款的金融机构经营出现问题时，依照规定使用存款保险基金保护存款人的利益，并采取必要措施维护存款保险基金安全的一项基础性金融制度安排。

国际上通常把存款保险制度分为隐性（Implicit）存款保险制度和显性（Explicit）存款保险制度两种。目前存款保险制度是指后一种形式，即指国家以法律的形式对存款保险的要素、机构设置以及问题机构的处置等作出明确规定。美国在20世纪30年代最早建立了存款保险制度，此后不少国家纷纷引入这一制度。目前世界上已有110多个国家和地区建立了存款保险制度。

（二）存款保险制度作用

1. 保护存款人的利益，提高社会公众对银行体系的信心。如果建立了存款保险制度，当实行该制度的银行资金周转不灵或破产倒闭而不能支付存款人的存款时，按照保险合同条款，投保银行可从存款保险机构那里获取赔偿或取得资金援助，或被接收、兼并，存款人的存款损失就会降低到尽可能小的程度，有效保护了存款人的利益。存款保险制度虽然是一种事后补救措施，但它的作用却在事前也有体现，当公众知道银行已实行了该制度，即使银行真的出现问题时，也会得到相应的赔偿，这从心理上给了他们安全感，从而可有效降低那种极富传染性的恐慌感，进而减少了对银行体系的挤兑。

2. 可有效提高金融体系的稳定性，维持正常的金融秩序。由于存款保险机构负有对问题银行承担保证支付的责任，它必然会对投保银行的日常经营活动进行一定的监督管理，从中发现隐患所在，及时提出建议和警告，以确保各银行稳健经营，这实际上增加了一道金融安全网。近年来，我国金融改革骤然提速，金融机构"只生不死"渐成历史，管理层在各种场合多次表示，让困难重重的金融机构破产，可以确保国家金融体系的稳定，为保障金融机构能够顺利实施市场化破产，应当研究建立存款保险等金融风险补偿法律制度。

3. 促进银行业适度竞争，为公众提供质优价廉的服务。大银行由于其规模和实力往往在吸收存款方面处于优势，而中小银行则处于劣势地位，这就容易形成大银行垄断经营的局面。而垄断是不利于消费者利益的，社会公众获得的利益就会小于完全竞争状态下的利益。存款保险制度是保护中小银行，促进公平竞争的有效方法之一。它可使存款者形成一种共识，将存款无论存入大银行还是小银行，该制度对其保护程度都是相同的，因此有利于新兴的中小银行。

4. 存款保险制度也有一定的负面作用，如道德风险问题。存款保险制度可能会诱发道德风险，主要表现为存款人的道德风险和投保银行的道德风险。一方面，存款保险制度的实施令存款人风险意识下降，不再考虑甄别哪家银行，对银行进行主动监督的动力下降，从而使得银行面临的市场约束大大削弱；另一方面，存款保险制度使得投保银行的挤兑风险下降，银行风险管理意识有所减弱，甚至将存款保险作为一个可以依赖的因素，在经营中为追求高额利润而过度运用资产，导致银行经营风险增加。

知识链接 3－4
存款保险制度的发展及其在维护金融稳定中发挥的作用

1933 年，面对大萧条时期的银行大面积倒闭，美国立法建立了存款保险制度。美国存款保险制度一经建立，便迅速稳定了公众信心，有效促进了美国银行业危机逐步化解。此后 80 多年来，美国存款保险制度一直被认为是维护公众对银行体系信心的重要基础。在美国存款保险制度发挥重要作用并不断发展完善的同时，世界上也有越来越多的国家和地区先后建立了存款保险制度。在 2008 年国际金融危机中，主要经济体应对金融危机的实践再次表明，建立一个有效的存款保险制度是增强公众信心、有效应对和化解金融危机、维护金融稳定的重要制度保障。美国作为本轮危机的发源地，其银行业受到严重冲击。2008 年初至 2014 年末，美国共有 510 多家银行业金融机构倒闭。面对危机，美国依靠其较为成熟的存款保险制度，主要运用收购与承接等市场化处置方式，及时化解和处置不同规模银行的倒闭风险，有效遏制了大量银行倒闭的风险向金融体系蔓延，公众信心和银行体系总体保持稳定。相比而言，欧洲国家存款保险机制不完善，并且缺乏对问题银行进行早期风险干预和及时处置的能力，只能事后对存款人进行被动偿付，应对危机和维护公众信心的能力明显不足。结果有关国家不得不通过政府直接救助和资产重组及国有化等措施处置风险，不仅损害了纳税人利益，也对后续的政策退出增加了难度，在一定程度上加剧了欧洲国家主权债务风险。

2009 年 6 月，在系统总结各国存款保险制度实践经验尤其是本轮国际金融危机中正反两方面经验教训的基础上，巴塞尔银行监管委员会和国际存款保险机构协会（IADI）联合发布《有效存款保险制度核心原则》（以下简称《核心原则》）。《核心原则》强调，应当在银行体系整体稳健的情况下尽快建立存款保险制度；存款保险制度在设计上应当遵循全面覆盖、充分保护绝大多数存款人、赋予必要职能、确保及时偿付、防范道德风险等原则；存款保险机制应当在问题银行的风险监测、风险控制、风险处置以及维护金融稳定等方面发挥重要作用。二十国集团（G20）领导人伦敦峰会《加强金融体系宣言》中也推动执行包括《核心原则》在内的国际金融标准。目前，

《核心原则》已上升为主要的国际金融标准。

 资料来源：《中国金融稳定报告2015》。

（三）我国存款保险制度的主要内容和政策考虑

2015年2月17日，国务院总理李克强签署第660号国务院令，公布《存款保险条例》（以下简称《条例》），自2015年5月1日起施行。存款保险制度的推出，对于进一步理顺政府和市场的关系，全面推进金融改革、开放和发展，促进形成组织多元、服务高效、公平竞争、可持续发展的金融机构体系，强化公司治理和风险管理，增强服务实体经济的能力和提升我国金融业的国际竞争力，都具有十分重要的作用。

我国存款保险制度在设计上，既立足于国情和现阶段需要，又充分吸取了国际经验教训，在基本要素上反映了国际公认的最佳实践与基本准则。制度的基本框架如下：

1. 存款保险的覆盖范围。存款保险制度是保障存款人权益的重要措施。为全面、充分保障存款人的利益，保证存款保险制度的公平性和合理性，促进银行业公平竞争，我国存款保险制度覆盖所有存款类金融机构。《条例》规定，在我国境内设立的商业银行、农村合作银行、农村信用合作社等吸收存款的银行业金融机构（统称投保机构），都应当参加存款保险。同时，参照国际惯例，规定投保机构在我国境外设立的分支机构，以及外国银行在我国境内设立的分支机构原则上不纳入存款保险，但是我国与其他国家或者地区之间另有安排的除外。在存款保护范围上，我国存款保险制度覆盖投保机构吸收的人民币和外币存款，包括个人储蓄存款和企业及其他单位存款的本金和利息，但金融机构同业存款、金融机构高级管理人员在本机构的存款，以及其他经存款保险基金管理机构规定不予承保的存款除外。《条例》将少数特定存款排除在存款保险的保护范围之外，目的是发挥市场的约束机制作用，促进银行业稳健发展，这也是国际通行做法。

2. 存款保险的偿付限额。确定存款保险的偿付限额，既要确保充分保障存款人的利益，又要注重防范道德风险。国际普遍经验是，使绝大部分存款人，如90%以上得到全额保护，偿付限额一般是人均国内生产总值的2~5倍，就能充分保障存款人的利益，维护银行体系稳健运行。例如，美国约为5.3倍、英国约为3倍、韩国约为2倍、印度约为1.3倍。考虑到我国居民储蓄倾向较高，储蓄很大程度上承担着社会保障功能，同时存款是银行业资金来源的主要组成部分，为了使存款保险惠及绝大多数存款人、促进银行业健康发展、维护金融稳定，经反复测算，将我国的最高偿付限额规定为50万元人民币，约为2014年我国人均国内生产总值的10.7倍，这一标准远高于国际水平，可以充分保障存款人的利益和银行体系稳定。据测算，设定50万元人民币的最高偿付限额，能够为我国99.63%以上的存款人（包括各类企业）提供100%的全额保护。存款保险实行限额偿付，并不是限额以上存款就没有安全保障。当前我国银行业经营情况良好，银行体系总体运行稳健，银行资本充足率等主要财务和监管指标总体健康，同时银行业监管质量和水平不断提高，银行抗风险能力大大增强。存款保险制度建立后，现有金融安全网的效能得到进一步提升，有利于更好地保障银行业的健康稳定和存款人安全。从国际经验看，即使个别银行出现问题，通常是通过市场手段，运用存款保险基金促成健康的银行收购问题银行，将问题银行的存款转移到健康的银行，使存款人的权益继续得到充分保护。根据《条例》规定，我国存款保险基金管理机构在使用存款保险基金保护存款人利益时，除了在规定限额内偿付被保险存款外，也可以使用存款保险基金为其他合格的投保机构提供支持，以促成其收购或者承担被接管、被撤销或者申请破产的投保机构的业务、资产、负债，这样存款人的存款将被转移到健康的银行继续得到全面保障。

3. 存款保险基金和存款保险费率。存款保险基金主要由银行业金融机构交纳的保费形成，以加强对金融机构的市场约束。为保障存款保险基金的安全，《条例》对存款保险基金的运用形式做了适当限制，规定存款保险基金的运用遵循安全、流动和保值增值的原则，限于存放中国人民银行，投资政府债券、中央银行票据、信用等级较高的金融债券及其他高等级债券，以及国务院批准的其他资金运用形式。存款保险实行基准费率与风险差别费率相结合的制度。费率标准由存款保险基金管理机构根据经济金融发展状况、存款结构情况以及存款保险基金的累积水平等因素制定和调整，报国务院批准后执行。各投保机构的适用费率，则由存款保险基金管理机构根据投保机构的经营管理状况和风险状况等因素确定。实行基准费率和风险差别费率相结合的费率制度，有利于促进公平竞争，形成正向激励机制，强化对投保机构的市场约束，促使其审慎经营，健康发展。综合考虑国际经验、金融机构承受能力和风险处置需要等因素，我国存款保险费率水平将低于绝大多数国家存款保险制度起步时的水平以及现行水平。

知识链接 3-5
2018 年我国存款保险基金收入情况

2018 年，按照国务院工作部署和要求，人民银行认真履行职责，扎实、有序推进存款保险制度实施各项工作。全年制度运行平稳，风险差别费率、早期纠正等功能不断完善，存款保险制度在保障存款人权益、增强公众信心、强化风险约束、促进银行业金融机构审慎经营和健康发展等方面的作用逐步显现。

截至 2018 年末，全国 4 017 家吸收存款的银行业金融机构按规定办理了投保手续。存款保险对存款人的全额保障水平持续保持高位，50 万元保护限额能够为全部投保机构 99.5% 的存款人提供全额保护，有效维护了银行体系稳定运行。银行业存款格局总体保持稳定，中小银行存款占比稳中有升。

按照《存款保险条例》规定，投保机构每 6 个月交纳一次保费。2018 年，存款保险基金专户共归集保费 329.9 亿元，利息收入 11 亿元。截至 2018 年 12 月 31 日，存款保险基金专户余额为 821.2 亿元，未发生支出和使用。

存款保险基金收支情况统计表 单位：人民币元

项目	2017 年	2018 年
一、期初基金专户余额	23 810 479 076.13	48 028 296 851.42
二、本年归集	24 217 817 775.29	34 092 663 177.87
1. 保费	23 606 898 563.06	32 990 303 169.18

续表

项目	2017 年	2018 年
2. 滞纳金	395 698.41	1 143 963.39
3. 利息收入	610 523 487.43	1 101 158 663.71
4. 暂收款项	26.39	57 381.59
三、本年支出	—	—
四、期末基金专户余额	48 028 296 851.42	82 120 960 029.29

资料来源：中国人民银行网站。

4. 存款保险基金管理机构的职责。为做到风险的早发现和少发生，借鉴国际上比较成功的做法，在不改变现行银行业监督管理体制的前提下，按照存款保险基金管理机构与银行业监督管理机构适当分工、各有侧重的原则，《条例》赋予存款保险基金管理机构早期纠正和风险处置职能。主要包括：对和保费计算有关的情况进行核查，对投保机构报送的信息、资料的准确性进行核查；参加金融监管协调机制，通过信息共享机制获取相关信息，不能满足控制存款保险基金风险、保证及时偿付、确定差别费率等需要的，可以要求投保机构及时报送其他相关信息；发现投保机构存在资本不足等影响存款安全及存款保险基金安全的情形的，可以对其提出风险警示；在投保机构的资本充足率大幅下降，严重危及存款安全以及存款保险基金安全时，可以采取必要的风险纠正措施。

此外，为减少存款保险基金的损失，并与现行法律做好衔接，《条例》还规定，存款保险基金管理机构在处置问题金融机构时，既可以直接偿付，也可以灵活运用委托偿付、支持合格投保机构收购或者承担问题投保机构资产负债等方式，充分保护存款人利益，实现基金使用成本最小化，在快速、有效处置金融风险的同时，确保银行业正常经营和金融稳定。

（四）存款保险处置金融风险的几种方式

在存款保险制度建立以前，我国对高风险机构的处置主要采取停业整顿和撤销关闭等行政方式，较少采用收购承接等市场化方式。由于处置成本主要由国家承担，在保护存款人的同时，也事实上救助了股东和经营者，容易引发道德风险。从国际实践与改革趋势看，存款保险已经发展成为各国危机应对与风险处置平台，并且逐步形成一套成熟有效的市场化处置方式，主要包括收购承接、过桥银行、经营中救助和存款偿付等，能够在维护市场纪律、实现金融机构有序退出的同时，充分保障存款人合法权益，维护金融稳定和社会稳定。

1. 收购承接。收购承接（Purchase and Assumption，P&A）是存款保险按照成本最小化原则，通过招标、竞争性磋商等方式选择健康银行收购或者承担问题银行全部或者部分的资产、负债、业务。该处置方式的优点是：处置期间在存款保险管理下保持问题银行基本金融服务和业务经营的连续性，最大限度保留金融许可证和有效资产的价值，促使存款人和债权人权益继续得到充分保障。

通常情况下，收购承接方需要承担问题银行的受保存款，并收购感兴趣的问题银行资产、业务及营业网点。收购承接资产与负债之间的缺口，如果小于零，由存款保险提供资金支持弥补损失；否则，由收购承接方向存款保险支付市场对价。为促成收购承接交易，存款保险可以对收购承接方购买的资产提供损失分担，还可以对不同问题银行的资产进行组合出售。

2. 过桥银行。过桥银行（Bridge Bank）是存款保险设立的一种处置工具，用于实施收购承接业务。在问题银行资产规模比较大，难以在短时间内找到健康金融机构对其进行收购承接，或者问题银行资产价值难以评估、集中处置可能导致资产贬值，或者直接实施清算会严重影响金融服务等情况下，为遵循处置成本最小化原则，存款保险可以设立一家过桥银行，对问题银行实施整体或者部分收购承接。对于未被转移至过桥银行的资产、负债、业务，将保留在问题银行由存款保险实施清算。在实施处置时，使用过桥银行的策略，主要是在找到最终的处置方式前维持银行的关键业务，保持服务不中断。

过桥银行由存款保险负责管理运营，国际上对于商业银行的资本监管要求通常不适用于过桥银行。待市场信心恢复，存款保险可以择机将过桥银行向市场出售，发挥逆周期处置的重要作用。在国际实践上，一家过桥银行通常可以运营两年，延期三年，之后可以通过收购承接、兼并、出售股权以及买断等方式出售。

3. 经营中救助。经营中救助（Opening Bank Assistance，OBA）是指使用存款保险基金或公共资金，对问题银行实施直接注资、提供贷款、存入存款、购买资产或承担负债等救助措施，以帮助其恢复经营能力，阻止风险无序蔓延。从国际实践看，该处置方式主要用于对系统性风险的处置；或者对系统重要性金融机构实施有序处置；或者问题银行涉众性较强，直接倒闭会严重影响存款人、债权人的合法权益；或者问题银行倒闭可能造成同业交易对手方出现重大资产损失，严重影响金融市场稳定等特定情形。

从国际实践看，为防范道德风险，存款保险在实施经营中救助时，需要问题银行按照恢复处置计划，由股东、债权人依法承担吸收损失的责任，股东首先承担损失，直至股本清零，剩余损失由债权人承担，有序打破刚性兑付，严肃金融市场纪律。在经营中救助期间，要严格控制问题银行高风险业务和杠杆业务扩张，逐步降低杠杆水平，待恢复正常经营后，存款保险基金或公共资金有序退出。

4. 存款偿付。存款偿付（Deposit Reimbursement）是指由存款保险使用存款保险基金直接偿付被保险存款人，通常仅在确实无法采取以上处置措施或者采取以上处置措施不符合成本最小化原则时使用。在实践中，使用该处置方式要由存款保险对问题银行实施清算，这容易导致金融许可证价值丧失、营业网点关闭、金融服务中断等问题，因此一般使用频率较低（如美国不超过5%）。

存款保险可以采取直接偿付和委托偿付的方式。直接偿付是指由存款保险通过现金支付、转账、支票等方式，将限额内的被保险存款支付给存款人。委托偿付是指委托其他合格银行代为偿付被保险存款，如果缺乏意愿的受托偿付银行（主要是欠发达、不发达地区），存款保险可以设立偿付银行，为存款人办理受保存款的转账业务。存款保险偿付存款人被保险存款后，依法在偿付金额范围内取得该存款人对问题银行相同清偿顺序的债权，并从倒闭银行的清算财产中受偿。

从国际通行做法看，存款保险实施收购承接是对金融机构进行市场化退出最常用的处置方式。在实践中，若银行发生了被接管、被撤销或者破产的情况，一般先使用存款保险基金，支持其他合格的金融机构对问题银行进行收购或者承担其业务、资产、负债，将存款人的存款转移到承接银行，使存款人权益继续得到全面保障。确实无法由其他银行收购、承接的，按程序申请破产，实施市场化退出，由存款保险依法按照最高偿付限额及时偿付被保险存款。无论采取何种方式，市场化处置机制都强调落实股东依法吸收损失的责任，严肃市场纪律，防范道德风险，有效保护公众合法权益，维护金融稳定。

2008年的国际金融危机是对存款保险制度的一次检验，存款保险制度良好的早期纠正和风险处置职能，有力地防止了风险传染与扩散，维护了银行体系的稳定。截至2017年底，美国联邦存款保险公司（FDIC）平稳处置了533家银行，没有引发挤兑，公众信心和银行体系总体保持稳定（见表3-1）。

表3-1　　　　　　　　　　美国FDIC采用处置方式占比

处置方式	处置家数（家）	占比（%）
收购承接	504	94.6
过桥银行	11	2.0
经营中救助	2	0.4
存款偿付	16	3.0

2015年5月1日，《存款保险条例》正式施行，进一步健全和完善了我国银行业金融机构有序处置和市场化退出机制。为做到风险的早发现和少发生，借鉴国际上比较成功的做法，《存款保险条例》明确赋予我国存款保险基金管理机构早期纠正和风险处置的法定职责。存款保险制度实施方案也明确，存款保险不是单纯的出纳或"付款箱"，按照"权责对等、激励相容"的市场化原则，由存款保险依法办理对有问题投保机构接管或撤销清算的相关事项。为减少存款保险基金的损失，并与现行法律做好衔接，《存款保险条例》还规定了存款保险具有收购承接等市场化处置措施，可以通过提供担保、损失分担、资金支持等方式，促成重组或收购承接，以充分保护存款人利益，实现基金使用成本最小化，在快速、有效处置金融风险的同时，确保银行业正常经营和金融稳定。

知识链接3-6
美国金融机构处置机制

美国联邦存款保险公司（FDIC）拥有运用存款保险基金处置问题和倒闭银行的广泛权力，可以通过"收购与承接""过桥银行""公开银行救助"等多种手段，对被处置银行的资产、债务进行多种组合处置，并严控处置成本，实现最佳的处置效果。2008年国际金融危机期间，FDIC将存款保险限额从10万美元临时性上调至25万美元，对受保银行非生息交易账户25万美元以上的存款给予全额担保，对受保银行及其他金融机构在银行间市场发行的高级无担保债券给予担保，出台《关于收购破产银行的有关规定》，鼓励私人资本参与银行业问题资产处置。在危机中，美国共倒闭了 400 多家银行，由于 FDIC 的及时有效处置，没有引发公众信心恐慌，银行体系总体保持稳定。

2010 年 7 月，美国通过《多德—弗兰克华尔街改革和消费者保护法》，大幅拓展了 FDIC 的功能，FDIC 与美联储共同构成美国系统性风险防范和处置机制。一是将 FDIC 的处置职能扩大到具有系统重要性的非银行金融机构。二是要求 SIFIs 定期向 FDIC 和美联储提交事前清盘计划（即"生前遗嘱"），如计划不符合要求，美联储和 FDIC 可联合决定适用更严格的监管要求，并限制其业务增长。三是由财政部、美联储和 FDIC 三方决定对 SIFIs 启动有序清算程序，FDIC 根据授权，对陷入困境的 SIFIs 进行接管和清算，视情况设立一至数家"过桥机构"对其业务、资产和负债进行承接。四是明确损失分担机制，公共资金可用于 SIFIs 处置的临时垫付。如公共资金发生损失，首先明确股东、无担保债权人将承担损失，然后可考虑对资产大于或等于 500 亿美元的银行收费。五是加强跨境政策合作，明确要求 FDIC 与境外处置当局加强跨境金融机构处置协调。

2012 年 12 月，为落实 FSB《金融机构有效处置的核心要素》，FDIC 与英格兰银行联合发布《全球系统重要性金融机构处置策略》，提出了从集团顶层进行控制的处置策略，要求股东和债权人而不是纳税人承担损失，撤换高级管理层，并追究其责任。处置行动在集团层面由母国当局执行，尽可能维持金融集团在本国以及境外附属机构业务经营的连续性。

↑ 资料来源：《中国金融稳定报告 2015》。

第三节 商业银行非存款业务管理

非存款业务是指商业银行的借款业务。虽然存款构成银行主要的资金来源，但仍有存款无法满足贷款和投资增长需求的可能，银行需要寻求存款以外的其他资金来源，即需要借入资金来满足银行的资金需求。银行的借款负债按照期限长短分为短期借款和长期借款两大类。

一、短期借款

短期借款是指期限在一年或一年以下的借款，主要包括同业拆借、证券回购和向中央银行借款等形式。

（一）同业拆借

同业拆借是商业银行及其他金融机构之间的短期资金融通。同业拆借包括两种基本形式：一是同业拆进（拆入），二是同业拆出。其中，同业拆进是银行负债的重要形式。同业拆借的资金主要用于弥补短期资金的不足、票据清算的差额以及解决临时性的资金短缺需要。同业拆借具有期限短、金额大、风险低、手续简便等特点，从而能够反映金融市场上的资金供求状况。因此，同业拆借市场上的利率是货币市场最重要的基准利率之一。我国上海银行间同业拆放利率（Shibor）从 2007 年 1 月 4 日起正式运行，在每个交易日的上午通过上海银行间同业拆放利率网对外发布，为我国金融市场提供了 1 年以内产品的定价基准，具有极其重要的意义。

知识链接3-7
上海银行间同业拆放利率（Shibor）

上海银行间同业拆放利率（Shanghai Interbank Offered Rate，Shibor），以位于上海的全国银行间同业拆借中心为技术平台计算、发布并命名，是由信用等级较高的银行组成报价团自主报出的人民币同业拆出利率计算确定的算术平均利率，是单利、无担保、批发性利率。目前，对社会公布的Shibor品种包括隔夜、1周、2周、1个月、3个月、6个月、9个月及1年。

Shibor报价银行团现由18家商业银行组成。报价银行是公开市场一级交易商或外汇市场做市商，在中国货币市场上人民币交易相对活跃、信息披露比较充分的银行。中国人民银行成立Shibor工作小组，依据《上海银行间同业拆放利率（Shibor）实施准则》确定和调整报价银行团成员、监督和管理Shibor运行、规范报价行与指定发布人行为。

全国银行间同业拆借中心授权Shibor的报价计算和信息发布。每个交易日根据各报价行的报价，剔除最高、最低各4家报价，对其余报价进行算术平均计算后，得出每一期限品种的Shibor，并于11:00对外发布。

↑ 资料来源：上海银行间同业拆放利率网。

（二）证券回购

证券回购是指在出售证券的同时，与证券的购买商达成协议，约定在一定期限后按预定的价格购回所卖证券，从而获取即时可用资金的一种交易行为。证券回购协议名义上是两次证券买卖活动，实际上是一次资金借贷行为。商业银行的证券回购通常是指债券回购，债券回购包括质押式回购与买断式回购两种。与纯粹以信用为基础、没有任何担保的同业拆借相比，债券回购的风险要低得多，对信用等级相同的金融机构来说，债券回购利率一般低于拆借利率。因此，债券回购的交易量要远大于同业拆借。

（三）向中央银行借款

商业银行在需要时还可以向中央银行申请借款，但是，商业银行一般只把向中央银行借款作为融资的最后选择，只有在通过其他方式难以借到足够的资金时，才会求助于中央银行，这也是中央银行为什么被称为"最后贷款人"的原因。商业银行向中央银行借款主要有再贷款和再贴现两种途径。

1. 再贷款。再贷款是指商业银行向中央银行的直接借款，以解决其季节性或临时性的资金需求，具有临时融通、短期周转性质，不能用于商业银行扩大资产规模。

2. 再贴现。再贴现是中央银行对商业银行等金融机构持有的未到期已贴现商业票据予以贴现的行为。再贴现的票据只限于那些确有商品作为交易对象的短期商业票据。所投放的资金只能弥补临时性或季节性的流动性不足，而不能用于发放长期贷款或作投资使用。它是商业银行从中央银行获取资金融通的最主要途径，也是中央银行影响商业银行的放款规模并进而控制社会信用规模的政策措施。

> **知识链接 3-8**
> **常备借贷便利与中期借贷便利**
>
> 随着中国国际收支趋于平稳，中国多年来依靠外汇占款创造基础货币的传统货币政策模式面临着巨大挑战，2013 年以来，人民银行创新工具不断，新增了常备借贷便利（SLF）、中期借贷便利（MLF）等货币政策工具，货币政策调节手段日趋丰富，灵活性增强。
>
> 常备借贷便利（Standing Lending Facility，SLF）是人民银行在 2013 年创造的定向宽松流动性调节工具，与美联储的贴现窗口（Discount Window）作用类似。其由金融机构主动发起，主要功能是针对性地满足金融机构期限较长的大额流动性需求，对象主要为政策性银行和全国性商业银行。期限为 1~3 个月，利率水平根据货币政策调控、引导市场利率的需要等综合确定。常备借贷便利以抵押方式发放，合格抵押品包括高信用评级的债券类资产及优质信贷资产等。
>
> 2014 年 9 月，中国人民银行创设了中期借贷便利（Medium-term Lending Facility，MLF）。中期借贷便利是中央银行提供中期基础货币的货币政策工具，对象为符合宏观审慎管理要求的商业银行、政策性银行，可通过招标方式开展。中期借贷便利采取质押方式发放，金融机构提供国债、央行票据、政策性金融债、高等级信用债等优质债券作为合格质押品。中期借贷便利利率发挥中期政策利率的作用，通过调节向金融机构中期融资的成本来对金融机构的资产负债表和市场预期产生影响，引导其向符合国家政策导向的实体经济部门提供低成本资金，促进降低社会融资成本。

二、长期借款

长期借款是指期限在一年以上的借款，一般采用发行金融债券的形式。金融债券是指金融机构作为发行主体而发行的债券，金融机构包括商业银行、政策性银行、企业集团财务公司及其他金融机构。这里的金融债券是指商业银行在金融市场上发行的、按约定还本付息的有价证券。我国商业银行所发行的金融债券，均是在全国银行间债券市场上发行和交易的。

按不同标准，金融债券可以划分为很多种类，最常见的分类有以下几种：

1. 根据利息的支付方式，金融债券可分为附息金融债券、零息金融债券和息票累积金融债券。如果金融债券上附有多期息票，在债券存续期内，对持有人定期支付利息（通常每半年或每年支付一次），则称为附息金融债券；如果金融债券票面上不规定利率，发行时按某一折扣率，以低于面值的价格发行，到期时按面值偿付，则称为贴现金融债券；息票累积金融债券也就是一次还本付息的金融债券，与附息金融债券相似，这类债券也规定了票面利率，但是，债券持有人必须在债券到期时一次性获得本息，存续期间没有利息支付。

2. 根据筹集资金的用途，金融债券可分为一般性金融债券与资本性金融债券。一般性金融债券是商业银行基于其长期贷款或投资的目的而发行的债券。银行发行的债券多数是一般性金融债券。资本性金融债券是为弥补银行资本不足而发行的，介于存款负债和股权资本之间的一种债务，如次级债券、混合资本债券、可转换债券、二级资本债等。资本性金融债券对银行收益的资产分配要求权优先于普通股和优先股、次于银行存款和其他负债。

3. 根据发行的地域，金融债券可分为国内金融债券和国际金融债券。国内金融债券的发行地域是商业银行本身所在的国家，如果商业银行长期借款的地点不在国内，借款的币种是外币，这时商业银行通常以发行国际金融债券来满足，所谓的国际金融债券是指在国际金融市场上发行的以外币为面值的债券，按交易主体和币种的不同，可分为外国金融债券、欧洲金融债券和平行金融债券。

（1）外国金融债券。外国金融债券是商业银行在外国证券市场上发行的以该国货币为面值的债券。外国金融债券是一种传统的国际金融债券。外国金融债券按其面值货币的不同，可分为美元债券、日元债券、欧元债券，这种债券只在一国市场上发行并受该国证券法规制约。例如，扬基债券是非美国主体在美国市场上发行的债券，武士债券是非日本主体在日本市场上发行的债券，同样，还有英国的猛犬债券、西班牙的斗牛士债券、荷兰的伦勃朗债券，都是非本国主体在该国发行的债券。

（2）欧洲金融债券。欧洲金融债券是商业银行在其境外市场上发行的以第三国的货币为面值的国际金融债券，其特点是债券发行人、债券发行市场、债券面值三者分别属于三个不同的国家。具体地说，债券发行人在一个国家，债券在另一国的金融市场发行，债券面值所使用的货币又是第三国的。欧洲金融债券以可自由兑换货币为面值，且其发行受到的限制较少。

（3）平行金融债券。平行金融债券是指商业银行为筹措一笔资金，在几个国家同时发行金融债券，债券分别以各投资国的货币标价，各债券的借款条件和利率基本相同。实际上这是一家银行同时在不同国家发行的几笔外国金融债券。

此外，金融债券也可以像企业债券一样，根据发行方式划分为公募债券和私募债券；根据期限的长短划分为短期债券、中期债券和长期债券；根据是否记名划分为记名债券和不记名债券；根据担保情况划分为信用债券和担保债券；根据可否提前赎回划分为可提前赎回债券和不可提前赎回债券；根据债券票面利率是否变动划分为固定利率债券、浮动利率债券和累进利率债券；根据发行人是否给予投资者选择权划分为附有选择权的债券和不附有选择权的债券等。

知识链接 3-9

香港上海汇丰银行有限公司和中国银行（香港）有限公司获准在银行间债券市场发行人民币债券

日前，中国人民银行批复同意香港上海汇丰银行有限公司（以下简称汇丰香港）和中国银行（香港）有限公司（以下简称中银香港）在我国银行间债券市场分别发行 10 亿元和 100 亿元人民币金融债券，这是国际性商业银行首次获准在银行间债券市场发行人民币债券。

2005 年和 2013 年，国际金融公司和亚洲开发银行等国际开发机构和境外非金融机构先后获准在银行间债券市场发行人民币债券。此次,汇丰香港和中银香港人民币债券的发行,进一步扩大了我国银行间债券市场发行主体范围,拓宽了国际性商业银行的人民币融资渠道,有利于促进我国债券市场扩大对外开放,推进人民币跨境使用。

↑ 资料来源:中国人民银行网站,2015 年 9 月 22 日。

三、商业银行借款的经营管理

(一)商业银行短期借款的管理

1. 借款的时机选择。商业银行如何有效利用短期借款,有一个时机选择问题。首先,银行应根据自身在一定时期的资产结构及其变动趋势,来确定是否利用和在多大程度上利用短期借款。如某一时期银行资产的平均期限较短,有相当能力应付流动性风险,且当时市场利率较高,就没有必要利用和扩大短期借款;如情况相反,则必须注重短期借款的运用。其次,根据一定时期金融市场的状况来选择借款时机。在市场利率较低时适当多借入一些资金;反之,则少借或不借。最后,要视中央银行货币政策的变化控制短期借款的程度。如当中央银行采取紧缩的货币政策时,不但再贷款和再贴现的成本会提高,同时其他短期借款的成本也会相应提高,此时需适当控制借款;反之,则可考虑多借入一些款项。

2. 借款的规模控制。短期借款是商业银行实现流动性、盈利性目标所必需的,然而并非短期借款越多对银行经营就越有利,因为借入资金有时比吸收存款付出的代价更高。如果利用短期借款付出的代价超过因扩大资产规模而获取的利润,则不宜继续增加借款规模,而应通过调整资产结构的办法来保持流动性,或者通过进一步挖掘存款潜力的办法扩大资金来源。商业银行在资产负债管理中,必须全面权衡盈利性、安全性、流动性三者间的利弊得失,测算出一个适度的短期借款规模。

3. 借款的结构确定。商业银行的短期借款渠道很多,如何安排各种借款在短期借款总额中的比重,是一种重要的经营策路。从资金来源的成本结构看,一般应尽可能地多利用一些低息借款,少利用高息借款以降低负债成本。但在资产预期收益较高、低息借款又难以争取时,也可适当借入一些利息较高的资金。从国内外资金市场的借款成本看,如果从国际金融市场的借款较国内便宜,可适当提高国际金融市场借款的比重;反之,则降低它的比重。从中央银行的货币政策看,如中央银行提高再贷款利率和再贴现率,此时应减少向中央银行借款的比重;反之,则可适当增加向中央银行借款的比重。

(二)商业银行发行金融债券的管理

1. 要严格遵守金融管理当局的管理规定。金融债券的发行机构、发行数量、运用范围,都要按照法律的要求来实行。债券在发行前还要有评级机构的信用评估,以评价债券发行人的偿债能力。例如,我国商业银行所发行的金融债券,均是在全国银行间债券市场上发行和交易的,必须符合《全国银行间债券市场金融债券发行管理办法》中规定的条件:具有良好的公司治理机制;核心资本充足率不低于 4%;最近三年连续盈利;贷款损失准备计提充足;风险监管指标符合监管机构的有关规定;最近三年没有重大违法、违规行为；中国人民银行要求的其他条件等。

2. 做好债券发行和资金使用的衔接工作和项目盈利性分析。债券发行数量与项目用款量应基本相等，不能发生闲置的现象；同时要搞好项目的可行性研究，进行收益成本比较，力求使项目效益高于债券成本。

3. 注重利率、汇率的变化和币种的选择。发行金融债券的银行必须将利率与汇率因素综合起来考虑。国际国内宏观经济环境变化，国家经济政策变动等因素会引起市场利率水平的变化，金融债券的期限大多较长，可能跨越一个以上的利率变动周期，从而会面临利率风险。预期利率上升，应发行固定利率金融债券，反之则相反；在利率有下降趋势情况下，如果发行的是固定利率金融债券，应考虑缩短期限，或加列提前偿还条款。发行国际金融债券原则上应采用汇率下浮趋势的软币来作为票面货币。当然还要考虑资金的用途和市场反映来综合选择币种。

4. 把握好发行时机。商业银行要密切注意资金供求关系的变化，选择利率和汇率相对合适的时间发行。如果发行的是国内金融债券且发行对象主要是个人，应选择第一季度末或 6 月初居民无较大或集中消费的时期；国际金融债券一般所需资金量较大，所以要在该国经济发展较强劲、资金较宽裕的时间发行。

5. 研究投资者心理。金融债券能否顺利销售关键在于投资者心理，要认真分析投资者的金融需求，创造出适销对路的债券品种，辅之以有效的营销手段，加大市场的开拓力度，使金融债券具有广泛的市场购买力，这样才能确保债券顺利发行。

知识链接 3-10
招商银行成功发行 100 亿元金融债券

经中国人民银行和中国银行业监督管理委员会核准，2005 年 10 月 13 日，招商银行（600036）在银行间债券市场成功发行了总额为 100 亿元的金融债券。这是招商银行首次在银行间市场发行普通金融债券，该期债券分 3 年期和 5 年期两个品种，发行额各 50 亿元，均为固定利率附息债券。

本期债券发行受到了市场的热烈追捧，两个期限品种平均认购倍数均超过 2.5 倍。其中，3 年期金融债券中标利率为 2.13%，低于 8 月底浦东发展银行发行的同类金融债券（浦发 70 亿元 3 年期金融债券，利率 2.59%），比 3 年期存款利率低 1.11 个百分点，甚至比 1 年期存款利率低 0.12 个百分点；5 年期金融债券中标利率为 2.56%，比 5 年期存款的利率低 1.04 个百分点，中标利率之低远超市场预期。

2005 年初以来，国内银行间市场资金十分充裕，债券价格持续上涨，尽管 8 月经历了小幅盘整，但 9 月以来在基本面、政策面、资金面、节假日因素等综合作用下再度大幅上扬，中短期债券品种供给短缺，需求旺盛，收益率曲线中端下移幅度较大。招商银行准确把握市场时机，本期金融债券发行利率创下 2005 年以来同类债券的新低。

本期债券的成功发行同时表明，发行人良好的资质获得了市场投资机构的充分认可。本次债券发行是招商银行积极顺应市场融资结构变化趋势，主动拓宽融资渠道，努力构建长期稳定的市场化融资机制的一次成功尝试，对于招商银行降低资金成本、提高经营绩效、管理市场风险、优化资产负债结构都有着正面影响和积极意义。

资料来源：中新网，2005年10月14日。

【本章小结】

商业银行负债业务是商业银行以债务人的身份筹措资金，借以形成资金来源的业务。商业银行的负债主要由存款负债、非存款负债两部分组成。商业银行负债业务要遵循依法筹资、成本控制、规模适度、结构合理的原则。

存款是银行对存款人的负债，是银行最主要的资金来源，同时也是商业银行利润及规模扩张的最终决定因素。活期存款、定期存款和储蓄存款被称作传统三大存款业务，西方在此基础上创新出了可转让支付命令账户、自动转账服务账户、货币市场存款账户、可转让定期存单等系列工具，这些工具都是同业竞争、金融监管及市场需求的产物。

我国商业银行的存款包括人民币存款和外币存款两大类。其中人民币存款又分为个人存款、单位存款和同业存款。个人存款又叫储蓄存款，主要包括活期存款、定期存款、定活两便储蓄存款、个人通知存款和教育储蓄存款。单位存款又叫对公存款，一般分为单位活期存款、单位定期存款、单位通知存款、单位协定存款和保证金存款等。狭义的同业存款是指同业存放，属于商业银行的负债业务，与此相对应的概念是存放同业，属于商业银行的资产业务。

影响存款的因素有宏观和微观两方面：宏观因素主要有一国经济发展水平、中央银行的货币政策、金融市场的相互竞争及社会保障程度，微观因素主要有银行的经营管理水平、银行的资产规模和信誉、服务项目和服务质量以及存款的种类与方式。

银行的成本主要有利息成本、营业成本、资金成本、可用资金成本、相关资金成本等。存款成本的管理是商业银行存款负债管理的关键环节，存款成本的管理主要从存款结构和存款总量两个方面来考虑。

商业银行吸收的存款分为易变性存款、准变性存款和稳定性存款三类，其中稳定性存款是形成商业银行中长期和高盈利资产的主要资金来源。存款的稳定性一般用存款稳定率来衡量。提高存款的稳定性既要考虑宏观因素，也要考虑微观因素。

现代银行业要重视存款的营销工作，把竞争的重点放在营销上。

存款保险制度是有效保护存款人利益、及时防范化解金融风险、维护金融稳定的一项金融业基础性制度安排，存款保险制度分为隐性存款保险制度和显性存款保险制度两种。2015年5月1日起我国开始施行《存款保险条例》，该条例在存款保险的覆盖范围、存款保险的偿付限额、存款保险基金和存款保险费率以及存款保险基金管理机构的职责等方面作了详细的规定。目前，存款保险处置金融风险的方式主要有收购承接、过桥银行、经营中救助和存款偿付等。

除存款业务外，商业银行还需要借入资金来满足银行的资金需求。银行的借款负债按照期限长短分为短期借款和长期借款两大类。短期借款是指期限在一年或一年以下的借款，主要包括同业拆借、证券回购和向中央银行借款等形式。长期借款是指期限在一年以上的借款，一般采用发行金融债券的形式。

商业银行短期借款的管理要把握借款的时机选择、借款的规模控制和借款的结构确定。商业银行发行金融债券也有其特殊规定和要求。

【重点概念】

活期存款　定期存款　储蓄存款　可转让支付命令账户　自动转账服务账户
货币市场存款账户　大额可转让定期存单　指数定期存单　定活两便储蓄存款
个人通知存款　教育储蓄存款　单位存款　单位协定存款　同业存放　存放同业
存款稳定率　利息成本　营业成本　资金成本　可用资金成本　相关资金成本
存款保险制度　同业拆借　转贴现　证券回购　再贴现　再贷款　附息金融债券
贴现金融债券　息票累积金融债券　资本性金融债券　外国金融债券
欧洲金融债券　平行金融债券

【思考与练习题】

1. 简述商业银行负债业务的构成与作用。
2. 简述商业银行负债管理的基本原则。
3. 简要说明商业银行传统三大存款业务。
4. 西方商业银行存款业务创新的动力何在，试简单介绍一下西方存款业务创新种类？
5. 我国商业银行人民币存款种类有哪些？
6. 简述储蓄业务原则。
7. 简述单位活期存款账户的分类及基本内容。
8. 对于商业银行来说，存款越多越好吗？你是怎么认为的，并说出理由？
9. 针对个人存款和单位存款不同特点，你认为商业银行在营销上应有什么不同？
10. 简述影响存款规模的主要因素。
11. 简述存款成本的构成。
12. 简述存款保险制度的作用。
13. 简述我国存款保险制度的基本框架。
14. 简述存款保险处置金融风险的方式。
15. 请查阅相关资料，分析我国海南发展银行和美国华盛顿互惠银行的风险处置方式有何差别。
16. 商业银行的短期借款如何经营管理？
17. 商业银行的金融债券如何经营管理？

第四章

商业银行贷款管理概述

【本章学习目标】
1. 掌握贷款的基本要素和种类，了解贷款的基本流程；
2. 掌握贷款分类的含义和标准，了解贷款分类的目的与原则，了解贷款分类主要考虑的因素及贷款分类的要点；
3. 了解商业银行贷款损失准备计提的相关规定，掌握不良贷款的含义、成因及处置方式；
4. 掌握贷款定价的原则、贷款价格的构成、影响贷款定价的因素，了解贷款定价的方法。

贷款是商业银行最基本、最重要的资产业务，是商业银行实现利润最大化目标的主要手段。同时，贷款也是一项风险性较大的资产业务，贷款业务的成败关系到商业银行自身的发展，也对整个社会经济产生重要影响。因此，商业银行必须加强贷款管理，通过制定正确的行之有效的贷款政策，科学合理地确定、调整贷款价格、贷款规模和贷款结构，加强信用分析，严格贷款审核，提高贷款质量，控制贷款风险，有效监督贷款使用，按时收回贷款本息。

第一节 商业银行贷款业务的构成及贷款流程

贷款是商业银行作为贷款人按照一定的贷款原则和政策，以还本付息为条件，将一定数量的货币资金提供给借款人使用的一种借贷行为。

一、贷款的基本要素

作为一种借贷行为，一笔贷款由贷款对象、贷款用途、贷款额度、贷款价格、贷款期限、担保方式、还款方式等基本要素构成。

（一）贷款对象

贷款对象是商业银行贷款发放的具体对象，也就是商业银行发放贷款所选择的那些经济主体，其实质是选择贷款投向，确定贷款范围和结构。对于个人贷款，其贷款对象仅限于自然人，而且必须是具有完全民事行为能力的中华人民共和国公民或符合国家有关规定的境外自然人。对于公司贷款，贷款对象为法人或其他组织，其中企业法人必须已向工商行政管理部门登记并连续办理了年检手续，事业法人必须依照《事业单位登记管理暂行条例》的规定已经向事业单位登记管理机关办理了登记或备案。

（二）贷款用途

商业银行发放贷款，应明确资金的用途或使用方向，借款人有义务按照约定的用途使用贷款，不能用于非法目的。贷款合同载明的借款用途不得违反国家限制经营、特许经营，以及法律、行政法规明令禁止经营的规定。明确贷款用途，对借款人而言，可以维护自己使用资金的权利；对贷款人而言，可以监督资金的流向，确保资金回笼，控制风险。

（三）贷款额度

贷款额度是指贷款银行向借款人提供的以货币计量的贷款数额。除了人民银行、银保监会或国家其他有关部门有明确规定外，贷款额度可以根据借款人资信等级、担保能力等具体情况确定。

（四）贷款价格

贷款价格有狭义和广义之分，狭义的贷款价格只包括贷款利率，即一定时期客户向贷款人支付的贷款利息与贷款本金之间的比率。贷款利率是贷款价格的主体，但并不是唯一的组成部分，从广义上讲，贷款价格不仅包括贷款利率，还包括贷款承诺费、补偿余额和隐含价格等能够给银行带来利益的其他项目。

（五）贷款期限

贷款期限是指贷款银行将贷款发放给借款人到收回贷款的一段时间，是借款人对贷款的实际占有时间。贷款期限由借贷双方根据贷款用途、资金状况、资产转换周期等自主协商后确定，并在借款合同中载明。自营贷款期限最长一般不得超过10年，票据贴现的贴现期限最长不得超过6个月。不能按期归还贷款的，借款人应当在贷款到期日之前，向贷款人申请贷款展期，是否展期由贷款人决定。短期贷款展期期限累计不得超过原贷款期限；中期贷款展期期限累计不得超过原贷款期限的一半；长期贷款展期期限累计不得超过3年。国家另有规定的除外。

（六）担保方式

担保是指借款人无力或未按照约定按时还本付息或支付有关费用时贷款的第二还款来源，是审查贷款项目最主要的因素之一。当贷款到期，借款人第一还款来源无法满足还款需求时，贷款银行可以依法行使担保以收回债务。按照我国《担保法》的有关规定，担保方式包括保证、抵押、质押、定金和留置五种，目前，我国商业银行的贷款业务主要采取保证、抵押和质押这三种担保方式，贷款银行可根据借款人的具体情况，采用其中一种或同时采用几种贷款担保方式。

（七）还款方式

商业银行的贷款产品有不同的还款方式可供借款人选择。如到期一次还本付息法、等额本息还款法、等额本金还款法、等比累进还款法、等额累进还款法及组合还款法等多种方法。客户可以根据自己的情况，与银行协商，在合同中约定一种还款方式。

> **知识链接 4–1**
> **等额本息还款法和等额本金还款法**
>
> 任何一种还款方式的原理都是以本金生息，不存在客户或银行谁占了便宜谁吃了亏。还款方式的选择完全鉴于客户自身的经济与收入状况，有的客户比较在意利息的总和，有的则更重视资本的占用，但这两种还款方式在具体的本金、利息的还款构成上是有区别的，也因此才适合不同收入结构的人群。
>
> A. 等额本息还款法，还款期内每期还款额度相同，即月供相等的还款法。其计算公式为
>
> $$每月还款额 = \frac{月利率 \times (1 + 月利率)^{还款月数}}{(1 + 月利率)^{还款月数} - 1} \times 贷款本金$$
>
> 在等额本息还款法中，借款人每月按相等的金额偿还贷款本息，其中每月贷款利息按月初剩余贷款本金计算并逐月结清。由于每月的还款额相等，因此，在贷款初期每月的还款中，剔除按月结清的利息后，所还的贷款本金就较少；而在贷款后期因贷款本金不断减少、每月的还款额中贷款利息也不断减少，每月所还的贷款本金就较多。这种还款方式，实际占用银行贷款的数量更多、占用的时间更长，同时它还便于借款人合理安排每月的生活和进行理财（如以租养房等）。
>
> B. 等额本金还款法，借款人每月按相等的金额偿还贷款本金，每月贷款利息按月初剩余贷款本金计算并逐月结清，两者合计即为每月的还款额。计算公式为
>
> $$每月还款额 = \frac{贷款本金}{还款月数} + (贷款本金 - 累计已归还本金额) \times 月利率$$
>
> 等额本金还款法中，每月所还本金固定，而每月贷款利息随着本金余额的减少而逐月递减，因此，该还款法在贷款初期月还款额大，此后逐月递减。这种还款方式适合工作正处于高峰阶段的人，或者是即将退休的人。如对于中老年人来说，随着退休临近，收入可能减少，在收入高峰期多还款，就能减少今后的还款压力。

二、贷款的种类

商业银行的贷款，从不同的角度，按照不同的划分标准，可以分为多种类型。概括起来，主要的划分方法及相应的种类如下：

（一）按贷款期限划分

1. 短期贷款。短期贷款是指贷款期限在 1 年以内（含 1 年）的贷款。
2. 中期贷款。中期贷款是指贷款期限在 1 年以上（不含 1 年）5 年以下（含 5 年）的贷款。
3. 长期贷款。长期贷款是指贷款期限在 5 年（不含 5 年）以上的贷款。

（二）按贷款保障方式划分

1. 信用贷款。信用贷款是指凭借款人信誉发放的贷款，其最大特点是不需要保证和

抵押，仅凭借款人的信用就可以取得贷款。信用贷款风险较大，发放时应从严掌握，一般仅向实力雄厚、信誉卓著的借款人发放，且期限较短。

2. 担保贷款。担保贷款是指由借款人或第三方依法提供担保而发放的贷款，担保贷款包括保证贷款、抵押贷款和质押贷款。

保证贷款是指以第三人承诺在借款人不能偿还贷款时，按约定承担一般保证责任或者连带保证责任而发放的贷款。

抵押贷款是指以借款人或第三人财产作为抵押发放的贷款。如果借款人不能按期归还贷款本息，银行将行使抵押权，处理抵押物以收回贷款。

质押贷款是以借款人或第三人的动产或权利作为质押物发放的贷款。

担保贷款保障性强，有利于银行强化贷款条件，减少贷款的风险损失，是商业银行最主要的贷款方式。但担保贷款手续较为复杂，由于寻保、核保以及对抵押物（或质押物）的评估、保险和保管的需要，无论对借款人还是贷款人，贷款的成本都比较高。

（三）按客户类型划分

1. 个人贷款。个人贷款是向自然人发放的用于个人消费、生产经营等用途的贷款。个人贷款主要包括个人住房贷款、个人消费贷款、个人经营贷款和个人信用卡透支四大类。绝大多数个人贷款主要用于消费，极少部分个人贷款用于生产经营。

2. 公司贷款。公司贷款，又称企业贷款或对公贷款，是以企事业单位为对象发放的贷款，主要包括固定资产贷款、流动资金贷款、并购贷款、房地产贷款、银团贷款、贸易融资、票据贴现等。

（四）按贷款偿还方式划分

1. 一次性偿还贷款。一次性偿还贷款是指借款人在贷款到期日一次性还清本金的贷款。对于一次性偿还贷款，本金需要一次性还清，但其利息可以分期支付，也可以在归还本金时一次性付清。一般说来，短期贷款通常采取一次性偿还贷款的偿还方式。

2. 分期偿还贷款。分期偿还贷款是指借款人在与银行约定的贷款期限内，分期偿还贷款本金和利息的贷款。商业银行的中长期贷款大都采用这种方式，至于贷款期内分期偿还的次数、每次偿还的本金数额、利息的支付等都由借贷双方谈判决定，并在借款合同中予以明确。

（五）按贷款数量规模划分

1. 批发贷款。批发贷款是银行向工商企业、金融机构发放的以经营获利为目的的、数额较大的贷款。批发贷款可以是担保贷款，也可以是信用贷款，借款期限可以是短期的，也可以是中、长期的。

2. 零售贷款。零售贷款是银行向个人发放的、数额较小的贷款，主要包括：向消费者个人发放的用于购买耐用消费品或支付各种费用的消费贷款；向个人（不包括经纪人和证券交易商在内）发放购买或储存证券贷款；为消费者个人提供的用于购买住宅等不动产的不动产贷款。零售贷款一般以抵押贷款为主要方式。

（六）按自主程度划分

1. 自营贷款。自营贷款是指贷款人以合法方式筹集的资金自主发放的贷款，其风险由贷款人承担,并由贷款人收回本金和利息。

2. 委托贷款。委托贷款是指由政府部门、企事业单位及个人等委托人提供资金,由贷款人(受托人)根据委托人确定的贷款对象、用途、金额、期限、利率等代为发放、监督使用并协助收回的贷款。贷款人(受托人)只收取手续费,不承担贷款风险。

(七)按贷款利率划分

1. 固定利率贷款。固定利率贷款是指在贷款期限内,无论银行利率如何变动,借款人都将按照合同签订的固定利率支付利息,不会因为利率变化而改变还款数额。

2. 浮动利率贷款。浮动利率贷款是指贷款利率在贷款期限内随市场利率或官方利率波动按约定时间和方法自动进行调整的贷款。

3. 混合利率贷款。混合利率贷款是指在贷款开始的一段时间内(利率固定期)利率保持固定不变,利率固定期结束后利率执行方式转换为浮动利率的贷款。

知识链接 4-2
住房混合利率贷款亮相山东

近年来,个人住房贷款在银行贷款市场上相对受宠,个贷市场已经成为各家银行必争之地。在此背景下,农业银行山东省分行为加强此类业务竞争力,近期在全省推出了新型个人住房固定利率贷款产品。

据该行有关负责人介绍,为更好地适应和满足房贷需求,农业银行推出新型个人住房固定利率贷款,实行低利率定价策略,提供"固定加浮动"混合利率组合,供市民自由选择,贷款时限增大;给予贷款人利率调整选择权,这样贷款人在固定利率贷款期间,如果人民银行降息,农业银行固定利率也会相应下降,当下降幅度达到一个百分点以上时,贷款人就可以申请执行"利率调整选择权",要求将原来的固定利率调低相应的幅度,这样就可以最大限度地减少贷款者损失。

据悉,农业银行的固定利率个人住房贷款产品,按贷款期限分为 3 年期、5 年期和 10 年期三个档次,对应的利率区间分别为 5.75%~6.55%、5.85%~6.65%、6.15%~6.95%。业务范围包含一手住房贷款和二手住房贷款,暂不包含商业用房贷款。与现行个人住房浮动利率贷款最优惠利率水平相比,农业银行的对应期限固定利率贷款仅略高 0.3~0.4 个百分点,在现行宏观经济具有一定加息预期的背景下,对借款人而言提供了一个较实惠的选择。据了解,农业银行这样定价主要是考虑到固定利率房贷自 2006 年初在我国正式面世以来,市场规模还较小,消费者对固定利率仍然较陌生,实行相对较低的定价策略既有利于提高固定利率房贷的吸引力,也有利于提高农业银行自身的业务竞争力。

农业银行新推出的固定利率房贷产品还有两个重要的特色:一个是增加了固定+浮动的混合利率方式,另一个是增加了利率调整选择权条款。

固定+浮动的混合利率方式是指在贷款开始的前 5 年或前 10 年内利率固定,这一期间称为利率固定期,利率固定期结束后利率转换为浮动利率。由于利率风险管理问题,目前各银行推出的固定利率房贷产品最长期限为 10 年期,而多数客户住房贷款的期限在 20 年以上,这部分客户却难以选用固定利率房贷。混合利率方式能够满足这部分客户的需求。贷款期限在 10 年以上的客户,完全可以根据自身的需要在贷款前 5 年或前 10 年采用固定利率,此后贷款转为浮动利率,享受到固定利率规避利率上升风险的好处。

选择权条款使得固定利率房贷不仅能够帮助借款人规避利率上升的风险，在利率走低时也能帮助借款人减少损失。随着市场利率下调，当农业银行固定利率房贷产品相应期限利率下限下调1个百分点（含）以上时，无不良信用的借款人在支付一定的选择权费用后，就可以申请执行选择权，将贷款利率调低相应百分点。

资料来源：金融时报，2007年1月18日。

（八）按贷款风险程度划分

国际通行的贷款质量分类方法是以贷款风险程度为依据。中国银行业监督管理委员会在比较各国在信贷资产分类方面不同做法的基础上，结合我国国情，制定了《贷款风险分类指导原则》规定了我国银行贷款风险分类方法，按照统一标准将贷款资产划分为正常、关注、次级、可疑和损失五个类别。

三、贷款的基本流程

不同种类的贷款，其贷款对象、条件、额度、用途、期限、利率及方式等方面存在诸多差异，但从总体上考察，贷款有其内在的、本质的、共同的基本业务流程，一般来说，一笔贷款的基本流程可以分为以下几个主要环节：

（一）贷款申请

贷款申请是贷款流程的首要环节，是开发客户、拓展市场、提高客户满意度和忠诚度的重要途径。同时，有助于发现新的业务机会，挖掘潜在客户需求，培育新的利润增长点。借款人需用贷款资金时，应按照贷款人要求的方式和内容提出贷款申请，并恪守诚实守信原则，承诺所提供材料的真实、完整、有效。申请基本内容通常包括：借款人名称、企业性质、经营范围，申请贷款的种类、期限、金额、方式、用途，用款计划，还本付息计划等，并根据贷款人要求提供其他相关资料。

（二）受理与调查

贷款申请是否受理，主要基于考虑银行收益是否覆盖风险来对客户进行初步判断，这也是风险控制的第一道关口。贷款规则要求贷款银行应落实具体的责任部门和岗位，履行尽职调查并形成书面报告。尽职调查主要是为后续的风险评价提供翔实、可靠的资料。银行在接到借款人的借款申请后，应由分管客户关系管理的信贷员采用有效方式收集借款人的信息，对其资质、信用状况、财务状况、经营情况等进行调查分析，评定资信等级，评估项目效益和还本付息能力；同时也应对担保人的资信、财务状况进行分析，如果涉及抵、质押物的还必须分析其权属状况、市场价值、变现能力等，并就具体信贷条件进行初步洽谈。信贷员根据调查内容撰写书面报告，提出调查结论和信贷意见。

（三）风险评价

商业银行应从提高风险识别能力的角度，建立一支从事贷款风险评价的专业化队伍，并明确尽职调查和风险评价人员的职责分工，作出合理的制度安排，体现制衡原则。银行信贷人员将调查结论和初步贷款意见提交给风险评价人员，风险评价人员根据设置的定量或定性的指标和标准，对贷前调查报告及贷款资料进行全面的风险评价，并形成风险评价报告。风险评价隶属于贷款决策过程，是贷款全流程管理中的关键环节之一。

（四）贷款审批

《商业银行法》第三十五条规定：商业银行贷款，应当实行审贷分离、分级审批的制度。因此，商业银行要按照"审贷分离、分级审批"的原则对信贷资金的投向、金额、期限、利率等贷款内容和条件进行最终决策，逐级签署审批意见。"审贷分离"要求贷款审批部门必须独立于贷款的经营部门，达到"另一只眼看风险"的效果；"分级审批"不是要求对同一笔贷款业务设置多个审批层级，而是要求商业银行建立贷款审批授权制度，明确不同层级的审批权限。贷款审批应依据国家有关信贷政策，从银行利益出发审查贷款业务的技术、经济和商业可行性，分析申报材料的主要风险点及其风险的规避和防范措施，依据该笔信贷业务预计给银行带来的效益和风险决定是否批准贷款。

（五）签订合同

合同是记载当事人权利与义务的重要法律凭证，所有贷款应当由贷款人与借款人签订详尽的借款合同。借款合同应当约定借款种类，借款用途、金额、利率，借款期限，还款方式，借贷双方的权利义务，违约责任和双方认为需要约定的其他事项。保证贷款应当由保证人与贷款人签订保证合同，或保证人在借款合同上载明与贷款人协商一致的保证条款，加盖保证人的法人公章，并由保证人的法定代表人或其授权代理人签署姓名。抵押贷款、质押贷款应当由抵押人、出质人与贷款人签订抵押合同、质押合同，需要办理登记的，应依法办理登记。

（六）贷款发放

贷款发放强调贷放分控、实贷实付。贷款人应设立独立的责任部门或岗位，负责贷款发放审核。贷款人在发放贷款前应确认借款人满足合同约定的提款条件，并按照合同约定的方式对贷款资金的支付实施管理与控制，监督贷款资金按约定用途使用。

（七）贷款支付

贷款人应设立独立的责任部门或岗位，负责贷款支付审核和支付操作。采用贷款人受托支付的，贷款人根据借款人的提款申请和支付委托，将贷款资金支付给符合合同约定用途的借款人交易对象。采用借款人自主支付方式的，贷款人根据借款人的提款申请将贷款资金直接发放至借款人账户，并由借款人自主支付给符合合同约定用途的借款人交易对象。

（八）贷后管理

贷后管理是银行在贷款发放后对合同执行情况及借款人经营管理情况进行检查或监控的信贷管理行为，主要内容包括监督借款人的贷款使用情况、跟踪掌握企业财务状况及其清偿能力、检查贷款抵押品和担保权益的完整性等三个方面。主要目的是督促借款人按合同约定用途合理使用贷款，及时发现并采取有效措施纠正、处理有问题贷款，并对贷款调查、审查与审批工作进行信息反馈，及时调整与借款人合作的策略与内容。

(九) 回收与处置

贷款回收与处置直接关系到商业银行预期收益的实现和信贷资金的安全，贷款到期按合同约定足额归还本息，是借款人履行借款合同、维护信用关系当事人各方权益的基本要求。银行应提前提示借款人到期还本付息；对贷款需要展期的，贷款人应审慎评估展期的合理性和可行性，科学确定展期期限，加强展期后管理；对于确因借款人暂时经营困难不能按期还款的，贷款人可与借款人协商贷款重组；对于不良贷款，贷款人要按照有关规定和方式，予以核销或保全处置。

此外，一般还要进行信贷档案管理。贷款结清后，该笔信贷业务即已完成，贷款人应及时将贷款的全部资料归档保管，并移交专职保管员对档案资料的安全、完整和保密性负责。

第二节 商业银行贷款分类、损失准备计提及不良贷款管理

一、贷款分类

贷款分类是根据风险程度对贷款质量作出评价的分类方法。这种方法建立在动态监测的基础上，通过对借款人现金流量、财务实力、抵押品价值等因素的连续监测和分析，判断贷款的实际损失程度，对银行的信贷管理水平和信贷人员的素质有较高的要求，有利于银行及时发现贷款发放后出现的问题，能更准确地识别贷款的内在风险、有效地跟踪贷款质量，便于银行及时采取措施，从而提高信贷资产质量。

（一）贷款分类的含义和标准

贷款分类，是指商业银行按照风险程度将贷款划分为不同档次的过程，其实质是判断债务人及时足额偿还贷款本息的可能性。

为促进商业银行完善信贷管理，科学评估信贷资产质量，中国银监会在比较研究各国信贷资产风险分类做法的基础上，结合我国国情，于2007年制定并发布了《贷款风险分类指引》，规定我国商业银行应至少将贷款划分为正常、关注、次级、可疑和损失五类，其中后三类合称为不良贷款。

正常：借款人能够履行合同，没有足够理由怀疑贷款本息不能按时足额偿还。

关注：尽管借款人目前有能力偿还贷款本息，但存在一些可能对偿还产生不利影响的因素。

次级：借款人的还款能力出现明显问题，完全依靠其正常营业收入无法足额偿还贷款本息，即使执行担保，也可能会造成一定损失。

可疑：借款人无法足额偿还贷款本息，即使执行担保，也肯定要造成较大损失。

损失：在采取所有可能的措施或一切必要的法律程序之后，本息仍然无法收回，或只能收回极少部分。

以上是典型的贷款五级分类方法,是银行业风险管理的一个初级阶段。指引规定,商业银行贷款五级分类是贷款风险分类的最低要求,各商业银行可根据自身实际制定贷款风险分类制度,细化分类方法,但不得低于五级分类的标准和要求,并与五级分类方法具有明确的对应和转换关系。目前,已有多家银行在贷款五级分类的基础上实行了贷款风险多级分类,如农业银行采取十二级分类,将正常类细分为4级,关注类细分为3级,次级类、可疑类分别细分为2级,损失类不细分,仍为1级。中国银行采取十三级分类,将正常类、关注类分别细分为4级,次级类、可疑类细分为2级,损失类不细分,仍为1级。

(二) 贷款分类的目的与原则

通过贷款分类应达到以下目标:一是揭示贷款的实际价值和风险程度,真实、全面、动态地反映贷款的质量;二是及时发现贷款发放、管理、监控、催收以及不良贷款管理中存在的问题,加强信贷管理;三是为判断贷款损失准备金是否充足提供依据。

贷款分类应遵循以下原则:

1. 真实性原则。分类应真实客观地反映贷款的风险状况。
2. 及时性原则。应及时、动态地根据借款人经营管理等状况的变化调整分类结果。
3. 重要性原则。对影响贷款分类的诸多因素,要根据该指引第五条的核心定义确定关键因素进行评估和分类。
4. 审慎性原则。对难以准确判断借款人还款能力的贷款,应适度下调其分类等级。

(三) 贷款分类的考虑因素

商业银行对贷款进行分类,应主要考虑以下因素:

1. 借款人的还款能力。
2. 借款人的还款记录。
3. 借款人的还款意愿。
4. 贷款项目的盈利能力。
5. 贷款的担保。
6. 贷款偿还的法律责任。
7. 银行的信贷管理状况。

(四) 贷款分类的要点

1. 对贷款进行分类时,要以评估借款人的还款能力为核心,把借款人的正常营业收入作为贷款的主要还款来源,贷款的担保作为次要还款来源。借款人的还款能力包括借款人现金流量、财务状况、影响还款能力的非财务因素等。
2. 不能用客户的信用评级代替对贷款的分类,信用评级只能作为贷款分类的参考因素。
3. 商业银行应至少每季度对全部贷款进行一次分类,同一笔贷款不得进行拆分分类。
4. 如果影响借款人财务状况或贷款偿还因素发生重大变化,应及时调整对贷款的分类。对不良贷款应严密监控,加大分析和分类的频率,根据贷款的风险状况采取相应的管理措施。

5. 下列贷款应至少归为关注类：

(1) 本金和利息虽尚未逾期，但借款人有利用兼并、重组、分立等形式恶意逃废银行债务的嫌疑。

(2) 借新还旧，或者需通过其他融资方式偿还。

(3) 改变贷款用途。

(4) 本金或者利息逾期。

(5) 同一借款人对本行或其他银行的部分债务已经不良。

(6) 违反国家有关法律和法规发放的贷款。

6. 下列贷款应至少归为次级类：

(1) 逾期（含展期后）超过一定期限、其应收利息不再计入当期损益。

(2) 借款人利用合并、分立等形式恶意逃废银行债务，本金或者利息已经逾期。

(3) 需要重组的贷款。重组贷款是指银行由于借款人财务状况恶化，或无力还款而对借款合同还款条款作出调整的贷款。重组贷款如果仍然逾期，或借款人仍然无力归还贷款，应至少归为可疑类。重组贷款的分类档次在至少6个月的观察期内不得调高，观察期结束后，应严格按照指引规定进行分类。

贷款分类是实践性很强的工作，分类结果的质量在很大程度上依赖于检查人员的信贷管理经验及分析判断能力。分类结果也不一定是完全准确无误的，因为其中难免有主观判断的因素。不同的检查人员分类结果可能并不一致，这属于正常现象，但不应该差异太大。

此外，需要说明的是，这里介绍的只是商业银行贷款的分类，实际上商业银行应对表内承担信用风险的所有金融资产进行分类，包括但不限于贷款、债券和其他投资、同业资产、应收款项等。表外项目中承担信用风险的，应比照表内资产相关要求开展分类。

知识链接 4-3
《××银行关于 HD 供销公司贷款风险分类报告》

一、客户基本情况

（一）概况

HD 供销公司是一家独立核算、自主经营、自负盈亏的国有企业。该公司在计划经济时期主要作为某省农垦系统物资调拨、销售的渠道，原经营主要是负责系统内各农场生产物资的统一购进、调拨以及各农场产品的统一销售，具有行政垄断、行政计划的优势，经营效益良好。20世纪90年代该公司对外投资联营企业4个。近年来，由于市场经济的发展及省橡胶销售体制的改革，该公司经营每况愈下，连年亏损，无力偿还银行到期贷款。

（二）法定代表人情况

法定代表人王某，现年48岁，中专学历，从事供销行业十几年，但管理能力一般。

(三) 贷款情况及信用记录

在 2000 年、2001 年、2002 年的信用等级评定中，该企业均被评定为 C 级企业。截至 2002 年 12 月 31 日，该企业在我行贷款余额 10 500 万元，其中内部最高综合授信额度 10 400 万元，100 万元为特别授信额。该企业目前无欠息。

二、财务分析

(一) 偿债能力分析

表 1　　　　　　　　　　HD 供销公司偿债能力指标　　　　　　　　　　单位：%

项目	2000 年	2001 年	2002 年
资产负债率	69	94	80
流动比率	82	67	60
速动比率	70	53	45

该企业 2000 年、2001 年、2002 年的资产负债率分别为 69%、94% 和 80%，资产负债率较高。流动比率和速动比率逐年下降，其中流动比率由 2000 年的 82% 下降到 2002 年的 60%，速动比率由 2000 年的 70% 下降到 2002 年的 45%，远远低于行业标准值，说明企业长、短期偿债能力较差。

(二) 盈利能力分析

表 2　　　　　　　　　　HD 供销公司盈利能力指标

项目	2000 年	2001 年	2002 年
利润总额（万元）	-848	-1 346	-755
净利润（万元）	-850	-1 346	-756
销售利润率（%）	0.95	0.35	3.76

该企业近年来经营效益很差，利润总额 2000 年亏损 848 万元，2001 年达到高峰，亏损 1 346 万元。2002 年天然橡胶市场价格上涨幅度较大，由年初的 6 500 元/吨上涨至 10 月中旬的 12 000 元/吨，即使在此有利的经营环境下，该企业仍然亏损 755 万元，销售收入反而不如 2000 年、2001 年，为近 3 年来的最低点（10 125 万元）。同时该企业的销售利润率很低，2000 年、2001 年分别只有 0.95%、0.35%，2002 年由于上述原因，销售利润率上升至 3.76%，而 3 年来的净资产利润率均为负值，说明该企业近年来的盈利能力差、效益逐年下降。

(三) 营运能力分析

表 3　　　　　　　　　　HD 供销公司营运能力指标　　　　　　　　　　单位：次

项目	2000 年	2001 年	2002 年
应收账款周转率	6.23	3.21	3.35
存货周转率	13.51	7.48	5.61

该企业2000年、2001年、2002年的应收账款周转率分别为6.23%、3.21%、3.35%，存货周转率分别为13.51%、7.48%、5.61%，相关指标均呈下降趋势，表明企业的营运能力逐年减弱，经营呈萎缩趋势。

三、现金流量分析

表4　　　　　　　　　　　HD供销公司现金流量指标　　　　　　　　　单位：万元

项目	2000年	2001年	2002年
经营性现金净流量	515	1 226	–468
投资性现金净流量	230	23	324
融资性现金净流量	–785	–825	–430
现金净流量	–40	424	–574

从该企业2000—2002年的现金流量表分析，2000年企业通过扩大销售规模，采取薄利多销的经营方式，在经营活动中尚有515万元的净流入；在投资活动中，由于所投资的飞达科技股份公司年终分红，因而产生净现金流入230万元；在融资活动中，企业按期偿付贷款利息785万元，现金净流量为–40万元。2001年的现金流量分析中，企业由于改善经营，降低成本，因而产生了1 226万元的经营活动现金净流入，同时由于处置固定资产，收取股份红利，投资活动实现了净现金流入23万元，因支付利息825万元，故现金净流量为424万元。2002年该企业由于经营能力严重萎缩，在商品单价上涨近一倍的情况下，销售收入反而比前两年下降，因此在经营活动中产生了–468万元的现金流量，加之支付贷款利息，剔除投资活动收益，现金净流量为–574万元。

通过对该企业2000—2002年的现金流量分析，可以看出，该企业在2000年、2001年的经营活动中尚有净现金流入，加之其在飞达科技股份公司年终分红，尚可保证贷款利息的偿付，如进一步改善经营管理能力，扩大销售规模，提高盈利水平，可实现在按期偿还贷款利息的基础上，逐年偿还贷款本金。但是在2002年市场经营环境非常有利的情况下，企业的经营反而出现了较大的滑坡，近年来经营活动中首次出现现金净流出，企业要依靠对外筹资来偿付贷款利息，表明企业已无法依靠正常经营收入来偿付贷款本息，企业偿还到期债务的能力已基本丧失。

四、贷款担保分析

该企业的贷款均由省农垦集团有限责任公司提供保证担保。农垦集团有限责任公司成立于1996年5月15日，经营范围为热带、亚热带种植业、畜牧产品及加工等。农垦集团有限责任公司是该省农垦系统的管理机构，本身无任何实质性的经营活动。该公司2002年12月财务报表显示（该公司财务报表为下属农垦系统企业的合并报表），该公司总资产414 130万元、总负债367 497万元、所有者权益46 633万元。截至2002年12月实现销售收入192 486万元，主营业务利润48 816万元，净利润–4 049万元，资产负债率为91.06%，流动比率为55.14%，速动比率为40.89%，销售利润率为33.47%。由于企业近年来连续亏损，资产负债率高，加上本身不具有实质性的经营活动，其相关资产基本上为下属各农场所占有、使用，可判断担保人对债务的清偿能力不足。

五、非财务因素分析

（一）行业风险分析

该企业所处行业风险较大：

1. 我国近年来天然橡胶进口配额逐年增加,特别是 2000 年进口配额近 76 万吨,是 1999 年同期的 1 倍多,进口配额的增加,将冲击国内橡胶种植及销售行业。

2. 1997 年亚洲金融危机以来,涉及的东南亚国家大都是天然橡胶主要产区,这些国家的货币贬值刺激了天然橡胶的大量出口,使橡胶价格大幅下降,低于国内成本价。从行业发展的趋势看,橡胶价格的回落将是长期趋势。

3. 橡胶销售格局发生较大改变,竞争激烈。随着近年来农垦系统体制改革的发展变化,各大农场纷纷在大城市设立办事处直销农场橡胶。一些农场甚至在省外橡胶消费量大的地方设立驻外直销点,改变了该公司在橡胶销售方面一统天下的局面。同时各农场都采取乱降价等不正当竞争手段来增加销量,最终造成橡胶市场一片混乱,这就使该公司经营越来越困难。

(二)经营、管理风险分析

该企业具有一些弊病,如效益低下、冗员、社会负担沉重等,在经营管理方面越来越不适应当前的橡胶销售市场环境。该公司经营已经出现严重问题,由于同行业竞争加剧,该企业在市场竞争中处于被动地位。此外,该公司投资的 4 个项目投资效益并不明显。其中春天宾馆已被低价转让给当地政府,造成 1 000 多万元的损失。泰威木浆厂由于各投资方的纠纷,已停产 3 年。目前只有其投资的飞达科技股份公司尚有一定回报,且该企业拥有飞达科技股份公司 3 000 余万股法人股股权,如国有法人股股权按企业平均资产值上市,则该企业通过股权转让可筹资近 7 000 余万元。一方面可归还我行一部分贷款,同时,大幅降低该企业每年的财务费用;另一方面可将一部分资金用于经营,提高盈利水平,增强企业自身的经营、还贷能力。

(三)还款意愿

虽然借款人经营较为困难,但是能足额按期支付贷款利息,并在 2003 年底归还我行贷款本金 25 万元,说明企业具有较好的还款意愿。该企业长期和我行有信贷关系,在日常工作中,能积极主动配合我行工作,双方建立了较为信任的合作关系。

六、分类结果及理由

该企业 10 500 万元贷款被认定为次级贷款,主要理由如下:

(一)该企业近年的现金净流量为负值,无力偿还到期债务;

(二)该企业连续 3 年经营亏损,且销售逐年下降;

(三)该企业近年来的经营还款能力已基本丧失,无法依靠其经营收入来偿还贷款,且担保人不具有实质性的还款能力,只有通过变卖资产或者转让股权才能归还贷款,由于资产变现和股权转让的不确定性,我行贷款预计可能会造成一定的损失。

七、加强信贷管理意见

针对该企业的实际经营状况,我行认为在今后的贷后管理工作中,要加强以下信贷管理:

(一)加强对 HD 供销公司的跟踪管理,落实防范信贷风险的各项工作,并注意搞好预测分析,把握该公司经营情况和市场变化趋势,及早发现预警信号,及时反馈。

(二)密切关注企业股权转让事宜,采取有效措施配合此项工作,避免企业逃废银行债务,以有效降低我行的贷款风险。

(三)制订切实可行的信贷退出计划,利用该企业变现资产的所得和投资收入产生的现金流量逐步退出该企业。

附：借款人财务资料

表5　　　　　　　　　　HD供销公司财务资料简表

项目	2000年	2001年	2002年
销售收入（万元）	23 468	11 829	10 125
利润总额（万元）	-848	-1 346	-755
净利润（万元）	-850	-1 346	-756
应付款（万元）	85	678	837
短期借款（万元）	10 525	10 525	10 500
长期借款（万元）	0	0	40
总资产（万元）	16 420	16 205	14 768
总负债（万元）	11 375	12 507	11 825
流动资产（万元）	9 361	8 387	7 098
流动负债（万元）	11 335	12 460	11 782
净资产（万元）	5 045	3 699	2 943
资产负债率（%）	69	94	80
流动比率（%）	82	67	60
应收账款周转率（次）	6.23	3.21	3.35
存货周转率（次）	13.51	7.48	5.61
净资产利润率（%）	-11	-30	-23
销售利润率（%）	0.95	0.35	3.76

二、贷款损失准备的计提

按照相关法律规定，银行应当按照谨慎会计原则，合理估计贷款可能发生的损失，及时计提贷款损失准备。

2002年，人民银行发布《银行贷款损失准备计提指引》，规定贷款损失准备包括一般准备、专项准备和特种准备。一般准备是指根据全部贷款余额的一定比例计提的、用于弥补尚未识别的可能性损失的准备；专项准备是指根据《贷款风险分类指导原则》，对贷款进行风险分类后，按每笔贷款损失的程度计提的用于弥补专项损失的准备；特种准备是指针对某一国家、地区、行业或某一类贷款风险计提的准备。银行应按季计提一般准备，一般准备年末余额应不低于年末贷款余额的1%。银行可参照以下比例按季计提专项准备：对于关注类贷款，计提比例为2%；对于次级类贷款，计提比例为25%；对于可疑类贷款，计提比例为50%；对于损失类贷款，计提比例为100%。其中，次级和可疑类贷款的损失准备，计提比例可以上下浮动20%。特种准备由银行根据不同类别（如国别、行业）贷款的特殊风险情况、风险损失概率及历史经验，自行确定按季计提比例。贷款损失准备的计提范围为承担风险和损失的资产，具体包括贷款（含抵押、质押、保证等贷款）、银行卡透支、贴现、银行承兑汇票垫款、信用证垫款、担保垫款、进出口押汇、拆出资金等。

2006年财政部发布了新的《企业会计准则》，新准则规定，商业银行在有证据表明贷款发生损失时需按照未来现金流的现值与账面价值间的差额确定应计提的贷款损失准备。相对于我国商业银行采用的计提贷款损失准备"五级分类法"，未来现金流量折现法计算的减值损失比较准确，更能反映贷款的真实价值。

2011年银监会制定公布《商业银行贷款损失准备管理办法》，自2012年1月1日起施行。办法规定，贷款损失准备是指商业银行在成本中列支、用以抵御贷款风险的准备金，不包括在利润分配中计提的一般风险准备。银行业监管机构设置贷款拨备率和拨备覆盖率指标考核商业银行贷款损失准备的充足性。其中，贷款拨备率为贷款损失准备与各项贷款余额之比，也称拨贷比，即贷款拨备率 = 贷款损失准备/各项贷款余额；拨备覆盖率为贷款损失准备与不良贷款余额之比，即拨备覆盖率 = 贷款损失准备/不良贷款余额。贷款拨备率基本标准为2.5%，拨备覆盖率基本标准为150%。两项标准中的较高者为商业银行贷款损失准备的监管标准。

为有效服务供给侧结构性改革，督促商业银行加大对不良贷款的处置力度，真实反映资产质量，腾出更多信贷资源提升服务实体经济能力，根据《商业银行贷款损失准备管理办法》的有关规定，银监会于2018年2月28日发布《关于调整商业银行贷款损失准备监管要求的通知》，将拨备覆盖率监管要求由150%调整为120%～150%，贷款拨备率监管要求由2.5%调整为1.5%～2.5%。

2019年9月发布的《金融企业财务规则（征求意见稿）》规定，金融企业损失准备计提不足的，原则上不得进行税后利润分配，未足额计提的差额部分不得用于发放奖金、增加分红。金融企业原则上计提损失准备不得超过国家规定最低标准的2倍，超过2倍的部分，年终全部还原成未分配利润进行分配。

知识链接4-4
调整贷款损失准备监管要求的定量参考标准

各级监管部门应综合考虑商业银行贷款分类准确性、处置不良贷款主动性、资本充足性三方面因素，按照孰高原则，确定贷款损失准备最低监管要求。

一、贷款分类准确性

按照逾期90天以上贷款纳入不良贷款的比例，确定拨备覆盖率和贷款拨备率最低监管要求。

逾期90天以上贷款纳入不良贷款的比例	拨备覆盖率最低监管要求	贷款拨备率最低监管要求
100%	120%	1.5%
[85%，100%)	130%	1.8%
[70%，85%)	140%	2.1%
70%以下	150%	2.5%

二、处置不良贷款主动性

按照处置的不良贷款占新形成不良贷款的比例,确定拨备覆盖率和贷款拨备率最低监管要求。

处置的不良贷款占新形成不良贷款的比例	拨备覆盖率最低监管要求	贷款拨备率最低监管要求
90%及以上	120%	1.5%
[75%,90%)	130%	1.8%
[60%,75%)	140%	2.1%
60%以下	150%	2.5%

三、资本充足性

按照不同类别商业银行的资本充足率情况,确定拨备覆盖率和贷款拨备率最低监管要求。

资本充足率（系统重要性银行）	资本充足率（非系统重要性银行）	拨备覆盖率最低监管要求	贷款拨备率最低监管要求
13.5%及以上	12.5%及以上	120%	1.5%
[12.5%,13.5%)	[11.5%,12.5%)	130%	1.8%
[11.5%,12.5%)	[10.5%,11.5%)	140%	2.1%
11.5%以下	10.5%以下	150%	2.5%

 资料来源:《关于调整商业银行贷款损失准备监管要求的通知》(银监发〔2018〕7号)。

三、不良贷款

(一) 不良资产与不良贷款

银行的资产可划分为信贷资产和非信贷资产两类。信贷资产包括表内各类信贷资产(包括本外币贷款、进出口贸易融资项下的贷款、贴现、银行卡透支、信用垫款等)和表外信贷资产(包括信用证、银行承兑汇票、担保、贷款承诺等)。非信贷资产是指银行资产负债表中资产项下除信贷资产的其他所有资产项目。非信贷资产按照风险程度的不同,划分为安全性非信贷资产和风险性非信贷资产两类。安全性非信贷资产主要包括现金、存放中央银行款项、存放联行款项、贵金属等非信贷资产项目。风险性非信贷资产主要包括专项央行票据、存放和拆放同业款项、应收账款、投资类资产、抵债资产、固定资产、在建工程、无形资产、长期待摊费用、待处理财产损溢及其他非信贷资产。

在以上的资产概念和分类中,贷款是指贷款人对借款人提供的并按约定的利率和期限还本付息的货币资金,包括本外币贷款。从2002年起,我国全面实行贷款五级分类制度,该制度按照贷款的风险程度,将银行贷款分为正常、关注、次级、可疑、损失五类,其中后三类为不良贷款。不良贷款是借款人未能按原定的贷款协议按时偿还商业银行的贷款本息,或已有迹象表明借款人不可能按原定的贷款协议按时偿还贷款本息而形成的贷款。根据《贷款风险分类指导原则》的规定，对贷款以外的各类资产，包括表外项目中的直接信用替代项目，也应根据资产的净值、债务人的偿还能力、债务人的信用评级情况和担保情况划分为正常、关注、次级、可疑、损失五类，其中后三类合称为不良资产。

由于我国商业银行的主要资产是贷款，因此，我国商业银行的不良贷款额及其比率，可以在一定程度上代表和反映不良资产额及其比率。在后面的不良贷款具体处置方式中，不良贷款和不良资产相互通用，没有作严格的区分。

（二）不良贷款的成因

我国商业银行不良贷款产生的原因比较复杂，既有历史原因，也有我国经济体制改革因素的影响；既有整个社会经济环境的原因，也有商业银行自身的经营管理机制方面的原因。具体来说，我国商业银行不良贷款的产生与下列因素有关。

1. 社会融资结构的影响。我国间接融资比重较大，企业普遍缺少自有资金，企业效益不好，必然导致银行产生不良贷款。我国传统上是以商业银行为主的融资格局，资本市场的发展相对滞后，使得全社会的信用风险集中积聚到商业银行中。而我国国有企业的经营机制改革没有很好地解决，这也是我国商业银行不良贷款产生的重要因素。

2. 宏观经济体制的影响。长期以来我国的经济增长主要是政府主导的粗放型经营模式，国有银行根据政府的指令发放贷款，经济转轨后，改革的成本大部分由银行承担了，由此形成大量不良贷款。

3. 社会信用环境影响。整体上，我国的信用环境还有待提高。国内有些地方没有形成较好的信用文化是导致"三角债"问题的重要原因。有的企业没有偿还银行贷款的动机，相关的法律法规也没有得到很好的实施，由此形成了大量的不良贷款。

4. 商业银行自身及外部监管问题。商业银行本身也存在着一些问题，如法人治理结构未能建立起来、经营机制不灵活、管理落后、人员素质低等因素都影响着银行资产质量的提高。与此同时，对商业银行的监管工作不足也是影响因素之一。

尽管国家及商业银行自身都采取了大量措施降低商业银行的不良贷款比例，但是由于产生不良贷款的社会条件还没有从根本上消失，所以出现了不良贷款一边剥离，一边上升的现象。社会信用未能根本好转，部分企业仍存在赖账行为。另外资金存在着向大城市、大企业、大项目集中的趋势，贷款的风险集聚，仍存在形成大量不良贷款的可能。

（三）不良贷款的处置

1. 现金清收。根据是否诉诸法律，可以将清收划分为常规清收和依法收贷两种。常规清收包括直接追偿、协商处置抵质押物、委托第三方清收等方式。采取常规清收的手段无效以后，要采取依法收贷的措施。依法收贷的步骤是：向人民法院提起诉讼（或者向仲裁机关申请仲裁），胜诉后向人民法院申请强制执行。胜诉后债务人自动履行的，则无须申请强制执行。在起诉前或者起诉后，为了防止债务人转移、隐匿财产，债权银行可以向人民法院申请财产保全。对于借贷关系清楚的案件，债权银行也可以不经起诉而直接向人民法院申请支付令。对于扭亏无望、无法清偿到期债务的企业，可考虑申请其破产。

2. 贷款重组。贷款重组，从广义上来说，就是债务重组。根据债权银行在重组中的地位和作用，可以将债务重组划分为三类：自主型、行政型和司法型债务重组。自主型重组完全由借款企业和债权银行协商决定。行政型债务重组，主要是指20世纪90年代以来，为了配合政府的经济结构调整以及国有企业兼并破产和减员增效，四大国有商业银行对部分国有企业进行的债务调整，包括变更债务人、豁免利息、延长还款期限以及实施债转股。司法型债务重组，主要指在我国《企业破产法》中规定的和解与整顿程序以及国外的破产重整程序中，在法院主导下债权人对债务进行适当的调整。

3. 批量转让。根据《金融企业不良资产批量转让管理办法》的规定，批量转让是指金融企业对一定规模的不良资产（10户/项以上）进行组包，定向转让给资产管理公司的行为。其中，金融企业是指在中华人民共和国境内依法设立的国有及国有控股商业银行、政策性银行、信托投资公司、财务公司、城市信用社、农村信用社以及中国银行保险监督管理委员会（以下简称银保监会）依法监督管理的其他国有及国有控股金融企业（金融资产管理公司除外）。资产管理公司，是指具有健全的公司治理、内部管理控制机制，并有5年以上不良资产管理和处置经验，公司注册资本金100亿元（含）以上，取得银保监会核发的金融许可证的公司，以及各省、自治区、直辖市人民政府依法设立或授权的资产管理或经营公司。

金融企业批量转让不良资产的范围包括金融企业在经营中形成的以下不良信贷资产和非信贷资产：

（1）按规定程序和标准认定为次级、可疑、损失类的贷款；
（2）已核销的账销案存资产；
（3）抵债资产；
（4）其他不良资产。

不良资产批量转让工作应坚持依法合规、公开透明、竞争择优、价值最大化原则。

4. 证券化。所谓的不良贷款证券化，就是以不良贷款所产生的现金流作为偿付基础，发行资产支持证券的业务过程。不良贷款证券化是发达经济体处置商业银行等贷款机构不良资产、化解银行危机、降低系统性风险的有效手段。通过不良贷款的证券化处理，一方面有利于提高不良贷款的处置回收效率，缓释不良贷款的直接巨量出售对处置价格的负面影响；另一方面可以丰富资本市场的证券产品品种，吸引更多元化的投资者涉足不良资产处置市场。同时，在不良资产处置领域提供相对可行的市场化手段，积极尝试引入竞争，有助于形成合理的资产定价，减少国有资产流失。

5. 债转股。债转股是指通过一定的程序将企业对银行的债务，转化为该企业股权的行为。根据2018年1月《关于市场化银行债权转股权实施中有关具体政策问题的通知》的规定，银行所属实施机构、金融资产管理公司、国有资本投资运营公司、保险资产管理机构可以市场化债转股为目的受让各种质量分级类型债权，包括银行正常类、关注类、不良类贷款；银行可以向所属实施机构、金融资产管理公司、国有资本投资运营公司、保险资产管理机构以债转股为目的转让各种质量分级类型银行债权，包括正常类、关注类、不良类贷款。

当前中国市场上的债转股主要有先股后债（基金模式）和发股还债两种模式。目前银行主要通过基金模式进行债转股，即银行、转股企业、社会资金三方共同成立基金，通过基金入股企业，借此完成企业债权的置换。而发股还债则主要是运用企业发定增所筹资金来偿还贷款。资金进入企业后，企业可自行决定以真实股权、债权或介于股权债权之间的投资方式获取收益。

知识链接 4-5
河南能源与三银行签下 350 亿元债转股大单

2017 年 3 月 30 日下午，中国农业银行、中国工商银行、交通银行与河南能源化工集团在郑州举行市场化债转股合作协议签约仪式。这是继 2017 年 1 月 11 日中国建设银行和河南省政府国资委、河南能源化工集团、平煤神马集团、安钢集团正式签订市场化债转股合作协议之后，河南省国有企业市场化债转股工作取得的又一重大突破。

据了解，此次中国农业银行、中国工商银行、交通银行将与河南能源化工集团合计成立 350 亿元基金，用于投资或置换河南能源化工集团的存量负债，可以大幅降低企业资产负债率、优化债务结构，为进一步提升河南能源持续健康发展水平注入了强大动力。

据悉，河南能源两次市场化债转股总金额高达 475 亿元，有望成为国内煤炭行业中债转股协议金额最大的企业。若顺利实施，两次债转股有望降低企业 10% 左右的负债率。

河南能源化工集团 2016 年实现营业收入 1 265 亿元，截至 2016 年底，拥有资产总额 2 578 亿元。

↑ 资料来源：中国银行保险监督管理委员会网站。

6. 收益权转让。信贷资产收益权是指获取信贷资产所对应的本金、利息和其他约定款项的权利。2016 年 4 月，银监会印发《关于规范银行业金融机构信贷资产收益权转让业务的通知》（银监办发〔2016〕82 号），将信贷资产收益权转让业务范围从正常信贷资产收益权扩大至不良资产收益权，不良资产收益权转让试点正式启动。8 月，银行业信贷资产登记流转中心发布了信贷资产收益权转让的两项细则，即《信贷资产收益权转让业务规则（试行）》和《信贷资产收益权转让业务信息披露细则（试行）》，细则中规定，银行业金融机构按照由信托公司设立信托计划，受让商业银行信贷资产收益权的模式进行信贷资产收益权转让。2017 年 2 月，银监会将不良资产收益权转让试点银行范围进一步扩大至国有大型商业银行、股份制银行、外资银行、城市商业银行、民营银行和农村商业银行。银行业金融机构开展信贷资产收益权转让业务，对进一步盘活信贷存量、加快资金周转发挥了积极作用。

7. 呆账核销。呆账核销是指银行经过内部审核确认后，动用呆账准备金将无法收回或者长期难以收回的贷款或投资从账面上冲销，从而使账面反映的资产和收入更加真实。健全呆账核销制度是会计审慎性和真实性原则的要求，是客观反映银行经营状况和有效抵御金融风险的重要基础。

> **知识链接 4-6**
> **2020 年第一季度银行业信用风险指标数据**

项目	金额或比率
正常类贷款（亿元）	1 299 930
关注类贷款（亿元）	40 545
不良贷款余额（亿元）	26 121
其中：次级类贷款	11 469
可疑类贷款	10 638
损失类贷款	4 014
正常类贷款占比（%）	95.12
关注类贷款占比（%）	2.97
不良贷款率（%）	1.91
其中：次级类贷款率	0.84
可疑类贷款率	0.78
损失类贷款率	0.29
贷款损失准备（亿元）	47 852
拨备覆盖率（%）	183.20
贷款拨备率（%）	3.50

> 资料来源：中国银行保险监督管理委员会网站。

第三节 商业银行的贷款定价

所谓贷款定价是指如何确定贷款的利率、确定补偿余额，以及对某些贷款收取手续费。贷款如何合理定价是银行长期以来颇感困扰的问题。定价过高，会驱使客户从事高风险的经济活动以应付过于沉重的债务负担，或是抑制客户的借款需求，使之转向其他银行或通过公开市场直接筹资；定价过低，银行无法实现盈利目标，甚至不能补偿银行付出的成本和承担的风险。因此，贷款的合理定价对银行的经营与管理具有重要意义。

一、贷款定价原则

（一）利润最大化原则

商业银行是经营货币信用业务的特殊企业。作为企业，实现利润最大化始终是其追求的主要目标。信贷业务是商业银行传统的主要业务，存贷利差是商业银行利润的主要来源。因此，银行在进行贷款定价时，首先必须确保贷款收益足以弥补资金成本和各项费用，在此基础上，尽可能实现利润最大化。

（二）扩大市场份额原则

扩大市场份额原则要求商业银行在金融业竞争日益激烈的情况下，要通过制定合理的贷款价格在信贷市场上不断扩大其市场份额。影响一家银行市场份额的因素非常复杂，但贷款价格始终是影响市场份额的一个重要因素。如果一家银行贷款价格过高，就会使一部分客户难以承受，最终失去这部分客户，缩小银行的市场份额。因此，商业银行在贷款定价时，必须充分考虑同业、同类贷款的价格水平，不能为了追求利润，盲目实行高价政策。但是，商业银行在贷款定价时，也不能为了扩大市场份额盲目降低贷款价格，不计成本的价格战会使商业银行效益降低甚至亏损。

（三）保证贷款安全原则

银行的贷款业务是一项风险性业务，保证贷款的安全是银行贷款经营管理过程的核心内容。安全性的实现要求商业银行在贷款经营中应努力避免各种不确定因素对它的影响，使贷款资产处于归流、增值、无损失状态，要经得起重大风险和损失。所以，银行在贷款定价决策中必须考虑风险问题，包括信用风险、市场风险、操作风险等，进而确定贷款价格。信用等级高的客户违约风险低，贷款利率就低，反之相反。我国商业银行在发放贷款时，由于缺乏有效的信用评级方法和信用评估系统，对贷款的安全监管不足，因而造成了商业银行存在大量不良贷款，严重影响了我国商业银行的盈利能力。因此，我国商业银行在贷款定价时要特别注意考察贷款的风险，保障资金的安全。

（四）维护银行形象原则

作为经营信用业务的企业，良好的社会形象是商业银行生存与发展的重要基础。商业银行要树立良好的社会形象，就必须守法、诚信、稳健经营，要通过自己的业务活动维护社会的整体利益，不能唯利是图。因此，在贷款定价中，商业银行应严格遵循国家有关法律、法规，不能利用贷款价格搞恶性竞争，破坏金融秩序的稳定，损害社会整体利益。

二、贷款价格的构成

一般来讲，贷款价格的构成包括贷款利率、贷款承诺费、补偿余额和隐含价格。

（一）贷款利率

贷款利率是一定时期客户向贷款人支付的贷款利息与贷款本金之比率。它是贷款价格的主体，也是贷款价格的主要内容。银行贷款利率一般有一个基准水平，它取决于中央银行的货币政策和相关的法令规章、资金供求状况和同业竞争状况。根据贷款使用情况，在具体确定一笔贷款的利率时，可以使用低于一般利率的优惠利率和高于一般利率的惩罚利率。贷款利率的确定应以收取的利息足以弥补支出并取得合理利润为幅度。银行贷款所支付的费用包括资金成本、提供贷款的费用以及今后可能发生的损失等。合理的利润幅度，是指应由贷款收益提供的，与其他银行或企业相当的利润水平。

（二）贷款承诺费

贷款承诺费是指银行对已承诺贷给客户而客户又没有使用的那部分资金收取的费

用。也就是说，银行已经与客户签订了贷款意向协议，并为此做好了资金准备，但客户并没有实际从银行贷出这笔资金，承诺费就是对这笔已作出承诺但没有贷出的款项所收取的费用。承诺费作为顾客为取得贷款而支付的费用，构成了贷款价格的一部分。

（三）补偿余额

补偿余额是指应银行要求，借款人在银行保持一定数量的活期存款和低利率定期存款。它通常作为银行同意贷款的一个条件而写进贷款协议中。要求补偿余额的理由是：顾客不仅是资金的使用者，还是资金的提供者，而且只有作为资金的提供者，才能作为资金的使用者。存款是银行业务的基础，是贷款的必要条件，银行发放贷款应该成为现在和将来获得存款的手段。从另一方面讲，也是银行变相提高贷款利率的一种方式，因此，它成为贷款价格的一个组成部分。

（四）隐含价格

隐含价格是指贷款定价中的一些非货币性内容。银行在决定给客户贷款后，为了保障客户能偿还贷款，常常在贷款协议中加上一些附加性条款。附加条款可以是禁止性的，即规定融资限额及各种禁止事项；也可以是义务性的，即规定借款人必须遵守的特别条款。附加条款不直接给银行带来收益，但是可以防止借款人经营状况的重大变化给银行利益造成损失，因此，它可以视为贷款价格。

三、影响贷款定价的因素

影响商业银行贷款定价的因素很多，商业银行每发放一笔贷款都要兼顾银行和客户的双方利益，综合考察各方面因素，确定一个合理的贷款价格。

（一）基准利率及贷款政策

中央银行基准利率的变化直接影响商业银行的融资成本，从而使商业银行贷款定价发生变动。同时国家的经济政策对贷款流向具有强烈的指导意义，凡是政策扶持的经济领域，其贷款价格相对优惠。一些国家对利率进行管制，也会影响贷款定价。如规定贷款利率上限，则商业银行贷款利率只能在上限以下浮动，上限便成为贷款的最高限价。

（二）市场供求及同业竞争

资金也是一种商品，其价格的确定自然受制于市场的供求状况。当资金供给大于需求时，贷款价格下降，反之，当资金供不应求时，贷款价格自然就会提高。同时，由于贷款市场并不为任何一家银行所垄断，而且贷款资金具有同质性，客户可以选择不同的商业银行"买入"资金。因此，任何一家商业银行都不能随心所欲地调整信贷资金价格，其贷款报价必须充分考虑信贷市场的竞争状况及竞争对手的定价策略，将贷款价格与市场一般利率水平的差距保持在一定的范围之内。

（三）资金成本、业务费用及目标收益率

贷款是银行资金的运用，以负债为资金来源，负债成本低，贷款价格就低；反之，负债成本高，贷款价格就高。银行的资金成本可分为平均成本和边际成本。平均成本是指组织每一单位的资金所支付的利息、费用额，它主要用来衡量银行过去的经营状况。边际成本是指银行每增加一个单位的可用于投资、贷款的资金所需花费的利息和费用额。由于每项资金来源有不同的边际成本,因此其边际成本随着市场利率、管理费用及法定准备金率的变化而变化。各项独立的资金来源的边际成本加权计算在一起,就可以得出新增资金的全部加权边际成本。在银行资金来源的结构、各种资金来源的利率及费用成本都不变的前提下,可以根据资金的平均成本定价;但在资金来源的结构不稳定或市场利率经常变化的条件下,以边际成本作为新贷款的定价基础是较为适用的。

银行向客户提供贷款,需要在贷前和贷款过程中做大量的工作,如进行信用调查与审查,对担保品进行鉴定与估价,对贷款所需材料与文件进行整理、归档与保管。所有这些工作,都需要花费一定的费用,这些费用构成了影响贷款定价的因素。

各家银行都有自己的盈利目标,并都对资金的运用规定了目标利润率。贷款定价合适与否,一个重要的衡量标准,就是看能否在确保贷款安全性的前提下,贷款收益率达到或超过目标利润率,它直接影响到银行总体盈利状况。当然,贷款的目标收益率本身应当制定得合理,过高的目标收益率会使银行贷款价格失去竞争力。

(四) 贷款期限、条件及方式

贷款期限与贷款风险呈正相关关系,贷款期限短,流动性强,风险小,贷款利率就低,反之相反。贷款条件是对贷款对象提出的具体要求,如果贷款限定条件多,银行信贷风险小,就可以索取相对较低的利率。此外,在不同的贷款方式下,贷款的保障程度不同,贷款价格也自然存在差异。一般来讲,担保贷款风险低,贷款利率就低;信用贷款风险高,利率也就高。

(五) 借款人信用等级及给银行带来的综合利润

对于同一类贷款,借款人信用等级高,贷款风险就小,从而定价越低,反之则反。此外,银行在对特定客户贷款定价之前,应全面考虑该客户与银行的业务关系,全面考察客户给银行带来的综合利润,而不能仅仅就贷款论价格。如果客户与本行有多项业务往来,银行可以将这些业务看作是一个资产组合,组合的目标是实现组合利润最大化,可以通过高附加值产品的高收益来弥补贷款产品的低收益,这样不但实现了银行的利润目标,而且让客户感觉得到了很大的让渡价值,从而提高对银行的满意度。

四、贷款定价的方法

在国际商业银行贷款定价的实践中,由于各银行的发展历史、经营策略和所处市场竞争环境的不同,主要形成了三种不同的定价方法,即成本加成定价法、基准利率加点定价法、客户盈利分析定价法。由于定价导向的不同,定价公式也存在较大区别,各有侧重点。因此,在制定合理的贷款定价机制时,应首先根据银行自身经营特征、发展战略和细分市场的特征,确定合适的定价方法。

(一) 成本加成定价法

成本加成定价法以贷款成本为基础进行定价,属于成本导向型定价方法。这种方法是以借入资金的成本加上一定利差来决定贷款利率。该方法认为,一笔贷款的利率应该包括以下四个部分:

1. 资金成本。资金成本即银行为筹集贷款资金所发生的成本,如存款利息支出、债

商业银行业务经营与管理（第二版）

券利息支出等。

2. 贷款费用。贷款费用又称非资金性的营业成本，是与贷款业务紧密联系的费用，如对借款人进行信用调查、信用分析所发生的费用，抵押物鉴别、估价、维护费用，贷款资料整理、保管费用，贷款本金和利息的回收费用等。

3. 风险补偿费。由于贷款的对象、期限、方式等各不相同，所以每笔贷款的风险程度各不相同，贷款价格中必须考虑风险补偿费。

4. 目标收益。目标收益是指为银行股东提供一定的资本收益率所必需的每一笔贷款项目的预期利润水平。

根据以上分析，成本加成定价法下的贷款利率可由以下公式表示：

$$贷款利率 = 资金成本 + 贷款费用 + 风险补偿费 + 目标收益率$$

成本加成定价法属于"内向型"定价方法，它是从银行自身的角度出发来实施的贷款定价方法，主要考虑银行自身的成本、费用和承担的风险。银行的资金成本、贷款费用越高，贷款利率就越高。采用这种定价方法有利于商业银行补偿成本，确保股东所要求的资本收益率得到实现。

成本加成定价法的不足之处在于它忽略了影响贷款价格的外部因素，此种方法未考虑客户的需求、同业的竞争、当前资金市场上的一般利率水平等因素，因而可能会导致客户流失和贷款市场的萎缩。

成本加成定价法需要银行有一个精心设计的成本计算系统，能够精确地归集和分配成本。该方法能够准确地将其经营成本分摊到日常经营的各项业务上，如将信贷人员的工资或某些贷款专用器具的折旧费用分配给多笔贷款；将信用调查费、抵押物评估费等按每笔贷款进行归集，需要银行的电脑系统能够满足"分产品核算"和"分客户核算"的要求。因此，该方法对银行成本管理提出了较高要求。

（二）基准利率加点定价法

基准利率加点定价法是银行选择合适的基准利率，在此之上加一定价差或乘上一个加成系数的贷款定价方法。这里的基准利率可以是国库券利率、大额可转让存单利率、银行同业拆借利率、商业票据利率等货币市场利率，也可以是优惠贷款利率，即银行对优质客户发放短期流动资金贷款的最低利率。由于这些金融工具或借贷合约的共同特征是违约风险低，所以它们的利率往往被称为无风险利率，是金融市场常用的定价参照系，故也被称为基准利率。对于所选定的客户，银行往往允许客户选择相应期限的基准利率作为定价的基础，附加的贷款风险溢价水平因客户的风险等级不同而有所差异。

根据基准利率定价法的基本原理，银行对特定客户发放贷款的利率公式一般为

$$贷款利率 = 基准利率 + 借款者的违约风险溢价 + 贷款的期限风险溢价$$

公式中后两部分是在基准利率基础上的加价。违约风险溢价的设定可使用多种风险调整方法，通常是根据贷款的风险等级确定风险溢价。不过，对于高风险客户，银行并非采取加收较高风险溢价的简单做法，因为这样做只会使贷款的违约风险上升。因此，面对较高风险的客户，银行大多遵从信贷配给思想，对此类借款申请予以回绝，以规避

风险。如果贷款期限较长，银行还需加上期限风险溢价。

基准利率加点定价法是一种"外向型"的定价方法，它以市场一般价格水平为基础来确定贷款的价格，属于"市场导向型"方法。它既考虑了市场风险又兼顾了贷款本身的违约风险，从而具有较高的合理性，制定的价格更贴近市场，更具有竞争性。

采用基准利率加点定价法进行贷款定价，除了要考虑贷款本身的风险外，还要考虑市场风险，这就加大了风险管理的难度。

知识链接4－7
中国人民银行公告〔2019〕第15号

为深化利率市场化改革，提高利率传导效率，推动降低实体经济融资成本，中国人民银行决定改革完善贷款市场报价利率（LPR）形成机制，现就有关事宜公告如下：

一、自2019年8月20日起，中国人民银行授权全国银行间同业拆借中心于每月20日（遇节假日顺延）9时30分公布贷款市场报价利率，公众可在全国银行间同业拆借中心和中国人民银行网站查询。

二、贷款市场报价利率报价行应于每月20日（遇节假日顺延）9时前，按公开市场操作利率（主要指中期借贷便利利率）加点形成的方式，向全国银行间同业拆借中心报价。全国银行间同业拆借中心按去掉最高和最低报价后算术平均的方式计算得出贷款市场报价利率。

三、为提高贷款市场报价利率的代表性，贷款市场报价利率报价行类型在原有的全国性银行基础上增加城市商业银行、农村商业银行、外资银行和民营银行，此次由10家扩大至18家，今后定期评估调整。

四、将贷款市场报价利率由原有1年期一个期限品种扩大至1年期和5年期以上两个期限品种。银行的1年期和5年期以上贷款参照相应期限的贷款市场报价利率定价，1年期以内、1年至5年期贷款利率由银行自主选择参考的期限品种定价。

五、自即日起，各银行应在新发放的贷款中主要参考贷款市场报价利率定价，并在浮动利率贷款合同中采用贷款市场报价利率作为定价基准。存量贷款的利率仍按原合同约定执行。各银行不得通过协同行为以任何形式设定贷款利率定价的隐性下限。

六、中国人民银行将指导市场利率定价自律机制加强对贷款市场报价利率的监督管理，对报价行的报价质量进行考核，督促各银行运用贷款市场报价利率定价，严肃处理银行协同设定贷款利率隐性下限等扰乱市场秩序的违规行为。中国人民银行将银行的贷款市场报价利率应用情况及贷款利率竞争行为纳入宏观审慎评估（MPA）。

中国人民银行
2019年8月16日

↑ 资料来源：中国人民银行网站。

（三）客户盈利分析定价法

该定价方法综合了银行与客户业务往来的所有成本和收益的资料，以确定对该客户提供贷款的定价。因此，此方法又称为"以银企整体关系为基础的贷款定价方法"。

这种方法将贷款定价纳入客户与银行的整体业务关系中加以统一考虑，将贷款收益和相关的存款收益、中间业务收益等一并作为总收益，将贷款的资金成本、经营成本、风险成本、税收成本等作为总成本，再结合经济资本的最低回报率，一并确定存、贷款利率。

从经济学角度看，银行与某一客户进行业务往来，必须能够保证有利可图或至少不亏本，用公式表示为

$$来源于某客户的总收入 = 为该客户提供服务的成本 + 银行目标利润$$

来源于客户的总收入包括：

1. 贷款利息收入。此处贷款应包括对客户所有的授信资产，如进出口押汇、打包贷款、票据贴现、一般贷款等。

2. 客户存款账户的投资收入。客户将款项存入银行，银行缴纳存款准备金后，余额除可用于贷款外，还可用于投资，从而产生一定的收益。

3. 结算手续费收入，即银行为客户办理国内结算和国际结算所取得的手续费收入。

4. 其他服务费收入，即银行为客户提供其他服务，如代发工资、代理买卖外汇、保管箱业务、开具信用证、担保、贷款承诺等所取得的收入。

为客户提供服务发生的总成本主要包括：

1. 资金成本，即银行对客户提供贷款所需资金的成本。

2. 贷款费用，如信用调查费、项目评估费、抵押物的维护费用、贷款回收费用、贷款档案费、法律文书费、信贷人员薪金等。

3. 客户违约成本。根据客户的风险等级和平均违约率来确定。

4. 客户存款的利息支出，即银行对客户活期存款账户及定期存款账户支付的利息。

5. 账户管理成本，即客户活期存款、定期存款账户的管理费用和操作费用，如提现、转账、存现、账户维持等发生的费用。

目标利润是指银行资本从每笔贷款中应获得的最低收益。目标利润要根据银行既定的股东的目标收益率即资本的目标收益率、贷款额和贷款中资本金的比例来确定。计算公式为

$$目标利润 = 贷款额 \times (资本额 / 总资产) \times 资本的目标收益率$$

采用客户盈利分析定价法，最终确定的贷款利率为

$$贷款利率 = (总成本 + 目标利润 - 除贷款利息外的总收入) / 贷款额$$

★【例 4-1】假定某企业向银行申请期限为 1 年、限额为 700 万元的循环使用贷款。银行预计在整个贷款期内，客户实际使用的平均贷款额大约为贷款限额的 75%；账户管理成本约 6.8 万元；贷款费用及客户违约成本为实际贷款额的 1.3%；贷款的 7% 由银行资本金来支持，其余的 93% 由银行负债来支持；加权平均资金成本为 10%。银行资本的税前目标收益率为 18%，银行要求客户按贷款限额的 4% 和实际使用贷款额的 4% 保持补偿余额，贷款承诺费为 0.125%，结算手续费收入约为 1.5 万元，预计存款利率为 6%，法定存款准备金率为 10%，存款投资收益率预计可达 8%。银行该笔贷款的利率（X）最低为多少？

表 4-1　　　　　　　　客户盈利分析定价法计算案例　　　　　　　单位：万元

收支项目名称	金额
总收入	5.24675 + 700×75%×X
贷款利息收入	700×75%×X
存款投资收入	(700×75%×4% + 700×4%)×90%×8% = 3.528
表外业务收入（承诺费+结算手续费）	700×25%×0.125% + 1.5 = 1.71875
总成本	69.065
账户管理成本	6.8
贷款费用及客户违约成本	700×75%×1.3% = 6.825
资金成本	700×75%×10% = 52.5
补偿余额利息支出	(700×75%×4% + 700×4%)×6% = 2.94
目标利润	700×75%×7%×18% = 6.615
贷款利率 X	(69.065 + 6.615 − 5.24675)/525 = 13.41%

根据案例可知，客户实际使用的贷款为 700×75% = 525（万元），银行要求客户保持的补偿余额为 (700+525)×4% = 49（万元），贷款利息收入为 525×X，存款的投资收入为 49×90%×8% = 3.528（万元），结算手续费收入为 1.5 万元，贷款承诺费收入为 700×25%×0.125% = 0.21875（万元），资金成本为 525×10% = 52.5（万元），贷款费用及客户违约成本为 525×1.3% = 6.825（万元），补偿余额利息支出 (700+525)×4%×6% = 2.94（万元），账户管理成本为 6.8（万元），目标利润为 7%×525×18% = 6.615（万元）。要达到既定的目标收益率，总收入应该等于总成本与目标利润之和，由此可知 (5.24675 + 525×X) = (69.065 + 6.615)，贷款利率 X 则为 13.41%。

客户盈利分析定价法是一种"客户导向型"定价方法，它根据银行与客户的全部往来业务来制定合适的贷款价格。采用这种方法，可能会得出富有竞争力的贷款价格。它体现了银行以客户为中心的经营理念，实现了差别化定价的个性化经营模式。通过这种差别定价，能吸引和保留那些真正为银行带来合理利润的客户。

客户盈利分析定价法对银行的成本核算提出了更高的要求，该方法要求银行不仅能采用分产品核算的方式，还要做到分客户核算，以便更准确地测算银行为客户提供服务的总成本，这会加大银行成本核算的难度。

【本章小结】

作为一种借贷行为，一笔贷款由贷款对象、贷款用途、贷款额度、贷款价格、贷款期限、担保方式、还款方式等基本要素构成。

商业银行的贷款，从不同的角度，按照不同的划分标准，可以分为多种类型。如按贷款期限划分，有短期贷款、中期贷款和长期贷款；按贷款保障方式划分，有信用贷款和担保贷款；按客户类型划分，有个人贷款和公司贷款等。

从总体上考察，贷款有其内在的、本质的、共同的基本业务流程，一般来说，一笔贷款的基本流程可以分为贷款申请、受理与调查、风险评价、贷款审批、签订合同、贷款发放、贷款支付、贷后管理、回收与处置九个主要环节。

贷款分类是根据风险程度对贷款质量作出评价的分类方法，其目的是要揭示贷款的实际价值和风险程度，加强信贷管理。贷款分类应遵循真实性、及时性、重要性、审慎性原则。我国商业银行将贷款划分为正常、关注、次级、可疑和损失五类，其中后三类合称为不良贷款。

按照相关法律规定，银行应当按照谨慎性会计原则，合理估计贷款可能发生的损失，及时计提贷款损失准备。商业银行在有证据表明贷款发生损失时需按照未来现金流的现值与账面价值间的差额确定应计提的贷款损失准备。银行业监管机构设置贷款拨备率和拨备覆盖率指标考核商业银行贷款损失准备的充足性。

商业银行在经营过程中，会因自身及外部因素产生不良贷款，对不良贷款的处置主要采用现金清收、贷款重组、批量转让、证券化、债转股、收益权转让以及呆账核销等方式。

合理定价对银行的经营与管理具有重要意义，银行的定价必须遵循保证贷款安全性、利润最大化等基本原则。一笔贷款价格由贷款利率、贷款承诺费、补偿余额和隐含价格等几部分构成。

影响商业银行贷款定价的因素很多，商业银行每发放一笔贷款都要兼顾银行和客户的双方利益，综合考察各方面的因素，确定一个合理的贷款价格。具体的定价方法主要有三种，即成本加成定价法、基准利率加点定价法、客户盈利分析定价法。

【重点概念】

担保贷款　保证贷款　抵押贷款　质押贷款　个人贷款　公司贷款　批发贷款　零售贷款　自营贷款　委托贷款　混合利率贷款　贷款分类　贷款损失准备　贷款拨备率　拨备覆盖率　不良贷款　贷款定价　补偿余额　隐含价格　成本加成定价法　基准利率加点定价法　客户盈利分析定价法

【思考与练习题】

1. 贷款的基本要素有哪些？
2. 简述商业银行贷款的基本流程。
3. 简述贷款风险分类的目的与原则。
4. 简述贷款损失准备的计提标准与范围。
5. 简述不良贷款的成因。
6. 简述不良贷款的处置方式。
7. 简述贷款分类的考虑因素。

8. 简述贷款定价的原则。
9. 简述贷款价格的构成。
10. 简述影响贷款定价的因素。
11. 简述贷款定价的主要方法。
12. 假设某企业向银行申请一份期限为 1 年、限额为 700 万元的循环使用贷款，申请者和银行无其他往来关系，银行预计在贷款期限内，该客户的实际平均贷款额将是所申请的贷款限额的 75%，账户存款服务成本为 6.8 万元，贷款的管理费和风险费为实际贷款额的 1.3%，贷款的 7% 由银行资本金支持，其余 93% 则由银行负债来支持。加权边际资金成本为 10%，银行资本的税前目标收益率为 18%。银行要求借款者按可投资金额存入贷款限额的 4% 和实际贷款额的 4% 保持补偿余额，预计存款的利率为 6%，贷款承诺费为贷款限额的 0.125%；结算及其他服务收入约 1.5 万元，法定存款准备金率为 10%，存款投资收益率预计可达 8%。请运用客户盈利分析定价法求出该银行该笔贷款利率最低为多少。

第五章

公司贷款

【本章学习目标】
1. 了解公司贷款的含义及种类；
2. 了解固定资产贷款的含义、种类、申请条件及使用的基本规定；
3. 了解流动资金贷款的含义、种类、申请条件及使用的基本规定；
4. 掌握并购贷款的含义，并购贷款的基本要素，了解发放并购贷款的机构条件，并购贷款的原则、特征及风险；
5. 掌握银团贷款的含义、类型及特点，了解银团贷款的基本成员及其相应职责；
6. 掌握项目融资的含义、类型及特点，了解项目融资的适用范围、主要当事人及其相应职责。

公司贷款，又称企业贷款或对公贷款，是以企事业单位为对象发放的贷款，主要包括固定资产贷款、流动资金贷款以及并购贷款、银团贷款、项目融资等。在公司贷款业务中，借贷合同关系的一方主体是银行，另一方主体是非自然人，这是公司贷款业务与个人贷款业务相区别的重要特征。公司贷款业务是我国商业银行的重要资产业务，是商业银行获取利润的主要途径，其规模和结构对商业银行的经营成败具有重要意义，其经营的结果直接影响商业银行盈利性、安全性和流动性目标的实现。

第一节　固定资产贷款与流动资金贷款

一、固定资产贷款

（一）固定资产贷款的含义

2009年中国银监会出台《固定资产贷款管理暂行办法》，该办法规定，固定资产贷款是指贷款人向企（事）业法人或国家规定可以作为借款人的其他组织发放的，用于借款人固定资产投资的本外币贷款。贷款人开展固定资产贷款业务应当遵循依法合规、审慎经营、平等自愿、公平诚信的原则。

固定资产贷款是商业银行向企业发放的用于固定资产建设项目投资的中长期贷款。固定资产建设是扩大再生产的重要手段，对保持国民经济持续增长速度、产业结构调整、资源分配和利用具有长期影响。相应地，固定资产投资项目贷款具有资金占用量大、周期长、难以变现等特点，因而向来是国家投融资管理体制严格掌握、金融机构从严控制的部分。

（二）固定资产贷款的种类

传统的固定资产投资包括基本建设投资、更新改造投资、房地产开发投资以及其他固定资产投资四大类，相应地，固定资产贷款包括基本建设项目贷款、技术改造贷款、房地产开发贷款以及其他固定资产贷款四大类。

1. 基本建设项目贷款。基本建设项目贷款一般是指主要用于能源、交通和原材料等基础工业建设项目的中长期贷款。其中，基本建设项目是指在一个（或几个）场地上，按照总体设计兴建的一项独立工程，或由若干个存在工序联系的工程项目的总体，工程建成后经济上可以独立经营，并以经营收益归还银行贷款本息。

承担基建项目贷款的金融机构包括商业银行和政策性银行。商业银行面向各类大中小基建项目提供贷款。国家开发银行作为政府的开发性金融机构，主要面向列入国家计划的"两基一支"（基础设施、基础产业和支柱项目）大型骨干项目。

2. 技术改造贷款。技术改造贷款是对借款人发放的，专项用于经有权机关批准的技术改造项目的中长期贷款。其中，技术改造项目是指在企业原有生产经营的基础上，采用新技术、新设备、新工艺、新材料，推广和应用科技成果进行的更新改造工程。

3. 房地产开发贷款。房地产开发贷款是指向借款人发放的用于开发、建造向市场销售、出租等用途的房地产项目的贷款。

房地产开发贷款包括住房开发贷款、商业用房开发贷款和综合用房开发贷款三种。住房开发贷款是指银行向房地产开发企业发放的用于住房及其配套设施建设的贷款；商业用房开发贷款是指银行向房地产开发企业发放的用于宾馆（酒店）、写字楼、商场及其配套设施等商用项目建设的贷款；综合用房开发贷款是指银行向房地产开发企业发放的用于商住两用房及其配套设施等综合性用房项目建设的贷款。

4. 其他固定资产贷款是指对全社会固定资产投资中未列入基本建设、更新改造和房地产开发投资的建造和购置固定资产的活动而发放的贷款。

（三）固定资产贷款的申请条件

贷款人受理的固定资产贷款申请应具备以下条件：

1. 借款人依法经工商行政管理机关或主管机关核准登记；
2. 借款人信用状况良好，无重大不良记录；
3. 借款人为新设项目法人的，其控股股东应有良好的信用状况，无重大不良记录；
4. 国家对拟投资项目有投资主体资格和经营资质要求的，符合其要求；
5. 借款用途及还款来源明确、合法；
6. 项目符合国家的产业、土地、环保等相关政策，并按规定履行了固定资产投资项目的合法管理程序；

7. 符合国家有关投资项目资本金制度的规定；

8. 贷款人要求的其他条件。

（四）固定资产贷款的使用

贷款人应与借款人约定明确、合法的贷款用途，并按照约定检查、监督贷款的使用情况，防止贷款被挪用。

贷款人应在合同中与借款人约定，借款人出现未按约定用途使用贷款、未按约定方式支用贷款资金、未遵守承诺事项、申贷文件信息失真、突破约定的财务指标约束等情形时借款人应承担的违约责任和贷款人可采取的措施。

贷款人应设立独立的责任部门或岗位，负责贷款发放和支付审核。贷款人在发放贷款前应确认借款人满足合同约定的提款条件，并按照合同约定的方式对贷款资金的支付实施管理与控制，监督贷款资金按约定用途使用；合同约定专门贷款发放账户的，贷款发放和支付应通过该账户办理。

贷款人应通过贷款人受托支付或借款人自主支付的方式对贷款资金的支付进行管理与控制。单笔金额超过项目总投资5%或超过500万元人民币的贷款资金支付，应采用贷款人受托支付方式；采用借款人自主支付的，贷款人应要求借款人定期汇总报告贷款资金支付情况，并通过账户分析、凭证查验、现场调查等方式核查贷款支付是否符合约定用途。

在借款人不按约定的方式、用途使用贷款时，贷款人可采取更严格的发放和支付条件，或停止贷款发放和支付。

知识链接 5–1
固定资产贷款，需把好项目准入关

【案情】固定资产贷款项目手续不全，存在违规风险。

银监会对某行进行现场检查时认定该行以下项目存在项目准入违规问题：

1. 某行先后三次向某水电开发公司发放项目周转贷款共计5亿元，用于借款人全资开发A、B、C、D四个水电站项目。除A水电站取得国家发展改革委批复外，其他项目均未取得国家发展改革委批复。

2. 某行向某铁路公司发放固定资产贷款4亿元，用于某铁路枢纽货运环线项目。但该项目未取得建设用地批复。

3. 某行向某电子公司发放固定资产贷款3亿元，用于中西部地区农网完善工程。但该项目未取得所在地土地使用、环境评估方面的批文或核准文件。

【法理】固定资产贷款项目，应当符合国家产业、土地、环保等相关政策。

《固定资产贷款管理暂行办法》规定："贷款人受理的固定资产贷款申请应具备以下条件：项目符合国家的产业、土地、环保等相关政策，并按规定履行了固定资产投资项目的合法管理程序。"《商业银行授信工作尽职指引》也规定："客户未按国家规定取得以下有效批准文件之一的，或虽然取得，但属于化整为零、越权或变相越权和超授权批准的，商业银行不得提供授信：（一）项目批准文件；（二）环保批准文件；（三）土地批准文件；（四）其他按国家规定需具备的批准文件。"

【提示】贷款审批前严格审查项目所需审批文件。

1. 对于项目批准文件，外商投资项目和国内投资项目要求有所不同。

对于外商投资项目，《外商投资项目核准和备案管理办法》明确规定了需核准的项目范围，无须核准的项目均需备案，并且规定："对于未按规定权限和程序核准或者备案的项目，有关部门不得办理相关手续，金融机构不得提供信贷支持。"

对于国内投资项目，《国务院关于投资体制改革的决定》规定："对于企业不使用政府投资建设的项目，一律不再实行审批制，区别不同情况实行核准制和备案制。其中，政府仅对重大项目和限制类项目从维护社会公共利益角度进行核准，其他项目无论规模大小，均改为备案制。"

2. 对于环保批准文件，《建设项目环境影响评价文件分级审批规定》规定：建设对环境有影响的项目，无论投资主体、资金来源、项目性质和投资规模，其环境影响评价文件均应按照建设项目的审批、核准和备案权限及建设项目对环境的影响性质和程度分级审批。因此，在审批贷款前，应根据建设项目的具体情况审核相应审批文件。

3. 对于土地批准文件，人民银行《关于进一步加强房地产信贷业务管理的通知》规定，各商业银行对未取得土地使用权证、建设用地规划许可证、建设工程规划许可证和施工许可证的项目，不得发放任何形式的贷款。

4. 对于其他批准文件，主要是指海域使用权的审批、港口深水岸线的审批等，需根据具体项目具体确定。

⬆ 资料来源：平安银行长沙分行，2016年9月7日。

二、流动资金贷款

（一）流动资金贷款的含义

流动资金贷款，是指贷款人向企（事）业法人或国家规定可以作为借款人的其他组织发放的用于借款人日常生产经营周转的本外币贷款。

流动资金贷款期限灵活，能够满足借款人正常生产经营中经常性、临时性的中、短期流动资金需求。

（二）流动资金贷款的种类

按贷款期限划分，流动资金贷款可分为临时性流动资金贷款、短期流动资金贷款和中期流动资金贷款。

临时性流动资金贷款是指期限在3个月（包括3个月）以内的流动资金贷款，主要用于企业一次性进货的临时需要和弥补其他季节性的支付资金不足。

短期流动资金贷款是指期限为3个月至1年（不包括3个月，包括1年）的流动资金贷款，主要适用于企业正常生产经营周转的资金的需求。

中期流动资金贷款是指期限为1年至3年（不包括1年，包括3年）的流动资金贷款，主要适用于企业正常生产经营中经常性的周转占用和铺底流动资金的贷款。

流动资金贷款是一种非常高效实用的贷款，具有贷款期限短、手续简便、周转性强、融资成本较低的特点。

（三）流动资金贷款的申请条件

流动资金贷款申请应具备以下条件：

1. 借款人依法设立；
2. 借款用途明确、合法；
3. 借款人生产经营合法、合规；
4. 借款人具有持续经营能力，有合法的还款来源；
5. 借款人信用状况良好，无重大不良信用记录；
6. 贷款人要求的其他条件。

（四）流动资金贷款的使用

贷款人应与借款人约定明确、合法的贷款用途。

流动资金贷款适用于借款人日常生产经营周转，不得用于固定资产、股权等投资，不得用于国家禁止生产、经营的领域和用途。

流动资金贷款不得挪用，贷款人应按照合同约定检查、监督流动资金贷款的使用情况。

知识链接 5-2
邮储银行吉林市分行违规挪用流动资金贷款被罚

2018年1月3日，中国银监会网站公布了吉林银监分局对中国邮政储蓄银行股份有限公司吉林市分行的行政处罚决定书（吉市银监罚决字〔2017〕35号）。

决定书显示，中国邮政储蓄银行股份有限公司吉林市分行法定代表人（主要负责人）为刘向阳，该行存在流动资金贷款被挪用的违法违规事实。

吉林银监分局依据《流动资金贷款管理暂行办法》第九条，《中华人民共和国银行业监督管理法》第二十一条、第四十六条，责令中国邮政储蓄银行股份有限公司吉林市分行改正，并处30万元罚款。处罚日期为2017年12月28日。

《流动资金贷款管理暂行办法》第九条规定，贷款人应与借款人约定明确、合法的贷款用途。流动资金贷款不得用于固定资产、股权等投资，不得用于国家禁止生产、经营的领域和用途。流动资金贷款不得挪用，贷款人应按照合同约定检查、监督流动资金贷款的使用情况。

《中华人民共和国银行业监督管理法》第二十一条、第四十六条规定，银行业金融机构应当严格遵守审慎经营规则。如果银行业金融机构严重违反审慎经营规则的，则由国务院银行业监督管理机构责令改正，并处二十万元以上五十万元以下罚款；情节特别严重或者逾期不改正的，可以责令停业整顿或者吊销其经营许可证；构成犯罪的，依法追究刑事责任。

第二节　并购贷款

2008年12月9日，中国银监会推出《商业银行并购贷款风险管理指引》，标志着合格的商业银行可以开展用于股权收购的并购贷款业务，一举突破了《贷款通则》第二十条"不得用贷款从事股本权益性投资，国家另有规定的除外"的限制。

当前，我国经济进入新常态，经济结构调整逐步深入，企业兼并重组日趋活跃，国内企业"走出去"步伐也逐渐加快。为了更好地促进企业兼并重组，支持化解产能过剩、优化产业结构，银监会在认真研究国内外并购融资情况、广泛听取业界意见的基础上，对《商业银行并购贷款风险管理指引》进行了修订，于2015年3月12推出修订后的《商业银行并购贷款风险管理指引》。修订以优化并购融资服务为核心，在要求商业银行做好风险防控工作的同时，积极提升并购贷款服务水平。

一、并购贷款的定义

并购贷款是指商业银行向并购方或其子公司发放的，用于支付并购交易价款和费用的贷款。其中所称的并购，是指境内并购方企业通过受让现有股权、认购新增股权，或收购资产、承接债务等方式以实现合并或实际控制已设立并持续经营的目标企业或资产的交易行为。

受让现有股权是指收购方通过受让目标企业股东的持股实现对目标企业的控制；认购新增股权是指收购方通过购买目标企业新增的股份，从而实现对目标企业控制的一种交易行为；收购资产是指并购方通过资产收购方式取得目标企业拥有的全部或大部分实质性资产或核心资产的所有权；承接债务是指并购方通过承接已设立并持续经营的目标企业的全部或大部分债务的方式获得目标企业的实际控制权。

并购可在并购方与目标企业之间直接进行，也可由并购方通过其专门设立的无其他业务经营活动的全资或控股子公司进行。

二、并购贷款的基本要素

（一）贷款对象

并购贷款的贷款对象为参与并购交易的并购方企业，或者由其为实施并购交易而专门设立的无其他业务经营活动的全资或控股子公司。

商业银行受理的并购贷款申请应符合以下基本条件：

1. 并购方依法合规经营，信用状况良好，没有信贷违约、逃废银行债务等不良记录；

2. 并购交易合法合规，涉及国家产业政策、行业准入、反垄断、国有资产转让等事项的，应按相关法律法规和政策要求，取得有关方面的批准和履行相关手续；

3. 并购方与目标企业之间具有较高的产业相关度或战略相关性，并购方通过并购能够获得目标企业的研发能力、关键技术与工艺、商标、特许权、供应或分销网络等战略性资源以提高其核心竞争力。

（二）贷款额度

并购交易价款中并购贷款所占比例不应高于60%，对于钢铁煤炭企业开展并购重组的，并购交易价款中并购贷款所占比例上限可提高至70%。商业银行对单一借款人的并购贷款余额占同期本行一级资本净额的比例不应超过5%，商业银行全部并购贷款余额占同期本行一级资本净额的比例不应超过50%。

（三）贷款利率

根据有关规定，在考虑成本、风险和综合收益的基础上，结合同业定价水平和与客户在并购重组财务顾问业务等方面的合作情况，合理确定并购贷款的利率。

（四）贷款期限

根据并购交易的完成时间，以及并购完成后目标企业及并购方的生产经营周期、预期现金流、信用状况等因素合理确定贷款期限。并购贷款期限一般不超过7年。

（五）还款方式

对于一年期以内的短期并购贷款，可以采用一次性还本付息，或一次还本、分期付息，或分期还本付息等还款方式；对于一年期以上的中长期并购贷款，一般采用分期还本付息的还款方式。

（六）担保方式

商业银行原则上应要求借款人提供充足的能够覆盖并购贷款风险的担保，包括但不限于资产抵押、股权质押、第三方保证，以及符合法律规定的其他形式的担保。以目标企业股权质押时，商业银行应采用更为审慎的方法评估其股权价值和确定质押率。

三、发放并购贷款的机构条件

《商业银行并购贷款风险管理指引》规定，开办并购贷款业务的商业银行法人机构应当符合以下条件：

1. 有健全的风险管理和有效的内控机制；
2. 资本充足率不低于10%；
3. 其他各项监管指标符合监管要求；
4. 有并购贷款尽职调查和风险评估的专业团队。

商业银行开办并购贷款业务前，应当制定并购贷款业务流程和内控制度，并向监管机构报告。商业银行开办并购贷款业务后，如发生不能持续满足上述条件之一的情况，应当停止办理新的并购贷款业务。

四、并购贷款的原则

商业银行开办并购贷款业务应当遵循依法合规、审慎经营、风险可控、商业可持续的原则。

依法合规是指并购贷款业务的开展和运作必须遵守国家法律法规、监管规定、相关政策和贷款银行的相关规定。

审慎经营是指要全面深入了解并购业务，针对并购贷款业务比一般信贷业务更复杂、风险性更高的特点，将经济资本和综合效益相平衡的理念落实到业务经营管理中。

风险可控是指要通过严格准入条件、开展全面尽职调查、加强专业审查、规范贷后管理等全过程的风险控制，有效控制信贷风险。

商业可持续是指并购业务不仅要实现并购双方企业优势互补、带来良好的经济效益，对银行而言，还要做到收益能够覆盖风险，在获取贷款收益的同时实现并购重组财务顾问收入等综合收益。

五、并购贷款的主要形式

并购贷款是企业并购融资的主要途径之一，实践中，根据不同的操作，企业会适当地采用过桥贷款、MBO贷款、银团贷款、反向并购贷款等并购贷款方式，在并购过程中获得融资。

（一）过桥贷款

过桥贷款是一种过渡性的贷款，主要用于弥补借款人短时间内的资金缺口，通过过桥资金达到与长期资金对接的条件，属于一种特殊的短期贷款。过桥贷款常见操作模式：并购方确定交易进行后，由于暂时缺乏满足交易的过渡性资金，于是需要一个资金提供者充当临时贷款人的角色。

（二）MBO贷款

MBO即管理层收购，是指公司的管理层通过融资购买本公司的股份，从而改变公司所有者结构和控制权结构，并进而通过重组公司获得预期收益的一种收购行为。MBO贷款就是银行为管理层收购公司的股权而提供的一种贷款形式。例如2001年1月，粤美的集团管理层完成MBO，成为我国第一起上市公司MBO案例，其收购资金中，管理层自筹部分不到10%，其余约3.2亿元都来源于银行贷款。

（三）银团贷款

银团贷款是指由两家或两家以上银行基于相同贷款条件，依据同一贷款合同，按约定时间和比例，通过代理行向借款人提供的本外币贷款或授信业务。如2017年中信银行与信银国际牵头筹组127亿美元Holdco银团，助力中国化工收购瑞士先正达（银团贷款的详细内容参见本章第三节）。

（四）反向并购贷款

反向并购一般是指一家非上市公司通过收购上市股份并最终控制该公司，再由该上市公司对其反向收购，使之成为上市公司的子公司。虽然反向收购与普通收购没有本质的区别，但是它包含了两个收购过程，第一步是收购方企业收购目标公司，第二步是目标公司反过来收购第一步的收购方，使之成为其子公司。银行在此过程中提供的贷款即为反向并购贷款。

六、并购贷款的特征

与传统贷款相比并购贷款具有以下特征：

并购贷款的还款来源相较传统贷款有所不同。并购贷款的最大特点，是不以借款人的偿债能力作为借款的条件，而是以目标企业的偿债能力作为条件，即用并购完成后的目标企业利润、分红或其他现金流来偿还贷款本息。在抵押担保环节，则是以目标企业的资产或股权作为抵押担保，如果不足，则再用借款人自身的资产担保或股权质押。

并购贷款的准入条件和杠杆率标准比传统贷款更为严格。并购贷款在风险管理、行业导向,以及企业经营状况、企业财务数据分析方面的审查要求都比普通贷款更高,同时对并购企业的信用等级、投融资能力、经营管理能力、盈利能力、资产负债率等门槛限制也有着更为严格的要求。因此,并购后目标企业的整合对并购贷款有着十分重要的意义,如果目标企业不能给并购企业带来更大的利益,或者目标企业不符合并购企业的发展战略,甚至可能会影响并购企业日后的经营业绩,这样的并购行为将很难获得并购贷款。

并购贷款的风险评估要求比传统贷款更高。与一般的商业贷款相比,并购贷款不但要像传统信贷业务一样评估借款人的信用能力,更重要的是还要对目标企业进行详细的尽职调查和风险评估,并对并购方和目标企业的财务状况进行较高层次的预期分析。

并购贷款的监管要求比传统贷款更高。对并购贷款而言,贷款的发放只是整个贷款流程的开始,后面的整合和运营才是成败的关键。贷款银行不仅要了解目标企业的经营动向,还要参与企业中包括新债务的产生、对外担保、资本性支出、资产出售、实质性改变经营范围等重大经营活动的决策。实际上,商业银行在发放并购贷款的同时,已经开始担当起并购双方的财务顾问角色。

并购贷款的贷款范围比传统贷款更集中。并购贷款重点支持符合国家产业政策、项目已建成、经营效益可观、风险相对较小的交通、能源、基础原材料、经营性基础设施等行业的并购及资产、债务重组;支持优势企业之间的强强联合和上下游产业资金链的有效整合,以及优良资产的并购和债务重组等活动。

此外,并购交易的不确定因素较多,可能导致收购方原定的再融资计划不能如期进行,使得商业银行在并购贷款业务中存在较高的风险,因此并购贷款的利率较传统贷款更高。

七、并购贷款业务的主要风险

由于并购交易本身受到过度支付、经营整合、负债杠杆、宏观经济波动等因素影响,交易及交易后实现预期效益的风险较高,且并购贷款的回收周期较长、金额较大、贷后项目整合情况复杂,因此并购贷款的风险较一般的信贷品种要高,把控相对较难。主要风险包括以下方面。

(一)战略风险

由于并购双方行业前景、市场结构、经营战略、管理团队、企业文化和股东支持存在差异,并购的协同效应受到影响。在部分收购中,双方的行业互补性较小,经营战略和企业文化存在较大差异,难以产生协同效应。并购方的投资决策过程可能主要考虑合并后的规模效应,未考虑并购投资本身的投资收益率,也未充分考虑风险控制对策,在战略上存在一定的投机性。

(二)并购价格过高风险

除并购双方交易前经营和财务特点带来的风险外,并购交易价格过高也是财务风险的重要来源之一。虽然并购方可通过可比上市公司、可比并购交易等方法对合理的并购价格作出判断，但由于每一宗并购交易均有其特殊性，交易发生的市场条件、双方谈判地位等各不相同，因此并购价格的合理性在事先难以判断。如收购价过高，一方面会直接降低并购方的投资收益率，另一方面通过举债收购也会带来更重的债务负担。业界研究也表明，交易价格过高是并购方面临的主要风险之一。

（三）法律与合规风险

并购交易除了须经双方的内部有权机构决策同意外，往往涉及国家产业政策、行业准入、反垄断、国有资产转让等事项，跨境并购还可能涉及多个国家或地区的外商投资、反垄断等审批程序。如未能顺利取得某项批文，将直接影响并购最终能否成交。需要注意的是，对于跨境并购，如属于国家发展改革委《境外投资项目核准和备案管理办法》规定的核准范围的，在未取得核准之前，原则上不得签署任何具有最终法律效力的文件。境外投资也需要事先办理商务部门、外汇管理部门、海关和税务机关的相关手续。

（四）整合风险

由于并购双方在法律法规、会计税收制度、商业惯例、经营理念、企业文化等经营管理方面存在差异，并购后需要在企业文化、资源管理、市场拓展等方面进行整合。如相关整合计划未能有效实施，或者实施未能取得预期效果，可能导致核心人员流失、业绩下滑等风险。如整合不成功将对并购方整体经营和财务状况构成较大影响。

（五）经营风险

并购类型不同、并购双方实力对比不同，并购后企业面临的经营风险的程度不同。一般而言，横向并购的经营风险相对较低，纵向并购会面临一定经营风险，非主业并购、PE并购的经营风险较高。"大吃小"并购的经营风险相对较低，"小吃大"并购的经营风险相对较高。

（六）财务风险

一是并购前交易双方自身经营和财务特点会带来不同程度的财务风险，二是并购贷款金额较高会增加并购方的财务风险。如果并购方自身已面临一定的财务压力，举债并购后有息负债大量增加，未来如利率、汇率、经营状况、资产状况发生较大波动，将进一步加大并购方的财务风险。

（七）国别风险

对于跨境并购，需涉及目标企业所在国家或地区的商业规则、市场限制和法律约束等。如发生相关国家或地区经济状况恶化、政治和社会动荡、资产被国有化或被征用、政府拒付对外债务、外汇管制或货币贬值等情况，金融机构的债权可能面临损失。这类风险广泛存在于"探索期国家""成熟国家"和"不发达国家"等不同类型的国家。一般来说，"探索期国家"容易发生动乱，"成熟国家"容易发生贸易保护主义，"不发达国家"则各种可能性都有。随着形势的发展，也不能排除"成熟国家"发生大规模骚乱的可能。

（八）汇率和利率风险

对于跨境并购，由于并购后为全球经营，使用的币种多元化。美元、欧元、人民币、日元等主要货币的汇率波动对企业财务状况将带来较大的影响。此外由于并购贷款往往期限较长、金额较大,银行的该项贷款资产也将面临一定的汇率和利率风险。

(九) 资金过境风险

对于跨境并购,并购方向目标企业支付价款,在资金出境时可能面临一定的外汇管制。未来如退出该项投资,也可能受到东道国外汇管制的影响。

知识链接 5-3

大连万达收购美国 AMC

一、收购背景及过程

1. 并购方。大连万达集团创立于 1988 年,产业覆盖商业地产、高级酒店、旅游投资、文化产业和连锁百货五大领域。2012 年,企业资产 3 000 亿元,年收入 1 417 亿元,年纳税 202 亿元,净利润超过 100 亿元。万达商业地产股份有限公司是全球商业地产行业的龙头企业,截至 2013 年 11 月 29 日,已在全国开业 82 座万达广场,持有物业面积规模全球第二。

2. 被收购方情况。美国 AMC 影院公司为世界排名第二的院线集团,2011 年收入约 25 亿美元,观影人数约 2 亿人,员工总数 2 万人左右。AMC 旗下拥有 346 家影院,共计 5 028 块屏幕。其中 IMAX 屏幕 120 块,3D 屏幕 2 170 块,是全球最大的 IMAX 和 3D 屏幕运营公司。AMC 公司拥有的影院集中在北美大型城市中心地带,拥有北美票房最多的前 50 家影院中的 23 家。

AMC 在 2004 年被阿波罗全球管理公司(Apollo Global Management)和摩根大通联手收购前是家上市公司,后来与贝恩资本、凯雷集团和 Spectrum Equity Investors 共同拥有的院线运营商 Loews Cincplex 合并,最终于 2012 年 5 月被大连万达收购。

二、工商银行在并购过程中的角色及作用

1. 工商银行的角色。万达集团此次并购聘请工商银行担任并购财务顾问,向工商银行申请 3.5 亿美元或等值人民币的 5 年期并购贷款和有关债务置换备付贷款。

工商银行基于委托,为大连万达集团提供跨境并购顾问服务,设计整个交易结构,并提供并购顾问建议,同时为大连万达提供融资支持。工商银行所做的工作:(1)初步分析——对院线行业和 AMC 公司的财务状况及收购协同效应进行分析。(2)尽职调查——在客户签署履行并购协议的过程中,配合客户进行相关的尽职调查。(3)提供方案——分析 AMC 债务提前到期的可能性,提出相关的金融服务方案;为 AMC 公司因控制权变化提前到期债务安排提供相关的备用贷款。(4)联合并购——牵头联合并购、寻找适合的资金和渠道,对于客户相关的收购标的进行联合并购。

2. 并购贷款设计。根据银监会规定企业必须至少提供 50% 的并购资金,即并购贷款最多只能做 50%。① 所以此项目采取了"内保外贷"的融资方式。内保外贷分两部分:一是"内保",二是"外贷"。"内保"就是境内企业向境内分行申请开立担保函,由境内分行出具融资性担保函给离岸中心,"外贷"即由离岸中心凭收到的保函向境外企业发放贷款。

工商银行在万达的并购资金中除了主要由国内银行提供"内保外贷"的融资方式予以支持之外,还有一部分通过国内人民币并购贷款的形式予以支持。当时人民币并购贷款成本相对较低,

---

① 2015 年 3 月 12 日,银监会对 2008 年出台的《商业银行并购贷款风险管理指引》进行了修订,将并购贷款占并购交易价款的比例从 50% 提高到 60%。

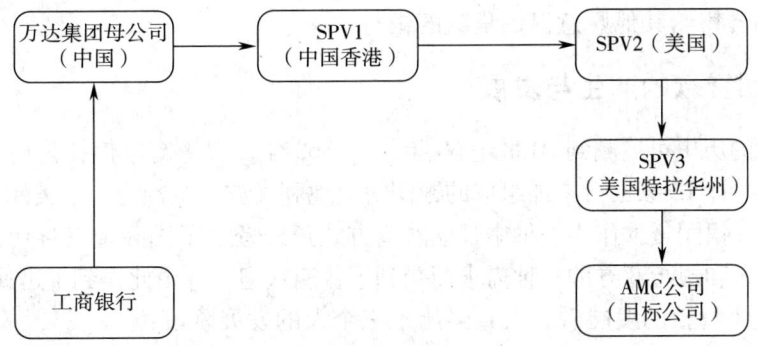

案例交易结构图

2009年银监会通过《商业银行并购贷款风险管理指引》之后，一度并购贷款的利率不升反降，大部分是基准利率甚至低于基准利率。

除银行的贷款外，还有外部资金的参与，通过联合并购的形式进入到项目中去，资金的多渠道募集为项目的顺利实施提供了时间保证。

3. 工商银行在投行业务中值得关注的亮点。此次并购中，由工商银行创新的联合并购投资银行业务成为并购中的亮点。联合并购投资银行业务，是指工商银行利用投资银行服务手段，在重组并购业务中向由工商银行发起或协助客户发起的重组并购联合投资主体提供组建顾问服务、融资顾问服务、交易顾问服务和并购（退出）顾问服务的全流程、全方位投资银行业务。

重组并购联合投资主体是以产业或产业链并购重组为目标，综合运用产业资本和金融资本，由基石投资者、财务投资者、战略投资者、投资管理者或其他投资者等两家以上（含）联合组成的并购投资主体，此次并购中工商银行联合其他几家银行机构构成联合投资主体，对于万达的并购项目提供支持。

联合并购的优点在于风险分散可控，对于大额并购项目来说，多渠道的资金投入有利于项目的后续发展，能有效扩展并购后的业务。来自不同资金渠道的并购成员对于回报率和后续持续投入的需求不同，对于并购主体来说，可以有效缓解并购贷款到期后无后续资金支持的问题。

🛈 资料来源：银通智略．投资银行业务发展研究［R］．2015–04．

第三节 银团贷款

银团贷款是指由两家或两家以上银行基于相同的贷款条件，依据同一贷款合同，按约定时间和比例，通过代理行向借款人提供的本外币贷款或授信业务。

根据各成员在银团中所承担的权利和义务的不同，银团贷款可分为直接型银团贷款和间接型银团贷款。直接型银团贷款是在牵头银行的统一组织下，由借款人与各个贷款银行直接签订同一个贷款协议，根据贷款协议规定的条件，按照各自事先承诺的参加份额，通过委托代理行向借款人发放、收回和统一管理的银团贷款。间接型银团贷款是指由牵头银行直接与借款人签订贷款协议，向借款人单独发放贷款，再由牵头银行将参与的贷款权分别转售给其他愿意提供贷款的银行。

一、银团贷款的产生与发展

银团贷款的历史可追溯到20世纪60年代。1968年,以银行家信托公司与雷曼兄弟银行为代理行,共计12家银行参加组成的银团对奥地利发放了金额为1亿美元的首笔国际银团贷款,从此,银团贷款作为一种中长期融资方式正式登上了国际金融舞台,并且由于其可以满足借款人和银行双方的多种需求而受到了普遍欢迎,并由此得到了迅速发展。

从国际银团贷款的发展看,大致经历了三个大的发展阶段:

第一阶段,以支持基础设施为主的项目融资阶段(20世纪60—80年代中期)。早期的银团贷款是以发展中国家和欧洲国家的公路、电力、石化和通信等基础设施建设为代表的项目融资为主。1968年银团贷款创立,当年银团贷款总额为20亿美元;1973年银团贷款迎来了第一个高峰,达到195亿美元;1981年银团贷款达1 376亿美元,占国际资本市场长期贷款融资额的74%。从1982年到1986年,由于拉美国家债务危机、石油输出国银行存款大量减少,以及西方工业国家国内经济复苏对资金需求量增加等,国际银团贷款锐减,1985年下降到189亿美元,以基础设施为代表的项目融资银团贷款进入缓慢发展时期。

第二阶段,并购杠杆交易推动银团贷款业务进入第二个发展高潮(20世纪80年代中期至90年代末)。20世纪80年代初期,由于一系列杠杆融资活动的出现,美国国内的银团贷款市场异常火爆。1989年随着科尔伯格·克拉维斯·罗伯茨公司(Kohlberg Kravis Roberts,KKR)筹组的金额为250亿美元的RJR纳比斯克公司(RJR Nabisco)融资交易的完成,这类活动达到了顶峰。20世纪90年代中期,美国在杠杆融资领域快速增长,特别是并购融资成了90年代末期市场的主流。由于高倍杠杆融资的复苏及高收益债券市场的重新开放,美国的并购融资活动特别活跃。1999年,沃达丰和美国电报电话公司都发起了创纪录的并购交易,其融资额分别为300亿欧元和300亿美元。

第三阶段,以资产证券化和贷款交易二级市场为主的金融创新促进银团贷款市场与资本市场的融合(20世纪90年代末至今)。20世纪90年代末,银行业的一个重大变化就是银行希望更灵活地管理自己的贷款投资组合。这种对资金流动性的需求导致了银团贷款二级交易市场的快速发展,美国、欧洲和亚洲分别成立了正式的机构银团及贷款转让协会(Loan Syndications and Trading Association,LSTA)、贷款市场协会(Loan Market Association,LMA)和亚太贷款市场协会(Asia Pacific Loan Market Association,APLMA),以提供操作程序和格式规范的贷款文本。贷款协议中都规定了可转让条款,其目的是要借款人同意贷款的转让从而使贷款银行获得更大的自由度。同时机构投资者将银团贷款作为一种资产买进并持有,增加了银团贷款二级市场的贷款交易。其"正常贷款"部分的交易量出现显著上升,由1991年的近40亿美元上升到了1999年的580亿美元。美国银团贷款的二级市场交易量从1991年的80亿美元,一路攀升到2007年的3 420亿美元,年均增速17%。2016年美国银团贷款二级市场交易规模超过6 000亿美元,欧洲市场的交易量也超过5 000亿欧元。机构投资者相继引进资产证券化、风险评级和随行就市定价等技术，使银团贷款向透明度高、流动性强和标准化方向发展。

相比之下，我国银团贷款业务起步较晚，中国的第一笔银团贷款是中国银行1986年为大亚湾核电站项目筹组的131.4亿法郎及4.29亿英镑的外汇银团贷款；1986年湖南江麓机械厂申请的438万元贷款，是由中国农业银行、工商银行及12家信用社提供的首笔人民币银团贷款。随着我国加入世界贸易组织和金融市场化步伐的加快，一大批重点项目，如三峡工程、南水北调、上海东方明珠电视塔、南浦大桥、秦山核电站等项目都采取了银团贷款的方式。2005年中国的银团贷款达2 336亿元人民币，2017年中国21家全国性银行的银团贷款增加到了73 139亿元人民币，12年间增加了31.3倍。同期银团贷款占对公贷款的比重从2006年的1.72%提升到了11.45%，我国银团贷款实现了跨越式发展，制度建设也迈向国际化、市场化轨道。

> **知识链接5－4**
> **银团贷款与联合贷款的区别**

项目	银团贷款	联合贷款
银行间关系	结成统一体，通过牵头行和代理行与借款人联系	各行相互独立，分别与借款人联系
贷款评审	各银行以牵头行提供的信息备忘录为依据进行贷款决策	各行分别收集资料，多次评审
贷款合同	统一合同	每家银行均与借款人签订合同
贷款条件（利率、期限、担保方式等）	统一的条件	每家银行均与借款人分别谈判，贷款条件可能不同
贷款发放	通过代理行、按照约定的比例统一划款	分别放款，派生存款分别留在各行
贷款管理	由代理行负责	各行分别管理自己的贷款部分
贷款本息回收	代理行负责按合同收本收息，并按放款比例划到各行指定账户	各行按照自己与借款人约定的还本付息计划，分别收本收息

二、银团贷款的成员及其职责

参与银团贷款的银行均为银团贷款成员。银团贷款成员应按照"信息共享、独立审批、自主决策、风险自担"的原则自主确定各自授信行为，并按实际承诺份额享有银团贷款项下相应的权利和义务。

按照在银团贷款中的职能和分工，银团贷款成员通常分为牵头行、代理行和参加行等角色，也可根据实际规模与需要在银团内部增设副牵头行等，并按照银团贷款相关协议履行相应职责。

（一）牵头行及其职责

银团贷款牵头行是指经借款人同意发起组织银团、负责分销银团贷款份额的银行，是银团贷款的组织者和安排者。

牵头行的主要职责如下：

1. 发起和筹组银团贷款，分销银团贷款份额；

2. 对借款人进行贷前尽职调查，草拟银团贷款信息备忘录，并向潜在的参加行推荐；

3. 代表银团与借款人谈判确定银团贷款条件；

4. 代表银团聘请相关中介机构起草银团贷款法律文本；

5. 组织银团贷款成员与借款人签订书面银团贷款协议；

6. 银团贷款合同确定的其他职责。

我国相关制度规定，单家银行担任牵头行时，其承贷份额原则上不少于银团融资总金额的20%，分销给其他银团贷款成员的份额原则上不低于50%。

（二）代理行及其职责

银团代理行是指银团贷款协议签订后，按相关贷款条件确定的金额和进度归集资金向借款人提供贷款，并接受银团委托按银团贷款协议规定的职责对银团资金进行管理的银行。

代理行可以由牵头行担任，也可由银团贷款成员协商确定。

代理行的主要职责如下：

1. 审查、督促借款人落实贷款条件，提供贷款或办理其他授信业务；

2. 办理银团贷款的担保抵押手续，负责抵（质）押物的日常管理工作；

3. 制定账户管理方案，开立专门账户管理银团贷款资金，对专户资金的变动情况进行逐笔登记；

4. 根据约定用款日期或借款人的用款申请，按照银团贷款合同约定的承贷份额比例，通知银团成员将款项划到指定账户；

5. 划收银团贷款本息和代收相关费用，并按承贷比例和银团贷款合同约定及时划转到银团成员指定账户；

6. 根据银团贷款合同，负责银团贷款资金支付管理、贷后管理和贷款使用情况的监督检查，并定期向银团成员通报；

7. 密切关注借款人财务状况，对贷款期间发生的企业并购、股权分红、对外投资、资产转让、债务重组等影响借款人还款能力的重大事项，在借款人通知后按银团贷款合同约定尽早通知各银团成员；

8. 根据银团贷款合同，在借款人出现违约事项时，及时组织银团成员对违约贷款进行清收、保全、追偿或其他处置；

9. 根据银团贷款合同，负责组织召开银团会议，协调银团成员之间的关系；

10. 接受各银团成员不定期的咨询与核查，办理银团会议委托的其他事项等。

代理行应勤勉尽责，因代理行行为过失或不作为导致银团利益受损，银团会议有权根据银团贷款协议的约定更换代理行,并要求代理行对相关损失进行赔偿。

(三)参加行及其职责

银团参加行是指接受牵头行邀请,参加银团并按照协商确定的承贷份额向借款人提供贷款的银行。

参加行应当按照约定及时足额划拨资金至代理行指定的账户,参加银团会议,做好贷后管理,了解掌握借款人日常经营与信用状况的变化情况,及时向代理行通报借款人的异常情况。

三、银团贷款的收费

与其他任何形式的贷款一样,银团贷款也要确定相应的贷款利率,此外,银团贷款还有其他形式的各种收费。银团贷款收费是指银团成员接受借款人委托,为借款人提供财务顾问、贷款筹集、信用保证、法律咨询等融资服务而收取的相关中间业务费用,纳入商业银行中间业务管理。

银团贷款收费应按照"自愿协商、公平合理、质价相符"的原则由银团成员和借款人协商确定,并在银团贷款协议或费用函中载明。

银团收费的具体项目可包括安排费、承诺费、代理费等。银团费用仅限为借款人提供相应服务的银团贷款成员享有。安排费一般按银团贷款总额的一定比例一次性支付;承诺费一般按未用余额的一定比例每年按银团贷款协议约定方式收取;代理费可根据代理行的工作量按年支付。

四、银团贷款的特点

从不同角度分析,银团贷款具有不同的特点或优势。

对借款人而言:

1. 银团贷款有利于满足其巨额融资需求。一些大规模投资项目的资金需求量非常庞大,而在项目初期阶段,很难通过资本市场来满足其融资需要,而不得不转向银行贷款。但因资金实力或监管机构对银行贷款集中度的限制,单个银行往往无力或无法满足这种巨额贷款需求,因此需要由多家银行联合起来组成银团,按照各自的资本规模和承受能力分别提供资金支持,共同向贷款项目提供资金。银团贷款有效突破了各银行资金实力的限制,为大型项目的投资和建设提供了支持。从发展历程来看,国际银团贷款最初正起源于发展中国家建设和欧洲战后重建的巨额资金需求。

2. 银团贷款有利于节省谈判时间和精力,降低筹资成本。银团贷款中各银行的贷款条件一般是相同的,并且采用同一个贷款协议和文本,因此,借款人无须像传统双边贷款那样同各家银行一对一地谈判,而只要与牵头行商谈基本就可完成。

3. 银团贷款能够扩大借款人往来银行的范围。通过牵头行的推介,借款人可以与一些原本没有业务往来的银行甚至国际化的大银行建立起业务往来关系,从而扩大往来银行的范围。

4. 银团贷款能够提高借款人的国内外声誉。银团贷款由于所受的市场关注度较高,影响广泛，信息传播较快，因而有助于提高借款人的国内外声誉。

对贷款人来说，银团贷款同样具有双边贷款明显不及的优点：

1. 银团贷款有利于分散信贷风险。分散信贷风险是银团贷款得以产生、发展的源泉和重要驱动力。一般而言，贷款越集中，其蕴藏的风险就会越大。为避免因贷款集中而带来的"将鸡蛋放在同一个篮子里"的风险，我国《商业银行法》及国际银行业公认的《巴塞尔协议》都对商业银行的信贷集中作出了较为明确的限制。所以在面对大型贷款时，一般都是很多家银行联合起来向这家企业贷款，这样一方面可以提供一家银行所提供不了的大额贷款，满足借款人的资金需求；另一方面又可以分散风险，保障银行业自身的稳健发展。一般而言，跨国贷款中较多使用这种形式的贷款。

2. 银团贷款有利于获取中间业务收入和增加资产回报。参加银团贷款的银行除获得一般的利差收入之外，还可以获得一系列的手续费，如前端费、管理费、承诺费、包销费、代理行费等，因而可显著增加银行的中间业务收入。

3. 银团贷款有利于银行间加强合作，并促进金融系统健康稳定地发展。金融市场上的同业竞争不可避免，但不计成本、硬拼贷款条件和规模的盲目竞争、恶性竞争、无序竞争的大量发生，不仅扰乱了金融市场秩序，而且从根本上也不利于银行、企业自身的发展。开展银团贷款业务，有利于培养银行间的合作意识，有利于提高银行系统的资产质量，进而促使整个金融系统健康稳定地发展。

知识链接 5-5
中信银行 127 亿美元银团贷款助力中国化工收购瑞士先正达

近日，中国化工集团公司（以下简称中国化工）及其子公司 430 亿美元收购瑞士先正达（以下简称先正达）项目尘埃落定。中信银行股份有限公司（以下简称中信银行）与中信银行（国际）有限公司（以下简称信银国际）作为全球协调行牵头筹组的 127 亿美元 Holdco 银团分别于 2017 年 5 月 16 日及 6 月 5 日完成放款，助力该项目实现交割。

自 2016 年 1 月起，中信银行及信银国际作为项目全球协调行及并购顾问，在发起收购要约、设计整体融资方案、提供要约收购融资承诺、筹组跨境并购银团、换汇出境等各个阶段向中国化工提供了全流程、全方位的综合融资服务，以确保项目顺利推进。

本项目的债权融资部分分为中信银行及信银国际筹组的 Holdco 银团和汇丰银行筹组的 Bidco 银团两部分。Holdco 银团贷款金额高达 127 亿美元，是亚太区有史以来最大的银团贷款项目。项目搭建了涉及多个国家及地区的多层控股架构，需满足大陆、香港、卢森堡、荷兰、瑞士的金融、法律和税务等要求，融资结构复杂。

为了实现 Holdco 银团的成功筹组，中信银行及信银国际组成银团筹组工作小组，统一安排部署分销工作，赴境内外多家主流银行进行"一对一"项目路演，从专业角度解析项目发展前景，深入分析项目风险及控制措施，最终得到境内外银行一致认可，超额完成银团分销，认购率高达 130%。

本笔并购银团贷款规模高达 127 亿美元，是亚太区迄今为止最大的银团贷款项目，也是历史上首次由中资股份制银行独家牵头的大型跨境并购银团。项目的成功筹组，使中信银行一举占领了同业领先地位，荣获亚太区贷款市场公会（APLMA）颁布的"2016亚太区最佳杠杆收购融资项目奖""2016亚太区最佳银团项目奖"和环球资本/亚洲货币（GlobalCapital/ Asiamoney）颁布的"2016中国最佳银团贷款项目奖"。同时，受益于本项目，中信银行荣登汤森路透2016年度并购财务顾问排名境内商业银行首位，彭博2016年度牵头银团贷款份额排名境内商业银行首位。

↑ 资料来源：中信银行网站，2017年6月9日。

第四节　项目融资

项目融资是为了适应国际上一些大型工程项目，如石油、天然气、煤炭等自然资源开发以及交通运输、电力、农林等项目的巨额资金需求而逐步发展起来的，是目前国际上最常用的融资方式之一。

项目融资既可由单独一家银行承担，也可采取辛迪加贷款或联合贷款方式。但是由于项目的建造所需的资金数额大、期限长，风险也大，单独一家银行难以提供全部资金，所以，项目融资往往由多家银行业机构共同参与，一般采用银团贷款方式。

一、项目融资的含义

项目融资是以项目未来收益和资产为融资基础，由项目的参与各方分担风险的、具有无追索权或有限追索权的特定融资方式。

2009年7月，中国银监会发布《项目融资业务指引》指出："项目融资，是指符合以下特征的贷款：（一）贷款用途通常是用于建造一个或一组大型生产装置、基础设施、房地产项目或其他项目，包括对在建或已建项目的再融资；（二）借款人通常是为建设、经营该项目或为该项目融资而专门组建的企事业法人，包括主要从事该项目建设、经营或融资的既有企事业法人；（三）还款资金来源主要依赖该项目产生的销售收入、补贴收入或其他收入，一般不具备其他还款来源。"

二、项目融资的种类

项目融资可以分为无追索权项目融资和有限追索权项目融资两种类型。

无追索权项目融资也称为纯粹的项目融资，在这种融资方式下，贷款的还本付息完全依靠项目的经营效益。同时，贷款银行为保障自身的利益必须从该项目拥有的资产取得物权担保。如果该项目由于种种原因未能建成或经营失败，其资产或收益不足以清偿全部的贷款时，贷款银行无权向该项目的主办人追索。

有限追索权项目融资除了以贷款项目的经营收益作为还款来源和取得物权担保外，贷款银行还要求有项目实体以外的第三方提供担保。贷款行有权向第三方担保人追索。但担保人承担债务的责任，以他们各自提供的担保金额为限，所以称为有限追索权项目融资。

三、项目融资的适用范围

项目融资主要运用于三类项目：资源开发、基础设施建设、制造业项目。

1. 资源开发项目。资源开发项目包括石油、天然气、煤炭、铁、铜等开采业。项目融资最早就是源于资源开发项目。

2. 基础设施建设项目。基础设施一般包括铁路、公路、港口、电信和能源等项目的建设。基础设施建设是项目融资应用最多的领域，其原因在于：一方面，这类项目投资规模巨大，完全由政府出资有困难；另一方面，商业化经营的需要，只有商业化经营，才能产生收益，提高收益。在发达国家，许多基础设施建设项目因采用项目融资而取得成功，发展中国家也逐渐引入这种融资方式。

3. 制造业项目。虽然项目融资在制造业领域有所应用，但范围比较窄，因为制造业中间产品很多，工序多，操作起来比较困难，另外，其对资金需求也不如前两个领域那么大。在制造业中，项目融资多用于工程上比较单纯或某个工程阶段中已使用特定技术的制造业项目，此外，也适用于委托加工生产的制造业项目。

总之，项目融资一般适用于竞争性不强的行业，具体来说，只有那些通过对用户收费取得收益的设施和服务，才适合项目融资方式。这类项目尽管建设周期长，投资量大，但收益稳定，受市场变化影响小，对投资者有一定吸引力。

四、项目融资的主要当事人及其职责

项目融资具有复杂的结构，参与融资结构并在其中发挥不同作用的当事人也比较多。一般而言，项目融资的当事人主要有以下几个：

1. 项目贷款人。商业银行、非银行金融机构（如租赁公司、财务公司、投资基金等）和一些国家政府的出口信贷机构以及国际金融组织是项目融资的提供者，即项目贷款人。承担项目融资责任的银行可以是一两家银行，但在大型项目融资中更为常见的是由多家银行组成银团作为贷款人提供项目贷款。一般来说，贷款金额越大，项目风险越高，就需要越多的银行组成银团以分担风险。

2. 项目借款人（项目公司）。借款人一般是项目公司，是由项目发起人专门为某一特定项目而成立的一家单一目的的独立公司，作为项目的直接主办人，直接参与项目投资和项目管理，直接承担项目债务责任和项目风险。

3. 项目投资者（项目主办人）。项目的实际投资者，是项目的真正主办人和发起人。项目投资者拥有项目公司的全部股权或者部分股权，向项目公司提供股本资金，并且以直接担保或者间接担保的形式为项目公司获得贷款提供一定的信用支持。项目主办人可以是政府机构或者公司企业，或者是两者的混合体。此外，大型工程项目的主办人除了东道国政府或公司企业以外，一般还吸收知名外国公司参加，以便利用外国公司的投资、技术和信誉，吸引外国银行的贷款。

4. 项目设施使用方或项目产品的购买方。项目使用方或者项目产品的购买方，通过与项目公司签订项目产品的长期购买合同或者项目设施的长期使用协议，为项目融资提

供重要的信用支持。项目设施使用方或者项目产品购买方，一般是由项目投资者本身、有意使用项目设施或购买项目产品的独立第三方，或者有关政府机构来承担。

5. 保证方。除了项目投资者通常要为项目公司借入的资金提供一定的担保以外，贷款人为了进一步降低风险，有时还会要求东道国中央银行、外国的大银行或大公司等向其提供保证，特别是完工保证和偿债保证。

6. 项目建设的工程承包公司。工程承包公司与项目公司签订项目工程建设合同，承担项目的设计和建设。工程承包公司的信誉，在很大程度上可以直接影响到贷款人对项目建设风险的判断。

7. 项目设备、原材料和能源供应方。项目设备、原材料和能源供应方与项目公司签订供应合同，向项目提供建设和生产经营所需的设备、原材料和能源。设备供应商通过延期付款或低息出口贷款的安排，以及项目原材料、能源供应商以长期的优惠价格向项目提供原材料和能源，对于减少项目的不确定性、降低项目成本和风险都是非常关键的。

8. 中介机构。由于项目融资通常结构复杂、规模巨大，涉及不同国家的当事人，因此项目投资者或者贷款人往往需要聘请具有专门技能和经验的专业人士和中介机构来完成组织安排工作，包括项目融资顾问、法律顾问、税务顾问等。

9. 政府机构。政府在项目融资中也起着很重要的作用。例如，项目所在地政府为项目开发提供土地或者经营特许权，为项目批准特殊的外汇政策或税务政策等。再如，设备出口国政府为项目提供条件优惠的出口信贷或贷款担保、投资保险。

五、项目融资的基本特点

与传统的融资方式相比，项目融资具有项目导向、无追索权或有限追索权、风险分担、表外融资等特点。

（一）项目导向

项目导向是项目融资的重要特点，项目融资主要是依赖项目的现金流量和资产而不是依赖于项目投资者或发起人的资信来安排，是以项目为主体安排的融资。贷款人在项目融资中的注意力主要在项目贷款期间能够产生的现金流，贷款的数量、融资成本的高低，以及融资结构的设计都是与项目的预期现金流量和资产价值直接联系在一起的。

（二）无追索权或有限追索权

无追索权是指贷款人对项目投资者或发起人没有任何追索权，只能依靠项目资产和项目未来收益作为还款来源。有限追索权是指贷款人对项目投资者或发起人或第三人的追索权仅限于项目投资者或发起人或第三人为项目提供的担保或保证，也可以是在贷款的某个特定阶段（如项目的建设期）对项目借款人实行追索，或者在一个规定的范围内（通常有明确的金额和形式的限制）对项目借款人实行追索。除此之外，无论项目出现什么问题，贷款人均不能追索项目借款人除该项目资产、现金流量以及所承诺的承担的义务之外的任何形式的财产。融资实践中很难实现完全无追索权的项目融资，一般常见的是有限追索权的项目融资。

(三) 风险分担

风险分担是指项目融资普遍建立在多方合作的基础之上，项目参与各方均在自己力所能及的范围内承担一定的风险，避免了由其中的任何一方独自承担全部风险。项目的不同参与方对风险的承受能力可能有很大区别，承受风险的大小，取决于他们所希望得到的回报及其风险承受能力。最终，项目融资方式就形成了以项目公司对偿还贷款承担直接责任、项目发起人提供有限担保、由第三方向贷款人提供信用支持的风险分担结构。

(四) 表外融资

项目发起人通过组建独立的法律主体——项目公司，然后以项目公司的名义融资。由于项目公司具有独立的法律人格地位，且项目发起人在项目公司中的股份不超过一定的比例，因此，项目贷款所产生的巨大数额的负债不会反映在项目发起人的资产负债表中。这种表外融资安排，给发起人创造了较为宽松的财务环境，有利于其调整资金结构。

(五) 担保结构灵活

在项目融资中，项目还款的安全性主要来自项目自身的经济强度和项目各种直接或间接的担保。这些担保可以是由项目的投资者提供的，也可以是由与项目有直接或间接利益关系的其他方面提供的。这些担保可以是直接的财务保证，如完工担保、成本超支担保、不可预见费用担保，也可以是间接的或非财务性的担保，如长期购买项目产品的协议、技术服务协议、以某种定价公式为基础的长期供货协议等。

(六) 融资成本较高

项目融资涉及面广，结构复杂，需要针对有关投资结构、资金结构、担保结构、风险分担、税收结构、资产抵押等做大量的工作，相关文件的准备也比其他融资方式要多，需要签署几十个甚至上百个法律文件，这就使得项目融资需要花费更长的时间、更高的融资成本。

知识链接 5－6
成都自来水六厂 B 厂项目融资案例分析

成都市自来水六厂 B 厂项目是全国第一个经国家批准的城市供水基础设施 BOT 试点项目。该水厂是成都市自来水六厂的三座水厂之一，设计能力为日产 40 万立方米自来水，总投资为 1.065 亿美元。该项目由法国通用水务集团与日本丸红株式会社组成的联合体以 BOT 模式开发，特许经营期为 18 年，其中建设期 2.5 年 (30 个月)，运营期 15.5 年。该项目于 1999 年 8 月动工，2002 年 2 月投产并向城市管网供水。

1996 年成都市政府在争取国内银行贷款和日元贷款失败后，决定采用 BOT 策略开发成都市自来水六厂 B 厂项目，经过一年多的国际公开招标，中标方为法国威望迪水务公司和日本丸红株式会社的投标联合体。1999 年 8 月 11 日，成都市政府与成都通用水务—丸红供水有限公司 (项目公司) 正式签署了《特许权协议》，特许期 18 年，建设期 2.5 年，于 2002 年 2 月 11 日按期完工，投入商业运营，运营期 15 年 6 个月。

在没有中央或地方政府的财政支持下，该项目获得 1.065 亿美元 (约合 8.8 亿元人民币) 运作资金。其中股本资金占 30%，约 31.95 百万美元，由项目公司的股东方直接投入，其中法国威

第五章 公司贷款

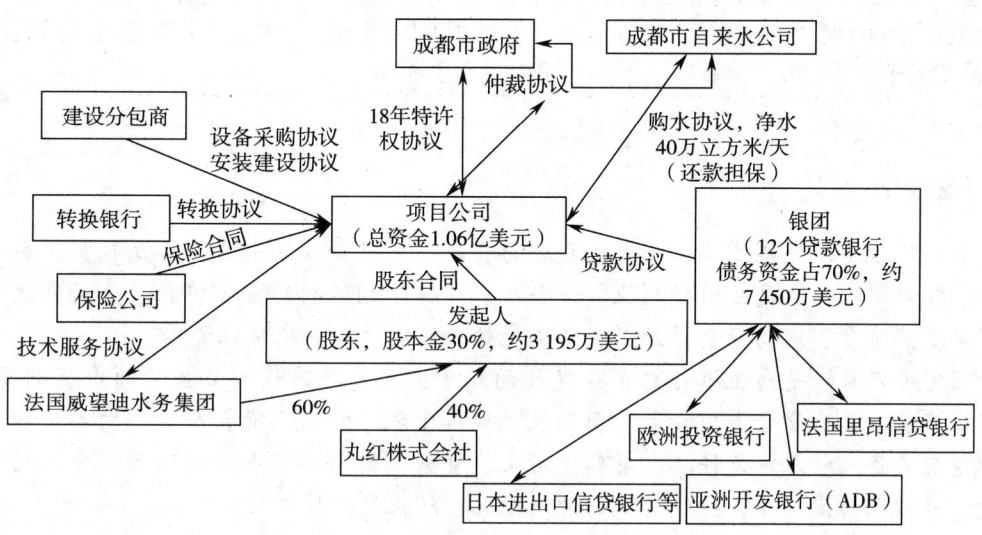

项目的投资结构图

望迪占60%，丸红占40%；其余70%，约74.50百万美元的投资则由项目公司通过对外贷款融资方式解决。该项目对外贷款融资业务以法国里昂信贷银行为主承销，并联合亚洲开发银行（ADB）、欧洲投资银行（EIB）和日本进出口信贷银行，共同为该项目提供融资贷款。

成都市自来水六厂 B 厂资金结构及来源　　　　　　　　单位：百万美元

A. 股本投资	金额
法国威立雅集团	19.2
日本丸红株式会社	12.8
总股本投资	32.0
B. 贷款	
亚洲开发银行	26.5
亚洲开发银行补充贷款	21.5
欧洲投资银行	26.5
贷款总额	74.5
项目总投资	106.5

资料来源：成都自来水六厂B厂相关文件。

　　亚洲开发银行的补充贷款是由7家商业银行提供的。商业金融机构是真正的贷款人，只是把贷款通过亚洲开发银行贷给借款人。虽然商业金融机构承担全部责任风险，但它可以享受类似于亚洲直接银行的一些待遇，而付出的代价是亚洲开发行一次收取的安排费（不低于2万美元）和按年收取的管理费（不低于2万美元）。

　　为确保项目融资的妥全，根据境外货款银行的融资先决条件，项目公司可将其相关协议项下的权益、有形资产、无形资产和各项收益作为抵押担保。根据相关法规，在特许期内，项目公司有权将该项目运营产生的人民币收入兑换成外币支付到中国境外，以偿还债务或其他项目开支。

↑ 资料来源：《一带一路金融工程》公众号，2017年8月14日。

【本章小结】

公司贷款是以企事业单位为对象发放的贷款。公司贷款的一方主体是银行，另一方主体是非自然人，这是公司贷款业务与个人贷款业务相区别的重要特征。公司贷款要包括固定资产贷款、流动资金贷款以及并购贷款、银团贷款、项目融资等。

固定资产贷款是商业银行向企业发放的用于固定资产建设项目投资的中长期贷款。固定资产贷款具有资金占用量大、周期长、难以变现等特点，贷款人受理的固定资产贷款申请应具备一些基本条件，在贷款使用上，贷款人应与借款人约定明确、合法的贷款用途，并按照约定检查、监督贷款的使用情况，防止贷款被挪用。

流动资金贷款是贷款人发放给借款人用于其日常生产经营周转的本外币贷款。流动资金贷款期限灵活，能够满足借款人正常生产经营中经常性、临时性的中、短期流动资金需求。流动资金贷款申请应具备一些基本条件，在使用中，流动资金贷款适用于借款人日常生产经营周转，不得用于固定资产、股权等投资，不得用于国家禁止生产、经营的领域和用途，不得挪用。

并购贷款是指商业银行向并购方或其子公司发放的，用于支付并购交易价款和费用的贷款。在贷款对象、贷款额度、贷款利率、贷款期限、还款方式及担保方式等方面，并购贷款有不同的规定，发放并购贷款的机构要满足一些基本条件，且要遵循依法合规、审慎经营、风险可控、商业可持续的原则。实践中，企业会采用过桥贷款、MBO贷款、银团贷款、反向并购贷款等方式，在并购过程中获得融资。与传统贷款相比，并购贷款有自己独有的特征，并且具有特殊风险。

银团贷款，又称辛迪加贷款，可分为直接型银团贷款和间接型银团贷款。银团贷款成员通常分为牵头行、代理行和参加行等角色，银团贷款成员应按照"信息共享、独立审批、自主决策、风险自担"的原则自主确定各自授信行为，并按实际承诺份额享有银团贷款项下相应的权利和义务。从不同角度分析，银团贷款具有不同的特点或优势。

项目融资是以项目未来收益和资产为融资基础的一种特定融资方式。项目融资可以分为无追索权项目融资和有限追索权项目融资两种类型。项目融资主要运用于资源开发、基础设施建设、制造业三类项目。项目融资结构复杂，当事人众多，分别扮演不同的角色，承担不同的职责。与传统的融资方式相比，项目融资具有项目导向、无追索权或有限追索权、风险共担、表外融资等特点。

【重点概念】

公司贷款　固定资产贷款　基本建设项目贷款　技术改造贷款　房地产开发贷款

流动资金贷款　并购贷款　银团贷款　过桥贷款　MBO 贷款　反向并购贷款
项目融资　无追索权项目融资　有限追索权项目融资

【思考与练习题】

1. 简述固定资产贷款的种类及申请条件。
2. 简述流动资金贷款的种类及申请条件。
3. 简述并购贷款的基本要素。
4. 简述发放并购贷款的机构条件。
5. 简述并购贷款的原则及主要形式。
6. 简述并购贷款的特征。
7. 简述并购贷款业务的主要风险。
8. 简述银团贷款的成员及其职责。
9. 简述银团贷款的收费原则及收费项目。
10. 简述银团贷款的特点或优势。
11. 简述项目融资的种类及主要适用范围。
12. 简述项目融资的主要当事人及其职责。
13. 简述项目融资的基本特点。

第六章

个人贷款

【本章学习目标】
1. 了解个人贷款的含义,开展个人贷款的意义;
2. 掌握个人贷款的种类及其特征,了解个人贷款的基本规定;
3. 了解个人消费类贷款的含义和范围;
4. 了解个人经营类贷款的含义和范围。

近年来,随着我国国民经济的不断发展和金融市场的日益活跃,个人贷款业务发展迅猛。2019 年全部金融机构人民币消费贷款余额 439 669 亿元,增加 61 667 亿元。其中,个人短期消费贷款余额 99 226 亿元,增加 14 519 亿元;个人中长期消费贷款余额 340 443 亿元,增加 47 148 亿元。个人贷款业务的发展提升了城乡居民消费水平,拉动了国民经济增长,个人贷款业务也成为商业银行新的利润增长点。

第一节 个人贷款概述

一、个人贷款的含义

个人贷款是向自然人发放的用于个人消费、生产经营等用途的贷款。绝大多数个人贷款主要用于消费,极少部分个人贷款用于生产经营。在个人贷款业务中,借贷合同关系的一方主体是银行,另一方主体是自然人,这也是与公司贷款业务相区别的重要特征。

二、开展个人贷款的意义

对于商业银行来说,个人贷款业务具有两方面的重要意义:

一是开展个人贷款业务可以为商业银行带来新的收入来源。商业银行从个人贷款业务中除了获得正常的利息收入外,通常还会得到一些相关的服务费收入。

二是个人贷款业务可以帮助银行分散风险。出于风险控制的目的,商业银行最忌讳的是贷款发放过于集中。无论是单个贷款客户的集中,还是贷款客户在行业内或地域内的集中，个人贷款都不同于企业贷款，因而可以成为商业银行分散风险的资金运用方式。

对于宏观经济来说，开展个人贷款业务具有四个方面的积极意义：

一是个人贷款业务的发展，为实现城乡居民的消费需求、极大地满足广大消费者的购买欲望起到了融资的作用；

二是对启动、培育和繁荣消费市场起到了催化和促进的作用；

三是对扩大内需，推动生产，带动相关产业，支持国民经济持续、快速、健康和稳定发展起到了积极的作用；

四是对商业银行调整信贷结构、提高信贷资产质量、增加经营效益以及繁荣金融业起到了促进作用。

三、个人贷款的种类及其特征

按照产品用途的不同，个人贷款产品可以分为个人消费类贷款和个人经营类贷款等。

个人贷款具有如下基本特征：

1. 贷款品种多、用途广。商业银行的个人贷款业务品种既有个人消费类贷款，也有个人经营类贷款；既有自营性个人贷款，也有委托性个人贷款；既有单一性个人贷款，也有组合性个人贷款，可以满足个人在购房、购车、旅游、装修、从事生产经营等各方面需求。

2. 贷款便利。近年来，各商业银行都在为个人贷款业务简化手续、增加营业网点、改进服务手段、提高服务质量，从而使个人贷款业务的办理较为便利。目前，客户可以通过银行营业网点的个人贷款服务中心、网上银行、电话银行等多种方式了解、咨询银行的个人贷款业务；客户可以在银行所辖营业网点、个人贷款服务中心、金融超市、网上银行等办理个人贷款业务，为个人贷款客户提供了极大的便利。

3. 还款方式灵活。个人贷款可以采取灵活多样的还款方式，如等额本息还款法、等额本金还款法、等比累进还款法、等额累进还款法及组合还款法等多种方法，而且客户还可以根据自己的需求和还款能力的变化情况，与贷款银行协商后改变还款方式。

4. 低资本消耗。在《商业银行资本管理办法（试行）》中，个人贷款的风险权重远低于公司贷款风险权重，因而个人贷款业务占用银行较少的资本。

四、个人贷款的相关规定

个人贷款申请应具备以下条件：借款人为具有完全民事行为能力的中华人民共和国公民或符合国家有关规定的境外自然人；贷款用途明确合法；贷款申请数额、期限和币种合理；借款人具备还款意愿和还款能力；借款人信用状况良好，无重大不良信用记录；贷款人要求的其他条件。

个人贷款应当遵循依法合规、审慎经营、平等自愿、公平诚信的原则。

个人贷款用途应符合法律法规规定和国家有关政策，贷款人不得发放无指定用途的个人贷款。

个人贷款的期限和利率应符合国家相关规定。贷款人应建立借款人合理的收入偿债比例控制机制,结合借款人收入、负债、支出、贷款用途、担保情况等因素,合理确定贷款金额和期限,控制借款人每期还款额不超过其还款能力。

经贷款人同意,个人贷款可以展期。一年以内(含)的个人贷款,展期期限累计不得超过原贷款期限;一年以上的个人贷款,展期期限累计与原贷款期限相加,不得超过该贷款品种规定的最长贷款期限。

第二节 个人消费类贷款

个人消费类贷款是指银行向申请购买"合理用途的消费品或服务"的借款人发放的个人贷款。个人消费类贷款包括个人住房贷款、个人汽车贷款、个人教育贷款、个人住房装修贷款、个人耐用消费品贷款、个人旅游消费贷款和个人医疗贷款等。

一、个人住房贷款

个人住房贷款是指银行向自然人发放的用于购买、建造和大修理各类型住房的贷款。

个人住房贷款包括自营性个人住房贷款、公积金个人住房贷款和个人住房组合贷款三种类型。其中,自营性个人住房贷款也称商业性个人住房贷款,是指银行运用信贷资金向在城镇购买、建造或大修理各类型住房的自然人发放的贷款;公积金个人住房贷款也称委托性住房公积金贷款,是指由各地住房公积金管理中心运用个人及其所在单位缴纳的住房公积金,委托商业银行向购买、建造、翻建、大修自住住房的住房公积金缴存人以及在职期间缴存住房公积金的离退休职工发放的专项住房贷款;个人住房组合贷款是指按时足额缴存住房公积金的职工在购买、建造或大修住房时,可以同时申请公积金个人住房贷款和自营性个人住房贷款,从而形成特定的个人住房贷款组合,简称个人住房组合贷款。

表 6-1   2018 年各类型住房公积金个人住房贷款情况

类别		发放笔数(万笔)	占比(%)	金额(亿元)	占比(%)
房屋类型	新房	167.24	66.21	6 285.48	61.51
	存量商品住房	80.72	31.96	3 778.99	36.98
	建造、翻建、大修自住住房	2.05	0.81	72.37	0.71
	其他	2.57	1.02	81.69	0.80

续表

类别		发放笔数（万笔）	占比（%）	金额（亿元）	占比（%）
房屋建筑面积	90平方米（含）以下	70.08	27.75	3 042.16	29.77
	90～144平方米（含）	155.85	61.70	5 995.15	58.67
	144平方米以上	26.65	10.55	1 181.22	11.56
支持购房套数	首套	216.99	85.91	8 647.00	84.62
	二套及以上	35.59	14.09	1 571.53	15.38
贷款职工	单缴存职工	116.48	46.12	4 252.34	41.61
	双缴存职工	134.76	53.35	5 916.06	57.90
	三人及以上缴存职工	1.34	0.53	50.13	0.49
贷款职工年龄	30岁（含）以下	83.06	32.88	3 334.75	32.63
	30～40岁（含）	100.73	39.88	4 394.86	43.01
	40～50岁（含）	53.42	21.15	1 980.49	19.38
	50岁以上	15.37	6.09	508.43	4.98
收入水平	中、低收入	241.79	95.73	9 693.79	94.86
	高收入	10.79	4.27	524.74	5.14

资料来源：《全国住房公积金2018年年度报告》。

目前，在不实施限购措施的城市，居民家庭首次购买普通住房的商业性个人住房贷款，原则上最低首付款比例为25%，各地可向下浮动5个百分点；对拥有1套住房且相应购房贷款未结清的居民家庭，为改善居住条件再次申请商业性个人住房贷款购买普通住房，最低首付款比例调整为不低于30%。银行业金融机构应结合各省级市场利率定价自律机制确定的最低首付款比例要求以及本机构商业性个人住房贷款投放政策、风险防控等因素，并根据借款人的信用状况、还款能力等合理确定具体首付款比例和利率水平。对于实施限购措施的城市，个人住房贷款政策按原规定执行。

知识链接6-1
住房城乡建设部等四部门联合发文　维护住房公积金缴存职工购房贷款权益

住房公积金是解决职工住房问题的专项资金。按照现行有关规定，职工连续、足额缴存住房公积金6个月（含）以上，即可向住房公积金管理中心申请个人住房贷款。目前住房公积金个人住房贷款利率为3.25%，远低于商业银行个人住房贷款利率。据测算，一笔额度100万元、期限20年的住房公积金个人住房贷款，可比商业银行个人住房贷款节省利息支出20万元以上，能有效减轻职工购房负担。但近期，部分房地产开发企业拒绝购房人使用住房公积金贷款，严重损害了缴存职工合法权益。为此，住房城乡建设部、财政部、中国人民银行、国土资源部于2017年12月13日联合印发《关于维护住房公积金缴存职工购房贷款权益的通知》（建金〔2017〕246号，以下简称《通知》）。

《通知》规定，住房公积金管理中心要规范贷款业务流程，压缩审批时限，自受理贷款申请之日起10个工作日内完成审批工作。受托银行要及时受理职工住房公积金贷款申请和办理相关委托贷款手续，住房公积金管理中心要加强对受托银行的业务考核。要公开住房公积金贷款业务流程、审批要件、办理地点、办理部门和办结时限，并在业务网点予以明示。各地住房城乡建设、不动产登记、人民银行等部门要建立住房公积金贷款业务办理信息共享机制，让数据多跑路，职工不跑路或少跑路。

《通知》明确，要提高住房公积金贷款抵押登记效率。不动产登记机构应当严格按照有关规定，及时受理住房公积金贷款抵押登记申请，在10个工作日内完成抵押登记手续。要应用信息化等技术手段，进一步提升住房公积金贷款抵押登记效率。

《通知》要求，住房城乡建设部门要加强房地产市场监管。房地产开发企业在销售商品房时，要提供不拒绝购房人使用住房公积金贷款的书面承诺，并在楼盘销售现场予以公示。房地产开发企业要认真履行承诺，不得以提高住房销售价格、减少价格折扣等方式，限制、阻挠、拒绝购房人使用住房公积金贷款，不得要求或变相要求购房人签署自愿放弃住房公积金贷款权利的书面文件。

《通知》提出，要加大联合惩戒力度。各地住房城乡建设部门和住房公积金管理中心要及时查处损害职工住房公积金贷款权益的问题。对限制、阻挠、拒绝职工使用住房公积金贷款购房的房地产开发企业和销售中介机构，要责令整改。对违规情节严重、拒不整改的，要公开曝光，同时纳入企业征信系统，依法严肃处理。

《通知》明确，缴存职工可通过12345市民热线、12329住房公积金服务热线等渠道，投诉举报房地产开发企业和房屋销售中介机构拒绝住房公积金贷款问题。根据投诉举报线索，住房城乡建设部门和住房公积金管理中心要快速响应，及时查处。

《通知》要求各地住房城乡建设部门和住房公积金管理中心，联合开展拒绝职工使用住房公积金贷款购房问题专项整治行动，严厉打击房地产开发企业和房屋销售中介机构违规行为。同时，要求各省、自治区住房城乡建设厅加强监督检查工作。

↑ 资料来源：住房和城乡建设部网站，2017年12月26日。

二、个人汽车贷款

个人汽车贷款是指银行向自然人发放的用于购买汽车的贷款。

个人汽车贷款所购车辆按用途可以划分为自用车和商用车。自用车是指借款人申请汽车贷款购买的、不以营利为目的的汽车；商用车是指借款人申请汽车贷款购买的、以营利为目的的汽车。根据所购车辆的用途不同，个人汽车贷款产品相应地可以划分为自用车贷款和商用车贷款。严格地说，商用车贷款属于个人经营类贷款，为了表述方便，这里将其与自用车贷款一并在个人消费类贷款中做介绍。

个人汽车贷款所购车辆按注册登记情况可以划分为一手和二手车。一手车是指借款人申请汽车贷款购买的新车。二手车是指借款人申请汽车贷款购买的，从办理完机动车注册登记手续到规定报废年限一年之前进行所有权变更并依法办理过户手续的汽车。

汽车贷款利率按照中国人民银行公布的贷款利率规定执行，计、结息办法由借款人和贷款人协商确定。在贷款额度上，自用传统动力汽车贷款最高发放比例为80%，商用传统动力汽车贷款最高发放比例为 70%；自用新能源汽车贷款最高发放比例为 85%，商用新能源汽车贷款最高发放比例为 75%；二手车贷款最高发放比例为 70%。汽车贷款的贷款期限（含展期）不得超过 5 年，其中，二手车贷款的贷款期限（含展期）不得超过 3 年，经销商汽车贷款的贷款期限不得超过 1 年。

个人汽车贷款实行"设定担保、分类管理、特定用途"的原则。其中，"设定担保"指借款人申请个人汽车贷款需提供所购汽车抵押或其他有效担保，也就是说个人汽车贷款不允许信用贷款而必须有一定形式的担保；"分类管理"指按照贷款所购车辆种类和用途的不同，对个人汽车贷款设定不同的贷款条件，对于自用车和商用车，一手车和二手车各自的贷款条件是不同的；"特定用途"指个人贷款专项用于借款人购买汽车，不允许挪作他用，相当于专款专用。

发展汽车贷款业务，可以改善居民的消费结构，拉动内需和经济的增长，同时也增加了商业银行等信贷机构的盈利点。

知识链接 6-2
中国人民银行　中国银行业监督管理委员会关于调整汽车贷款有关政策的通知

银发〔2017〕234 号

中国人民银行上海总部，各分行、营业管理部，各省会（首府）城市中心支行，各副省级城市中心支行；各省（自治区、直辖市）银监局；各国有商业银行、股份制商业银行，中国邮政储蓄银行：

为落实国务院调整经济结构的政策，释放多元化消费潜力，推动绿色环保产业经济发展，提升汽车消费信贷市场供给质效，根据《中国人民银行银监会关于加大对新消费领域金融支持的指导意见》（银发〔2016〕92 号），现将汽车贷款政策有关事项通知如下：

一、自用传统动力汽车贷款最高发放比例为 80%，商用传统动力汽车贷款最高发放比例为 70%；自用新能源汽车贷款最高发放比例为 85%，商用新能源汽车贷款最高发放比例为 75%；二手车贷款最高发放比例为 70%。

其中，对于实施新能源汽车贷款政策的车型范围，各金融机构可在《汽车贷款管理办法》基础上，根据自愿、审慎和风险可控原则，参考工业和信息化部发布的《新能源汽车推广应用推荐车型目录》执行。

二、各金融机构应结合本机构汽车贷款投放政策、风险防控等因素，根据借款人信用状况、还款能力等合理确定汽车贷款具体发放比例；切实加强汽车贷款全流程管理，强化贷前审查，不断完善客户资信评估体系，保证贷款第一还款来源能充分覆盖相应本金利息；不断加强残值经验数据积累，落实抵押品、质押品价值审慎评估政策，完善抵押品、质押品价值评估体系；完善贷款分类制度，加强不良贷款监控，足额计提相应拨备。

三、人民银行各分支机构、银监会各派出机构应强化对汽车贷款资产质量、机构稳健性的监测、分析和评估，及时发现、有效应对潜在风险，促进金融机构汽车贷款业务稳健运行。各金融机构在具体业务中遇到重大问题应及时向人民银行及其分支机构、银监会及其派出机构反映。

四、本通知自 2018 年 1 月 1 日起施行。

本通知所称金融机构是指在中华人民共和国境内依法设立的、经银监会批准经营人民币贷款业务的商业银行、农村合作银行、农村信用社及获准经营汽车贷款业务的非银行金融机构。

请人民银行上海总部、各分行、营业管理部、省会（首府）城市中心支行、副省级城市中心支行，各省、自治区、直辖市银监局将本通知联合转发至辖区内相关金融机构。

中国人民银行　银监会

资料来源：中国人民银行网站，2017 年 11 月 8 日。

三、个人教育贷款

个人教育贷款是银行向在读学生或其直系亲属、法定监护人发放的用于满足其就学资金需求的贷款。我国的个人教育贷款包括国家助学贷款和商业助学贷款两类。

助学贷款制度是我国政府为资助经济困难的学生完成学业而实施的一种特殊贷款制度，它的顺利推行对于实施科教兴国战略，促进经济长期、可持续发展具有重要的战略意义。

（一）国家助学贷款

国家助学贷款是由政府主导、财政贴息，银行、教育行政部门与高校共同操作的，帮助家庭经济困难学生完成学业的一种银行贷款。

按照学生申办地点及工作流程不同，国家助学贷款分为校园地国家助学贷款与生源地信用助学贷款两种模式。其中在就读高校办理的称为校园地国家助学贷款，在户籍所在地办理的称为生源地信用助学贷款。两种助学贷款之间没有本质区别，最终都是为了帮助贫困家庭学生解决学费、住宿费和生活费。但是，现行制度规定，全日制普通本专科生在同一学年不得重复申请获得校园地国家助学贷款和生源地信用助学贷款，只能选择申请办理其中一种贷款。全日制研究生原则上申请办理校园地国家助学贷款。

国家助学贷款利率执行中国人民银行同期公布的同档次基准利率，不上浮。贷款学生在校期间的国家助学贷款利息全部由财政支付，毕业后的利息由借款人全额支付。为鼓励金融机构承办国家助学贷款的积极性，建立贷款风险分担机制，财政（高校）对经办银行给予一定的风险补偿。国家助学贷款是信用贷款，学生不需要办理贷款担保或抵押，但需要承诺按期还款，并承担相关法律责任。

全日制普通本专科学生（含第二学士学位、高职学生）国家助学贷款全国平均资助比例应与当年国家助学金资助比例相当，各地区、各高校资助比例应与本地区（本高校）当年国家助学金资助比例相当；全日制研究生国家助学贷款资助比例根据国家奖学金、学业奖学金等奖助政策覆盖范围和家庭经济困难学生情况确定。目前，高校本专科生国家助学金全国平均资助比例为 20%，各省份具体资助比例根据家庭经济困难学生分布情况确定，其中：东部地区为 13%～17%，中部地区为 21%～22%，西部地区为 27%～29%。上述比例基本可以比较客观地反映不同地区本专科学生国家助学贷款的比例需求。研究生学习和生活成本相对较高，获得资助的渠道比本专科生更多，因此不对研究生国家助学贷款资助比例作出具体规定，而由各地区、各学校根据实际情况统筹确定。

国家助学贷款资助标准为全日制普通本专科学生每人每年不超过8 000元，全日制研究生每人每年不超过12 000元；年度学费和住宿费标准总和低于最高限额的，贷款额度可按照学费和住宿费标准总和确定。在高校学生资助政策体系中，国家助学贷款主要定位于帮助家庭经济困难学生解决在校期间的学费和住宿费问题，上述贷款额度基本可以满足家庭经济困难学生缴纳学费和住宿费的需要。

国家助学贷款期限为学制年限加13年，最长不超过20年。借款学生毕业或终止学业时，应与经办银行和经办机构确认还款计划，还款期限按双方签署的合同执行。借款学生毕业当年不再继续攻读学位的，与经办机构和经办银行确认还款计划时，可选择使用还本宽限期。还本宽限期内借款学生只需偿还利息，无须偿还贷款本金。还本宽限期由原来的2年延长至3年整。还本宽限期从还款计划确认开始，计算至借款学生毕业后第36个月底。在还款期内继续攻读学位的借款学生再读学位毕业后，仍可享受36个月的还本宽限期。

由于国家助学贷款是无担保的贷款，为有效防范助学贷款风险，各经办银行要以学校为单位，在公开报刊等信息媒体上公布助学贷款违约情况，对不讲信用的借款人姓名、身份证号及违约行为公开曝光。对不主动与见证人和贷款银行联系、提供工作单位和通信方式、不守信用的学生，要记录在案，纳入全国个人信用信息系统。作为借款的学生应该恪守诚信，在毕业后尽快履行还款义务，以实际行动支持国家助学贷款政策，同时也为个人积累信用财富。

(二) 商业助学贷款

商业助学贷款是指银行业金融机构按商业原则自主发放的用于支付境内高等院校困难学生学费、住宿费和就读期间基本生活费的商业贷款。商业助学贷款的贷款对象是在境内高等院校就读的全日制本专科生、研究生和第二学士学位学生。

商业助学贷款的期限原则上为借款人在校学制年限加6年，借款人在校学制年限指从助学贷款发放至借款人毕业或终止学业的期间。对借款人毕业后继续攻读学位的，借款人在校年限和助学贷款期限可相应延长。助学贷款期限延长须经贷款人许可。

商业助学贷款的利率按中国人民银行规定的利率政策执行，原则上不上浮。借款人可申请利息本金化，即在校年限内的贷款利息按年计入次年度借款本金。

商业助学贷款的最高限额不超过借款人在校年限内所在学校的学费、住宿费和基本生活费。贷款人可参照学校出具的基本生活费或当地生活费标准确定有关生活费用贷款额度。

借款人可直接在生源地向贷款人申请商业助学贷款，即办理生源地贷款，也可在就读学校所在地申请商业助学贷款，即办理就读地贷款，但贷款人不得受理借款人既在生源地又在就读地贷款的重复申请。

商业助学贷款财政不贴息，且要求提供银行认可的财产抵押或有效权利质押或具有代偿能力的第三方保证或经银行认定符合信用贷款条件。各商业银行、城市信用社、农村信用社等金融机构均可开办商业助学贷款业务，但各金融机构的贷款额度、贷款期限等贷款条件不尽相同。

商业助学贷款业务是助学融资体系中的一个重要组成部分。从实践效果看，商业助学贷款已成为助学融资领域中除国家财政和社会公益资金外的主要支持力量之一，有效地满足了不同学生群体的差异化金融助学需求，扩大了中高等教育的普及面，同时拓宽了银行业金融机构的业务范围，丰富了它们的业务品种，也为银行业金融机构履行社会责任提供了更广阔的领域。

知识链接 6-3
弗里德曼与助学贷款

以崇尚大市场、小政府著称的米尔顿·弗里德曼是自由派教育经济学的一代宗师，他在教育方面最广为人知的理论是学券制。但提出了半个世纪的学券制，却几乎没有一个政府完全执行过。原因是该制度在实际应用中总是对来自劣势群体的学生不利。

从社会政策的角度看，弗里德曼对教育经济学最大的影响其实并不是从未在任何国家完整实施过的学券制，而是学生贷款。他大洒笔墨分析学券制更多地是为了说明普通教育与职业教育的区别，从而引出对毕业税和学生贷款的讨论。早在他 1955 年的名篇《论政府之教育职能》（The Role of Government in Education）中，他便已精辟地分析了学生贷款与一般房贷存在本质的不同：房屋贷款以房屋作抵押，投资的是一种有形的实物资本，在贷款者无力还款时银行将以卖出抵押品回收贷款；学生贷款用来"投资"的却是一种无形的人力资本，当贷款者因为种种原因无法还贷时，并没有任何东西可用来拍卖以偿还贷款。

学生贷款的风险之高由此可见，商业银行在商言商自然不会乐意贷出款项。于是连一向支持大市场小政府的弗里德曼也认为，纯以市场运作将造成教育机会不平等，即"资本市场失灵"。政府因此应该干预，以保证贷款机会的平等。至于贷款的回收，弗里德曼认为必须有经济效益同时保证贷款人的生活必需，通过税局以附加税率的形式回收贷款是最佳选择。

弗里德曼提出的这套理论在过去二三十年间得到不少发展。澳大利亚、英国、新西兰和南非等国家均以公营的学生贷款公司取代银行发放贷款，并以附加税的形式进行回收，确保了放贷的"机会平等"和回收贷款的效率，实践了弗里德曼的构想。反观弗里德曼所在的美国，学生贷款仍相当依赖市场推动，出身贫寒又无法从商业银行借来足够贷款的学生，天价学费是一道门槛。尤其入读名牌私立大学，机会并不是人人平等。

中国助学贷款制度从放贷到还贷都利用资本市场进行推动，与美国的学生贷款制度相似。有不少意见认为要解决现时银行不愿放贷，贷款违约率高的困局，中国应该向美国借鉴，加大给商业银行的补偿金比例，并以个人资信系统防范助学贷款违约。

这些提法并不可行。首先，弗里德曼早已指出"资本市场失灵"的问题，因此无论补偿金有多高，资本市场追求利润的本质决定了还贷前景不好的贫困生仍难免被排挤于该制度之外。其次，不能忽视我国部分大学毕业生工资水平偏低。这一点与美国不同，大学学位在当前并不一定能保证一笔丰厚的收入。对于收入实在太低、无力还贷的贫困生，还是应该延长还款期限。最后，以个人资信系统"威胁"学生还贷的做法相当不妥。一个好的学生贷款制度应能自动做到让有能力还款的人无法逃避，同时"放过"无力还款的弱者，澳大利亚、英国等国的制度正有这种特点。

作为英国学生贷款制度的设计者，伦敦经济学院的公共经济学教授巴尔（Nicholas Barr）曾表示，中美两国情况不同，且美国模式本身存在缺陷，不足以垂范中国。他认为，中国助学贷款的发展方面应该是设立学生贷款公司，保证其唯一职能是资助贫穷学生，而不是像商业银行般追求利润。弗里德曼的辞世，正好提醒世界再次思考这个他早在半个世纪前就已经说得很清楚的道理。

● 资料来源：陈永杰：《21世纪经济报道》，2006年11月29日。

四、个人住房装修贷款

个人住房装修贷款是指银行向自然人发放的、用于装修自用住房的人民币担保贷款。个人住房装修贷款可以用于支付家庭装潢和维修工程的施工款、相关的装修材料和厨卫设备款等。

个人住房装修贷款需要具有房产权证明，或由房屋产权单位出具的借款人拥有该房屋使用权的证明；个人住房装修贷款实行专款专用，需要具有与经有权部门批准的装修企业签订的住房装修合同，装修概算书及相关资料；贷款银行还会要求借款人有不少于装修总预算一定比例的自有资金，并在使用贷款前投入项目建设。

个人住房装修贷款，可以缓解借款人装修资金压力，刺激消费，提升其生活质量。

五、个人耐用消费品贷款

个人耐用消费品贷款是指银行向自然人发放的用于购买大额耐用消费品的人民币担保贷款。所谓耐用消费品是指价值较大、使用寿命相对较长的家用商品，包括除汽车、房屋以外的家用电器、电脑、家具、健身器材和乐器等。该类贷款通常是银行与特约商户合作开展，借款人需要在银行指定的商户处购买特定商品。特约商户通常与银行签订耐用消费品合作协议，这类商户应有一定的经营规模和较好的社会信誉。

六、个人旅游消费贷款

个人旅游消费贷款是指银行向自然人发放的用于借款人个人及其家庭成员（包括借款申请人的配偶、子女及父母）参加银行认可的各类旅行社（公司）组织的国内外旅游所需费用的贷款。

个人旅游消费贷款主要用于支付出国旅游保证金、支付旅游团费及境内外购物、租车等旅游消费支出。

七、个人医疗贷款

个人医疗贷款是指银行向自然人发放的用于解决贷款人个人及其配偶或直系亲属伤病就医时资金短缺问题的贷款。个人医疗贷款一般由贷款银行和保险公司联合当地特约合作医院办理，由借款人到特约医院领取并填写经特约医院签章认可的贷款申请书，持医院出具的诊断证明及住院证明到开展此业务的银行申办贷款，获批准后持个人持有的银行卡和银行盖章的贷款申请书及个人身份证到特约医院就医、结账。

第三节 个人经营类贷款

个人经营类贷款是指银行向从事合法生产经营的自然人发放的，用于定向购买商用房以及用于满足个人控制的企业（包括个体工商户）生产经营流动资金需求和其他合理资金需求的贷款。个人经营类贷款主要包括个人商用房贷款、个人经营贷款、农户贷款和创业担保贷款。

一、个人商用房贷款

个人商用房贷款是指贷款人向借款人发放的用于购买商业用房的贷款。目前，个人商用房贷款主要用于购买商铺、住宅小区的商业配套房、办公用房（写字楼）、酒店和车位（库）等。

个人商用房贷款贷款额度最高可达到所购房屋市场价值的50%，商住两用房最高可达到所购房屋市场价值的55%，贷款期限最短为1年（含），最长不超过10年。

二、个人经营贷款

个人经营贷款是指用于借款人合法经营活动的人民币贷款，其中借款人是指具有完全民事行为能力的自然人。

个人经营贷款的对象应该是具有合法经营资格的个体工商户，贷款的用途为借款人或其经营实体合法的经营活动，且符合工商行政管理部门许可的经营范围。

个人经营贷款的额度由各商业银行根据贷款风险管理相关原则确定，贷款期限一般不超过5年，采用保证担保方式的不得超过1年。

三、农户贷款

农户贷款是指银行业金融机构向符合条件的农户发放的用于生产经营、生活消费等用途的本外币贷款。其中，农户是指长期居住在乡镇和城关镇所辖行政村的住户、国有农场的职工和农村个体工商户。

按照用途分类，农户贷款分为农户生产经营贷款和农户消费贷款。农户生产经营贷款是指农村金融机构发放给农户用于生产经营活动的贷款，包括农户农、林、牧、渔业生产经营贷款和农户其他生产经营贷款。农户消费贷款是指农村金融机构发放给农户用于自身及家庭生活消费，以及医疗、学习等需要的贷款。一般情况下，大部分农户贷款被用于生产经营。

四、创业担保贷款

创业担保贷款是指以具备规定条件的创业者个人或小微企业为借款人，由创业担保贷款担保基金提供担保，由经办此项贷款的银行业金融机构发放，由财政部门给予贴息，用于支持个人创业或小微企业扩大就业的贷款业务。

其中，担保基金是指由地方政府出资设立的，用于为创业担保贷款提供担保的专项基金。担保基金由政府指定的公共服务机构或其委托的融资性担保机构负责运营管理。经办银行是指由各级人民银行分支机构会同财政、人力资源社会保障部门通过公开招标等方式确定的为符合条件的个人和小微企业提供创业担保贷款的银行业金融机构。

1. 贷款对象。城镇登记失业人员、就业困难人员（含残疾人）、复员转业退役军人、刑满释放人员、高校毕业生（含大学生村官和留学回国学生）、化解过剩产能企业职工和失业人员、返乡创业农民工、网络商户、建档立卡贫困人口、农村自主创业农民。此外，对于符合一定条件的小微企业也可以申请创业担保贷款，如无拖欠职工工资、欠缴社会保险费等严重违法违规信用记录、当年新招用符合创业担保贷款申请条件的人员数量达到企业现有在职职工人数的25%（超过100人的企业达到15%），并与其签订1年以上劳动合同的小微企业。

2. 贷款期限。面向个人发放的创业担保贷款期限最高不超过3年；贷款经经办金融机构认可，可以展期1次，展期期限不超过1年，展期期限内贷款不贴息。专项资金贴息的小微企业创业担保贷款期限最长不超过2年。

3. 贷款额度。符合创业担保贷款申请条件的人员自主创业的，可申请最高不超过15万元的创业担保贷款。小微企业当年新招用符合创业担保贷款申请条件的人员数量达到企业现有在职职工人数的25%（超过100人的企业达到15%）并与其签订1年以上劳动合同的，可申请最高不超过300万元的创业担保贷款。

4. 贷款利率。经办金融机构对符合条件的个人发放的创业担保贷款，参照贷款基础利率并结合贷款风险分担情况合理确定贷款利率水平，在贷款合同中载明。个人创业担保贷款在贷款基础利率上上浮3个百分点以内的，由财政部门按相关规定贴息。各经办金融机构不得以任何形式变相提高个人创业担保贷款实际利率或额外增加贷款不合理收费。

5. 担保和贴息。创业担保贷款中的借款个人和小微企业均可按政策规定，同时享受担保和贴息支持。创业担保贷款财政贴息，在国家规定的贷款额度、利率和贴息期限内，按照实际的贷款额度、利率和计息期限计算。其中，对贫困地区符合条件的个人创业担保贷款，财政部门给予全额贴息；除贫困地区外的其他地区，对个人贷款按2年（第1年、第2年）全额贴息执行，对符合条件的小微企业创业担保贷款，财政部门按照贷款合同签订日贷款基础利率的50%给予贴息。对展期、逾期的创业担保贷款，财政部门不予贴息。对已享受财政部门贴息支持的小微企业创业担保贷款，可通过创业担保贷款担保基金提供担保形式支持。对还款积极、带动就业能力强、创业项目好的借款个人和小微企业，可继续提供创业担保贷款贴息，但累计次数不得超过3次。

【本章小结】

个人贷款是指向自然人发放的用于个人消费、生产经营等用途的贷款。

个人贷款具有品种多、用途广、贷款便利、还款方式灵活、低资本消耗等特征。

个人贷款的借款人为具有完全民事行为能力的中华人民共和国公民或符合国家有关规定的境外自然人。

个人贷款应当遵循依法合规、审慎经营、平等自愿、公平诚信的原则。

按照产品用途的不同,个人贷款产品可以分为个人消费类贷款和个人经营类贷款等。

个人消费类贷款是指银行向申请购买"合理用途的消费品或服务"的借款人发放的个人贷款。个人消费类贷款包括个人住房贷款、个人汽车贷款、个人教育贷款、个人住房装修贷款、个人耐用消费品贷款、个人旅游消费贷款和个人医疗贷款等。

个人经营类贷款是指银行向从事合法生产经营的自然人发放的,用于定向购买商用房以及用于满足个人控制的企业(包括个体工商户)生产经营流动资金需求和其他合理资金需求的贷款。个人经营类贷款主要包括个人商用房贷款、个人经营贷款、农户贷款和创业担保贷款。

【重点概念】

个人存款　个人消费类贷款　个人住房贷款　自营性个人住房贷款
公积金个人住房贷款　个人住房组合贷款　个人汽车贷款　个人教育贷款
个人住房装修贷款　个人耐用消费品贷款　个人旅游消费贷款　个人医疗贷款
国家助学贷款　商业助学贷款　个人经营类贷款　个人商用房贷款　个人经营贷款
农户贷款　创业担保贷款

【思考与练习题】

1. 简述开展个人贷款的意义。
2. 简述个人贷款的基本特征。
3. 简述个人贷款的申请条件。
4. 简述个人贷款的原则。
5. 简述发展个人住房贷款业务有何重要意义。
6. 简述当前我国个人住房贷款的基本政策。
7. 简述个人汽车贷款的原则。
8. 简述创业担保贷款的贷款对象。
9. 简述创业担保贷款的担保及贴息规定。
10. 简述大学生创业贷款的含义、意义及其申请条件。

第七章

客户信用分析

【本章学习目标】
1. 了解财务比率分析的主要内容;
2. 了解现金流量分析的主要内容;
3. 了解非财务因素分析的作用,掌握非财务因素分析的主要内容;
4. 了解贷款担保的含义、作用及局限性,掌握担保分析的要点;
5. 了解信用评级的内涵、影响因素,掌握客户信用评级的定性方法;
6. 了解信用评级的流程,信用评级的结果;
7. 掌握授信的含义、分类,了解授信与信用评级及贷款的关系,掌握授信的相关概念和授信集中度风险的相关规定。

第一节 客户财务分析

财务分析主要运用财务数据评价公司当前和过去的业绩,并评估其可持续性,主要包括财务比率分析和现金流量分析等内容。

一、财务比率分析

(一) 短期偿债能力比率

债务一般按到期时间分为短期债务和长期债务,偿债能力分析也由此分为短期偿债能力分析和长期偿债能力分析两部分。偿债能力的衡量方法有两种:一种是比较可供偿债资产与债务的存量,资产存量超过债务存量较多,则认为偿债能力较强;另一种是比较经营活动现金流量和偿债所需现金,如果产生的现金超过需要的现金较多,则认为偿债能力较强。

1. 可偿债资产与短期债务的存量比较。可偿债资产的存量是指资产负债表中列示的流动资产年末余额,短期债务的存量是指资产负债表中列示的流动负债年末余额。流动资产将在1年或1个营业周期内消耗或转变为现金,流动负债将在1年或1个营业周期内偿还,因此两者的比较可以反映短期偿债能力。

流动资产与流动负债的存量有两种比较方法：一种是差额比较，两者相减的差额为营运资本；另一种是比率比较，两者相除的比率为短期债务存量比率。

（1）营运资本。营运资本是指流动资产超过流动负债的部分，其计算公式为

$$营运资本 = 流动资产 - 流动负债$$

如果流动资产与流动负债相等，并不足以保证短期偿债能力没有问题，因为债务的到期与流动资产的现金生成，不可能同步同量。而且，为维持经营，企业不可能清算全部流动资产来偿还流动负债，而是必须维持最低水平的现金、存货、应收账款等。因此，企业必须保持流动资产大于流动负债，即保有一定数额的营运资本作为"缓冲垫"，以防止流动负债"穿透"流动资产。营运资本越多，流动负债的偿还越有保障，短期偿债能力越强。营运资本之所以能够成为流动负债的"缓冲垫"，是因为它是长期资本用于流动资产的部分，不需要在1年或1个营业周期内偿还。

$$\begin{aligned}营运资本 &= 流动资产 - 流动负债 \\ &= （总资产 - 非流动资产） - （总资产 - 股东权益 - 非流动负债） \\ &= （股东权益 + 非流动负债） - 非流动资产 \\ &= 长期资本 - 长期资产\end{aligned}$$

当流动资产大于流动负债时，营运资本为正数，表明长期资本的数额大于长期资产，超出部分被用于流动资产。营运资本的数额越大，财务状况越稳定。当全部流动资产未由任何流动负债提供资金来源，而全部由长期资本提供时，企业没有任何短期偿债压力。

当流动资产小于流动负债时，营运资本为负数，表明长期资本小于长期资产，有部分长期资产由流动负债提供资金来源。由于流动负债在1年或1个营业周期内需要偿还，而长期资产在1年或1个营业周期内不能变现，偿债所需现金不足，必须设法另外筹资，这意味着财务状况不稳定。

营运资本是绝对数，不便于不同历史时期及不同企业之间比较。营运资本的比较分析，主要是与本企业上年数据的比较，通常称为变动分析。因此，在实务中很少直接使用营运资本作为偿债能力指标。营运资本的合理性主要通过短期债务的存量比率评价。

（2）短期债务的存量比率。短期债务的存量比率包括流动比率、速动比率和现金比率。

①流动比率。流动比率是流动资产与流动负债的比值。其计算公式如下：

$$流动比率 = 流动资产 \div 流动负债$$

流动比率假设全部流动资产都可以用于偿还流动负债，表明每1元流动负债有多少流动资产作为偿还保障。流动比率是相对数，排除了企业规模之间的影响，更适合同业比较以及本企业不同时期之间的比较。但是，需要注意的是，不存在统一的、标准的流动比率数值。不同行业的流动比率，通常有明显差别。营业周期越短的行业，合理的流动比率越低。

如果流动比率相对上年发生较大变动，或与行业平均值出现重大偏离，就应对构成流动比率的流动资产和流动负债各项目逐一进行分析，寻找形成差异的原因。为了考察

流动资产的变现能力，有时还需要分析其周转率。

流动比率有某些局限性，在使用时应注意：流动比率假设全部流动资产都可以变为现金并用于偿债，全部流动负债都需要还清。实际上，有些流动资产的账面金额与变现金额有较大差异，如产成品等；经营性流动资产是企业持续经营所必需的，不能全部用于偿债；经营性应付项目可以滚动存续，无须动用现金全部结清。因此，流动比率是对短期偿债能力的粗略估计。

②速动比率。流动资产中的货币资金、交易性金融资产和各种应收、预付款项等，可以在较短时间内变现，称为速动资产。另外的流动资产，包括存货、待摊费用、一年内到期的非流动资产及其他流动资产等，称为非速动资产。非速动资产的变现金额和时间具有较大的不确定性：一是存货的变现速度比应收款项要慢得多；部分存货可能已毁损报废、尚未处理；存货估价有多种方法，可能与变现金额相差悬殊。二是一年内到期的非流动资产和其他流动资产的数额有偶然性，不代表正常的变现能力。因此，将可偿债资产定义为速动资产，计算与短期债务的存量比率更可信。

速动资产与流动负债的比值，称为速动比率，又称为酸性测试比率，其计算公式为

$$速动比率 = 速动资产 \div 流动负债$$

速动比率假设速动资产是可偿债的资产，表明每 1 元流动负债有多少速动资产作偿还保障。与流动比率一样，不同行业的速动比率有很大差别。例如，采用大量现销的商店，几乎没有应收账款，速动比率低于 1 是很正常的。相反，一些应收账款较多的企业，速动比率可能要大于 1。

影响速动比率可信性的重要因素是应收账款的变现能力。账面上的应收账款未必都能收回变现，实际坏账可能比计提的准备要多；季节性的变化，可能使报表上的应收账款数额不能反映平均水平。这些情况，外部分析人不易了解，而内部人员却有可能作出合理的估计。

③现金比率。速动资产中，流动性最强、可直接用于偿债的资产是现金。与其他速动资产不同，现金本身可以直接偿债，而其他速动资产需要等待不确定的时间，才能转换为不确定金额的现金。

现金与流动负债的比值称为现金比率，其计算公式如下：

$$现金比率 = 货币资金 \div 流动负债$$

现金比率表明每 1 元流动负债有多少现金作为偿债保障。

2. 现金流量比率。经营活动现金流量净额与流动负债的比值，称为现金流量比率。其计算公式如下：

$$现金流量比率 = 经营活动现金流量净额 \div 流动负债$$

现金流量比率表明每 1 元流动负债的经营活动现金流量保障程度。该比率越高，偿债能力越强。用经营活动现金流量净额代替可偿债资产存量，与流动负债进行比较以反映偿债能力，更具说服力。因为一方面它克服了可偿债资产未考虑未来变化及变现能力等问题；另一方面，实际用以支付债务的通常是现金，而不是其他可偿债资产。

3. 影响短期偿债能力的其他因素。上述短期偿债能力比率，都是根据财务报表数据

计算而得。还有一些表外因素也会影响企业的短期偿债能力,甚至影响相当大。财务报表使用人应尽可能了解这方面的信息,以作出正确判断。

(1) 增强短期偿债能力的表外因素

①可动用的银行授信额度。企业尚未动用的银行授信额度,可以随时借款,增加企业现金,提高支付能力。这一数据不在财务报表中反映,但有的公司以董事会决议公告形式披露。

②可快速变现的非流动资产。企业可能有一些非经营性长期资产可随时出售变现,这未必列示在"一年内到期的非流动资产"项目中。例如,储备的土地、未开采的采矿权、目前出租的房产等,在企业发生周转困难时,将其出售并不影响企业的持续经营。

③偿债能力的声誉。如果企业的信用记录优秀,即使在短期偿债方面出现暂时困难,也比较容易筹集到短缺资金。

(2) 降低短期偿债能力的表外因素

①与担保有关的或有负债事项。如果该金额较大且很可能发生,应在评价偿债能力时予以关注。

②经营租赁合同中的承诺付款事项。这很可能变为偿付义务。

(二) 长期偿债能力比率

衡量长期偿债能力的财务比率,也分为总债务存量比率和总债务流量比率两类。

1. 总债务存量比率。长期来看,所有债务都要偿还。因此,反映长期偿债能力的存量比率是总资产、总负债和股东权益之间的比例关系。常用比率包括资产负债率、产权比率、权益乘数和长期资本负债率。

(1) 资产负债率。资产负债率是总负债与总资产的百分比,其计算公式如下:

$$资产负债率 = 总负债 \div 总资产$$

资产负债率反映总资产中有多大比例是通过负债取得的。它可用于衡量企业清算时对债权人利益的保障程度。资产负债率越低,企业偿债越有保证,负债越安全。资产负债率还代表企业的举债能力。一个企业的资产负债率越低,举债越容易。如果资产负债率高到一定程度,财务风险很高,就无人愿意提供贷款了。

(2) 产权比率和权益乘数。产权比率和权益乘数是资产负债率的另外两种表现形式,它和资产负债率的性质一样,计算公式分别如下:

$$产权比率 = 总负债 \div 股东权益$$
$$权益乘数 = 总资产 \div 股东权益$$

产权比率和权益乘数是两种常用的财务杠杆比率,其中,产权比率表明每1元股东权益配套的总负债的金额,权益乘数表明每1元股东权益启动的总资产的金额。财务杠杆比率表示负债的比例,与偿债能力相关。财务杠杆影响总资产净利率和权益净利率之间的关系,还表明权益净利率风险的高低,与盈利能力相关。

(3) 长期资本负债率。长期资本负债率是指非流动负债占长期资本的百分比。其计算公式如下:

$$长期资本负债率 = 非流动负债 \div (非流动负债 + 股东权益)$$

长期资本负债率是反映公司资本结构的一种形式。由于流动负债的金额经常变化，非流动负债较为稳定，资本结构通常使用长期资本结构衡量。

2. 总债务流量比率

（1）利息保障倍数。利息保障倍数是指息税前利润对利息费用的倍数。其计算公式如下：

$$利息保障倍数 = 息税前利润 \div 利息费用$$
$$= (净利润 + 利息费用 + 所得税费用) \div 利息费用$$

长期债务通常不需要每年还本，但往往需要每年付息。利息保障倍数表明每1元利息费用有多少倍的息税前利润作为偿付保障，它可以反映债务风险的大小。如果公司一直保持按时付息的信誉，则长期负债可以延续，举借新债也比较容易。利息保障倍数越大，利息支付越有保障。如果利息支付尚且缺乏保障，归还本金就更难指望。因此，利息保障倍数可以反映长期偿债能力。

如果利息保障倍数小于1，表明自身产生的经营收益不能支持现有规模的债务。利息保障倍数等于1也很危险，因为息税前利润受经营风险的影响，很不稳定，但支付利息却是固定的。利息保障倍数越大，公司拥有的偿还利息的缓冲效果越好。

（2）现金流量利息保障倍数。现金流量利息保障倍数，是指经营活动现金流量净额对利息费用的倍数。其计算公式如下：

$$现金流量利息保障倍数 = 经营活动现金流量净额 \div 利息费用$$

现金流量利息保障倍数是现金基础的利息保障倍数，表明每1元利息费用有多少倍的经营活动现金流量净额作为支付保障。它比利润基础的利息保障倍数更为可靠，因为实际用以支付利息的是现金，而不是利润。

（3）现金流量与负债比率。现金流量与负债比率，是指经营活动现金流量净额与负债总额的比率。其计算公式如下：

$$现金流量与负债比率 = 经营活动现金流量净额 \div 负债总额$$

该比率表明企业用经营活动现金流量净额偿付全部债务的能力。该比率越高，偿还负债总额的能力越强。

3. 影响长期偿债能力的其他因素。上述长期偿债能力比率，都是根据财务报表内的数据计算的。此外，一些表外因素也可能对企业长期偿债能力的衡量产生影响，运用偿债能力比率分析时必须加以关注。

（1）长期租赁。当公司需要添置固定资产时，既可以筹资购买，也可以通过租赁方式加以解决。资产租赁的形式包括融资租赁和经营租赁两种。依据会计准则，融资租赁形成的负债会反映在资产负债表内，而经营租赁的负债则未能反映在资产负债表内。当公司的经营租赁额比较大、期限比较长或具有经常性时，就形成了一种长期性融资，因此，经营租赁也是一种表外融资。对于这种租赁，到期支付租金势必对公司偿债能力产生影响。因此，如果公司经常发生经营租赁业务，应考虑其对偿债能力的影响。

（2）债务担保。担保项目的时间长短不一，有的影响公司的长期偿债能力，有的影响公司的短期偿债能力。在分析公司长期偿债能力时，应根据有关资料判断担保责任可能带来的影响。

（3）未决诉讼。未决诉讼一旦判决败诉，可能会影响公司的偿债能力，因此在评价公司长期偿债能力时要考虑其潜在影响。

（三）营运能力比率

营运能力比率是衡量公司资产管理效率的财务比率。这方面常用的财务比率有：应收账款周转率、存货周转率、流动资产周转率、营运资本周转率、非流动资产周转率和总资产周转率等。

1. 应收账款周转率。应收账款周转率是营业收入与应收账款的比率。它有应收账款周转次数、应收账款周转天数和应收账款与收入比三种表示形式，计算公式分别如下：

$$应收账款周转次数 = 营业收入 \div 应收账款$$

$$应收账款周转天数 = 365 \div (营业收入 \div 应收账款)$$

$$应收账款与收入比 = 应收账款 \div 营业收入$$

应收账款周转次数，表明1年中应收账款周转的次数，或者说每1元应收账款投资支持的营业收入。应收账款周转天数，也称为应收账款收现期，表明从销售开始到收回现金所需要的平均天数。应收账款与收入比，则表明每1元营业收入所需要的应收账款投资。

2. 存货周转率。存货周转率是营业收入与存货的比率。它有三种计算方法，计算公式分别如下：

$$存货周转次数 = 营业收入 \div 存货$$

$$存货周转天数 = 365 \div (营业收入 \div 存货)$$

$$存货与收入比 = 存货 \div 营业收入$$

存货周转次数，表明1年中存货周转的次数，或者表明每1元存货投资支持的营业收入。存货周转天数表明存货周转一次需要的时间，也就是存货转换成现金平均需要的时间。存货与收入比，表明每1元营业收入需要的存货投资。

3. 流动资产周转率。流动资产周转率是营业收入与流动资产的比率。它有三种计算方法，计算公式分别如下：

$$流动资产周转次数 = 营业收入 \div 流动资产$$

$$流动资产周转天数 = 365 \div (营业收入 \div 流动资产)$$

$$流动资产与收入比 = 流动资产 \div 营业收入$$

流动资产周转次数，表明1年中流动资产周转的次数，或者说每1元流动资产投资支持的营业收入。流动资产周转天数表明流动资产周转一次需要的时间，也就是流动资产转换成现金平均需要的时间。流动资产与营业收入比，表明每1元销售收入需要的流动资产投资。

4. 营运资本周转率。营运资本周转率是营业收入与营运资本的比率。它有三种计算方法，计算公式分别如下：

$$营运资本周转次数 = 营业收入 \div 营运资本$$

$$营运资本周转天数 = 365 \div (营业收入 \div 营运资本)$$

$$营运资本与收入比 = 营运资本 \div 营业收入$$

营运资本周转次数,表明1年中营运资本周转的次数,或者说每1元营运资本投资支持的营业收入。营运资本周转天数表明营运资本周转一次需要的时间,也就是营运资本转换成现金平均需要的时间。营运资本与营业收入比,表明每1元营业收入需要的营运资本投资。

5. 非流动资产周转率。非流动资产周转率是营业收入与非流动资产的比率。它有三种计算方法,计算公式分别如下:

$$非流动资产周转次数 = 营业收入 \div 非流动资产$$
$$非流动资产周转天数 = 365 \div (营业收入 \div 非流动资产)$$
$$非流动产与营业收入比 = 非流动资产 \div 营业收入$$

非流动资产周转次数,表明1年中非流动资产周转的次数,或者说每1元非流动资产投资支持的营业收入。非流动资产周转天数表明非流动资产周转一次需要的时间,也就是非流动资产转换成现金平均需要的时间。非流动资产与营业收入比,表明每1元营业收入需要的非流动资产投资。

6. 总资产周转率。总资产周转率是营业收入与总资产的比率。它有三种计算方法,计算公式分别如下:

$$总资产周转次数 = 营业收入 \div 总资产$$
$$总资产周转天数 = 365 \div (营业收入 \div 总资产)$$
$$总资产与收入比 = 总资产 \div 营业收入$$

总资产周转次数,表明1年中总资产周转的次数,或者说每1元总资产投资支持的营业收入。总资产周转天数表明总资产周转一次需要的时间,也就是总资产转换成现金平均需要的时间。总资产与营业收入比,表明每1元营业收入需要的总资产投资。

(四) 盈利能力比率

1. 营业净利率。营业净利率是指净利润与营业收入的比率。其计算公式如下:

$$营业净利率 = 净利润 \div 营业收入$$

净利润除以营业收入可以概括公司的全部经营成果。该比率越大,公司的盈利能力越强。

2. 总资产净利率。总资产净利率是指净利润与总资产的比率,它表明每1元总资产创造的净利润。其计算公式如下:

$$总资产净利率 = 净利润 \div 总资产$$

总资产净利率是公司盈利能力的关键。虽然股东报酬由总资产净利率和财务杠杆共同决定,但提高财务杠杆会增加公司风险,往往并不增加公司价值。此外,财务杠杆的提高有诸多限制,公司经常处于财务杠杆不可能再提高的临界状态。因此,提高权益净利率的基本动力是总资产净利率。

3. 权益净利率。权益净利率,也称净资产收益率,是净利润与股东权益的比率,它反映每1元股东权益赚取的净利润,可以衡量企业的总体盈利能力。

$$权益净利率 = 净利润 \div 股东权益$$

权益净利率的分母是股东的投入，分子是股东的所得。权益净利率具有很强的综合性，概括了公司的全部经营业绩和财务业绩。

（五）市价比率

1. 市盈率。市盈率是指普通股每股市价与每股收益的比率，它反映普通股股东愿意为每1元净利润支付的价格。其中，每股收益是指可分配给普通股股东的净利润与流通在外普通股加权平均股数的比率，它反映每只普通股当年创造的净利润水平。其计算公式如下：

$$市盈率 = 每股市价 \div 每股收益$$

$$每股收益 = 普通股股东净利润 \div 流通在外普通股加权平均股数$$

2. 市净率。市净率也称为市账率，是指普通股每股市价与每股净资产的比率。它反映普通股股东愿意为每1元净资产支付的价格，说明市场对公司净资产质量的评价。其中，每股净资产也称为每股账面价值，是指普通股股东权益与流通在外普通股股数的比率。它表示每股普通股享有的净资产，是理论上的每股最低价值。其计算公式如下：

$$市净率 = 每股市价 \div 每股净资产$$

$$每股净资产 = 普通股股东权益 \div 流通在外普通股股数$$

3. 市销率。市销率是指普通股每股市价与每股营业收入的比率。它表示普通股股东愿意为每1元营业收入支付的价格。其中每股营业收入是指营业收入与流通在外普通股加权平均股数的比率，它表示每只普通股创造的营业收入。其计算公式分别如下：

$$市销率 = 每股市价 \div 每股营业收入$$

$$每股营业收入 = 营业收入 \div 流通在外普通股加权平均股数$$

二、现金流量分析

作为贷款银行，对客户进行财务分析的最重要目的在于了解客户的还款能力。一般来说，盈利客户比亏损客户偿还银行贷款的可能性大。但是，一家盈利客户可能因为不能偿还到期贷款而面临清算，而一家亏损客户却因能偿还到期贷款继续维持经营。其道理在于利润是偿还贷款的来源，但并不能直接用来偿还贷款，偿还贷款使用的是现金。如果账面有利润，但实际并没有得到现金，那么就没有还款来源；相反，虽然账面亏损，但实际上得到了现金，那么就有还款来源。

客户在生产经营过程中，既发生现金流入，同时又会发生现金流出，其净现金流量为正值或是负值，金额为多少，将决定其是否有现金还款。所以，贷款银行最直接关心的应该是借款人的现金流量。

借款人的现金流量包括三个组成部分，即经营活动现金流量、投资活动现金流量和筹资活动现金流量。

（一）经营活动现金流量分析

1. 将销售商品、提供劳务收到的现金与购进商品、接受劳务付出的现金进行比较。在企业经营正常、购销平衡的情况下，二者比较是有意义的。比率大，说明企业的销售利润大，销售回款良好，创现能力强。

2. 将销售商品、提供劳务收到的现金与经营活动流入的现金总额比较，可大致说明企业产品销售现款占经营活动流入的现金的比重有多大。比重大，说明企业主营业务突出，营销状况良好。

3. 将本期经营活动现金净流量与上期比较，增长率越高，说明企业成长性越好。

（二）投资活动现金流量分析

当企业扩大规模或开发新的利润增长点时，需要大量的现金投入，投资活动产生的现金流入量补偿不了流出量，投资活动现金净流量为负数。但如果企业投资有效，将会在未来产生现金净流入用于偿还债务，创造收益，企业不会有偿债困难。因此，分析投资活动现金流量，应结合企业目前的投资项目进行，不能简单地以现金净流入还是净流出来论优劣。

（三）筹资活动现金流量分析

一般来说，筹资活动产生的现金净流量越大，企业面临的偿债压力也越大，但如果现金净流入量主要来自企业吸收的权益性资本，则不仅不会面临偿债压力，资金实力反而增强。因此，在分析时，可将吸收权益性资本收到的现金与筹资活动现金总流入比较，所占比重大，说明企业资金实力增强，财务风险降低。

（四）现金流量构成分析

首先，分别计算经营活动现金流入、投资活动现金流入和筹资活动现金流入占现金总流入的比重，了解现金的主要来源。一般来说，经营活动现金流入占现金总流入比重大的企业，经营状况较好，财务风险较低，现金流入结构较为合理。

其次，分别计算经营活动现金支出、投资活动现金支出和筹资活动现金支出占现金总流出的比重，它能具体反映企业的现金用于哪些方面。一般来说，经营活动现金支出比重大的企业，其生产经营状况正常，现金支出结构较为合理。

第二节 客户非财务因素分析

非财务因素，是指企业财务因素变动以外的因素。非财务因素可能导致银行贷款的风险虽然不能直接通过财务指标加以量化，但是它对企业的影响乃至对银行贷款的影响至关重要。商业银行的贷前调查、贷时审查以及贷后检查都必须从关注企业财务因素逐步延伸到关注企业的非财务因素。

一、非财务因素分析的作用

（一）全面、动态地判断借款人的还款能力

财务分析和现金流量分析指标主要反映借款人历史和现在的经营状况，即侧重于对借款人历史还款能力的判断，而且是建立在持续、稳定经营的假设之下的，借款人未来一定时期的经营状况和财务状况一般不会发生十分显著的变化，借款人的还款记录也就成为判断贷款风险的基础。事实上，借款人的经营、财务状况受其行业风险、经营风险和管理水平等各种非财务因素的影响，始终处于不断变化之中。当前的经营、财务状况是在过去财务状况的基础上，由非财务因素影响的结果。未来的经营、财务状况则是过去、目前和将来种种因素影响的结果。当前的非财务因素可能就是未来贷款风险的预警信号。银行如果要完全等待用财务报表来了解借款人的运行情况，往往就已经太晚了。所以，对影响借款人还款能力的各种非财务因素进行综合分析，评价对各种财务指标的影响方向和影响程度，有助于增强预测分析的可靠性，对借款人的还款能力作出更加全面、客观的预测和动态的评估。

（二）全面评估贷款偿还的可能性

还款能力是决定贷款偿还的根本性因素，但并不是唯一的因素。在实际工作中，有些不良贷款并不是借款人没有还款能力，而是借款人还款意愿太差，有钱不还，或是银行信贷管理不到位等非财务因素造成的。因此，信贷管理人员不仅要关注借款人的还款能力，而且要对借款人的还款意愿、银行信贷管理等其他影响贷款偿还可能性的诸多非财务因素进行分析，只有这样才能全面评估贷款偿还的可能性。

（三）促进银行的信贷管理工作

非财务因素作为贷款风险产生的预警信号，及时发现并运用好这些信号，对银行的信贷管理是十分重要的。进行非财务因素分析，不仅客观上要求商业银行在日常信贷管理中，建立完善的信贷管理信息系统，重视对非财务因素的收集、监测、分析和利用，保证银行能获取、掌握影响贷款偿还的充分信息，实现对贷款的动态管理，深入分析不良贷款成因，而且有助于银行未雨绸缪，在威胁来临时处于较为有利的防御状态，提出和落实化解信贷风险的措施，确保贷款安全或减少贷款损失。同时，也可以帮助银行及时发现信贷经营管理中存在的问题，从而健全内部控制，堵塞漏洞，防患于未然，进而对健康的信贷文化和信贷管理制度的形成产生深远影响。

另外，监管当局或银行自身，通过对非财务因素的分析，有助于更为客观地鉴别贷款质量下降的原因，明确贷款风险责任，采取有针对性的信贷管理措施。监管当局还可以通过非财务因素分析，有效地评价银行的信贷文化和信贷管理。

二、非财务因素分析的主要内容

非财务因素分析包括对借款人的行业风险因素分析、经营风险因素分析、管理风险因素分析、自然和社会因素分析以及借款人还款意愿分析等内容。

（一）行业风险因素分析

行业是由具有共同特征的企业群体所组成。由于同一行业内的企业成员在生产经营上存在相同性或相似性，其产品或服务具有很强的替代性，行业内的企业成员彼此间处于一种更为紧密联系的状态之中。行业的兴衰与国民经济发展的特定阶段有较强的相关性，在同一时期，一些行业的增长与经济同步增长，一些行业增长可能领先经济增长，还有一些行业可能随着经济的增长而衰落甚至消失。行业的兴衰决定了行业内部企业生存的条件和发展状况，进而影响到与行业相关银行信贷资金的安全。通过行业风险因素分析，帮助银行辨别最近和未来可能提供信贷进入机会的成长行业，并根据行业的生命运行周期，适时把握退出时机，确保信贷资产质量。

行业风险因素分析主要包括以下几个方面：

1. 从行业结构着手分析。从市场竞争角度分析，行业的结构可以分为完全竞争性行业、不完全竞争性行业、寡头垄断行业和完全垄断性行业。由于行业的结构不同，行业内企业的生存发展条件也不相同，企业的经营风险、盈利水平存在较大的差异。其中，对于寡头垄断行业，少数企业在市场中占有较大的份额，他们对市场中该类产品的生产、交易和价格有较大的控制权，并能获得较稳定的超额利润；对于完全垄断性行业，由于市场被独家企业控制，产品没有或缺少替代性，生产者能根据市场的供求情况确定产品的产量的价格，并可获得稳定的超额利润。

行业结构分析就是要求商业银行认识这些行业差异性。单从信贷资金的"三性"原则或银行立场出发，贷款资金介入寡头垄断行业和完全垄断行业应是较理想的选择，也就是信贷资源的最佳配置行业。

2. 从行业的生命周期着手分析。社会中行业的兴衰呈现出此起彼伏的特点，每一行业的发展，通常经历由萌芽到成长到兴旺再到衰退等演变过程。这个过程就是行业生命周期发展过程，它一般可分为初创阶段、成长阶段、成熟阶段和衰退阶段四个发展阶段。

在行业初创阶段，一方面，由于行业能否最终形成尚难以预测，行业的开拓者投资风险极高；另一方面，即使今后行业形成，但初创阶段的企业能否生存下来还是难以判断。因此，对初创阶段的银行信贷进入存在着高风险、低收益甚至血本无归的可能，一般来说，商业银行的信贷资金进入应相当谨慎。

在行业的发展阶段，行业竞争激烈，但行业的平均利润率水平较高，介入发展阶段的行业的银行信贷资金具有高风险、高收益的特征，商业银行的信贷资金可以试探进入。

在行业的成熟阶段，由于市场竞争势均力敌，企业经营风险有所降低，行业平均利润率水平较为稳定。商业银行的信贷资金介入这些行业，具有低风险、低收益，但收益相对稳定的特征。这对经营追求稳定的商业银行来说，应该是较好的选择，因此，可以选择一些大的企业或企业集团大举进入。

在行业的衰退阶段，由于市场前景式微，行业平均利润率下降，一时难以转入其他行业的企业之间竞争异常激烈，其生存发展十分艰难。对正在步入衰退期的行业，一般具有低收益、高风险的特征。商业银行在对这类企业的信贷把握上，应在全系统限制新增信贷资金的进入，研究存量贷款的尽早退出策略，规避可能出现的信贷风险。

3. 从行业与经济周期关联度分析着手。在国民经济中，行业的兴衰通常与国民经济总体运动的周期变动有明显的关联性。根据行业发展与经济周期变化的关联程度，我们可以把行业分为成长型行业、保持型行业和周期性行业。

其中，成长型行业受经济周期的影响程度小，其预期盈利增长率明显高于其他行业的平均利润水平，无论经济是否进入衰退时期，成长型行业都能保持相当快的发展速度，处于成长型行业中的企业适合信贷投放；保持型行业的业绩随经济周期变化的影响小,无论在什么时候,一般保持匀速发展的态势,处于该行业中的企业也适宜于信贷投放;而周期性行业的业绩随经济周期的变化而呈现出周期性变动,有的可能与经济周期呈正相关变动,有的与经济周期呈反方向变动。如果与经济周期呈正相关变动,在经济衰退时期不宜对处于其中的企业发放贷款,而如果与经济周期呈负相关变动,即使在经济衰退时期也不影响银行的信贷投放。

此外,在行业周期性分析中,要注意时间性,行业的周期可能超前、同步或滞后于经济周期。如果行业周期超前于经济周期,行业的生产、销售等经营活动可能先于经济的繁荣而繁荣,先于经济的萧条而萧条;如果行业周期同步于经济周期,则行业的生产销售等经营活动直接反映经济的周期性;滞后经济周期的行业,其经营活动则总是慢于经济周期一步。对行业的周期性特征,需要通过对借款人的调查分析及从公开刊物上了解的信息作出判断。

4. 从产业政策、法规因素着手分析。政府的行业政策在很大程度上决定了某行业是否能获得资金支持和政策优惠,进而决定了该行业系统性风险的大小及其变化趋势。银行信贷工作人员在信贷经营管理工作中要根据行业主管部门的规划,对行业技术结构、产品种类、地区分布和运营体制等方面的变动趋势进行全面分析。例如,属于国家重点保护的行业,在保护期内风险相对较小,适宜于信贷投放;属于国家积极支持发展的行业,在相当时期内发展将比较迅速,风险较小,适宜于信贷投放;属于国家限制发展或调整的行业或产品,往往发展空间不大,风险较高,不宜信贷投放;国家明令禁止发展的产品,风险极高,坚决不予信贷投放。

同样,国家的法律法规完备与否、新法规的出台也将对行业产生不可估量的影响,进而影响银行信贷资金的安全。法制不完整的行业,因缺乏有力的制度保障,企业间纠纷较多,易受到冲击,系统性风险往往较高,信贷资产的安全性易受到威胁。法律法规确定着目标行业的制度、模式和运行空间,因此法律法规的发展变化,可能改变行业的发展模式,也可能改变行业内资金循环方式,形成或减少风险因素。如《野生动物保护法》的出台,使以野生动物器官为原料的制药业受到严重的影响;《可再生能源法》《循环经济促进法》《环境保护法》《节约能源法》对污染严重的造纸厂、化肥厂等一些在生产制造过程中产生有害废物的行业产生重要影响;税收政策、存贷款利率政策的变化和调整,可能减轻许多企业的利息负担,增强其还款能力。

知识链接 7-1
全球绿色信贷发展趋势与思考

20 世纪 90 年代,可持续发展理念逐渐在各个领域渗透,金融行业概莫能外,可持续金融理念开始发展。1992 年,联合国环境发展大会在巴西里约热内卢召开,在可持续发展领域具有里程碑意义。180 多个国家派出代表团出席并通过了《里约环境与发展宣言》和《21 世纪议程》两份纲领性文件,这也成为多个国家制定可持续发展战略的基础。

大会期间,在联合国环境署(UNEP)的支持下,金融行业倡议也初具雏形,若干国际商业银行率先签署了 UNEP 银行业倡议，倡导金融机构在推动全球经济可持续发展方面发挥作用，承诺在业务中全面融入对环境议题的考虑，加大对环保科技和服务领域的资金支持。目前已有来自 40 多个国家的 200 余家金融机构签署了 UNEP 可持续发展承诺。

在实际操作层面，以世界银行为代表的国际开发性金融机构，一方面，从技术角度细化了可持续金融的具体操作，包括建立自身的环境社会管理体系，识别和管理融资项目环境和社会风险。另一方面，还开创了金融机构主动管理项目的先河。2003 年，包括花旗银行、汇丰银行在内的 10 家大型跨国商业银行共同发起并签署了自愿性的《赤道原则》，该文件采用了世界银行集团国际金融公司（IFC）的环境社会绩效标准作为技术依据，管理其在新兴市场大型项目融资中的环境和社会风险。"赤道金融机构"（承诺采纳赤道原则的金融机构）承诺根据赤道原则建立健全内部环境社会政策和流程，不向未达标客户提供项目融资或项目类公司贷款。自 2003 年至今，全球已有 36 个国家的 83 家金融机构宣布采纳了《赤道原则》，覆盖了新兴市场 70% 的大型私营部门项目融资。

进入 21 世纪，面临经济增长与可持续发展的双重挑战，新兴市场国家开始呈现新的发展趋势——银行业监管部门牵头制定绿色信贷政策，以引导银行业金融机构将环境和社会可持续性考量纳入信贷决策，加强银行业务风险管理，拓展绿色金融产品和服务。2007 年至今，以中国为表率，先后共有 13 个国家陆续发布了绿色信贷政策或行业自愿性规范。2012 年，在北京召开的绿色信贷新兴市场国际研讨会上，经中国银监会发起，与会 10 个国家的银行业监管部门共同倡议发起了绿色信贷国际工作组（SBN），致力于共同推动绿色信贷在银行业的推广和实践。截至 2016 年 12 月，SBN 的参与国家已增至 31 个。

中国绿色信贷政策，最早可追溯到 1995 年，当年中国人民银行颁发了《关于贯彻信贷政策与加强环境保护工作有关问题的通知》。2006 年，国务院制定和颁发了国家"十一五"节能减排综合性工作方案，明确将单位 GDP 能耗下降、二氧化硫和化学需氧量减排列为约束性指标。为减少"双高"（高能耗、高污染/高排放）行业和企业给银行业所带来的风险，中国银监会于 2007 年颁布了《节能减排授信工作指导意见》，对银行业金融机构落实国家节能减排战略、防范环境风险引发的各类银行风险提出了全面、深入的要求。与此同时，各级银监部门还加强了与各级环保部门的信息共享，及时向银行业金融机构转发来自环保部门环境违法违规企业和项目名单，为银行业金融机构防范环境风险提供了有力支持。

此阶段，在我国作为新兴理念，绿色信贷的内涵和外延还缺乏统一的定义。鉴于此，2012 年在总结多年工作经验的基础上，银监会制定和颁发了《绿色信贷指引》，首次提出了绿色信贷三大框架体系，即环境社会风险管理、绿色金融产品创新和银行自身环境足迹，这一理念得到了多国金融监管部门的认同。该政策还在组织架构、能力建设、信贷政策、信贷管理、内控评价、对外披露等方面对银行业金融机构提出了更加完善和明确、可操作的要求。2015 年，银监会制定和颁发了《能效信贷指引》，要求银行业机构在信贷活动中开展能效筛查，支持各类能效工程项目和能效合同项目，明确了能效信贷中风险控制的关键要素和操作要领。至此，支撑中国银行业金融机构开展绿色信贷的监管框架已比较完整。

为监测银行业落实情况和效果，银监会在广泛征求国家发展改革委、环保部、建设部、交通部、农业部、林业局、安全生产监督总局、能源局等多部委意见的基础上，于 2013 年正式颁发了绿色信贷统计制度，并制定和印发了绿色信贷实施情况关键评价指标，以《绿色信贷指引》为依据，将其要求细化为具体指标，严密监测银行业金融机构落实《绿色信贷指引》的情况。与关键指标配套，银监会还于 2014 年制定和印发了绿色信贷实施情况自评价模板，要求银行机构以关键指标的填报和评估为基础，按照自评价模板的标准要求，提交绿色信贷实施情况自评价报告。通过统计报表、关键评价指标、自评价报告，监管部门可以较为全面地跟踪监测银行业金融机构实施绿色信贷的进展情况和效果，为开展绿色银行评价打下了较好的基础。

　　银监会倡导和推动绿色信贷得到了金融机构的积极响应。2014年，29家主要银行代表中国银行业在福州签署了《中国银行业绿色信贷共同承诺》，承诺全面践行绿色信贷。主要银行正在逐步按照绿色信贷指引的要求，加强能力和机构建设，建立绿色信贷长效机制和体制。为做好信贷支持项目的节能减排效果统计，国家开发银行开发了专业的节能减排效果测算软件，以确保节能减排效果统计的准确性。其他银行也积极借鉴学习国家开发银行的做法。

　　进入2016年，中国人民银行、银监会、证监会、保监会、财政部、国家发展改革委和环保部七部委联合发布了《关于构建绿色金融体系的指导意见》为绿色信贷发展提供了新动力。兴业银行和浦发银行在2016年初分别获准发行不超过1 000亿元和2 000亿元的绿色金融债，专项支持绿色信贷。随着绿色金融市场的全面发展，银行业在绿色产品和服务创新方面还存在更大的发展空间。

资料来源：张蓉，袁薇，叶燕斐，李晓文．全球绿色信贷发展趋势与思考[J]．中国银行业，2017（1）．

　　5. 从行业的技术进步因素着手分析。技术进步一般体现为产品生产方法或生产组织形式的进步，生产成果品质的进步和新的生产领域得到开拓。在科学技术发展日新月异的今天，新技术向实用技术的转化过程被大大缩短，技术进步对行业的生存和发展会产生极其深刻的影响，有时甚至是决定性的影响。因此，银行在把握信贷投向时，要考虑技术进步因素的影响，对于技术更新快、产品升级换代频繁的行业应谨慎对待。

　　6. 从社会习惯因素着手分析。社会习惯对行业发展的影响主要是由消费习惯、消费方式、消费心理的改变引起的。例如，随着国民经济的发展，居民收入稳步增长，消费能力增强，适度超前消费的理念被普遍接受，消费金融行业得到快速发展；随着信息技术和互联网技术的普及应用，电子商务得到了快速发展，网络购物已经成为人们日常生活的重要组成部分，快递物流业也随之兴盛起来。

　　7. 从行业的依赖性和产品的替代性因素着手分析。在分析借款人所在行业的风险时，不仅要分析借款人本身所在的行业，还必须分析其所依赖的行业。借款人所在行业对其他一个或两个行业的依赖性越大，贷款的潜在风险就越大，行业的供应链或顾客群越多元化，则贷款的风险越小。以汽车制造业为例，如果这一行业呈现出萧条的迹象，那么钢铁、玻璃和轮胎等行业的生产和销售就有下降的可能。此外，还要分析产品的可替代性。如果一个行业的产品性能独特并自然垄断，如城市供水、供电行业，不存在替代产品，也就不存在行业产品被替代的风险；而如果一个行业的产品有许多替代品，而且转换成本较低，则该行业产品被替代的可能性就很大，相应的行业风险也就比较大。

　　8. 从行业的成本结构因素着手分析。企业的成本由固定成本和变动成本组成，不同的行业，其成本结构有不同的特征。如果企业的固定成本较高，这就说明企业在经营过程中，能够对自身的财务状况进行良好的控制，随着企业的生产规模扩大，平均成本也会逐渐降低，这就有效提高了企业的经营效率，说明企业具有较好的经营状况，企业的信贷能力自然也会更高。但如果企业的变动成本占比较大，这说明企业在进行运营时，不确定因素较多，这不仅会对企业的经营状况产生影响，还有可能导致企业出现信贷危机。行业成本结构会对企业的贷款结构造成影响，如果企业属于高经营的杠杆企业，则具有较大的长期贷款需求，而低经营杠杆企业则对短期贷款有更多的需求。

（二）经营风险因素分析

通过对借款人行业风险的分析，我们已经能够对借款人所在的行业整体的共性风险有一定的认识，但行业中的每个企业又有其独特的自身特点，在信贷分析时，应对每个借款人的经营风险作具体的分析。

1. 借款人总体特征分析。借款人总体特征分析可从企业的规模、产品多样化程度及经营策略三个方面入手：

（1）规模。一般情况下，一个企业的规模越大，市场份额就越大，其经营也就越稳定，风险越小；反之，企业的规模越小，市场份额就越小，很容易被对手挤出市场，风险也就越大。当然，规模是一个相对数，必须与同行业的其他企业比较才有意义。

（2）产品多样化程度。如果企业产品单一，客户单一，而且产品用途少，那么该企业风险就大。另外，如果企业有多种产品，但已经有个别产品不能为企业带来利润，这也蕴含一定的风险。

（3）经营策略。经营策略是在企业经营管理活动中，为实现其经营目标而采取的行动及其行动方针、方案和竞争方式。考察分析一个企业，必须弄清企业的经营目标是什么，是否合理，为达成目标所采取的策略是否可行，业务达成目标的可能性有多大，管理人员是否能够应付其中的风险等问题。

2. 借款人产品与市场分析

（1）产品分析。主要是分析产品在社会生活中的重要性和产品的独特之处。若产品是需求稳定的日常用品且质量好，风险就低；反之亦然。

（2）市场分析。主要围绕市场竞争的激烈程度、企业对市场价格和需求的控制能力、客户的分散程度以及销售方法等方面进行分析。若产品质量好、价格便宜、供货快、竞争对手少，则风险就小。

3. 借款人采购环节分析。借款人采购环节分析可从原料价格风险、购货渠道风险和购买量风险三个方面入手：

（1）原料价格风险。借款人如果能影响其供应商的价格，就能够很好地控制其生产成本，按计划完成生产、经营周期，获取利润，承担较低风险，否则可能会因价格过高而不能维持生产经营的连续性。

（2）购货渠道风险。如果借款人购货渠道单一，且经常发生变化，则其生产所需的原料供给不能得到保证，生产不能如期完成，那么对银行来说，贷款可能不能及时收回。

（3）购买量风险。借款人原材料的购买量要根据存货管理计划、生产规模来确定。供应不足会影响生产，过量的供应也会带来过高的成本。

4. 借款人生产环节分析。借款人生产环节分析重点在于分析生产的连续性、生产技术更新的敏感性以及产品质量的管理。生产的连续进行是企业有效控制生产成本、顺利实现产品销售并赢得客户信赖的重要保证。严格的生产管理、完善的安全生产保障措施、配套的环保措施以及融洽的劳资关系等是企业生产连续性的重要保证。先进的生产技术是企业提高生产效率和产品性能、满足客户需求以及提高竞争力的关键。企业生产技术的先进性可以从企业生产技术更新的速度、在同行业中的水平以及技术更新是否符合行业发展方向等方面来评估。最后,产品质量管理也是企业生存发展的基础。企业是否建立了适合企业特点的质量管理标准和质量管理体系,是评估企业产品质量管理水平的重要标准。

5. 借款人销售环节分析。销售环节是企业实现销售收入、获取经营利润以及完成其资产转换循环的关键环节,是及时、足额偿还贷款的保障。销售环节应重点分析其产品的销售范围、促销能力、销售的灵活性、销售款的回笼等。从销售环节看,应分析借款人是否存在销售环节过多、客户群是否过分集中、产品售后服务能否跟上等情况。促销能力应分析借款人是否能有效地控制其销售网络、在质量和服务上与同类产品是否存在较大的差距等。销售的灵活性应分析借款人能否根据市场的变化及同类厂家竞争策略的改变作出迅速、合理的反应。

(三) 管理风险因素分析

一般来说,对借款人管理风险的分析,主要从借款人的组织形式、管理层的素质和稳定性、经营思想和企业文化以及其他因素等几个方面进行。

1. 借款人的组织形式。借款人组织形式的改变对借款人还款能力的变化有十分显著的影响。企业因增资扩股、股权拆分(转让)、兼并、联营、并购、重组等导致的组织形式变化,可能对借款人的管理架构产生影响,从而对借款人的现金流量、盈利能力等产生有利或不利的影响。如有些企业通过改制盘活了资产,使老企业扭亏为盈,焕发生机;也有些企业借兼并、破产、重组等改制之际,逃废银行债务。在分析时,要注意分析借款人的股权和组织形式变化对还款能力的影响,对涉嫌利用企业兼并、租赁、转让、承包、分立等形式恶意逃废银行债务的贷款应予以充分关注。

2. 管理层的素质和稳定性。市场经济条件下企业的竞争主要是人力资源的竞争,管理层的素质是制约许多企业发展的关键性因素。对借款人管理层的素质分析应着重于管理人员的学历、年龄结构、专业经验、管理风格、行业管理经验及熟悉程度等。如果高级管理人员只掌握狭窄的技能、没有处理行业风险的经验或缺少控制经营风险的能力,管理层将难以很好地应对市场和环境的变化,并影响企业的未来发展。同时,管理层的稳定性也是一个十分重要的问题。企业主要管理人员的离任、死亡、更换等均会对其持续、正常的经营管理产生影响。

知识链接 7-2

天灾还是人祸 康佳 2015 年巨亏过 12 亿元

家电上市公司深康佳近日发布了 2015 年度业绩预亏公告,公告中公司预计上年亏损额将创纪录地达到 12 亿~14 亿元。这一数字不仅创下了深康佳自 1992 年上市 24 年以来的最大亏损纪录,也是所有家电上市公司历来的最大亏损额。上一次家电上市公司曝出巨亏 10 亿元以上还要追溯到

2008年的厦华电子，当时的亏损额为10.09亿元，还略低于此次康佳亏损额。

其实2014年深康佳还实现了5 262万元的盈利，是什么原因让康佳在短短一年时间内从盈利五千多万到亏损十多个亿的呢。除了康佳在公告中提到的人民币汇率贬值和当地财政部门要求退回家电节能补贴资金等客观原因外，恐怕最重要的还是2015年年中开始的公司管理层的持续动荡。

康佳高层的"宫斗"开始于2015年5月28日举行的年度股东大会上，当时中小股东通过二级市场增持的方式，一举拿下4个董事会席位，"逆袭"了董事会。之后2015年6月4日，没有彩电行业背景的张民被中小股东推举为董事长。但仅仅20天后，凳子还未坐热的张民卸任，原总裁刘凤喜重新当选董事局主席，总裁一职则由多年前出走康佳的刘丹担任。不过还是好景不长，2015年9月，上任两个多月的刘丹总裁职务又遭到暂停，中小股东提名的董事兼副总裁宋振华也提出辞职，华侨城和深康佳原管理层开始重新夺回控制权。持续了几个月的"逼宫大戏"终于落幕，董事会及中高层也趋于稳定。

但此时，高层的剧烈动荡对深康佳业绩的影响已经难以挽回。在2015年8月公布的2015年半年报中，深康佳仅亏损3.33亿元，而在10月底公布的三季报中，亏损已扩大至8.52亿元，这说明在中小股东"掌控"公司的一个季度就亏损超过5.19亿元。其实在三季报报出亏损达8亿元后，就有业内人士预计，公司2015年亏损极有可能超过10亿元。

当然，深康佳内部对这一点也并不否认，他们承认公司管理层，特别是内销彩电业务管理层变动较为频繁，给公司凝聚力、员工士气、产品规划战略以及经营效率带来了较大冲击，同时管理层的变动，也让公司在第三季度和第四季度对产品规划进行了两次调整，对公司产品销售也造成了不利影响。

数据也印证了这一点。最新市场份额显示，康佳的市场占有率仅剩9%，已经彻底掉出了第一集团，远远落后于创维、海信、TCL、长虹等竞争对手。

↑ 资料来源：郑晔. 天灾还是人祸 康佳去年巨亏过12亿[EB/OL]. 上海家电网，2016-01-28.

3. 经营思想和企业文化。正确的经营思想和健康的企业文化是企业可持续发展的内在源泉。如果企业的董事会或管理层过分地以利润为中心，并且为了短期目标而不顾企业的长期发展，利润分配政策短期化，过度地分配股利，就会影响企业稳定、持续的还款能力。企业的经营稳健性也对贷款风险具有实质性影响，过于冒险的经营会使银行贷款面临较高的风险。企业文化是企业经营管理思想的一种体现，如果一个现代企业突出以人为本的企业文化，强调企业的价值观和凝聚力，强调企业的创新能力和核心竞争力，强调对员工的培训和培养，那么，它必定是一个可持续发展的企业。

4. 其他因素。如借款人的内控制度是否健全、财务管理能力的强弱、员工素质的高低、有无法律纠纷以及关联企业的经营管理状况好坏等均会对借款人的经营管理产生影响。

（四）自然和社会因素分析

战争、自然灾害和人口等各种自然和社会因素，均可能给借款人带来意外的风险，从而对借款人的还款能力产生不同程度的影响，如火灾、死亡等意外事件。

知识链接 7-3
汶川大地震中房贷损失谁来承担?

一场天崩地裂的大地震,不仅让无数的生灵被吞噬,也让当地经济受到了毁灭性的打击及让个人财产在一瞬间消失。比如,自汶川大地震以来,灾区个人最主要的财富即大量房屋建筑被摧毁。据初步统计,四川省成都、德阳、绵阳、广元、雅安和其他 15 个市州倒塌及损坏房屋约 440 多万间,部分城镇几乎夷为平地;甘肃省倒塌裂损房屋 45 万多间;陕西省倒塌裂损房屋 30 万多间。

这些倒塌的房屋中,有自建的住房,有购买的商品房;而在购买的商品房中,有个人一次性付清的或贷款已经还清的,有商业银行按揭贷款购买的;同时,购买的商品房中,有个人自住的,也有个人投资的等。可以说,无论是哪种方式的房屋,由于大地震,灾区居民的财产随着房屋倒塌而在顷刻间消失。这对灾区居民来说造成的损失是难以估量的。特别是那些通过银行按揭贷款购买的住房,不少人不仅要承受失去亲人和家园的痛苦,而且也有可能会由于丧失还贷能力背负沉重的房贷。据不完全统计,此次地震涉及的个人房屋按揭贷款损失约 10.5 亿元,其他贷款损失应在 100 亿元以上。

针对这样的情况,2018 年 5 月 19 日,人民银行和银监会紧急下发《关于全力做好地震灾区金融服务工作的紧急通知》(以下简称《通知》),要求各银行应充分考虑到受灾地区群众和企业的实际困难,对灾区不能按时偿还各类贷款的单位和个人,不催收催缴、不罚息、不作不良记录。《通知》的适用范围包括四川、甘肃、陕西、重庆、云南等重灾省市,即日起开始执行。接着,5月 23 日,中国银监会下发了《关于做好四川汶川地震造成的银行业呆账贷款核销工作的紧急通知》(以下简称《紧急通知》),要求对于借款人因这次地震造成巨大损失且不能获得保险补偿,或者以保险赔偿、担保追偿后仍不能偿还的债务,应认定为呆账并及时予以核销,核销的依据是《金融企业呆账核销管理办法(2008 年修订版)》的规定。

可以说,这两个通知是监管层希望出台相应救灾政策来减少灾区民众负担的一种方式,是应该值得肯定的。但是,在现场救灾还没有结束,灾区重建刚刚开始,灾区居民基本的生活秩序还没有确立的情况下,监管层急匆匆地出台这些通知更多地表现为政治上的倾向性。对于当前,《通知》真正能够帮助灾区民众还有一个时间性问题。在灾区居民的基本生活秩序没有恢复、次生灾害不断的情况下,灾区居民怎么还有时间来考虑个人债权与债务问题。如果银行监管部门不是这样急匆匆地出台这样的通知,而是针对当前灾区住房损失的情况,给出十分详细的信息。等现场救灾结束,监管部门在这些详细信息的基础上制定相应的政策。这样的政策不仅更具有针对性,也能够体现人道原则、商业原则、公平原则的统一。

资料来源:《中国经济时报》,2008 年 5 月 28 日。

(五)借款人还款意愿分析

在实际工作中,有很多借款人不是无力还款,而是无还款意愿或还款意愿差,有钱不还。因此,银行必须认真分析借款人的还款意愿,这是影响还款的非常重要的非财务因素。

借款人的还款意愿,可从借款人的还款记录、借款人的对外资信、借款人管理层的品格等方面反映出来。借款人的还款记录可通过全国集中统一的企业和征信系统查阅,看客户过去有无拖欠银行贷款或与银行不配合等事项;客户的对外资信可以根据借款人在经营中有无偷税漏税、有无采用虚假的报表、隐瞒事实等不正当手段骗取银行贷款,以及有无在购销过程中使用欺骗手段骗取客户的信任等方面反映出来;银行信贷人员还可以通过实地调查了解借款企业领导层的品格状况等。

非财务因素对借款人的资信影响具有方向性、时间性和程度差异。商业银行信贷人员在进行非财务因素分析时应有重点地分析一些关键性因素,即分析那些影响方向明显、影响程度大的非财务因素。这就要求信贷人员要拥有丰富的知识和经验,根据自己所掌握的信息进行高水平的判断,准确测定非财务因素对借款人资信状况的影响程度。

此外,无论会计信息是否完整、真实,非财务因素分析都只能是建立在财务分析的基础上。忽视非财务因素对贷款偿还的影响是不恰当的,但过分强调非财务因素分析的作用也不正确。

知识链接 7-4
"失信被执行人名单" "限制高消费" 制度
和拒不履行生效判决、裁定罪的相关规定

一、"失信被执行人名单"制度
(一)什么是"失信被执行人名单"制度

失信被执行人名单,是指《最高人民法院关于公布失信被执行人名单信息的若干规定》(2013 年 7 月 1 日最高人民法院审判委员会第 1582 次会议通过)第一条规定所指的"被执行人具有履行能力而不履行生效法律文书确定的义务"的六类人名单,即被执行人具有履行能力而不履行生效法律文书确定的义务,并具有下列情形之一的,人民法院应当将其纳入失信被执行人名单,依法对其进行信用惩戒:

1. 以伪造证据、暴力、威胁等方法妨碍、抗拒执行的;
2. 以虚假诉讼、虚假仲裁或者以隐匿、转移财产等方法规避执行的;
3. 违反财产报告制度的;
4. 违反限制高消费令的;
5. 被执行人无正当理由拒不履行执行和解协议的;
6. 其他有履行能力而拒不履行生效法律文书确定义务的。

(二)被纳入"失信被执行人名单"的法律后果

《最高人民法院关于公布失信被执行人名单信息的若干规定》指出,人民法院民法院应当将失信被执行人名单信息,向政府相关部门、金融监管机构、金融机构、承担行政职能的事业单位及行业协会等通报,供相关单位依照法律、法规和有关规定,在政府采购、招标投标、行政审批、政府扶持、融资信贷、市场准入、资质认定等方面,对失信被执行人予以信用惩戒。主要表现在:

1. 银行等金融机构对纳入"失信被执行人名单"的被执行人限制其贷款、融资等金融活动,降低信用卡额度,并将其存款情况及时通过司法查询平台报告法院;

2. 工商管理部门对失信被执行人降低其信用等级，限制其"守信用、重合同"评比资格；

3. 被执行人为国家机关或者公务员、中共党员、人大代表、政协委员等特殊主体的，根据有关规定在评优选先、晋职晋级等方面予以限制，或者取消其政治待遇、荣誉称号，直至给予纪律处分；

4. 限制失信被执行人出境，铁路部门不向其出售火车票，民航部门不向其出售机票；

5. 招标投标管理部门限制失信被执行人参加政府采购和工程项目招投标；

6. 建设管理部门暂停受理失信被执行人的工程项目许可、资质审批，暂缓受理建筑市场相关业务事项，暂缓办理建设工程质量竣工验收备案等工作；规划管理部门对失信理部门被执行人享有使用权的土地暂停办理规划报建手续、暂缓办理在建项目的后续规划手续；

7. 其他限制。

二、"限制高消费"制度

（一）什么是限制高消费制度

（2010年5月17日最高人民法院审判委员会第1487次会议通过，根据2015年7月6日最高人民法院审判委员会第1657次会议通过的《最高人民法院关于修改〈最高人民法院关于限制被执行人高消费的若干规定〉的决定》修正，自2015年7月22日起施行）

被执行人未按执行通知书指定的期限履行生效法律文书确定的给付义务的，人民法院可以采取限制消费措施，限制其高消费及非生活或者经营必需的有关消费。

纳入失信被执行人名单的被执行人，人民法院应当对其采取限制消费措施。

（二）被"限制高消费"的法律后果

被执行人为自然人的，被采取限制消费措施后，不得有以下高消费及非生活和工作必需的消费行为：

1. 乘坐交通工具时，选择飞机、列车软卧、轮船二等以上舱位；
2. 在星级以上宾馆、酒店、夜总会、高尔夫球场等场所进行高消费；
3. 购买不动产或者新建、扩建、高档装修房屋；
4. 租赁高档写字楼、宾馆、公寓等场所办公；
5. 购买非经营必需车辆；
6. 旅游、度假；
7. 子女就读高收费私立学校；
8. 支付高额保费购买保险理财产品；
9. 乘坐G字头动车组列车全部座位、其他动车组列车一等以上座位等其他非生活和工作必需的消费行为。

三、拒不履行生效判决、裁定罪的相关规定

（一）什么是拒不履行生效判决、裁定罪

《中华人民共和国刑法》第三百一十二条规定，拒不执行判决、裁定罪是指对人民法院的判决、裁定有能力执行而拒不执行，情节严重的行为。处罚为有期徒刑、拘役或者罚金。

单位犯前款罪行的，对单位判处罚金，并对其直接负责的主管人员和其他直接责任人员，依照前款的规定处罚。

（二）拒不履行生效判决、裁定罪构成要件

1. 指对人民法院的判决、裁定有能力执行而拒不执行的行为。
2. 对人民法院的判决、裁定有能力执行而拒不执行的，包括应当履行的义务的全部或部分。

3. 指有能力执行而拒不执行的行为。没有能力执行的，不构成本罪。
4. 情节严重的行为。是指下列行为：

（1）被执行人隐藏、转移、故意毁损财产或者无偿转让财产、以明显不合理的低价转让财产，致使判决、裁定无法执行的；

（2）担保人或者被执行人隐藏、转移、故意毁损或者转让已向人民法院提供担保的财产，致使判决、裁定无法执行的；

（3）协助执行义务人接到人民法院协助执行通知书后，拒不协助执行，致使判决、裁定无法执行的；

（4）被执行人、担保人、协助执行义务人与国家机关工作人员通谋，利用国家机关工作人员的职权妨害执行，致使判决、裁定无法执行的；

（5）其他有能力执行而拒不执行，情节严重的情形。

（三）拒不履行生效判决、裁定罪的法律后果

《中华人民共和国刑法》第三百一十三条规定，对人民法院的判决、裁定有能力执行而拒不执行，情节严重的，处三年以下有期徒刑、拘役或者罚金；情节特别严重的，处三年以上七年以下有期徒刑，并处罚金。

单位犯前款罪的，对单位判处罚金，并对其直接负责的主管人员和其他直接责任人员，依照前款的规定处罚。

第三节 贷款担保分析

商业银行在进行客户信用分析时，对借款人提供的担保进行分析是非常重要的事项。担保作为第二还款来源，当借款人第一还款来源出现问题时，可以起到分散和补偿贷款风险的作用，在某种意义上，担保可以说是商业银行为自己买的保险。但是，担保作为第二还款来源，虽然分散了贷款风险，但其不能从根本上消除贷款风险，不能取代对借款人的信用分析，并且从实践情况来看，一旦借款人的第一还款来源出现问题，商业银行主张担保权利往往也不会很顺利，会花费一定的人力和物力。

一、贷款担保的含义

贷款担保是指为提高贷款偿还的可能性，降低银行资金损失的风险，银行在发放贷款时要求借款人提供担保，以保障贷款债权实现的法律行为。银行与借款人及其他第三人签订担保协议后，当借款人财务状况恶化、违反借款合同或无法偿还本息时，银行可以通过执行担保来收回贷款本息。担保为银行提供了一个可以影响或控制的潜在还款来源，从而增加了贷款最终偿还的可能性。因此，在发放贷款时，银行应要求借款人为贷款提供相应的担保，这样银行资金更具有安全性。

贷款担保可分为人的担保和财产担保两种。人的担保是指由作为第三人的自然人或法人向银行提供的，许诺借款人按期偿还贷款的保证。如果债务人未按期还款，担保人

将承担还款的责任。财产担保分为不动产、动产和权利财产（如股票、债券、保险单等）担保。这类担保主要是将债务人或第三人的特定财产抵押给银行。

按照担保法的规定，法定的担保方式有五种，即保证、抵押、质押、定金、留置，在信贷业务中，主要涉及保证、抵押、质押三类担保方式。

二、贷款担保的作用和局限性

（一）贷款担保的作用

商业银行面临的最大风险就是借款人的违约风险，担保措施作为分散风险的重要手段被广泛采用。担保制度作为保障债权能够实现的一项重要制度，如果债务人到期不能清偿债务，债权人则可以通过贷款担保使得债务顺利清偿。通过设定担保措施，可有效保障贷款的安全，担保措施作为第二还款来源，是第一还款来源的补充，当借款人第一还款来源出现问题的时候，商业银行可以通过主张担保权利实现债权。贷款担保通过担保借贷关系的安全从而极大地推动了资金借贷和资金融通的发展。没有担保，那么市场和信用的发展都将成为空话。

另外，如果设置了担保措施，一旦借款人违约，债权人可以依据合同约定行使抵押权、质权或要求保证人承担保证责任，在借款合同履行期间，借款人一直会有履行合同的压力，因此，担保措施可以有效提高借款人的违约成本，借款人违约成本越高，还款的意愿会越强。

（二）贷款担保的局限性

担保是银行防止遭受损失的保障措施，但担保并不能确保银行一定不遭受损失。担保除具备上述作用外，还具有一定的局限性：

第一，担保不能取代借款人的信用状况。借款人的正常收入永远是贷款的第一还款来源，即主要还款来源；贷款的担保（信用支持）是贷款的第二还款来源，即次要还款来源。对借款人及时足额归还贷款本息的可能性的判断，首先要分析其第一还款来源，然后再根据具体情况的需要，分析其第二还款来源。只有当借款人财务状况恶化，违反借款合同或无法偿还贷款本息时，银行才可以通过执行担保来收回全部或部分贷款的本息。

第二，担保并不一定能确保贷款得以足额偿还。担保只能降低贷款风险而不能彻底消除贷款风险。当借款人无法偿还贷款时，担保能否实现，要根据具体情况进行分析。如果是保证担保，一要看担保方的担保能力，二要看担保方承担担保责任的意愿。如果这两个方面存在问题，就不能确保担保的实现。如果是抵押和质押担保，则要看抵押物、质押物是否易于出售，价格是否稳定。如果抵押物、质押物价值下降不足以偿还贷款本息，或变现能力低无法偿还贷款本息，或银行处理抵押物、质押物支出的费用大于收回的贷款本息或只能抵偿部分贷款本息，银行的贷款都无法足额、及时收回。因此，确立贷款担保关系后，不仅要对借款人的经营、财务状况及道德因素进行检查分析和关注，同时要对保证人的经营、财务状况及道德因素进行检查分析和关注，对抵押物和质押物的市场状况进行关注。

三、保证担保分析

（一）保证的含义

保证是指保证人和债权人约定，当债务人不履行其债务时，保证人按照约定履行债务或者承担责任的担保方式。保证贷款即是指以第三人承诺在借款人不能偿还贷款时，按约定承担一般保证责任或者连带保证责任而发放的贷款。

保证的优势在于：第一，设立简单，签订合同即可；第二，保证责任及于保证人的全部财产；第三，行使方便，可要求保证人直接承担保证责任。保证的不足之处在于：第一，债权人对保证人的财产不享优先受偿权利；第二，保证人可能同时为多个债权人提供保证担保，而各个债权人之间地位平等；第三，保证人的财产可随时变化，并可能丧失代偿能力。

（二）保证担保的分析要点

1. 保证人的主体资格需合格。关于保证人的主体资格，《担保法》并未作特别的限制，根据《担保法》第七条规定，"具有代为清偿债务能力的法人，其他组织或者公民，可以作为保证人"。我们需要重点关注一些不能做保证人或做保证人受限的主体，根据《担保法》及《适用〈担保法〉解释》的规定，不能作为保证人实施保证行为的主体包括以下几种：

（1）未经国务院批准的国家机关；

（2）以公益为目的的事业单位、社会团体、幼儿园，包括学校、幼儿园、医院、广播电台、电视台等；

（3）企业法人的职能部门；

（4）未经书面授权的企业法人的分支机构，分支机构对外提供担保必须有总公司的授权，且在授权范围内提供担保。

值得注意的是，对于事业单位、社会团体法人能否做保证人要区分两种不同的情况：（1）以公益为目的的事业单位社会团体。比如学校、幼儿园、医院等都不得充当保证人。这些机构的设立是以公益服务为目的，具有公益性和非营利性，所以，这些机构不宜违背其设立的目的，参与到经济活动中为他人的债务作保证。（2）领取"企业法人营业执照""营业执照"或国家政策允许从事经营活动的事业单位法人或其他组织，不是以公益为目的设立的，许多事业单位和社会团体也进行一些经营活动，也有自己的经济收入。还有一些事业单位实现企业化管理，实行自负盈亏。它们具有从事保证活动的民事权利能力和行为能力，可以充当保证人。因此，从事经营活动的事业单位、社会团体为保证人的，如无其他导致保证合同无效的情况，其所签订的保证合同应当认为有效。

2. 分析保证人的代偿能力。保证人作为第二还款来源，具有代偿能力是最基本的要求，商业银行要调查和了解保证人的资产状况、负债情况、收入和开支情况等，要分析保证人的资产是否容易变现。对保证人的评估方法和对借款人的评估方法相同。保证人的财务状况，如现金流量、或有负债、信用评级等情况的变化直接影响其担保能力。

3. 了解保证人的信誉。保证担保也被称作信用担保，保证人以自己的信誉及名下的财产为他人债务提供担保，保证人到期代偿主要取决于其有代偿的意愿和代偿的能力两个要素。商业银行除审查保证人的代偿能力外，还要对保证人的信誉进行调查和了解。商业银行可通过交流和外部走访等方式调查了解保证人的信誉状况。

4. 综合分析保证人对借款人的"制约"能力。设置保证人可提高借款人的违约成本，当借款人无法按时偿还借款时，保证人作为第二还款来源需代为偿还借款本息，保证人之所以愿意为借款人提供担保，往往是因为其与借款人之间存在"关系"，除商业性的担保公司外，借款人的保证人主要是其亲友、上下游客户、其他社会关系等利益相关者。通过这些"关系"可以对借款人形成制约，有效提高借款人的还款意愿。

商业银行在对保证担保进行评估时，要注意了解保证人与借款人的关系，要弄清楚保证人为借款人提供担保的个中原因，从实践中来看，保证人的与借款人之间的关系大体分为以下几种：纯商业（担保公司与借款人）、关联企业、企业互保、上下游客户、亲友等。

5. 要注意保证担保的方式。保证分为一般保证和连带责任保证两种方式。《担保法》第十七条对一般保证做了明确约定，一般保证是指当事人在保证合同中约定，债务人不能履行债务时，由保证人承担保证责任的，为一般保证。一般保证人享有先诉抗辩权，所谓先诉抗辩权，是指一般保证的保证人在主合同纠纷未经审判或者仲裁，并就债务人财产依法强制执行仍不能履行债务前，对债权人可以拒绝承担保证责任。连带责任保证的债务人在主合同规定的债务履行期届满没有履行债务的，债权人可以要求债务人履行债务，也可以要求保证人在其保证范围内承担保证责任。对于商业银行而言，选择连带责任保证担保对其更为有利。

四、抵押担保分析

（一）押品及其管理原则

押品是指债务人或第三方为担保商业银行相关债权实现，抵押或质押给商业银行，用于缓释信用风险的财产或权利。

商业银行押品管理应遵循以下原则：

（1）合法性原则。押品管理应符合法律法规规定。

（2）有效性原则。抵质押担保手续完备，押品估值合理并易于处置变现，具有较好的债权保障作用。

（3）审慎性原则。充分考虑押品本身可能存在的风险因素，审慎制定押品管理政策，动态评估押品价值及风险缓释作用。

（4）从属性原则。商业银行使用押品缓释信用风险应以全面评估债务人的偿债能力为前提。

（二）抵押的含义

抵押是指债务人或者第三人不转移对财产的占有，将该财产作为债权的担保。债务人不履行债务时，债权人有权依照法律规定以该财产折价或者以拍卖、变卖该财产的价款优先受偿。抵押贷款是指以借款人或第三人财产作为抵押发放的贷款。如果借款人不能按期归还贷款本息，银行将行使抵押权，处理抵押物以收回贷款。在抵押贷款中，借款人或者第三人为抵押人，贷款银行为抵押权人，提供担保的财产为抵押物。

（三）抵押的范围

根据我国《物权法》第二百八十条的规定，可以抵押的财产包括：

（1）建筑物和其他土地附着物；

（2）建设用地使用权；

（3）以招标、拍卖、公开协商等方式取得的荒地等土地承包经营权；

（4）生产设备、原材料、半成品、产品；

（5）正在建造的建筑物、船舶、航空器；

（6）交通运输工具；

（7）法律、行政法规未禁止抵押的其他财产。

根据《不动产登记暂行条例实施细则》第六十五条的规定，对下列财产进行抵押的，可以申请办理不动产抵押登记：

（1）建设用地使用权；

（2）建筑物和其他土地附着物；

（3）海域使用权；

（4）以招标、拍卖、公开协商等方式取得的荒地等土地承包经营权；

（5）正在建造的建筑物；

（6）法律、行政法规未禁止抵押的其他不动产。

以建设用地使用权、海域使用权抵押的，该土地、海域上的建筑物、构筑物一并抵押；以建筑物、构筑物抵押的，该建筑物、构筑物占用范围内的建设用地使用权、海域使用权一并抵押。

《物权法》第一百八十四条规定，下列财产不得抵押：

（1）土地所有权；

（2）耕地、宅基地、自留地、自留山等集体所有的土地使用权，但法律规定可以抵押的除外；

（3）学校、幼儿园、医院等以公益为目的的事业单位、社会团体的教育设施、医疗卫生设施和其他社会公益设施；

（4）所有权、使用权不明或者有争议的财产；

（5）依法被查封、扣押、监管的财产；

（6）法律、行政法规规定不得抵押的其他财产。

（四）抵押担保的分析要点

1. 抵押物必须是依照法律法规允许买卖、抵押的，即抵押物必须属于《担保法》及相关法律中明确规定可以抵押的财产。抵押权的实现方式有三种，即折价、拍卖和变卖，无论哪一种方式，抵押物的权属都会发生变更，抵押权要想实现，必须把抵押物交换出去，因此，抵押物必须是依照法律法规允许买卖和抵押的。

2. 抵押物必须是特定的财产，在设定抵押时，要检查抵押财产的登记证书，要关注抵押物的性质、位置、取得是否合法、产权是否清晰、是否存在纠纷等事项。

3. 分析抵押物的估值是否合适，抵押率设置是否合理。抵押物的评估价值是一个非常核心的问题，信贷机构应当采取适当的方式对抵押物估值，以及设置合适的抵押率。

4. 要分析抵押财产价格是否稳定。好的抵押物的市场价值相对稳定，不易发生贬值。

5. 要分析抵押财产是否易于变现。抵押物是对第一还款来源的补充，当借款人第一还款来源不足，无法偿还贷款本息时，就要通过处置抵押物来偿还贷款本息。因此，在抵押担保分析中要特别关注抵押财产的变现能力，优质的抵押物一定是变现性强的财产。

6. 是否办理抵押登记。对抵押权登记效力的主张，有登记要件主义和登记对抗主义两种。登记要件主义是指抵押权的成立除当事人之间存在抵押合同外，还必须进行登记，否则不产生抵押权成立效力；登记对抗主义是指抵押权的成立只需在当事人间达成抵押合意即可。但对第三人不产生公信力，若要对抗善意第三人，可以进行抵押权登记。我国采取了以登记要件主义为主、以登记对抗主义为辅的原则。

根据《物权法》第一百八十七条的规定，当事人以建筑物和其他土地附着物、建设用地使用权、正在建造的建筑物，以及以招标、拍卖、公开协商等方式取得的荒地等土地承包经营权抵押的，应当办理抵押登记，抵押权自登记时设立，不登记的，抵押权不生效。

依据《物权法》第一百八十八条和《担保法》第四十三条的规定，当事人以法律规定强制登记之外的其他财产抵押的，可以办理抵押物登记，也可以不办理抵押物登记，是否办理抵押登记，由当事人自愿决定，抵押物登记与否并不影响抵押权的成立，抵押合同自成立之日起生效，抵押权自抵押合同生效时设立。但是，未经抵押登记的这种抵押权的效力，仅存在于抵押合同当事人相互之间，不产生公信力，不能对抗善意第三人。

无论什么抵押物，建议都要去办理抵押登记，取得抵押权并取得对抗第三人的效果。

五、质押担保分析

（一）质押的含义

质押是贷款担保方式之一，它是债权人所享有的通过占有由债务人或第三人移交的质物而使其债权优先受偿的权利。设立质权的人，称为出质人；享有质权的人，称为质权人；债务人或者第三人移交给债权人的动产或权利为质物。以质物作担保所发放的贷款为质押贷款。质押担保的范围包括主债权及利息、违约金、损害赔偿金、质物保管费用和实现质权的费用。质押可以分为动产质押和权利质押两类。

（二）质押的范围

1. 商业银行可接受的质物

（1）出质人所有的、依法有权处分的机器、交通运输工具及其他动产；

（2）汇票、支票、本票、债券、存款单、仓单、提单；

（3）依法可以转让的基金份额、股权；

（4）依法可以转让的商标专用权、专利权、著作中的财产权等知识产权；

（5）依法可以质押的其他权利，包括合同债权、不动产收益权和租赁权、项目特许经营权、应收账款、侵权损害赔偿、保险赔偿金的受益转让权等。

2. 商业银行不可接受的质物

（1）国家机关的财产；

（2）所有权、使用权不明或有争议的财产；

（3）法律法规禁止流通的财产或者不可转让的财产；

（4）依法被查封、扣押、监管的财产；

（5）珠宝、首饰、字画、文物等难以确定价值的财产；

（6）租用的财产；

（7）其他依法不得质押的其他财产。

（三）质押与抵押的区别

质押与抵押虽然都是物的担保的重要形式，本质上都属于物权担保，但两者毕竟是性质不同的两种担保方式，有着重要的区别。

1. 质权的标的物与抵押权的标的物的范围不同。质权的标的物为动产和财产权利，动产质押形式的质权为典型质权。我国法律未规定不动产质权。抵押权的标的物可以是动产和不动产，以不动产最为常见。

2. 标的物的占有权是否发生转移不同。抵押权的设立不转移抵押标的物的占有，而质权的设立必须转移质押标的物的占有。这是质押与抵押最重要的区别。

3. 对标的物的保管义务不同。抵押权的设立不交付抵押物的占有，因而抵押权人没有保管标的物的义务，而在质押的情况下，质权人对质物则负有善良管理人的注意义务。

4. 受偿顺序不同。在质权设立的情况下，一物只能设立一个质押权，因而没有受偿的顺序问题。而一物可设数个抵押权，当数个抵押权并存时，有受偿的先后顺序之分。

5. 能否重复设置担保不同。在抵押担保中，抵押物价值大于所担保债权的余额部分，可以再次抵押，即抵押人可以同时或者先后就同一项财产向两个以上的债权人进行抵押。也就是说，法律允许抵押权重复设置。而在质押担保中，由于质押合同是从质物移交给质权人占有之日起生效，因此在实际中不可能存在同一质物上重复设置质权的现象。

6. 对标的物孳息的收取权不同。在抵押期间，无论抵押物所产生的是天然孳息还是法定孳息，均由抵押人收取，抵押权人无权收取。只有在债务履行期间届满，债务人不履行债务致使抵押物被法院依法扣押的情况下，自扣押之日起，抵押权人才有权收取孳息。在质押期间，质权人依法有权收取质物所生的天然孳息和法定孳息。

> **知识链接 7 –5**
> 哈尔滨银行推出"知识产权质押"贷款产品
>
> 针对文化、科技型企业无形资产偏多、固定资产偏少这一融资难题，哈尔滨银行在全市率先

推出知识产权质押贷款,与哈尔滨斯达皓普管理系统有限公司和黑龙江省四维影像数码科技有限公司分别签订了200万元和400万元的授信协议。

"知识产权质押"贷款是指借款人以其可以转让的注册商标权、专利权、著作权等知识产权中的财产权作为质押物,从哈尔滨银行取得一定金额的信贷资金,并按期偿还贷款本息的一种贷款业务。该产品贷款额度最高为500万元,贷款期限一般不超过1年,特殊情况最长不超过3年,利率按人民银行公布的基准利率,上浮一定比例执行,可采取按月结息到期还本、分期还款等还款方式。

作为小额信贷专业银行,哈尔滨银行推出的"知识产权质押"贷款,拓宽了科技文化性企业融资渠道,为文化科技企业融资开辟了新路径,为文化、科技企业加快发展创造了有利条件,是破解中小企业融资难问题的一次全新尝试。

⬆ 资料来源:中国日报网,田雪绯,2012年7月5日。

(四)质押担保的分析要点

1. 当事人必须签订书面的质押合同。质押合同内容主要包括:被担保的主债权种类、数额;债务人履行债务的期限;质物的名称、数量、质量、状况;质押担保的范围;质物移交的时间;当事人认为需要约定的其他事项。

2. 必须转移质物的占有。如果是动产质押,必须完成质押物的交付;如果是存单等权利质押,必须完成权利凭证的交付。质押合同只有在质物转移到质权人占有时才生效,仅签订书面质押合同而不转移质物的占有,质押无效。

3. 双方当事人不得事先约定在债务履行期届满质权人未受清偿时,质物的所有权转移为质权人所有。如有约定,也是无效。

4. 核实质物的真实性

(1) 对银行存单应由存款行书面确认存单的真实性,并承诺不得办理挂失。

(2) 对银行承兑汇票应通过电报查询或实地确定真伪。

(3) 动产的数量、规格、质量、价值等应到货物存放处进行核实。

5. 质押率的确定。质押率是授信金额与质押物面值或评估净值的比率。具体设定时要结合质押物面值、质押物净值、潜在的价值损失及处置变现的难易程度从严掌握。

6. 质押期限的确定

(1) 无须办理质押登记手续的,自质押合同签订并将质押物交银行占有之日起,至质物所担保的债权的诉讼时效结束后两年。

(2) 需办理质押登记手续的,自登记之日起,至质物所担保的债权的诉讼时效结束后两年。

7. 出质手续的办理

(1) 保险手续。以动产质押的,质押人应向银行指定的保险公司购买全额财产险,期限不短于债务履行期,并以银行为第一受益人,保单正本由银行持有。

(2) 签约手续。银行与借款人签订借款合同,在收妥质物权利凭证或证书原件后与出质人签订质押合同。

(3) 质押背书。以票据出质的,应由出质人在权利凭证背面记载质押背书并签章。

（4）质押登记。上市公司法人股质押应到证券登记管理机构办理质押登记手续。公路收费权质押应以省级政府批准的收费文件作为权利证书，到地市级以上的交通运输主管部门办理出质登记。

（5）动产封存。本外币存单、凭证式国债、银行承兑汇票、银行本票等质押物应移交银行办理入库保管手续。

（6）质押公证。以动产质押、不动产收益权质押的，合同约定应办理公证的，在上述手续完成后，银企双方应持有关资料与合同到公证机关进行公证，领取公证书。

（7）质押管理。质押期间，客户经理应结合贷后检查，定期对质押物进行实地检查和监管，确保质押物形态完好、金额足值、权属完整。

知识链接7-6
华谊兄弟公司拟向浙商银行提供质押担保的公告

证券代码：300027　证券简称：华谊兄弟　公告编号：2019-028
华谊兄弟传媒股份有限公司
关于公司拟向浙商银行提供质押担保的公告

本公司及其董事会全体成员保证公告内容真实、准确和完整，没有虚假记载、误导性陈述或重大遗漏。

一、担保情况概述

1. 华谊兄弟传媒股份有限公司（以下简称公司）拟以公司持有的英雄互娱科技股份有限公司（以下简称英雄互娱）不低于15.06%、不超过20.17%的股份（不低于21 605万股、不超过28 941.486万股）为公司向浙商银行股份有限公司杭州分行（以下简称浙商银行）自2019年1月25日起两年内的借款提供质押担保，担保期限为两年，担保金额为不超过7.7亿元人民币。

2. 2019年3月18日，公司第四届董事会第22次会议以9票赞同，0票反对，0票弃权的表决结果审议通过《关于公司拟向浙商银行提供质押担保的议案》。

3. 本次担保事项经董事会审议通过后，还需提请股东大会审议通过后方可实施。

自股东大会通过上述担保事项之日起，在此额度内发生的具体担保事项，授权董事长或总经理负责处理担保有关的事宜，不再另行召开董事会或股东大会。

二、被担保方基本情况

1. 基本信息

（1）公司名称：华谊兄弟传媒股份有限公司。

（2）设立时间：2004年11月19日。

（3）注册地址：浙江省东阳市横店影视产业实验区C1-001。

（4）注册资本：279 495.5919万元人民币。

（5）法定代表人：王忠军。

（6）公司经营范围：制作、复制、发行专题、专栏、综艺、动画片、广播剧、电视剧（凭《广播电视节目制作经营许可证》经营），国产影片发行（凭《电影发行经营许可证》经营），摄制电影（单片）。企业形象策划，影视文化信息咨询服务，影视广告制作、代理、发行，影视项目的投资管理，经营进出口业务，实业投资，投资管理、资产管理（未经金融等监管部门批准，不得从事向公众融资存款、融资担保、代客理财等金融服务），投资咨询，企业管理咨询，经济信息咨询（依法须经批准的项目，经相关部门批准后方可开展经营活动）。

2. 主要财务数据。公司合并报表最近一年及一期的经营情况如下：

单位：元

项目/年度	2018年1～9月	2017年
营业收入	3 183 416 763.83	3 946 276 083.68
营业成本	1 711 199 884.73	2 152 616 127.64
利润总额	603 787 346.58	1 075 289 655.55
净利润（归属于上市公司股东的净利润）	328 467 253.23	828 283 901.48

单位：元

项目/年度	2018年9月末	2017年末
资产总额	20 286 912 788.18	20 154 662 724.20
负债总额	9 244 983 362.95	9 602 376 278.78
净资产（归属于上市公司股东的所有者权益）	10 019 042 108.01	9 661 200 837.34

注：2018年9月30日报表未经审计。

三、质押担保的主要内容

1. 质押标的：公司持有的英雄互娱不低于15.06%、不超过20.17%的股份（不低于21 605万股、不超过28 941.486万股），具体质押股份以银行最终批复及担保协议或担保文件中约定为准。
2. 被担保方（债务人）名称：华谊兄弟传媒股份有限公司。
3. 债权人名称：浙商银行股份有限公司杭州分行。
4. 担保金额：不超过7.7亿元人民币，具体担保金额以银行最终批复及担保协议或担保文件中约定为准。
5. 担保期限：两年，具体担保期限以签署的担保协议或担保文件中约定的期限为准。
6. 担保方式：最高额质押担保。

本次董事会审议的担保事项尚未签署担保合同或担保文件，需经公司股东大会审议并经各方内部审议程序完成后签署。

四、独立董事意见

公司独立董事认为：本次质押担保事项是为了公司经营发展和满足目前所需资金的需要，有利于促进公司业务发展的顺利进行，遵循了市场公平、公正、公开的原则，决策程序符合有关法律、法规及公司章程的相关规定，不存在损害公司和股东利益的行为。因此，公司独立董事同意实施上述质押担保事项。

五、累计对外担保数量及逾期担保的数量

本次担保后，公司及控股子公司的累计担保总额约为62.80亿元（均为对公司或子公司提供的担保），占公司最近一期经审计净资产的59.51%；公司及控股子公司的累计实际担保余额约为

41.53 亿元（均为对公司或子公司提供的担保），占公司最近一期经审计净资产的 39.35%。公司无违规担保和逾期担保的情况。

六、其他

1. 公司第四届董事会第 22 次会议决议
2. 独立董事关于有关事项的独立意见

特此公告。

华谊兄弟传媒股份有限公司董事会
二〇一九年三月十八日

第四节 信用评级与授信

在对客户进行财务分析和非财务分析的基础上，商业银行即可对客户的资信进行评估，确定其信用等级，进而确定对客户的授信额度。

一、信用评级的概念

信用评级也称资信评级，是指商业银行对影响客户的诸多信用风险因素进行分析研究，就其偿债能力及其偿债意愿进行综合评价，并且用简单明了的符号表示其评价结果的一种评价行为。

信用评级是商业银行对客户偿债能力和偿债意愿的计量和评价，反映客户违约风险的大小。信用评级的评价主体是商业银行，评价目标是客户违约风险，评价结果是信用等级。《巴塞尔新资本协议》要求银行必须建立一套完整的客户信用评级体系：一是能够有效区分违约客户，即不同信用等级的客户违约风险随信用等级的下降而呈加速上升的趋势；二是能够准确量化客户违约风险，即能够估计各信用等级的违约概率，并将估计的违约概率与实际违约频率的误差控制在一定范围内；三是整个信用评级体系的结果要具有稳定性。

信用评级可以分为外部评级和内部评级。其中，外部评级就是指由专业评级机构对特定债务人的偿债能力和偿债意愿进行整体评估。而内部评级是指由商业银行自己根据内部数据和标准，对客户的风险进行评价，估计违约发生的可能性和违约可能造成的损失，并以此为依据，作为信用评级和分类管理的标准。

二、信用评级因素

从理论上讲，凡是影响到借款客户信用程度的因素，都应该列入信用评级考虑的范围之内。但是，实际操作中，要将全部因素包括进来并设置评估指标是很困难的，一般情况下，银行是根据影响客户资信情况的主要因素来设置评估系统，并采取定量分析与定性分析两种主要方法进行评级。

商业银行在信用评级时考虑的因素主要包括：

1. 财务报表分析结果。财务报表分析的重点是借款人的偿债能力、所占用的现金流量、资产的流动性以及借款人除本银行之外获得其他资金的能力。

2. 借款人的行业特征。借款人所在行业的特征，如行业周期性、行业竞争状况、行业现金流量和利润的特点等，经常会作为财务报表分析的背景资料来考虑。

3. 借款人财务信息的质量。相对来说，经过会计公司审计的借款人的财务报表比较可信。

4. 借款人资产的变现性。银行在评级时既要重视公司规模（销售收入和总资产），又要重视公司权益的账面或市场价值。多数小公司甚至中等规模的公司通常都很难得到外界资金，紧急情况下很难在不影响经营的情况下变现资产。相反，大公司有很多融资渠道，更多的可变现资产，以及更好的市场表现。由于这些原因，许多银行对财务状况较好的小公司也给出相对风险较大的评级。

5. 借款人的管理水平。通过对借款人管理水平的评估能揭示公司在竞争力、经验、诚信和发展战略等方面存在的不足。评估的重点包括高层管理人员的专业经验、管理能力、管理风格、管理层希望改善公司财务状况的愿望以及保护银行利益的态度等，有时由于公司关键人物的退休或离开给公司管理造成的影响也应该考虑。

6. 借款人所在国家。特别是当汇兑风险或政治风险较大时，国别风险的分析尤其必要。

7. 特殊事件的影响。如诉讼、环境保护义务或法律和国家政策的变化。

8. 被评级交易的结构。充足的担保一般会改善评级等级，特别当担保是现金或容易变现的资产（如国债）时。保证也会提高评级，但不会超过担保人作为借款人时的评级。

三、信用评级方法

总体来看，商业银行客户信用评级主要包括定性分析法和定量分析法两种方法。

（一）定性分析法

定性分析法主要指专家分析法，它依靠专家系统对客户的信用进行评判。专家系统是依赖高级信贷人员和信贷专家自身的专业知识、技能和丰富经验，运用各种专业性分析工具，在分析评价各种关键要素的基础上依据主观判断来综合评定信用风险的分析系统。

目前所使用的定性分析法中，对企业信用分析的5C要素分析法使用最为广泛。这种方法主要分析以下五个方面的信用要素：

1. 品德（Character）。品德是借款人诚实守信的程度或按借款合同偿还债务意愿的集中反映。如果借款人是个人，其品德主要表现在道德观念、个人习惯和偏好、业务关系、个人交往以及在社会上的地位和公众中的声望等方面。如果借款人是企业，其品德则主要体现在管理状况、经营方针和政策的稳健以及在商业界和金融界的地位和声誉等方面。当然，企业经营决策者的个人品德是决定企业品德的主要因素。无论借款人是个人还是企业，评价借款人品德的客观依据主要是履约守信的历史记录，包括与银行及其他信用组织的往来关系和偿债记录。

2. 资本（Capital）。资本是指借款人的财务杠杆状况及资本金情况。资本金是经济实力的重要标志，也是企业承担信用风险的最终来源。财务杠杆高意味着资本金较少，债务负担和违约概率也较高。

3. 能力（Capacity）。能力通常包括法律上和经济上两个方面的含义。从法律的含义上讲，是指借款人应该具有独立承担借款的法律义务的资格。如果借款人是个人，他必须是具有完全民事行为能力的自然人。如果是企业，它必须是依法登记注册，持有营业执照，具有法人资格的。从经济上的含义讲，它是指借款人是否有按期清偿债务的能力，主要看借款企业的生产经营能力及获利情况，管理制度是否健全，管理手段是否先进，产品生产销售是否正常，在市场上有无竞争力，经营规模和经营实力是否逐年增长，财务状况是否稳健。

4. 担保（Collateral）。设定贷款担保，是银行为弥补可能的贷款损失而采取的一种防御性措施。以第三者的资信保证可以增强借款人履约的责任感，而以借款者的资产作抵押可以提供第二还款来源，因此，担保也是表明借款人资信程度的一个重要因素。

5. 经营环境（Condition）。主要包括商业周期所处阶段、借款人所在行业状况、利率水平等因素。商业周期是决定信用风险水平的重要因素，尤其是在周期敏感性的产业；借款人所处行业周期的不同阶段以及行业的竞争激烈程度，对借款人的偿债能力也具有重大影响；利率水平也是影响信用风险水平的重要环境因素。

除 5C 要素分析法外，使用较为广泛的还有 5P 要素分析法和 5W 要素分析法。

5P 要素分析法主要分析以下五个方面的信用要素：

1. 个人因素（Personal Factor）。个人因素主要分析：企业经营者品德，是否诚实守信，有无丧失信用事迹；还款意愿是否可靠；借款人的资格必须是依法登记、持有营业执照的企事业法人，产品有市场，经营有效益，在银行开立基本账户，并具有可供抵押的资产或能提供担保人；还款能力，包括企业经营者的专业技能、领导才能及经营管理能力。

2. 资金用途因素（Purpose Factor）。资金用途通常包括生产经营、还债交税和替代股权等三个方面。如果用于生产经营，要分析是流动资金贷款还是项目贷款，对那些受到国家产业政策支持，效益好的支柱产业要给予支持；对新产品、新技术的研制开发，要分析项目在经济和技术上的可行性，确保贷款能够收回。如果用于还债交税，要严格审查是否符合规定。如果用于替代股权或弥补亏损，更应慎重。

3. 还款来源因素（Payment Factor）。借款人主要有两个还款来源，一是现金流量，二是资产变现。现金流量方面要分析企业经营活动现金的流入、流出和净流量，现金净流量同流动负债的比率以及企业在投资、融资方面现金的流入流出情况。资产变现方面要分析流动比率、速动比率以及应收账款与存货的周转情况。

4. 债权保障因素（Protection Factor）。债权保障因素包括内部保障和外部保障两个方面。内部保障方面要分析企业的财务结构是否稳健和盈利水平是否正常，外部保障方面要分析担保人的财务实力及信用状况。

5. 企业前景因素（Perspective Factor）。企业前景因素主要分析借款企业的发展前景，包括产业政策、竞争能力、产品寿命周期、新产品开发情况等。同时，还要分析企业有无财务风险，是否有可能导致财务状况恶化等因素。

5W要素分析法主要分析即借款人（Who）、借款用途（Why）、还款期限（When）、担保物（What）及如何还款（How）。

定性分析法的突出特点在于将信贷专家的经验和判断作为信用分析和决策的主要基础，主观性很强。该方法的一个突出问题是对信用风险的评估缺乏一致性，缺乏系统的理论支持，尤其是对关键要素的选择、权重的确定以及综合评定等方面更显薄弱。因此，定性分析法更适合于对借款人进行是和否的二维决策，而并不适合去对信用风险准确计量。

（二）定量分析法

较常见的定量分析法主要包括各类违约概率模型分析法。违约概率模型分析法属于现代信用风险计量方法。20世纪90年代以来，信用风险量化模型在银行业得到了高度重视和快速发展，其中具有代表性的模型有穆迪的Risk-Calc和Credit Monitor、KPMG的风险中性定价模型和死亡概率模型。

信用风险量化模型在金融领域的发展也引起了监管当局的高度重视。1999年4月，巴塞尔委员会发布了题为《信用风险模型化：当前的实践和应用》的研究报告，探讨了信用风险量化模型的应用对国际金融领域风险管理的影响，以及这些模型在金融监管尤其是在经济资本监管方面应用的可能性。《巴塞尔新资本协议》也明确规定，实施内部评级法的商业银行可采用模型估计违约概率。

与传统的定性分析法相比，违约概率模型能够直接估计客户的违约概率，因此对历史数据的要求更高，需要商业银行建立一致的、明确的违约定义，并且在此基础上积累至少5年的数据。针对我国银行业的发展现状，我国各个银行进行客户信用评级的时候，主要采取定性分析和定量分析结合的方法，将违约概率模型和传统的专家系统相结合，取长补短，有助于提高信用风险评估/计量水平。

四、信用评级流程

（一）评级发起

评级发起是指评级人员对客户进行一次新的评级过程。在此之前，商业银行应制定书面的评级发起政策，包括评级发起工作的岗位设置、评级发起的债务人范围、时间频率及各环节的操作流程等。商业银行的评级发起流程应足够详细并明确规定本行不同机构对同一债务人评级发起的相关授权流程。对同一债务人或保证人在商业银行内部只能有一个评级。

评级发起人员应遵循尽职原则，充分、准确地收集评级所需的各项数据，审查资料的真实性，完整无误地将数据输入信用评级系统。非零售信贷管理系统应对财务报表数据的基本钩稽关系进行校验，且应具备适当的财务报表反欺诈功能，以辅助业务人员识别客户的恶意欺诈行为。应建立有效机制确保行业类别等影响评级模型选择的关键数据的准确性，如采用IT系统辅助相关人员进行行业类别分类，双人复核录入，定期审查该类关键数据准确率等。

评级发起应遵循客观、独立和审慎的原则，在充分进行信用分析的基础上，遵循既定的标准和程序，保证信用评级的质量。非零售信贷管理系统应严格禁止评级发起人员进行评级结果试算，评级结果一经产生，各项评级数据不应随意修改。非零售信贷管理相关信息系统应将影响非零售客户评级、授信和债项评级的重要信息（如集团关联客户评级授信信息、他行授信信息和货款余额等）集中展示，以确保法人客户评级中充分考虑了集团关联客户和他行授信状况的影响。

（二）评级认定

评级认定是指评级认定人员对评级发起人员评级建议进行最终审核认定的过程。商业银行应设置评级认定岗位或部门，审核评级建议，认定最终信用等级。评级认定的岗位设置应满足独立性要求，评级认定人员不能从贷款发放中直接获益，不应受相关利益部门的影响，不能由评级发起人员兼任。

非零售信贷管理信息系统应强制保留非零售客户评级的各项原始文档和凭证，并保留评级发起、认定等流程的完整日志记录，确保内部评级流程全程可追溯。相关信息系统中应有刚性控制，未经评级流程，不得开展授信等有关业务。

（三）评级推翻

评级推翻主要指评级人员对模型评级结果的推翻和评级认定人员对评级发起人员评级建议的否决。在对模型表现进行监测时，监测人员对模型评级推翻率的统计会更加关注前者。

无论是基于计量模型还是基于专家判断的内部评级体系，一般都会依据评级专家的经验来决定是否对评级进行推翻。商业银行应监控评级专家推翻内部评级体系所输出的评级结果的流程，并制定相应的指导原则。在评级推翻的流程中，商业银行应明确评级人员推翻评级结果的程序、有权推翻人和推翻程度，并明确要求评级推翻人提供评级推翻的充分依据。对基于专家判断的内部评级体系的评级结果，由于这类模型在建立之时已充分考虑了专家经验，故而对这类模型评级结果的推翻应格外审慎。

商业银行应建立完善的评级推翻文档，在评级系统中详细记录评级推翻的理由、结果以及评级推翻的跟踪表现。商业银行应建立对评级推翻的定期及时监控、跟踪、分析等机制并根据评级推翻结果来分析模型的缺陷，必要时对模型进行优化。在商业银行的非零售信贷管理系统中应强制要求提供评级推翻的依据，该依据不应重复考虑评级模型中已有的因素。准确和完整的模型评级推翻文档记录对于评级模型的持续改进至关重要。

（四）评级更新

评级更新是指商业银行定期对现有客户进行重新评价的过程，即对现有客户发起再次评级。在评级更新过程中，商业银行应建立书面的评级更新政策，包括评级更新的条件、频率、程序和评级有效期。商业银行对公司类风险暴露的债务人和保证人评级应至少每年更新一次，对风险较高的债务人，商业银行应适当提高评级更新频率，在制度中应明确当内部评级结果低于某一特定等级时提高评级更新频率，如至少半年更新一次。

商业银行应建立获得和更新债务人财务状况、其他风险特征的重要信息的有效程序。若获得信息符合评级更新条件，商业银行应在一定期限内完成评级更新。评级有效期内需要更新评级时，评级频率应不受每年一次的限制，评级有效期自评级更新之日重新计算。

五、信用评级结果

信用评级的重要结果是评级对象的信用等级，它以简单的符号表示。中华人民共和国金融行业标准（JR/T 0030.2—2006）《信贷市场和银行间债券市场信用评级规范》第2部分：信用评级业务规范第4.1.1.3条标准明确规定：借款企业信用等级划分为三等九级，符号表示为 AAA、AA、A、BBB、BB、B、CCC、CC、C。① 其含义如下所示：

AAA 级：短期债务的支付能力和长期债务的偿还能力具有最大保障；经营处于良性循环状态，不确定因素对经营与发展的影响最小。

AA 级：短期债务的支付能力和长期债务的偿还能力很强；经营处于良性循环状态，不确定因素对经营与发展的影响很小。

A 级：短期债务的支付能力和长期债务的偿还能力较强；企业经营处于良性循环状态，未来经营与发展易受企业内外部不确定因素的影响，盈利能力和偿债能力会产生波动。

BBB 级：短期债务的支付能力和长期债务偿还能力一般，目前对本息的保障尚属适当；企业经营处于良性循环状态，未来经营与发展受企业内外部不确定因素的影响，盈利能力和偿债能力会有较大波动，约定的条件可能不足以保障本息的安全。

BB 级：短期债务支付能力和长期债务偿还能力较弱；企业经营与发展状况不佳，支付能力不稳定，有一定风险。

B 级：短期债务支付能力和长期债务偿还能力较差；受内外不确定因素的影响，企业经营较困难，支付能力具有较大的不确定性，风险较大。

CCC 级：短期债务支付能力和长期债务偿还能力很差；受内外不确定因素的影响，企业经营困难，支付能力很困难，风险很大。

CC 级：短期债务的支付能力和长期债务的偿还能力严重不足；经营状况差，促使企业经营及发展走向良性循环状态的内外部因素很少，风险极大。

C 级：短期债务支付困难，长期债务偿还能力极差；企业经营状况一直不好，基本处于恶性循环状态，促使企业经营及发展走向良性循环状态的内外部因素极少，企业濒临破产。

六、授信

（一）授信的含义

授信是指商业银行在愿意承担的风险范围内，经过一定的程序为客户核定信用支持

---

① 每一个信用等级可用"＋""－"符号进行微调，表示略高或略低于本等级，但不包括 AAA＋。

额度的行为。从各银行的实践情况看，授信包括广义和狭义两个层面的概念。广义的授信包括对客户核定授信额度，以及在授信额度内为其办理各种授信业务。狭义的授信则专指对客户核定授信额度。

（二）授信的分类

授信可分为表内授信和表外授信两类。表内授信是指跟资产负债表中资产类科目有关的资产授信，主要包括贷款、项目融资、贸易融资、贴现、拆借和回购等。表外授信是指跟资产负债表中科目无关的表外科目的授信，主要包括贷款承诺、保证、信用证、票据承兑等。

另外，授信还可按照期限分为短期授信和中长期授信。短期授信指一年以内（含一年）的授信，中长期授信指一年以上的授信。

（三）授信与评级的关系

授信和评级都是对客户基本信用情况的判断，但评级是对客户信用风险情况的判断，而授信是在具体风险量上的把握。评级可为信贷审批、信用风险管理、内部资本配置提供更加精确的量化决策支持，而授信则是量化决策的组成部分，两者不能完全替代，但可以有机结合，通过整合两个业务流程减少业务人员的重复劳动。

（四）授信与贷款的关系

授信并不等同于贷款，它们在本质上是有所区别的。授信是风险控制的总的概念，它是银行根据客户的资信和经济状况，在一定期限内给授信客户提供的信用担保。在这个信用额度内，客户可以循环贷款，不需要抵押和担保，凭借信用就可以从银行贷到款。当然，客户不只是可以贷款，还可以要求银行提供担保、开出信用证等。贷款则是授信后的其中一种金融业务，它是银行或其他信用机构向借款人所发放的款项，需要在一定的期限内归还并支付利息。简单地说，贷款只是授信业务的一种。

（五）授信的相关概念

授信额度，是指银行通过综合评价客户的资信状况、授信风险和信用需求等因素，在测算客户信用限额基础上核定的且银行能够并愿意在一定期间内给予客户的授信总量。其中，信用限额是指根据客户的资产状况以及客户在银行的内部信用评级结果，测算出银行在未来一段时期内能够承受的该客户最大信用总量。原则上，银行对客户核定的授信额度不能超过其信用限额。

统一授信是指商业银行统一对客户确定最高授信额度并集中统一控制的信用风险管理制度。其中，最高授信额度是指商业银行在评定客户信用等级的基础上，结合对客户经营活动变化、融资风险状况及总体偿债能力的综合判断，核定对客户的最高信用风险限额。

联合授信是指拟对或已对同一企业（含企业集团，下同）提供债务融资的多家银行业金融机构，通过建立信息共享机制，改进银企合作模式，提升银行业金融服务质效和信用风险防控水平的运作机制。监管部门规定，对在3家以上银行业金融机构有融资余额，且融资余额合计在50亿元以上的企业，银行业金融机构应建立联合授信机制。对在3家以上的银行业金融机构有融资余额，且融资余额合计在20亿~50亿元的企业，银行业金融机构可自愿建立联合授信机制。

（六）授信集中度风险

授信集中度风险是指银行对于同一业务领域、同一客户或同一产品的风险敞口过大，可能给银行造成巨额损失，甚至威胁到银行信誉、持续经营能力乃至生存的风险。通常来看，授信集中度风险来源有三个层面：

1. 同一或相关的业务领域，包括市场、行业、地理区域或国家等；

2. 同一或相关的客户，包括借款人、存款人、交易对手、担保人和融资产品的发行主体等；

3. 同一或相关的产品，包括融资来源、业务、币种、期限和风险缓释工具等产品要素。

为降低授信集中度风险，监管部门出台相应法规从银行自身能承受多少风险暴露来确定其授信的集中度，并以资本净额为分母，规定了不同的授信集中度比例。

1. 贷款集中度。《中华人民共和国商业银行法》规定，对同一借款人的贷款余额与商业银行资本余额的比例不得超过10%。《商业银行风险监管核心指标（试行）》规定，单一客户贷款集中度为最大一家客户贷款总额与资本净额之比，不应高于10%。

2. 集团客户授信集中度。《商业银行集团客户授信业务风险管理指引》规定，一家商业银行对单一集团客户授信余额不得超过该商业银行资本净额的15%，否则将视为超过其风险承受能力。当一个集团客户授信需求超过一家银行风险的承受能力时，商业银行应当采取组织银团贷款、联合贷款和贷款转让等措施分散风险。

3. 关联方授信集中度。《商业银行与内部人和股东关联交易管理办法》规定，商业银行对一个关联方的授信余额不得超过商业银行资本净额的10%。商业银行对一个关联法人或其他组织所在集团客户的授信余额总数不得超过商业银行资本净额的15%。商业银行对全部关联方的授信余额不得超过商业银行资本净额的50%。

4. 同业客户授信集中度。2014年4月24日人民银行、银监会、证监会、保监会、外汇局共同印发的《关于规范金融机构同业业务的通知》规定，单家商业银行对单一金融机构法人的不含结算性同业存款的同业融出资金，扣除风险权重为零的资产后的净额，不得超过该银行一级资本的50%。

【本章小结】

财务分析主要运用财务数据评价公司当前和过去的业绩，并评估其可持续性，主要包括财务比率分析和现金流量分析等内容。

财务比率分析主要分析客户的短期偿债能力比率、长期偿债能力比率、营运能力比率、盈利能力比率和市价比率五个方面。其中，短期偿债能力方面，主要考察分析可偿债资产与短期债务的存量比较、现金流量比率；长期偿债能力方面，主要考察分析总债务存量比率和总债务流量比率；营运能力方面主要考察分析应收账款周转率、存货周转率、流动资产周转率、营运资本周转率、非流动资产周转率和总资产周转率；盈利能力方面主要考察分析营业净利率、总资产净利率和权益净利率；市价比率方面主要考察分析市盈率、市净率和市销率。

现金流量分析主要分析客户的经营活动现金流量、投资活动现金流量和筹资活动现金流量。

非财务因素分析是指对企业财务因素变动以外的因素所进行的分析，它能够起到全面、动态地判断借款人的还款能力，评估贷款偿还的可能性，促进银行的信贷管理工作的作用。非财务因素分析包括对借款人的行业风险因素分析、经营风险因素分析、管理风险因素分析、自然和社会因素分析以及还款意愿分析等内容。

商业银行在进行客户信用分析时，对借款人提供的担保的分析是非常重要的事项。保证、抵押和质押等担保是第二还款来源，可以起到分散和补偿贷款风险的作用，但是，担保不能从根本上消除贷款风险，也不能取代对借款人的信用分析。

信用评级是商业银行对客户偿债能力和偿债意愿的计量和评价，反映客户违约风险的大小。信用评级可以分为外部评级和内部评级。一般情况下，银行是根据影响客户资信情况的主要因素来设置评估系统，并采取定量分析与定性分析两种主要方法进行评级。信用评级一般经过评级发起、评级认定、评级推翻和评级更新四个主要流程。信用评级的重要结果是评级对象的信用等级，它以简单的符号表示。

授信是指商业银行在愿意承担的风险范围内，经过一定的程序为客户核定信用支持额度的行为。授信可分为表内授信和表外授信两类，还可以分为短期授信和中长期授信。授信和评级都是对客户基本信用情况的判断，但两者不能完全替代。授信也并不等同于贷款，他们在本质上是有所区别的。为降低授信集中度风险，监管部门出台相应法规从银行自身能承受多少风险暴露来确定其授信的集中度，并以资本净额为分母，规定了贷款集中度、集团客户授信集中度、关联方授信集中度和同业客户授信集中度等不同的授信集中度比例。

【重点概念】

营运资本　流动比率　速动比率　现金比率　现金流量比率　资产负债率
产权比率　权益乘数　长期资本负债率　利息保障倍数　现金流量利息保障倍数
现金流量与负债比率　应收账款周转率　存货周转率　流动资产周转率
营运资本周转率　非流动资产周转率　总资产周转率　营业净利率　总资产净利率
权益净利率　市盈率　市净率　市销率　贷款担保　保证　抵押　质押　押品
信用评级　5C要素分析法　授信　表内授信　表外授信　授信额度　信用限额
统一授信　最高授信额度　联合授信　授信集中度风险

【思考与练习题】

1. 简述财务比率分析的主要内容。
2. 简述现金流量分析的主要内容。

3. 简述非财务因素分析的作用。
4. 简述非财务因素分析的主要内容。
5. 简述贷款担保的作用和局限性。
6. 简述商业银行押品管理原则。
7. 简述质押与抵押的区别。
8. 简述信用评级的主要方法。
9. 简述信用评级时考虑的主要因素。
10. 简述5C要素分析法、5P要素分析法和5W要素分析法的主要内容?
11. 简述信用评级的基本流程。
12. 简述授信集中度的主要内容。

第八章

商业银行证券投资管理

【本章学习目标】
1. 掌握商业银行证券投资的功能和原则，了解商业银行证券投资的含义、对象和特点；
2. 掌握商业银行证券投资的收益构成、收益率的计算，了解证券投资收益曲线的四种形态；
3. 了解商业银行证券投资的风险，商业银行证券投资风险与收益的关系；
4. 了解商业银行证券投资的策略；
5. 了解我国商业银行证券投资的范围，我国银行间债券市场的债券交易品种。

第一节 商业银行证券投资的对象

一、商业银行证券投资的含义和功能

（一）商业银行证券投资的含义

商业银行证券投资是指商业银行为了获取收益，在承担一定风险的前提下，买卖有价证券的业务活动。证券投资业务不仅能分散风险，还能保持银行资产的流动性，更重要的是能为银行带来投资收益。

（二）商业银行证券投资的功能

商业银行作为经营货币资金的特殊企业，其经营的总目标是追求经济利益。与此相一致，银行证券投资的基本目的是在一定风险水平下使投资收入最大化。围绕这个基本目标，商业银行证券投资具有以下几个主要功能：

1. 获取收益。从证券投资中获取收益是商业银行投资业务的基本功能。众所周知，商业银行收益的主要来源是其贷款资产业务，银行通过贷款资产业务经营来获取收益的最大问题是贷款风险比较大，同时银行也不可能在任何时候都能确定"理想"（风险小并且收益大）的客户来发放贷款。因此，在银行贷款收益比较小或者风险比较大的情况下，为了避免银行资金闲置或者充分运用银行资金，同时保证银行资金运用所产生的总

收益趋于最大化，银行在客观上需要通过证券投资来获取收益。银行经营证券资产业务获取的收益主要来源于利息或者股息收入、证券增值或者资本增值收入、证券组合避税收入等。

2. 保持流动性。商业银行保持一定比例的高流动性资产是保证其资产业务安全的重要前提。尽管现金资产具有高流动性，在流动性管理中具有重要作用，但现金资产无利息收入，为保持流动性而持有过多的现金资产会增加银行的机会成本，降低盈利性。变现能力很强的证券投资是商业银行理想的高流动性资产，是银行流动性管理中不可或缺的二级准备。

证券资产作为具备流动性与盈利性双重特性的银行资产，它可以比较好地兼顾银行经营管理对于流动性与盈利性的需求。虽然证券资产的盈利性通常会低于贷款资产的盈利性，但银行持有证券资产既不会像保留现金资产那样损害银行的盈利，同时也能够基本满足银行对于盈利性的需求。虽然证券资产的流动性要低于现金资产的流动性，但它要高于贷款资产的流动性；同时银行持有的证券资产在市场上比较容易变现，而且在证券资产变现过程中不会给银行造成大的资产损失（有时甚至不会有资产损失）。因此在基本满足银行资产盈利需求的前提下，银行经营证券资产业务能够保持银行资产的流动性。

3. 分散风险。降低风险的一个基本做法是实行资产分散化。证券投资为银行资产分散化提供了一种选择，而且证券投资风险比贷款风险小，形式比较灵活，可以根据需要在市场上随时买卖，有利于资金运用。银行经营证券资产业务在分散银行资产风险方面具有特殊的功效：

（1）证券投资可以作为银行实现资产分散化的一种有利选择。

（2）证券投资对比银行贷款有着更加广泛的选择面，同时它还能够使银行资金的运用更加分散。

（3）证券投资具有自主性强与资金运用手段灵活的特点，有利于银行机动灵活地实现资产分散化。

（4）银行可以通过出售或者转让的方式将用于证券投资的银行资金提前收回或者中途转让，从而降低或者转移银行资产风险。

4. 合理避税。商业银行投资的证券多数集中在国债和地方政府债券上，国债往往具有税收优惠，银行可以利用证券组合投资达到合理避税的目的，增加银行的收益。

除此之外，证券投资的某些证券可以作为向中央银行借款的抵押品，证券投资还是银行管理资产利率敏感性和期限结构的重要手段。总之，银行从事证券投资是兼顾资产流动性、盈利性和安全性三者统一的有效手段。

二、商业银行证券投资的主要对象

在1929—1933年资本主义世界经济大危机以前，西方国家在法律上对商业银行证券投资的对象没有明确限制。大危机后，经济学家认为这场资本主义社会的空前经济危机与商业银行大量从事股票承销和投资密切相关。为了恢复公众对银行体系的信心，西方国家纷纷立法对商业银行证券投资业务予以规范，其中最有影响的是美国1933年颁布的《格拉斯—斯蒂格尔法》，它严格禁止美国商业银行从事股票的承销和投资，但允许商业银行投资国库券、中长期国债、政府机构债券、市政债券和具有一定信用评级等级的公司债券。美国对商业银行证券投资的限定有理论和法律的支持，在世界各国具有广泛影响。除了德国全能型模式下的商业银行可以从事股票投资，大多数国家禁止商业银行参与股票业务。20世纪80年代以来，随着来自非银行金融机构的竞争压力增大，以及金融工具和交易方式的创新，西方商业银行努力扩展证券投资的业务范围，商业银行兼营投资银行业务已成为一种趋势。1993年1月正式实施的欧盟"第二号银行指令"，规定欧盟成员国银行间采取相互承认的原则，即欧盟内相互承认的商业银行可直接或通过子公司经营包括证券承销与买卖、衍生金融工具交易等13类业务。1999年，美国国会通过了《金融服务现代化法案》，该法案废除了1933年制定的《格拉斯—斯蒂格尔法》有关条款，从法律上消除了银行、证券、保险机构在业务范围上的边界，结束了美国长达66年之久的金融分业经营的历史，商业银行同时开始大规模从事投资银行的活动。然而，这些仅仅表现为一种趋势，在分业经营的国家里，商业银行从事投资银行业务还有许多法律和监管冲突没有解决。因此，商业银行证券投资对象仍以各类债券，特别是国家债券为主。

（一）政府债券

政府债券是由政府或政府机构发行的债务凭证，它证明债券持有者有权从政府或政府机构取得利息，并到期收回本金。政府债券可以从不同角度分类。从期限看，有短期债券、中期债券和长期债券；从发行主体看，政府债券通常有三种类型：中央政府债券、政府机构债券和地方政府债券。

1. 中央政府债券。中央政府债券又称国家债券，是由中央政府财政部发行的借款凭证，按其发行对象可以分为公开销售债券和指定销售债券。公开销售债券向社会公众销售，可以自由交易；指定销售债券向指定机构销售，不能自由交易和转移。商业银行投资的政府债券一般是公开销售债券。

国家债券按照期限长短可分为短期和中长期国家债券。短期国家债券又称为国库券，通常期限为1年以内，所筹资金主要用于弥补中央财政预算临时性收支不平衡。国库券期限短、风险低、流动性高，是商业银行流动性管理的重要工具；国库券一般不含息票，交易以贴现方式进行。中长期国债是政府发行的中长期债务凭证，2～10年为中期国债，10年以上为长期国债，所筹集资金用于弥补中央财政预算赤字，多为含息票证券。银行进行证券投资时一般首选国家债券，因为它与其他证券相比具有安全性高、流动性强、抵押代用率高的特点，素有"金边债券"之称。

2. 政府机构债券。政府机构债券是中央财政部以外的其他政府机构所发行的债券，如中央银行发行的融资债券、国家政策性银行发行的债券等。政府机构债券的特点与中央政府债券相似，违约风险较小，故在二级市场上交易十分活跃。

政府机构债券通常以中长期债券为主，流动性不如国库券，但收益率较高。它虽然不是政府的直接债务，但通常也会受到政府担保，因此债券信誉较高，风险较低。政府

商业银行业务经营与管理（第二版）

机构债券利息收入通常要缴纳中央所得税，不用缴纳地方所得税，税后收益较高。

3. 地方政府债券。又称市政债券，是由中央政府以下各级地方政府发行的债券，所筹资金多用于地方基础设施建设和公益事业发展。市政债券就其偿还的保障可以分为两类：第一类称"普通债券"，一般用于提供基本的政府服务如教育等，其本息偿还由地方政府征税能力作保证；第二类称"收益债券"，用于政府所属企业或公益事业单位的项目，其本息偿还以所筹资金投资项目的未来收益作保证，安全性不如普通债券。地方政府债券的发行和流通市场不如国家债券活跃。

（二）公司债券

公司债券是企业对外筹集资金而发行的一种债务凭证，发行债券的公司向债券持有者作出承诺，在指定的时间按票面金额还本付息。公司债券可分为两类：一类是抵押债券，公司以不动产或动产作为抵押而发行的债券。另一类是信用债券，公司仅凭其信用发行，通常只有信誉卓著的大公司才有资格发行此类债券。

商业银行对公司债券的投资较为有限，主要原因是：（1）公司债券要缴纳中央和地方两级所得税，税后收益有时比其他债券低；（2）由于公司经营状况差异很大，且市场变化无常，故公司债券违约风险较大；（3）公司债券在二级市场上的流动性不如政府债券。为保障商业银行投资的安全，许多国家在银行法中规定，仅允许商业银行购买信用等级在投资级别以上的公司债券，且各国规定的投资级别信用等级也有一定差别。

（三）股票

股票是股份公司发行的证明股东在公司中投资入股并能据此获得股息的所有权证书，它表明投资者拥有公司一定份额的资产和权利。

商业银行购买股票有两个目的：第一，参与和控制公司的经营活动，但要实现这个目的，持有量必须达到一定的份额，且要受到金融法律法规的限制，如购进的股票不能超过银行资本金的一定比例等；第二，通过股票的买卖获取利润。商业银行购买股票，不仅在持有期间可能获得股息红利收入，还可能获得价格波动所产生的资本利得收益。

就目前的情况看，许多国家禁止商业银行购买公司股票，只有德国、奥地利、瑞士等少数国家允许，目的是在银行信贷市场与证券市场之间构筑一道"防火墙"，即使是法律允许的国家，基于风险的考虑，商业银行也很少购买股票。

（四）大额可转让定期存单

大额可转让定期存单是商业银行主动发行的一种债务凭证，是商业银行筹集资金的一项重大负债业务创新。一家银行常买入其他银行发行的大额可转让定期存单，以作为低风险投资的一部分。这类存单风险小，流动性很强，而且具有一定的收益率，也是银行重要的证券投资对象。

（五）商业票据

商业票据是指由企业开出的无担保短期票据。商业票据的可靠程度依赖于发行企业的信用程度，可以背书转让，可以贴现。商业票据的期限在一年以下，由于其风险较大，利率高于同期银行存款利率，商业票据可以由企业直接发售，也可以由经销商代为发售。如果发行者是大公司，则票据通常没有担保；如果是小公司，则一般需要有提供的不可撤销的担保。

（六）央行票据

央行票据即中央银行票据，是中央银行为调节商业银行超额准备金而向商业银行发行的短期债务凭证，其实质是中央银行债券。之所以叫"中央银行票据"，是为了突出其短期性特点。中央银行发行的央行票据是中央银行调节基础货币的一项货币政策工具，目的是减少商业银行可贷资金量。商业银行在支付认购央行票据的款项后，其直接结果就是可贷资金量的减少。

（七）证券投资基金

证券投资基金是一种利益共享、风险共担的集合证券投资方式，即基金公司通过发行基金单位，集中投资者的资金，由托管人托管、基金管理人管理并运用资金，从事股票、债券等金融工具投资，并将投资收益按投资者的投资比例进行分配的一种投资方式。

（八）金融衍生工具

金融衍生工具，又称"金融衍生产品"，是与基础金融产品相对应的一个概念，指建立在基础产品或基础变量之上，其价格随基础金融产品的价格（或数值）变动的派生金融产品。这里所说的基础产品是一个相对的概念，不仅包括现货金融产品（如债券、股票、银行定期存款单等），也包括金融衍生工具。作为金融衍生工具基础的变量则包括利率、汇率、各类价格指数甚至天气（温度）指数等。金融创新的兴起，导致金融市场出现很多衍生金融工具，如金融期货、金融期权、资产支持证券等，它们也逐渐成为商业银行新的投资对象。

三、商业银行证券投资的特点

商业银行证券投资业务与银行贷款资产业务不同。

1. 银行在经营中所处的地位不同。在贷款资产业务经营中，银行一般居于相对被动的地位。但在证券资产业务经营中，银行一般会居于相对主动的地位。

2. 银行在经营中与债务人的关系不同。在银行贷款资产业务经营中，借款人（债务人）通常都是与银行有着经常往来关系的客户。但在证券资产业务的经营中，银行投资证券所涉及的债务人往往都不是与银行有着经常往来关系的客户。

3. 银行在经营中对债务人所产生的作用不同。在大多数的贷款资产业务经营中，银行通常是主要的或者唯一的债权人。但在证券资产业务经营中，银行通常只是众多债权人当中的一个。

4. 银行在经营中所形成的资产期限结构不同。在贷款资产业务经营中，银行出于对资金运用安全的考虑，短期贷款资产业务所占比重一般会比较大。由于银行随时可以在二级市场上通过出售有价证券的方式来收回投资，银行经营证券资产业务可以不必过分考虑中长期证券投资的经营风险。

四、商业银行证券投资的原则

（一）收益与风险最佳组合原则

在证券投资活动中，收益与风险相伴而生，如影随形。收益大，风险也就大；反之，收益小，风险也就小，两者成正比。所以，正确处理投资效益与风险之间的关系就显得尤为重要。

银行投资政策一向以稳健和保守著称，在处理收益与风险的关系中，坚持的基本准则如下：在风险既定的条件下，尽可能地使投资收益最大化；或者，在收益已定的情况下，尽力使风险降低到最低限度。在这一原则指导下，银行进行证券投资时，要根据银行的资金实力和要达到的目标，正确评估所能承受的风险，力求实现效益与风险组合的最佳化。

（二）分散投资原则

分散投资原则是指银行将资金适时地按不同比例，投资于若干种类、风险程度不同的有价证券上去，通过建立合理的资产组合，将投资风险降到最低限度。尽管投资分散化并不能最终消除投资风险，但它却可以起到降低风险的作用。

根据现代"证券组合"理论和"资产结构选择"理论，银行有选择地把资金分别投资于不同品种、不同质量、不同期限和收益的有价证券，形成不同的有效组合，就可以达到和实现收益相同而风险最低或风险相同而收益最高的投资政策目标。

（三）理性投资原则

理性投资是指在对证券本身正确认识的基础上，经过认真的分析和比较后，作出投资决策。

坚持这一原则，要求银行在决定进行证券投资前，必须根据自己对风险的承受能力，以及所要达到的目标，制定一项切合实际的投资计划和政策。虽然各家银行的投资目标有一定的区别，但决定银行进行投资的内在因素是相同的，那就是尽可能地实现银行资产收益性和流动性的需要。但由于各家银行自身经营条件和资本实力上的差异，在确立各自的投资计划和目标时，所采取的政策也不尽相同。有的银行可能愿意以放弃流动性去换取更大的收益机会，有的银行则可能愿意以放弃收益换取较大的流动性。也就是说，前者愿意承受较大的风险，而后者只能承受较小的风险。在进行证券投资决策之前，一家银行必须正视自己所处的位置，并作出明智的选择。

坚持理性投资原则还在于进行投资操作时，要保持冷静、慎重的态度，要善于控制自己的情绪，不轻信谣言、不抱侥幸心理，应依据自己的思维和判断，善于把握时机，当机立断。理智并不等于怯懦，当断不断，往往会失去最好的投资机会。

第二节 商业银行证券投资的收益与风险

收益和风险是证券投资中不可分割的两个方面。一般而言，收益越高，风险越大，反之相反。银行在进行证券投资时,应当在承担既定风险的条件下使得收益最大化。本节中有关证券投资收益与风险的论述,主要是以债券为例进行的。

一、证券投资收益

(一) 证券投资收益构成

证券投资收益由三部分组成,一是利息收益,包括债券利息、股票的股息红利等;二是资本利得,即证券的市场价格发生变动所带来的收益,也就是有价证券的买卖差价;三是再投资收益,即投资有价证券所获现金流量再投资的利息收入,再投资收益受将周期性利息收入再投资时市场收益率变化的影响。

(二) 证券投资收益率

证券投资的效果用证券投资收益率来衡量和表现,下面的证券投资收益率主要是以债券为例来说明的。

1. 票面收益率(Nominal Yield)。票面收益率也称名义收益率,是票面利息与面值的比率,其计算公式为

$$票面收益率 = 票面利息/债券面值$$

如一张面值为100元的债券,票面上标有年利率8%,则8%就是该债券的票面收益率或名义收益率,说明债券持有人每年可以获得8元利息收入。票面收益率没有考虑债券市场价格对投资者收益产生的影响,衡量的仅是债券发行人每年支付利息的货币金额,一般仅供计算债券应付利息时使用,而无法准确衡量债券投资的实际收益。

2. 当期收益率(Current Yield)。当期收益率又称即期收益率,是债券的票面利息与当期债券市场价格或购买价格的比率。计算公式为

$$当前收益率 = 票面利息/当前市场价格$$

例如,银行以94元的价格购入面值为100元、票面收益率为8%的债券,那么该债券的当期收益率则为 $8 \div 94 \times 100\% = 8.51\%$,通常金融报刊上公布的股票与债券的收益率都是当期收益率。当期收益率考虑了证券市场的价格变化,比票面收益率更接近实际。但它只考虑了债券的利息收入,而没有考虑债券的资本利得,因而不能完全反映出投资者的收益。

3. 到期收益率(Yield to Maturity,YTM)。到期收益率也称最终收益率,是使证券的购买价格等于其预期年净现金流的现值的收益率,它是被广泛接受的证券收益率的衡量标准。到期收益率考虑了货币的时间价值,因而比上述两种方法更为精确和全面。其计算公式为

$$P = \sum_{t=1}^{n} \frac{C_t}{(1+YTM)^t} + \frac{B}{(1+YTM)^n} \tag{8.1}$$

其中,P 为债券的当前市场价格,YTM 为债券的到期收益率,C_t 为第 t 期的收入,B 为债券的本金,n 为债券期数或者持有年数。

假设投资者正在考虑购买一种债券,期限为20年,票面利息率为10%,以当前市场价格850美元买入。如果该债券的面值是1 000美元,到期时向投资者进行支付,那

么，其到期收益率 YTM 可以通过解下列方程得到：

$$850 = \sum_{t=1}^{20} \frac{100}{(1+YTM)^t} + \frac{1\,000}{(1+YTM)^{20}}$$

可得 YTM 为 12%，高于 10% 的票面利息率，这是因为该债券现在是以低于面值的价格折价出售。

到期收益率对大多数股票而言并不是一种合适的衡量标准，因为股票是永久性投资工具。到期收益率甚至也不能用来衡量某些债券，因为如果投资者在债券的到期日前卖出债券，或债券每年支付可变的收益，则到期收益率不好计算。同时，到期收益率也没有考虑利息的再投资风险，而是假设流向投资者的所有现金可以按照计算的到期收益率进行再投资。

4. 持有期收益率（Holding Period Yield，HPY）。持有期收益率是对到期收益率的修正，这种衡量标准适合于投资者只持有证券一段时间并在到期日前把它卖出的情况。其计算公式为

$$P = \sum_{t=1}^{n} \frac{C_t}{(1+HPY)^t} + \frac{P_s}{(1+HPY)^n} \tag{8.2}$$

其中，HPY 为持有期收益率，P_s 为出售时的价格，C_t 为第 t 期的收入，n 为债券的持有期年数。持有期收益率是使一种证券的市场价格 P 等于从该证券的购买日到卖出日的全部净现金流的折现率。如果证券被持有至到期，它的持有期收益率就等于其到期收益率。

在现实中，商业银行通常并不持有证券至到期日，由于新增的贷款资金需求或者弥补存款的支取，一些证券必须提前卖出。在这种情况下，银行就需要用持有期收益率来衡量证券投资的收益水平。另外，如果不考虑货币的时间价值因素，债券的持有期收益率可以简化为

持有期收益率 = [年利息 + (卖出价格 − 买入价格) / 持有年数] / 买入价格 × 100%

（三）证券投资收益曲线

本部分中的证券投资收益曲线是以债券收益率曲线为例说明的。债券收益率曲线是指某一时点上一组债券收益率与其剩余到期期限之间数量关系的曲线。该曲线以该债券的剩余到期期限为横坐标，收益率为纵坐标。[①]

债券收益率曲线一般有四种形态：正向、反向、水平和波动。其中，最为常见的形态是正向的收益率曲线。具体参照图 8-1。

正向的收益率曲线表示债券的投资期限越长，收益率越高。通常情况下意味着经济正处于增长阶段，同时也符合流动性补偿理论（该理论认为，长期债券的流动性低于短期债券，因此需要对这部分流动性给予溢价）。

反向的收益率曲线表示债券的投资期限越长，收益率反而越低。这种曲线形态较为

---

① 债券收益率分为名义收益率、即期收益率、持有期收益率和到期收益率（YTM）等，这里选取的收益率为到期收益率，到期收益率可以作为债券估值时的贴现利率，最为常用。

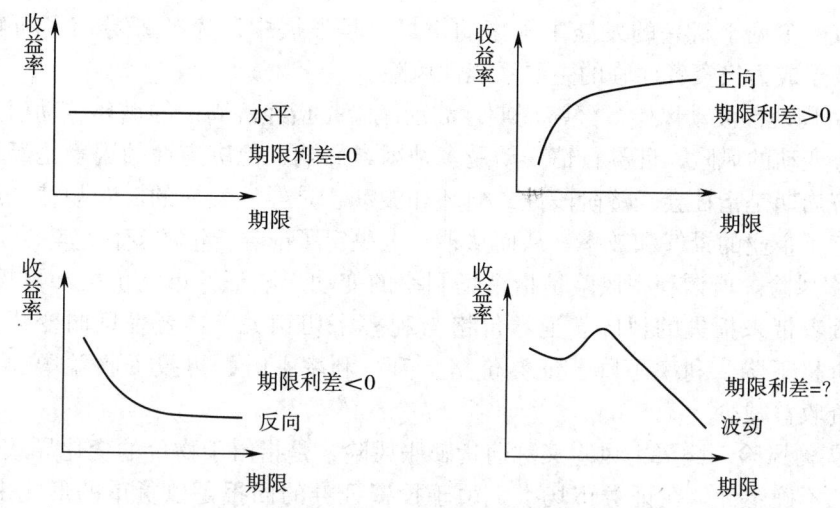

图 8-1 债券收益率曲线的四种形态

少见,通常意味着投资者不看好未来经济,经济有可能步入衰退期,预示着长端利率水平将持续下探(如 20 世纪 90 年代的日本)。

水平的收益率曲线表示投资期限将不再影响收益率的高低,有时这是一个中间过渡形态(如收益率曲线从正向转化为反向的时候),但如果持续时间过长,往往会伴随经济滑坡,随后长端利率水平也大概率会走低。

波动的收益率曲线表示债券收益率随投资期限不同,收益率高低起伏,呈现波浪的状态,但这种收益率曲线形态一般并不会长久。比如 2017 年中旬我国出现的 M 形收益率曲线,3 年期和 7 年期的收益率较高,1 年期、5 年期、10 年期较低,形似"M"。

二、证券投资风险

对证券投资而言,风险指的是投资人由于未来的不确定性而带来的本金和预期收益发生损失的可能性。

按照不同风险对整个市场和单一证券的影响程度,证券投资风险可划分为系统性风险和非系统性风险两大类。

(一)系统性风险

系统性风险是指在一定程度上无法通过一定范围内的分散化投资来降低的风险,又称整体性风险、不可分散风险。系统性风险的存在是由于某些因素能够通过多种作用机制同时对市场上大多数资产的价格或者收益造成影响,这些因素常常被称为系统性因素,它往往不受证券发行主体以及投资主体的控制。系统性因素一般为宏观层面的因素,包括政治因素、宏观经济因素、法律因素以及某些不可抵抗因素。

系统性风险主要包括政策风险、经济周期性波动风险、利率风险、购买力风险、汇率风险等。

1. 政策风险。政策风险是指政府对证券市场的过度干预和政策的非连续性,投资者不能正确地对政策作出预期,从而导致证券投资的实际收益率偏离其预期收益率的可能性。政策风险多见于新兴的发展中国家的市场，是发展中国家的证券市场所特有的风险，有时甚至成为投资者面临的主要系统性风险。

2. 经济周期性波动风险。经济周期性波动风险是指经济周期的循环波动引起证券市场长期趋势变动的风险，证券行情变动受多种因素影响，但决定性的因素是经济周期的变动，经济周期是指社会经济阶段性的循环和波动，是经济发展的客观规律。经济周期的变化决定了企业的景气和效率，从而从根本上决定了证券行情的变化趋势。

3. 利率风险。所谓利率风险是指市场利率的变动影响证券市场价格和再投资收益，从而给投资者带来损失的风险。证券价格与利率密切相关，二者呈反向变化，利率上升，证券价格下降，利率下降，证券价格上升；利率上升，再投资收益增加，利率下降，再投资收益减少。

4. 购买力风险。购买力风险又称通货膨胀风险，是指由于物价的变化导致了资金实际购买力的不确定性。在证券市场上，由于投资证券的回报是以货币的形式来支付的，在通胀时期，货币的购买力下降，也就是投资的实际收益下降，会给投资者带来损失。

5. 汇率风险。汇率风险是指汇率变动给证券投资者带来损失的可能性。例如，商业银行投资国际金融债券，在将外币收入转换为本国货币时，外汇汇率的变动可能产生兑换损失，使实际的收益率低于预期的收益率，汇率风险由此产生。

(二) 非系统性风险

非系统性风险又被称为特定风险、异质风险、个体风险、可分散风险等，它往往是由与某一个或少数的某些资产有关的一些特别因素所导致的，是可以通过分散化投资来降低的风险。

非系统性风险主要包括信用风险、财务风险、经营风险、流动性风险等。

1. 信用风险。信用风险又称为违约风险，是指在证券到期时，发行人未能还本付息，而使投资者遭受损失的可能性。每种证券都面临着信用风险，只是它们的大小不同。对于债券来说，政府债券的信用风险最小，地方政府债券、金融债券、公司债券的信用风险依次升高。对于股票，由于不存在还本付息的约定，因此股票信用风险主要是指违规风险，即公司不遵从或者违反约束公司以及其股票交易行为的法律、条例、规章制度或道德标准，造成股票价格异常波动，从而给股票投资者带来损失的风险。

2. 财务风险。财务风险是指公司财务结构不合理、融资不当而导致投资者预期收益下降的风险。财务风险的大小既与证券发行者的财务状态有关，也与证券的种类有关。发行者的财务状况好，支付能力强，证券（尤其是债券）的财务风险也就小。证券种类不同，证券持有者要求发行者支付其收益的先后权利就有差别。一般地，按照公司税后利润分派的次序，普通股财务风险最大，优先股次之，无担保债券财务风险较小，而有担保债券财务风险更低。

3. 经营风险。经营风险是指公司的决策人员和管理人员在进行经营管理的过程中出现失误而导致公司的盈利水平发生变化，进而使投资者的预期收益发生下降的可能性。如产品不能适销对路、销售渠道选择失误、信息来源失真、领导者自身素质等造成企业盈利下降等，会影响证券价格，使投资者达不到投资的预期收益，甚至完全损失。

4. 流动性风险。流动性风险是指投资者在短期内无法以合理的价格出售所持证券而面临的风险。这一风险形成的原因在于证券的市场交易不够活跃，证券缺乏流动性，这些证券多为小规模的或者评级不高的证券，而那些规模较大的，评级较高的证券流动性强，流动性风险也相应较小。

知识链接 8-1
"违约"倒逼债券市场规则重塑

近期，债务违约事件次第爆发，引发市场广泛关注。

仅 2018 年 5 月以来，就有中安消、盛运环保、神雾环保、凯迪生态等多家上市公司出现债务违约，而盾安环境和江南化工的控股股东盾安集团 450 亿元债务危机更是体量惊人。

这一现象并非偶发。从 2018 年 1 月起，大连机床集团、丹东港、川煤集团、中国城建等违约主体超过 10 家，违约金额同比明显增长，不少人称为"违约潮"。

潮涌之下，市场各方予以密切关注。然而，尽管直接承销商和投资者对此叫苦不迭，经济损失、信誉损失巨大，但市场各方对于这轮违约潮并不十分意外。一是违约企业多为民企，或是"两高一剩"领域的国企。上述企业本身面临行业之困、经营之困，在宏观经济增速从高速转为中高速的经济背景下，在去产能、降杠杆的政策背景下，部分企业遇困、资金周转不灵并不出人意料；二是随着监管不断趋严，银行等金融机构流动性在收缩，此前部分不合规的非标、通道业务被封堵，意味着企业融资趋难。特别是对于原本处于产能过剩行业的企业，信贷融资等再融资渠道获资困难或成本高企，风险暴露不足为奇。有机构投资者表示，他们早已开始回避偿债能力较差的企业和产能过剩行业，并部分抛售其债券。

在这种情况下，违约事件是市场出清的选择。实际上，完全没有违约风险的债券市场是不正常的，打破刚性兑付是债券市场走向合规化的第一步。

当然，无论如何，违约本身暴露出的症结仍然值得警惕。除了打破刚兑、市场出清的合理化选择之外，是否还有可避免的失误、可追究的责任、可堵住的漏洞，这些都值得探寻。

从发债方来看，企业本身所处的行业多为"两高一剩"行业，属于市场、政策双紧行业。这一形势往往并非偶然，而是积弊。此外，业内人士分析，经营策略激进、存在关联交易与集团"输血"支持、信息披露有瑕疵、现金流与利润背离等问题也是这些违约企业的共同特征。

而就承销方而言，违约事件爆出后不仅是当事人受损，相关行业、地区乃至本机构其他产品也均受"牵连"。部分投资者如惊弓之鸟，对细节追问不休。这种"苦恼"可以理解，而第三方机构也难辞其咎。在竞争压力下，部分承销商在揽项目时积极，但疏于核查，对发债前的尽职调查、发债后的资金使用情况及信息披露等往往走马观花，流于形式，而这往往也是风险事件最终爆发的助推器。

作为投资者，真金白银之损可谓教训深刻。然而，这种损失不仅是市场起落过程中不可避免的"学费"，也是本身心存侥幸、追逐"零风险、高回报"后的"教训"。不得不说，尽管打破刚兑呼声由来已久，近两年来已有相关实例，但投资不看项目质量而寄希望于有人"兜底"的心理仍然不少。此外，部分投资者自身经验不足，对风险、形势研判失误、投资策略激进也是"遇雷"诱因。

因此，个别债务违约事件本身不足为虑，但完善债券市场管理，让"风险"成为各参与主体的"长鸣警钟"，同时避免连续的违约事件冲击市场，进而影响投资者信心，可谓当务之急。

从发债企业来看，完善公司治理机制、规范经营、透明的信息披露、避免管理混乱、严格承担相应责任将从源头上减少违约事件。

对承销方等第三方机构而言，也要通过法律法规和合理的激励约束机制来引导其严格执行信息披露、信用评级等要求。对于随意评级、误导投资者甚至牵涉内幕交易的机构，应予以严惩。

从保护投资者的角度来看，真正的保护不是刚兑，而是建立合理的维权机制和一个风险、收益相匹配的市场。这包括：相关利益方特别是中小投资者有权要求充分的信息披露；在违约发生后，避免大机构独占话语权；在偿还次序上母公司等利益相关方甚至责任相关方次序靠后，避免发生利益输送；更重要的是，建立并完善市场化的风险分担机制和债券违约处置预案。

应当说，这些问题也并非新问题，相应政策的完善在《公司债券发行与交易管理办法》中也有所体现，但相应市场的培育和投资者教育仍有待充分落实。

总之，比起刚性兑付下对"零风险、高回报"的盲目追求，违约是中国债券市场走向正规、迎接竞争的必修课。但是，要避免让这一课的代价太高、阵痛过痛，还需及早进行规则重建，并在当前金融监管重塑、风险防范攻坚战纵深推进的大背景下，让规则深入各市场主体之心，渗入各市场主体之行。

↑ 资料来源：马梅若．"违约"倒逼债券市场规则重塑［N］．金融时报，2018-05-22.

三、证券投资风险与收益的关系

在证券投资中，收益和风险形影相随，收益以风险为代价，风险用收益来补偿。投资者投资的目的是得到收益，与此同时，又不可避免地面临着风险。

收益与风险的基本关系是收益与风险相对应。也就是说，风险较大的证券，其要求的收益率相对较高；反之，收益率较低的投资对象，风险相对较小。但是，绝不能因为风险与收益有着这样的基本关系，就盲目地认为风险越大，收益就一定越高。风险与收益相对应的原理只是揭示风险与收益的这种内在本质关系：风险与收益共生共存，承担风险是获取收益的前提，收益是风险的成本和报酬。

风险和收益的上述本质联系可以表述为下面的公式：

$$预期收益率 = 无风险利率 + 风险补偿$$

预期收益率是投资者承受各种风险应得的补偿，其中，无风险利率也就是无风险收益率，是指把资金投资于某一没有任何风险的投资对象而能得的收益率。我们把无风险收益率看作一种最基本的收益，在此基础上，再考虑各种可能出现的风险，使投资者得到应有的风险补偿，从而合二为一形成预期收益率。在现实生活中，不可能存在没有任何风险的理想证券，但可以找到某种收益变动小的证券来代替。

在美国，一般将联邦政府发行的短期国库券当作无风险证券，把短期国库券利率当作无风险利率。这是因为美国短期国库券由政府发行，联邦政府有征税权和货币发行权，债券的还本付息有可靠保障，因此没有信用风险。政府债券没有财务风险和经营风险，同时，短期国库券以91天期为代表，只要在这期间没有严重通货膨胀，联邦储备银行没有调整利率,也几乎没有购买力风险和利率风险。短期国库券的利率很低,其利息可以视为投资者牺牲目前消费、让渡货币使用权的补偿。

在短期国库券无风险利率的基础上,我们可以发现:

(1) 同一种类型的债券,长期债券利率比短期债券高,这是对利率风险的补偿。如同是政府债券,它们都没有信用风险和财务风险,但长期债券的利率要高于短期债券,这是因为短期债券没有利率风险,而长期债券却可能受到利率变动的影响,两者之间利率的差额就是对利率风险的补偿。

(2) 不同债券的利率不同,这是对信用风险的补偿。通常,在期限相同的情况下,政府债券的利率最低,地方政府债券利率稍高,其他依次是金融债券和企业债券。在企业债券中,信用级别高的债券利率较低,信用级别低的债券利率较高,这是因为它们的信用风险不同。

(3) 在通货膨胀严重的情况下,会发行浮动利率债券,就是对购买力风险的补偿。

(4) 股票的收益率一般高于债券。这是因为股票面临的经营风险、财务风险、经济周期性波动风险比债券大得多,必须给投资者相应的补偿。在同一市场上,许多面值相同的股票也有截然不同的价格,这是因为不同股票的经营风险、财务风险相去甚远,市场风险也有差别,投资者以出价和要价来评价不同股票的风险,调节不同股票的实际收益,使风险大的股票市场价格相对较低,风险小的股票市场价格相对较高。

当然,收益与风险的关系并非如此简单。证券投资除以上几种主要风险以外,还有其他次要风险。引起风险的因素以及风险的大小程度也在不断变化之中,并且,影响证券投资收益的因素也很多。所以,这种收益率对风险的替代只能粗略地、近似地反映两者之间的关系,更进一步说,只有加上证券价格的变化,才能更好地反映两者的动态替代关系。

第三节 商业银行证券投资策略

商业银行证券投资策略是指银行将投资资金在不同种类、不同期限的证券中进行分配,尽可能对风险和收益进行协调,使风险最小、收益率最高,从而达到有效证券组合。商业银行的证券投资策略主要包括证券投资组合管理策略和证券投资期限管理策略。

一、证券投资组合管理策略

证券投资组合管理策略主要包括分散投资策略、利率预期策略、收益率曲线策略和趋势分析策略。

(一) 分散投资策略

分散投资强调"不要把所有的鸡蛋放在同一个篮子里",实行分散投资的意义就在于降低投资风险,保证投资者收益的稳定性。因为一旦一种证券不景气,另一种证券的收益可能会上升，这样各种证券的收益和风险在相互抵消后，仍然能获得较好的投资收益。证券分散投资包括以下四个方面。

1. 对象分散法。就是商业银行在证券投资时，应将其投资的资金广泛分布于各种不同种类的投资对象上。具体来说，在证券投资对象上，可用一部分资金购买政府债券，一部分资金购买公司债券，还用一部分资金购买股票；在行业对象上，应避免将资金集中投放在一个行业上，而应分散投资在各种行业上。即使是在同一个行业也应分资金去购买不同的企业或公司的证券，而不应投资购买一个公司的证券。

2. 时机分散法。由于证券市场瞬息万变，人们很难准确把握证券行市的变化，有时甚至会出现失误，为此在投资时机上要分散进行。即商业银行在购买证券时可以慢慢投入，经过几个月或更长时间完成投资。这样可避免由于投资时机过于集中或者把握时机不准而带来的风险。

3. 地域分散法。地域分散法是指商业银行不仅仅持有某一地区的证券，而应购买国内各个地区乃至国际金融市场上发行的各国证券。这样做的好处是可以避免由于某一地区政治、经济的动荡而可能出现的投资损失。

4. 期限分散法。市场利率变化是影响证券行市的重要因素。由于不同时期市场利率的变化方向和变动幅度不同，从而导致不同期限的证券行市变动方向和变动幅度也大不一样。实行期限分散化，购买不同期限的证券，可以减少利率变动对商业银行所持有证券行市的影响，降低利率风险。

（二）利率预期策略

所谓利率预期策略，是指商业银行根据对利率预期的判断，调整其证券投资组合。市场利率因经济景气循环、季节因素或货币政策变动而产生波动，商业银行应首先根据对国内外经济形势的预测，分析市场投资环境的变化趋势，重点关注利率趋势变化；其次，在判断利率变动趋势时，需重点考虑货币供给的预期效应、通货膨胀与费雪效应以及资金流量变化等，全面分析宏观经济、货币政策与财政政策、债券市场政策趋势、物价水平变化趋势等因素，对利率走势形成合理预期，从而作出各类资产配置的决策。

利率预期策略对于银行来说，是一种积极主动的策略，因为它要求银行不断地变换持有证券的到期日，以与目前预测的利率和经济情况相一致。主要表现为在预测利率在未来一段时间趋于上升时，将资金向短期证券移动；在预期利率在未来一段时间内趋于下降时，将资金向长期证券方向移动。证券投资组合的变动，提供了潜在的巨大资本利得，也提高了资本损失的风险。

利率预期策略对银行的经营者提出了较高的要求，既要有洞察市场的敏锐力，也要有准确预测判断能力及对交易费用的控制能力。如果预期错误，就很可能产生更大的风险。

（三）收益率曲线策略

收益率曲线是指某一时点上证券收益率与其剩余到期期限之间数量关系的曲线。收益率曲线的形状可以反映出当时长短期利率水平之间的关系，它是市场对当前经济状况的判断及对未来经济走势预期（包括经济增长、通货膨胀、资本回报率等）的结果。在一般情况下，收益率曲线通常是一个有一定角度的正向曲线，即长期利率应在相当程度上高于短期利率。这是由投资者的流动性偏好引起的，由于期限短的证券其流动性要好于期限长的证券，作为流动性较差的补偿，期限长的证券收益率也就要高于期限短的证券收益率。当然，当资金紧俏导致供需不平衡时，也可能出现短高长低的反向收益率曲线。

通过对证券交易历史数据的分析，可以找出证券收益率与到期期限之间的数量关系，形成合理有效的收益率曲线，从而能据此分析和预测当前不同期限的收益率水平。投资者可根据收益率曲线不同的预期变化趋势，采取相应的投资策略。如果预期收益率曲线基本维持不变，且目前收益率曲线是向上倾斜的，则可以买入期限较长的证券；如果预期收益率曲线变陡，则可以买入短期证券，卖出长期证券；如果预期收益率曲线将变得较为平坦时，则可以买入长期证券，卖出短期证券。如果预期正确，上述投资策略可以为投资者降

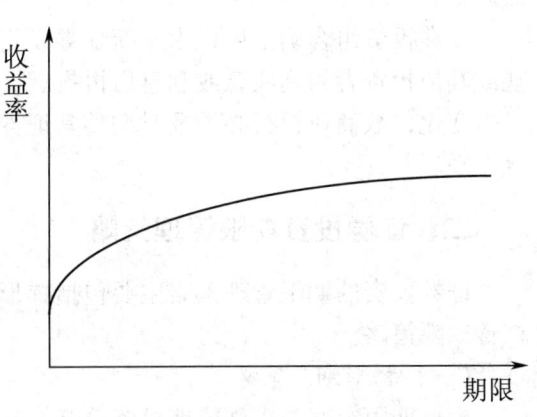

图 8-2　正向收益率曲线

低风险，提高收益，如果发生错误，投资者所遭受的损失将十分惨重。由于这一原因，在银行的证券投资管理中不应当过分强调收益率曲线策略，而应与一种或多种其他投资策略一起使用。

（四）趋势分析策略

趋势分析策略主要是关注市场的主要趋势或长期趋势，又称道氏理论。趋势分析策略是美国投资者预测股市涨跌最常用的方法，它可以预测整个市场或个别股票的"反转趋势"，在股市的行情上，一种趋势一旦确立，一般要保持一个相对稳定的时期，趋势分析策略将趋势分成以下三种：

第一种是主要趋势。主要趋势是指长期的上升趋势，或者长期的下降趋势。主要趋势通常是可以持续超过1年，甚至几年的趋势，它能使投资者有足够的时间和机会获得利润。

第二种是次级趋势。次级趋势是指在股票市场上，股票价格出现暂时的、与当时主要趋势相反的下跌或上涨态势。次级趋势持续的时间从3周至数月不等，其股价上升或下降的幅度一般为股价主要趋势的1/3或2/3，投资者可以利用次级趋势赚取短期差价。

第三种是日常趋势。日常趋势则是指股票价格的日常波动，在整个趋势上不太重要。

按照趋势分析策略，当整个股市的主要趋势是上升时，投资者可以购买并持有股票，待市场出现看跌的信号，即主要趋势开始转变向下时，投资者就出售其持有的股

票,持有现金伺机而动。由于主要趋势是会不断变动的,当看涨市场与看跌市场交替出现时,投资者顺势而为,就可以获得长期投资的利益。

但趋势分析策略也有以下缺点:

1. 若投资者错误地估计了股市的发展趋势,将给投资者带来灾难性的损失。

2. 即使投资者正确地估计了市场发展的趋势,但如果投资者拒绝进行证券组合的调整,则短期的股市波动也会给投资者带来相当的损失,显然不利于投资者获得最佳组合的调整。

证券投资组合确定后,由于新证券发行时原有证券售出、影响证券价格的新因素出现或其他投资者领到股息或利息后再投资,都会使商业银行的证券投资组合收益及风险发生变化,故商业银行必须及时调整其证券组合中的证券比例或品种,从而维持最优组合水平。

二、证券投资期限管理策略

证券投资的期限管理策略主要包括梯形期限策略、前置期限策略、后置期限策略和杠铃期限策略。

(一) 梯形期限策略

梯形期限策略,也称等期投资策略,它是相对稳健的投资方法,该方法要求银行把全部的证券投资资金平均投入到不同期限的证券上,使银行持有的各种期限的证券数量都相等,当期限最短的证券到期后,银行用收回的资金再次购买期限最长的证券,如此循环往复,使银行持有的各种期限的证券总是保持相等的数额,从而可以获得各种证券的平均收益。例如,假设某银行有100万美元可用于证券投资,并决定购买期限不超过5年的证券。那么,在梯形期限策略中,该银行可以决定把其投资组合的20%投资于1年期证券,另20%投资于2年期证券,另20%投资于3年期证券,依此类推,使得资金平均分配在1~5年的这5种证券上,每种

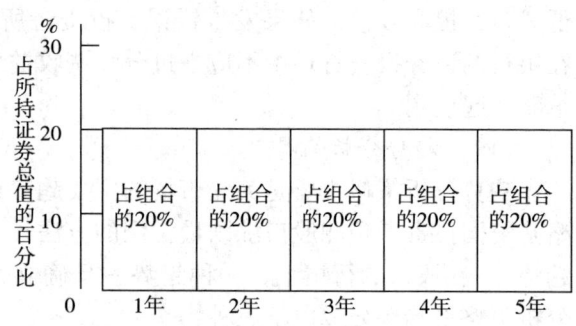

图8-3 梯形期限策略

证券投入20万美元。1年后,1年期证券到期,银行可以将收回的资金购买新发行的5年期证券,而此时原有的证券组合中证券的到期日均缩短一年,此时银行仍然持有1~5年期的证券各20万美元。也就是说,通过不断地将最短期限证券到期后收回的资金再投资于最长期限证券,银行可以在保持证券组合的实际偿还期结构不变的情况下,获取证券的平均收益。如图8-3所示。

中小银行在证券投资中较多采用梯形期限策略。其优点在于:一是管理方便,容易掌握,银行只需要将资金在期限上作均匀分布,并定期进行再投资安排即可;二是银行不必对市场利率走势进行预测,也不必频繁地进行证券交易;三是这种投资组合可以保

障银行在避免因利率波动出现投资损失的同时,使银行获取至少是平均收益的投资回报。但梯形期限策略也有其缺陷:一是过于僵硬,缺少灵活性,当有利的投资机会出现时,特别是当短期利率提高较快时,不能利用新的投资组合来扩大利润;二是流动性不高,该方法中的短期证券持有量较少,当银行面临较高的流动性需求时出售中长期证券有可能出现投资损失。

为了避免梯形期限策略的缺陷,一些银行采用了更为灵活的方法。当市场上短期利率上升、短期证券价格下降时,银行用到期证券收回的资金购买短期证券而不是长期证券。当短期利率下降、短期证券价格上升后,再出售短期证券,购买长期证券。在这个循环后,银行持有的证券仍然是梯形的。

(二) 前置期限策略

前置期限策略是指在银行面临高度流动性需求的情况下,且银行认为一段时间内短期利率将趋于下跌,银行将绝大部分证券投资资金投放在短期证券上,很少或几乎不购买其他期限的证券。如银行投资经理把1 000万美元资金中的990万美元投资于2年或2年期以下的证券,10万美元投资于2年期以上的证券,如图8-4所示。

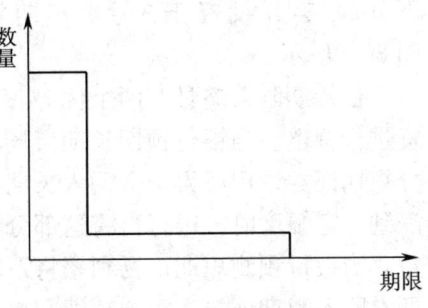

图8-4 前置期限策略

这一策略使证券组合具有高度的流动性,强调投资组合主要作为流动性来源而非收入来源。当银行需要资金时,可以迅速地把短期证券卖出。但是,这种投资策略的收益要取决于证券市场上利率变动的情况。如果银行购买证券后市场上短期利率下降,短期证券的价格就会上涨,银行就会获得资本收入;反之,如果市场短期利率上升,短期证券价格下降,银行就会遭受较大的损失。

(三) 后置期限策略

后置期限策略与前置期限策略恰恰相反,它把绝大部分资金投资于长期证券上,几乎不持有任何其他期限的证券。如银行投资经理把1 000万美元资金中的990万美元投资于9~10年期限范围的证券,如图8-5所示。

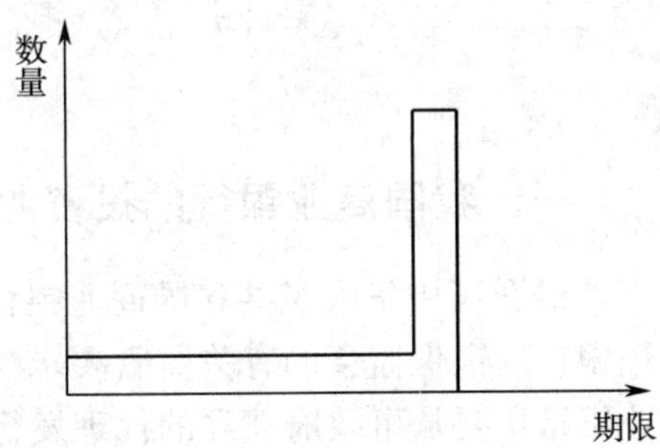

图8-5 后置期限策略

这种方法强调把投资组合作为收入来源。由于长期利率的变化并不频繁,从而长期证券的价格波动不大,银行投资的资本收入和损失不明显,而且长期证券票面收益率比其他期限的票面收益率都要高,所以这种策略可以使银行获得较高的收益。但是该策略缺乏流动性,银行在需要现金时难以转手长期证券,或者在证券转让时可能遭到较大的损失,这样该银行可能严重依赖于从货币市场上借款以帮助满足其流动性需要。

（四）杠铃期限策略

杠铃期限策略是前置期限策略和后置期限策略的一种组合方法，即银行把大部分资金投资于具有高度流动性的短期证券和较高收益率的长期证券，不投或只投少量资金用于购买中期证券。因为这种投资方法用图形表示很像杠铃形状，于是被称为杠铃期限策略。如银行投资经理把1 000万美元资金中的490万美元投资于9～10年期限范围的证券，另外490万美元投资于2年或2年期以下的证券，余下20万美元投资于3～8年期等中期证券，如图8-6所示。

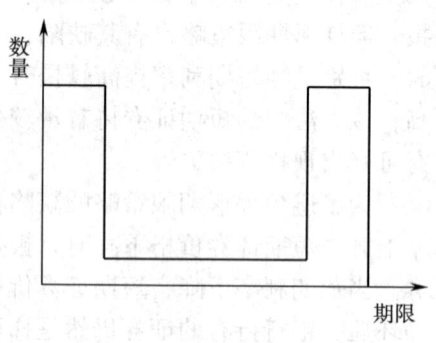

图8-6 杠铃期限策略

杠铃期限策略具有两个优势。一是比较灵活，银行可以根据市场利率的变动对其投资进行调整。当银行预期长期市场利率下降，长期证券价格将上升时，银行可以出售部分短期证券，用所得资金购入长期证券；等到长期利率确实下降，长期证券价格已经上涨到一定幅度时，银行再将这部分证券售出，购入短期证券，银行可以多获得一部分收益。当银行预测短期市场利率将下降，短期证券价格将上涨时，银行可以出售部分长期证券购入短期证券；等到短期利率确实下降，短期证券价格已经上涨到一定幅度时，银行再将这部分证券售出，购入长期证券，银行可以多获得一部分收益。二是可以使银行的投资活动在保持较高收益的同时兼顾较好的流动性。但是，该方法对银行证券转换能力、交易能力和投资经验要求较高，风险也较高。

第四节 我国商业银行的证券投资

一、我国商业银行的投资业务范围

根据《中华人民共和国商业银行法》第三条和第四十三条的有关规定，以及中国人民银行、银保监会的有关监管要求，我国商业银行实行"有限制的投资模式"。我国商业银行主要从事政府债券的代理发行、承销和兑付，金融债券的发行以及政府债券、金融债券的买卖；商业银行在中华人民共和国境内不得从事信托投资和证券经营业务，不得向非自用不动产投资或者向非银行金融机构和企业投资，但国家另有规定的除外。这为今后业务的拓展和扩大经营范围留有了余地。

当前，我国商业银行表内投资类资产大致可分为三大类：一是债券资产，主要包括国债、地方政府债、央行票据、政策性金融债、金融债券、同业存单、非金融企业法人发行的各类债券等；二是非标债权类资产，根据银监会2013年"8号文"的定义，主要是指"未在银行间市场及证券交易所市场交易的债权性资产，包括但不限于信贷资产、信托贷款、委托贷款、承兑汇票、信用证、应收账款、各类受（收）益权、带回购条款的股权融资等";三是其他类投资资产,主要是权益类投资和基金投资等。目前,银行投资类资产在增量结构及余额构成上都以债券资产为主。

二、银行间债券市场

债券市场是债券发行和交易的场所,一般由发行市场(一级市场)和交易市场(二级市场)组成,其中交易市场根据交易场所不同分为场内市场和场外市场。我国的场内市场是指交易所债券市场,包括上海证券交易所、深圳证券交易所两个子市场;场外市场包括银行间债券市场和商业银行柜台市场。

1997年,国务院开始规范银行资金,要求商业银行退出交易所市场,将托管在交易所的债券全部转到中央结算公司,并通过全国银行间同业拆借中心提供的交易系统进行交易,银行间债券市场成为我国债券交易市场的主体。2019年,银行间债券市场现券交易量为209.0万亿元,占整个债券市场现券交易量的96%,截至2019年末,银行间债券市场托管余额为86.4万亿元,占整个债券市场托管量的87%。

银行间债券市场的债券交易品种包括回购和现券买卖两种。回购是交易双方进行的以债券为权利质押的一种短期资金融通业务,指资金融入方(正回购方)在将债券出质给资金融出方(逆回购方)融入资金的同时,双方约定在将来某一日期由正回购方按约定回购利率计算的资金额向逆回购方返还资金,逆回购方向正回购方返还原出质债券的融资行为。现券买卖是指交易双方以约定的价格转让债券所有权的交易行为。

知识链接8-2
银行间债券市场的开放与创新

我国的银行间债券市场是在1997年形成的,而真正进入快速发展时期是在2004年以后,在明确了发展思路、方向和路径之后,人民银行积极推动我国银行间债券市场的改革和发展,并取得了显著的成绩。

开拓创新 推动发展

在发展中坚持不懈地创新,无疑是发展的突破口和动力之源。银行间债券市场创新是在债券产品创新、交易方式创新、衍生产品创新和管理制度创新等方面全面展开的。

债券产品创新

第一类是创新发展公司信用类债券。2005年5月推出了非金融企业的短期融资券,短期融资券实际是存续期在一年之内的企业债券;2008年推出中期票据,这实际上是一种非金融企业发行的3~5年的中期债券,属于资本市场的债务工具;2009年推出中小企业集合票据;2010年推出超短期融资券;2011年推出中小企业区域集优票据和非公开定向债务融资工具;2012年推出资产支持票据。从此公司信用类债券基础产品体系基本形成。2004—2017年,银行间债券市场累计发行公司信用类债券34.3万亿元,其中,超短期融资券9.6万亿元,短期融资券7.8万亿元,中期票据7.9万亿元,非公开定向债务融资工具4.1万亿元,企业债4.8万亿元。公司信用类债券的发行量超过了国债、政策性金融债等品种的发行量,在债券市场发行总量中的份额超过20%。

第二类是创新发展金融机构的信用债券。为拓宽商业银行等各类金融机构资本筹集渠道，提升商业银行主动负债能力，推动金融行业改革与发展，2004年推出商业银行次级债券和证券公司短期融资券之后，2005年5月推出了商业银行和企业集团财务公司的普通金融债券。普通金融债券是一种商业信用类的债券，改变了只有政策性银行发行政府信用类债券的局面，为商业银行提供了主动负债工具，尤其是满足了中小商业银行的需要。2005年8月浦东发展银行发行第一单普通金融债券之后，众多中小商业银行、非银行金融机构都在银行间债券市场发行普通金融债券。2009年允许金融租赁公司和汽车金融公司发行金融债券。除此之外，金融机构还发行了可以用于补充资本的债券，如2006年推出商业银行混合资本债券；2014年根据新的资本监管要求，推出了二级资本债等创新型资本补充工具。2000—2017年，银行间债券市场累计发行金融债券32.1万亿元，其中，政策性金融债25万亿元，商业银行债1.5万亿元，商业银行次级债2.5万亿元，证券公司短期融资券1.2万亿元。

第三类是创新资产证券化产品。资产支持证券属于固定收益类证券，对于金融机构和企业盘活资产存量具有积极作用。2005年，信贷资产证券化试点率先在银行间债券市场进行；同年5月，国家开发银行和中国建设银行共成功发行了3单信贷资产证券化产品（ABS）和房贷抵押贷款证券化产品（MBS），共计150亿元；2007年进行第二批试点，共发行538.56亿元。国际金融危机期间，资产证券化试点工作暂停。2012年5月，信贷资产证券化试点正式重新启动，试点规模为500亿元。2013年8月，进一步扩大信贷资产证券化试点，新增3 000亿元规模。2015年以后，信贷资产证券化工作走向常态，人民银行采取一系列政策提升发行管理效率，激活参与机构的能动性和创造性，为资产证券化业务打开广阔的发展空间。2015—2017年，信贷资产支持证券共发行近1.4万亿元，其中，第二轮试点以来信贷资产支持证券发行总额约为1.1万亿元。

除银行业机构发行信贷资产支持证券外，资产管理公司、汽车金融公司等非银行金融机构发行了不同类型的资产证券化产品，非金融企业的资产支持票据也在银行间债券市场推出。截至2017年末，累计发行33单不良资产证券化产品，发行规模286亿元；全国范围内已有4家住房公积金管理中心发行了7单资产支持证券，发行规模超过400亿元。2016年12月14日，"兴业皖新REITS"成为银行间债券市场首单公开发行的REITS产品。另外，银行间市场交易商协会还开发了非金融企业资产支持票据，截至2017年末，累计共有61家企业以特定的基础资产为支持，发行了981亿元资产支持票据。

经过十几年的发展，债券市场规模快速扩大。截至2017年末，中国债券市场存量规模约为75万亿元，其中，政府类债券余额为29.2万亿元，金融类债券余额为26.8万亿元，公司信用类债券余额为16.9万亿元，占比分别约为39%、36%和23%。目前，中国债券市场是仅次于美国、日本的全球第三大市场，中国公司信用类债券存量规模仅次于美国，位居全球第二。

交易方式创新

在进行债券品种创新的同时，银行间债券市场稳步推进交易工具与交易方式创新。为了实现回购债券的二次利用，提高市场流动性，2004年推出了买断式回购；为了满足市场参与者降低结算风险、投资策略多元化以及增加债券投资盈利渠道等多方面的需求，2006年推出了债券借贷；为了进一步完善债券发行定价机制，打通债券一、二级市场，2014年出台了《债券预发行业务管理办法》，并于2016年开展了首笔交易。相关业务自推出后运行平稳，成交逐步活跃。2017年买断式回购和债券借贷的交易量分别为28万亿元和3.2万亿元。此外，在操作层面，还逐步推出了询价交易、点击成交、请求报价、匿名点击成交等交易方法。

债券衍生产品创新

2005年6月，人民银行率先推出了债券远期交易，并逐步引导投资者利用衍生产品去管理风险。债券远期的推出为市场投资者提供了规避利率风险的工具，意味着我国金融衍生产品市场继1995年终止交易所国债期货后首次放开，标志着我国场外金融衍生产品市场迈出了开创性的一步。2006年2月，在远期交易的基础上，推出了利率互换试点，运用利率互换，投资者不仅可以规避利率风险，还可以加强资产负债管理，解决期限结构错配问题。2008年1月，对利率互换政策进行了调整，扩大了参与者的范围，取消了对利率互换具体形式的限制。近年来，利率互换获得了快速的发展，2017年的成交名义本金额已达14.4万亿元，是2008年的35倍。除此之外，2007年还推出了远期利率协议、2010年推出了信用风险缓释合约（CRMA）和信用风险缓释凭证（CRMW）等信用衍生产品、2014年推出了标准利率衍生品、2016年9月最终推出了信用违约互换（CDS）和信用联结票据（CLN）。在银行间债券市场上引入这些衍生产品，表明市场管理者和参与者认真总结和把握了国际衍生产品市场发展的经验教训，对控制风险充分自信，对于丰富银行间债券市场的信用风险管理手段、完善信用风险市场化分担机制具有重要意义。

创新管理制度

银行间债券市场所确定的发展道路，决定了必然要采取一整套新的制度。制度创新主要体现在以下几个方面。

一是在企业信用类债券的发行监管上，建立了一套市场化的发行审核制度。过去，我国企业信用类债券的发行一直实行严格的审批制。2005年，银行间债券市场推出短期融资券时，在发行审批上进行了制度创新，率先建立了发行备案制度（注册制）。后来在推出中期票据时，也采取了注册制。2014—2015年，原先采取发行审批制的信贷资产证券化产品，也改为注册制。二是建立银行间债券市场的行业自律组织。2007年5月，国务院办公厅发布《关于加快推进行业协会商会改革和发展方面的若干意见》，强调加强市场自律。2007年9月，银行间市场交易商协会（以下简称交易商协会）成立，负责自律管理、开展市场创新、服务市场成员等事宜。交易商协会成立后，很快从人民银行承接了短期融资券的发行注册工作。此后，凡是在银行间债券市场上发行的非金融企业债务融资工具，都在交易商协会注册。交易商协会在借鉴国际市场自律管理组织发展经验的基础上，逐步发展成为兼具产品注册和市场管理、标准文本制定和推广、会员意见代表和教育培训等综合功能的市场自律组织。交易商协会成立十多年来，在对银行间债券市场进行自律管理方面发挥了积极作用。三是建立了上海清算所。2008年国际金融危机之后，国际社会在建立场外集中清算制度安排、降低对手方风险并实施有效监管方面达成了普遍共识。2009年G20领导人匹兹堡峰会明确提出标准化的场外衍生品合约应当通过中央对手方进行集中清算。为顺应国际金融监管改革发展方向，2009年11月28日银行间市场清算所成立，为银行间市场相关产品提供中央对手方集中清算服务。2014年，以人民币利率互换集中清算业务为起点，确立了场外金融衍生品集中清算的整体框架。目前，上海清算所已经建立了我国场外金融市场统一的中央对手清算体系，全面覆盖各大场外金融产品类别。在债券交易方面，推出了针对债券市场现券交易、质押式回购和买断式回购的净额清算业务，针对利率互换、标准债券远期等在内的集中清算业务，以及相关的代理清算机制等。中国成为落实G20承诺、在场外金融衍生品集中清算方面走在前列的国家之一。

积极拓宽多元化的合格机构投资者参与主体

在1997年银行间债券市场建立时，机构投资者只有16家商业银行，但债券市场要面向多元化的合格机构投资者。为此，人民银行将推进机构投资者多元化作为保障市场差异化需求、提高市场流动性、分散风险和维护市场稳定的重要方向。2000年以后，人民银行积极推进银行间债券市场引入证券公司、保险公司、资产管理公司等非银行金融机构。2007年以后，又着手引进企业年金基金、保险机构产品、信托产品等集合类投资主体，并推动境外央行类和商业类机构投资者投资债券市场。从投资者数量看，银行间市场投资者由2003年的4 135家增加到2017年的18 740家；从各类型机构债券托管量来看，基金等集合类投资者已经超越商业银行，成为银行间债券市场最主要的持有人。到2017年末，商业银行在投资者数量中占比仅为9%，持有债券的比重从2002年初的80%下降至62%左右，在公司信用类债券方面银行直接持有比例只有23%左右。同时，境外机构的托管量呈现稳步上升趋势，债券市场对外开放水平不断提升。目前，银行间债券市场已经成为各类合格机构投资者广泛参与的成熟债券市场。

积极稳妥　对外开放

银行间债券市场在改革创新发展过程中，始终在推动对外开放。对外开放工作，主要是从引入境外发债主体、引入境外投资主体和实现内地与香港互联互通合作"债券通"三个层面展开的。

一是引入境外机构在中国境内发行债券，称为"熊猫债"。2005年2月，人民银行会同财政部、发展改革委、证监会等部门联合发布了暂行管理办法，允许国际开发机构在境内发行人民币债券。同年10月，亚洲开发银行和国际金融公司首先获准在我国银行间债券市场发行人民币债券，发行量分别为10亿元和11.3亿元，限定筹集的资金主要用于为我国境内企业提供贷款，债券市场对外开放迈出了第一步。此后，人民银行进一步积极推进境外机构和企业在境内发行人民币债券。截至2017年末，我国债券市场境外发债主体已经包括国际开发机构、金融机构、外国政府类机构以及境外非金融企业等，银行间债券市场累计发行人民币债券1 234亿元。2016年8月，在人民银行的积极推动下，SDR计价债券在银行间债券市场问世，世界银行、渣打银行（香港）两家境外发行主体分别成功发行两单SDR计价债券，合计6亿SDR（约合55.85亿元人民币）。

二是引入境外投资机构。几乎在引入境外发债主体的同时，银行间债券市场也开始引入境外投资者。2005年5月，亚洲债券基金的子基金——泛亚债券指数基金（PAIF）进入银行间债券市场开展债券交易业务，成为我国债券市场引入的第一家境外投资机构。2002年，《合格境外机构投资者境内证券投资管理暂行办法》公布，境外投资者可以通过合格境外机构投资者（QFII）方式，投资中国证券市场。2009年，人民银行开始推进人民币跨境结算，为便利境外持有人民币的机构投资人民币产品，2010年8月，人民银行允许境外中央银行或货币当局、港澳人民币清算行、跨境贸易人民币结算境外参加银行三类机构在核准的额度内，以其开展央行货币合作、跨境贸易和投资人民币业务获得的人民币资金投资银行间债券市场。2011年，明确符合一定条件的境内基金管理公司和证券公司的香港子公司，可以运用其在香港募集的人民币资金，在经批准的投资额度内开展境内证券投资业务，人民币合格境外机构投资者（RQFII）试点业务正式启动。之后，在境外机构投资境内债券市场的额度、投资业务范围都进一步放宽。2016年2月，人民银行发布了第3号公告及相关配套政策，允许境外依法注册成立的各类金融机构及其发行的投资产品，以及养老基金等中长期投资者，通过备案的方式投资银行间债券市场，引入更多符合条件的境外机构投资者，取消投资额度限制。截至2017年末，银行间债券市场开立一级账户的境外机构投资者数量已经达到617家，持有银行间债券市场债券余额达到1.1万亿元，占银行间债券市场总托管余额的1.8%。

三是建立内地与香港债券市场的互联互通合作——"债券通"。2017年是香港回归祖国20周年。2017年6月30日，习近平主席在访问香港时指出，香港享有"一国两制"的制度优势，作

第八章 商业银行证券投资管理

为国家对外开放"先行先试"的试验场,"债券通"将在香港试点。2017年7月3日,内地与香港债券市场互联互通业务——"债券通"正式上线试运行。初期先开通"北向通",即中国香港及其他国家与地区的境外投资者经由香港与内地基础设施机构之间在交易、托管、结算等方面互联互通的机制安排,投资于内地银行间债券市场。未来将适时研究扩展至"南向通",即境内投资者经由两地基础设施机构之间的互联互通机制安排,投资于香港及全球债券市场。"债券通"是债券市场对外开放的一大突破和一大创新。截至2017年末,共有249家境外机构通过"债券通"投资银行间债券市场,持债总额达887.96亿元。

资料来源:穆怀朋.银行间债券市场的开放与创新[J].中国金融,2018(16).

三、银行间债券市场的债券交易品种

银行间债券市场上的债券可分为利率债和信用债两种。

(一)利率债

利率债是指直接以政府信用为基础或以政府提供偿债支持为基础而发行的债券。由于有政府信用背书,正常情况下利率债的信用风险很小,影响其内在价值的因素主要是市场利率或资金的机会成本,故名"利率债"。在我国,狭义的利率债包括国债和地方政府债券。广义的利率债除了国债、地方政府债券外,还包括中央银行发行的票据、国家开发银行等政策性银行发行的金融债、铁路总公司等政府支持机构发行的债券。

1. 国债。国债是指中央政府债券,它是由财政部代表中央政府发行,以中央财政收入作为偿债保障,其主要目的是解决由政府投资的公共设施或重点建设项目的资金需要和弥补财政赤字,其特征是安全性高、流动性强、收益稳定、享受免税待遇,被誉为"金边债券"。

2. 地方政府债券。地方政府债券是指地方政府发行的债券,以地方财政收入为本息偿还资金来源。从2009年开始,为给地方财政融资,财政部代理各省级地方财政发行地方政府债。目前只有省级政府和计划单列市可发行地方政府债券。地方政府债可在银行间市场交易流通,目前市场上将地方政府债当成准国债看待,发行利率和收益率与国债基本相当。

知识链接8-3
首期地方政府债券4月3日在上证所上市 ▮▮▮▮▮▮▮▮▮▮▮▮▮▮▮▮▮▮▮▮▮▮▮▮▮▮▮

作为中国首期地方政府债券,2009年新疆维吾尔自治区政府债券(一期)于2009年3月30日至2009年4月1日在上海证券交易所发行,发行结束后于2009年4月3日在上证所上市。本期债券为固定利率债券,票面年利率为1.61%,期限3年,利息每年支付一次。本期债券起息日为2009年3月30日,每年3月30日(逢节假日顺延)支付利息,2012年3月30日偿还本金并支付最后一年利息。

作为应对国际金融危机、扩内需保增长的重要举措,中国政府在2009年的全国"两会"上正式宣布，同意地方发行2 000亿元债券，由财政部代理发行。国务院明确规定，地方债券资金主要安排用于中央投资地方配套的公益性建设项目，以及其他难以吸引社会投资的公益性建设项目。

由于经济增长下滑，加上实施结构性减税，2009年地方财政收入增幅将大幅下降。与此同时，"三农"、民生等各项支出也面临较大压力，中央投资配套资金以及扩大本级政府投资所需资金难以通过经常性收入安排，需要举借债务筹集。在这一背景下，发行地方政府债券成为"比较规范的筹措资金途径"。

 资料来源：根据网上公开信息整理加工。

3. 央行票据。央行票据即中央银行票据，是中央银行为调节商业银行超额准备金而向商业银行发行的短期债务凭证，其实质是中央银行债券。2003年4月22日人民银行开始发行央行票据，期限主要为3个月、1年期和3年期。央行票据的推出增加了央行对公开市场操作的灵活性和针对性，增强了央行调节货币供应量的能力和执行货币政策的效果，也为商业银行灵活调剂其资金头寸提供了重要工具。

4. 政策性金融债券。政策性金融债券，是指由国家开发银行、中国进出口银行及中国农业发展银行三家政策性银行所发行的金融债券。发行政策性金融债券的主要目的是为政策性银行筹集资金。我国政策性银行担负着贯彻国家产业政策，支持国家重点建设的重要职能，其资金来源除了国家财政拨款外，主要是靠发行政策性金融债券。作为规模仅次于国债的债种，政策性金融债券有力地支持了国家大中型基础设施、基础产业、支柱产业的发展，为缓解瓶颈制约、调整产业和区域经济结构，促进整个国民经济健康发展发挥了重要作用。①

5. 政府支持机构债券。政府支持机构债券是由政府支持的公司或金融机构发行，并由政府提供担保的债券。目前，我国的政府支持机构债券包括中央汇金投资有限责任公司发行的债券、2013年以来铁路总公司发行的债券以及原铁道部发行的所有债券。2010年汇金公司在全国银行间债券市场发行了两期人民币债券共1 090亿元，汇金债券被命名为政府支持机构债券。2013年3月14日，中国铁路总公司正式挂牌成立，承担原铁道部的企业职责。中国人民银行确认将铁路建设债券、短期融资债券、中期票据等铁路各类债券融资工具统一归入政府支持机构债券。

（二）信用债

信用债是以企业的商业信用为基础而发行的债券，除了利率，发行人的信用是影响该类债券的重要因素，故名"信用债"。我国银行间债券市场上的信用债主要包括商业银行金融债、非银行金融机构债券以及非金融企业债务融资工具三个组成部分，此外还有资产支持证券和境外机构债。

1. 商业银行金融债：作为金融债中的一种，商业银行金融债专指商业银行作为主体

---

① 2015年4月12日，中国政府网公布了国务院对国家开发银行、进出口银行和农业发展银行改革方案的批复。根据改革安排，国家开发银行定位为开发性金融机构，进出口银行和农业发展银行定位为政策性银行。目前，银监会在统计口径中将中国进出口银行、中国农业发展银行列入"政策性银行"，将国家开发银行列入"开发性金融机构"，与政策性银行并列统计。为便于表述，这里依然沿用"三家政策性银行"的称谓。

发行的金融债，主要包括普通债、专项债和资本工具三种类型。

（1）商业银行普通债。商业银行普通债是指符合《金融债券发行办法》规定的一般条件，募集资金的用途没有特别限定，通常用于替换存量负债或者投资新的资产项目的金融债。

（2）商业银行专项债。商业银行专项债是指商业银行所发行的金融债中，政策性强、募集资金定向投放的专项债券品种，主要包括小微企业专项金融债、"三农"专项金融债、绿色金融债。其中，小微企业专项金融债募集资金专项用于发放小微企业贷款，"三农"专项金融债募集资金专项用于发放涉农贷款，绿色金融债券募集资金用于支持绿色产业项目。

（3）资本工具。目前，在银行间债券市场交易的商业银行资本工具主要包括次级债、混合资本债、二级资本债和永续债。

①次级债。《商业银行次级债券发行管理办法》（2004年）第二条规定，商业银行次级债券是指商业银行发行的、本金和利息的清偿顺序列于商业银行其他负债之后、先于商业银行股权资本的债券。经中国银行业监督管理委员会批准，次级债可以计入附属资本。《商业银行资本管理办法（试行）》（2013年）施行后，将资本的划分由原《商业银行资本充足率管理办法》（已失效）规定的"核心资本和附属资本"变更为"核心一级资本、其他一级资本和二级资本"。与之相应，"次级债"这一概念也基本被"二级资本债"替代——在新规下，只有"二级资本债"（附加条件的次级债）才能计入银行二级资本（之前的附属资本，下同），而普通次级债无法计入二级资本而只能计入银行负债。

②混合资本债。2005年《中国银行业监督管理委员会关于商业银行发行混合资本债券补充附属资本有关问题的通知》规定，混合资本债应具有如下特征：

一是债券期限在15年以上（含15年），发行之日起10年内不得赎回。10年后银行可以具有一次赎回权，但行使赎回权需得到银监会批准；若10年后银行未行使赎回权，可以适当提高债券的利率，但提高利率的次数不能超过一次。

二是当核心资本充足率低于4%时，银行可以延期支付利息；若同时盈余公积与未分配利润之和为负且最近12个月内未支付普通股现金股利，银行必须延期支付利息。递延的利息将根据本期债券的利率计算利息。在不满足延期支付利息的条件时，银行应立即支付欠息及欠息产生的利息。

三是债券到期时，若银行无力支付索偿权在本债券之前的银行债务，或支付本债券将导致无力支付索偿权在本债券之前的银行债务，可以延期支付本债券的本金和利息。

四是当银行倒闭或清算时，本债券清偿顺序列于商业银行发行的长期次级债之后，先于商业银行股权资本。

③二级资本债。商业银行二级资本债，是指商业银行发行的、本金和利息的清偿顺序列于商业银行其他负债之后、先于商业银行股权资本的债券。二级资本债具有次级条款、减记条款和提前赎回条款。二级资本债是银行二级资本的组成部分，属于破产清算

资本,即在银行无法生存时必须能够被冲减或转换成普通股,这就意味着其可以充分吸收损失。

④永续债。永续债指可延期或无固定偿还期限附带赎回权的债券。由于永续债没有固定期限,或是到期日为机构存续期,具有一定损失吸收能力,按监管规定可计入银行其他一级资本。永续债的期限有两种形式:一种是无约定到期日,但发行人有赎回权,发行人能在约定的时间内按照一定的价格赎回永续债;另一种有约定到期日的,但发行人有延期选择权,在每个到期日,发行人可以选择延长到期日。2019年1月25日,中国银行在银行间债券市场成功发行400亿元无固定期限资本债券,这是国内银行首次发行永续债补充其他一级资本。

> **知识链接 8-4**
> **中国银行成功发行我国银行业首单无固定期限资本债券**
>
> 2019年1月25日,中国银行在全国银行间债券市场成功完成400亿元无固定期限资本债券发行定价,预计提高一级资本充足率约0.3个百分点。债券的外部评级为AAA,票面利率为4.5%,在中央结算公司托管。本次债券是我国银行业首单无固定期限资本债券,是符合《巴塞尔协议Ⅲ》标准和国内资本监管规定的其他一级资本工具。
>
> 本次债券发行获得市场高度关注,全场认购倍数超过2倍,投资者数量众多、类型丰富。共有约140家机构参与认购,涵盖政策性银行、大中小型商业银行、保险公司、证券公司、基金、财务公司、信托等银行间市场主流机构。与此同时,还成功吸引数家境外机构投资者参与投资。
>
> 近年来,中国银行作为资本工具创新先行者,曾发行中资银行业首单优先股、首笔全球发行的美元资本债券,创新境内二级资本债券定价模式。本次无固定期限资本债券首发成功,再次彰显了中国银行的专业实力和业内领先地位,将有利于中国银行增强资本实力,优化资本结构,进一步加大对实体经济的支持力度。
>
> ↑ 资料来源:中国银行网站,2019年1月25日。

2. 非银行金融机构债券。非银行金融机构债券是指由企业集团财务公司、金融资产管理公司、汽车金融公司、金融租赁公司、消费金融公司、证券公司、期货公司、信托公司等非银行金融机构发行的债券,包括普通债、二级资本工具。

3. 非金融企业债务融资工具。非金融企业债务融资工具,是指具有法人资格的非金融企业在银行间债券市场发行的、约定在一定期限内还本付息的有价证券。

(1) 短期融资券。短期融资券是指具有法人资格的非金融企业在银行间债券市场发行的,约定在1年内还本付息的债务融资工具。

2005年我国《短期融资券管理办法》出台,允许符合条件的企业在银行债券市场向合格机构投资者发行短期融资券。这不仅是我国融资方式的突破,更为企业提供了一条新的融资渠道。2005年首批发行企业短期融资券的5家企业分别是华能国际电力股份有限公司、国家开发投资公司、中国五矿集团公司、中国国际航空股份有限公司和上海振华港口机械(集团)股份有限公司。这5家企业共计发行7只不同期结构的企业短期融资券，发行量为 109 亿元。

（2）超短期融资券。超短期融资券是指具有法人资格、信用评级较高的非金融企业在银行间债券市场发行的，期限在 270 天以内的短期融资券。

（3）中期票据。中期票据是指具有法人资格的非金融企业在银行间债券市场按照计划分期发行的，约定在一定期限还本付息的债务融资工具。中期票据待偿还余额不得超过企业净资产的 40%，发行期限一般为 3~5 年。

为进一步完善国内的信用债市场，2008 年中国人民银行推出了中期票据。银行间市场交易商协会接受了中国核工业集团公司、中国交通建设股份公司、中国电信股份有限公司、中国中化集团公司、中粮集团有限公司等 7 家央企发行中期票据的注册，注册额度共 1 190 亿元，首期发行 392 亿元。此举标志着中国银行间债券市场中期票据业务的正式开启，它结束了企业中期直接债务融资工具长期缺失的局面。

（4）集合票据。集合票据是指 2 个（含）以上、10 个（含）以下具有法人资格的企业，在银行间债券市场以统一产品设计、统一券种冠名、统一信用增进、统一发行注册方式共同发行的，约定在一定期限还本付息的债务融资工具。在集合票据中，任一企业集合票据待偿还余额不得超过该企业净资产的 40%，任一企业集合票据募集资金额不超过 2 亿元人民币，单只集合票据注册金额不超过 10 亿元人民币。

知识链接 8-5
首批中小企业集合票据正式发行

2009 年 11 月 23 日，国内首批 3 只中小企业集合票据按照统一产品设计、统一券种冠名、统一信用增进、统一发行注册方式正式在银行间债券市场共同发行。

首批中小企业集合票据分别是北京市顺义区中小企业集合票据、山东省诸城市中小企业集合票据和山东省寿光市"三农"中小企业集合票据。北京市顺义区中小企业集合票据由北京银行主承销，项目选取了北京市顺义区 7 家中小企业，期限为 1 年，规模 2.65 亿元；山东省诸城市中小企业集合票据由中信证券和中信银行主承销，项目选取了当地 8 家优质中小企业，期限为 3 年，规模 5 亿元；山东省寿光市"三农"中小企业集合票据由农业银行主承销，8 家涉农中小企业为发行主体，期限为 2 年，规模 5 亿元。

中小企业集合票据在银行间债券市场的发行，是我国中小企业融资机制的一次创新和突破，为中小企业开启了直接融资的新途径。它不仅拓展了债务融资工具发行主体范围，建立多元化、多层次的债券市场结构，而且有助于培养不同风险偏好、不同投资需求的投资者进入银行间债券市场。同时，也有利于推动未来信用衍生产品的创新，丰富银行间债券市场产品结构，推动我国债券市场持续深入发展。此外，作为一项创新产品，中小企业集合票据对于完善投资者在债券品种方面的期限配置和品种配置，将发挥重要的作用。

资料来源：根据网上公开信息加工整理。

（5）资产支持票据。资产支持票据是指非金融企业为实现融资目的，采用结构化方式，通过发行载体发行的，由基础资产所产生的现金流作为收益支持的，按约定以还本付息等方式支付收益的证券化融资工具。其中,基础资产是指符合法律法规规定,权属明确,可以依法转让,能够产生持续稳定、独立、可预测的现金流且可特定化的财产、财产权利或财产和财产权利的组合。

(6) 项目收益票据。项目收益票据是指非金融企业在银行间债券市场发行的,募集资金用于项目建设且以项目产生的经营性现金流为主要偿债来源的债务融资工具。所称项目包括但不限于市政、交通、公用事业、教育、医疗等与城镇化建设相关的、能产生持续稳定经营性现金流的项目。

知识链接 8-6
中信银行郑州分行成功发行全国首单项目收益票据

2014 年 7 月 14 日,由中信银行郑州分行主承销发行的国内首单项目收益票据——郑州交投地坤实业有限公司 5 亿元项目收益票据成功进行了簿记建档。首单项目收益票据注册额度为 12 亿元,期限为 15 年,首期募集的 5 亿元资金将全部用于郑州综合交通枢纽地下交通工程(东广场)项目建设。

2014 年初,在得知人民银行拟试点开展此项业务后,郑州分行迅速成立了市政债创新业务小组,多次拜访相关单位沟通推介,组织相关部门专题研究,在无可借鉴的业务模式的条件下,最终凭借精湛的业务技能、缜密的工作思路和专业的债券承销经验,得到人民银行的高度认可,成为首批试点主承销商之一,并成功获得郑州综合交通枢纽地下交通工程(东广场)市政项目收益票据的主承销资格。

历经 3 个多月的项目筛选、方案制作、注册文件编制及交易商协会审查,本期项目收益票据成功于 7 月 11 日获得交易商协会的注册,成为交易商协会当天发布《银行间债券市场非金融企业项目收益票据业务指引》后成功注册的首单项目。在项目注册过程中,中信银行郑州分行向省内主流金融机构投资者进行路演推介,迅速获得了大量投资者的踊跃认购,也保证了项目注册完成后次一工作日即成功簿记建档发行,中信银行专业的债券操作经验获得了人民银行和发行人的高度认可。

此次项目收益票据的成功发行,是对债券市场创新发展的有益探索,标志着我国银行间债券市场又一具有里程碑意义的创新产品诞生,丰富了支持城镇化建设和防范化解地方政府债务风险的思路和渠道。

↑ 资料来源:中信银行网站,2014 年 7 月 18 日。

(7) 非公开定向债务融资工具。非公开定向债务融资工具是一种在银行间债券市场以非公开定向发行方式发行的债务融资工具。非公开定向发行是指具有法人资格的非金融企业,向银行间市场特定机构投资人发行债务融资工具,并在特定机构投资人范围内流通转让的行为。非公开定向债务融资工具本质上是一种借贷凭证,表示借款人承诺在规定的期限内给投资人还本付息。与其他债券不同,非公开定向债务融资工具是在银行间债券市场发行的,募集方式为非公开募集,定向地向特定投资者募集。

(8) 绿色债务融资工具。绿色债务融资工具是指境内外具有法人资格的非金融企业在银行间市场发行的,募集资金专项用于节能环保、污染防治、资源节约与循环利用等绿色项目的债务融资工具。其中,绿色项目的界定与分类可以参考中国金融学会绿色金融专业委员会编制的《绿色债券支持项目目录》。

除上述信用债之外,银行间债券市场交易的证券还有资产支持证券和境外机构债等。

资产支持证券是一种债券性质的金融工具,其向投资者支付的本息来自基础资产池产生的现金流或剩余权益。与股票和一般债券不同,资产支持证券不是对某一经营实体的利益要求权,而是对基础资产池所产生的现金流和剩余权益的要求权,是一种以资产信用为支持的证券。2005年3月,资产证券化试点工作在我国正式启动。同年12月15日,国开行和建行分别成功发行了第一只ABS债券41.78亿元和第一只MBS债券29.27亿元,成为中国境内正式推出的首笔资产支持证券。资产支持证券在全国银行间债券市场发行结束之后2个月内,受托机构可根据有关规定申请在全国银行间债券市场交易资产支持证券。资产支持证券的推出,进一步丰富了我国商业银行的证券投资品种。

境外机构债是指外国政府类机构、国际开发机构、在中华人民共和国境外合法注册的金融机构法人和非金融企业法人等在全国银行间债券市场发行的债券。其中,外国政府类机构包括主权国家政府、地方政府及具有政府职能的机构等;国际开发机构是指进行开发性贷款和投资的多边、双边及地区国际开发性金融机构。2005年10月,国际金融公司和亚洲开发银行在银行间债券市场发行人民币债券,这是中国债券市场首次发行境外机构债券。

【本章小结】

商业银行证券投资是指商业银行为了获取收益,在承担一定风险前提下,买卖有价证券的业务活动。证券投资在商业银行资产组合中的主要功能是获取收益、分散风险、保持流动性以及合理避税。

商业银行的证券投资对象有政府债券、公司债券、股票、大额可转让定期存单、商业票据、央行票据、证券投资基金、金融衍生工具等,但由于各国对商业银行风险控制较严,所以商业银行证券投资对象以各类债券,特别是国家债券为主。

商业银行证券投资业务与银行贷款资产业务不同,主要体现于银行在经营中所处的地位不同,银行在经营中与债务人的关系不同,银行在经营中对债务人所产生的作用不同,银行在经营中所形成的资产期限结构不同。

商业银行在证券投资中应坚持一定的原则,包括收益与风险最佳组合原则,分散投资原则和理性投资原则。

证券投资收益由利息收益、资本利得和再投资收益三部分组成,证券投资的效果用证券投资收益率来衡量和表现,主要的收益率有票面收益率、当期收益率、到期收益率和持有期收益率。

债券收益率曲线是指某一时点上一组债券收益率与其剩余到期期限之间数量关系的曲线，债券收益率曲线一般有正向、反向、水平和波动四种形态，其中，最为常见的形态是正向的收益率曲线。

按照不同风险对整个市场和单一证券的影响程度，证券投资风险可划分为系统性风险和非系统性风险两大类。其中，系统性风险主要包括政策风险、经济周期性波动风险、利率风险、购买力风险、汇率风险等；非系统性风险主要包括信用风险、财务风险、经营风险、流动性风险等。

在证券投资中，收益与风险相对应，风险与收益共生共存，承担风险是获取收益的前提，收益是风险的成本和报酬。

商业银行的证券投资策略主要包括证券投资组合管理策略和证券投资期限管理策略。其中，证券投资组合管理策略主要包括分散投资策略、利率预期策略、收益率曲线策略和趋势分析策略；证券投资的期限管理策略主要包括梯形期限策略、前置期限策略、后置期限策略和杠铃期限策略。

我国目前实行的是分业经营的体制，对商业银行的证券投资有很多限制规定。目前，我国商业银行的证券投资主要借助于银行间债券市场进行，银行间债券市场上的债券可分为利率债和信用债两种。其中，广义的利率债除了国债、地方政府债券外，还包括中央银行发行的票据、国家开发银行等政策性银行发行的金融债、铁路总公司等政府支持机构发行的债券；信用债主要包括商业银行金融债、非银行金融机构债券以及非金融企业债务融资工具三个组成部分。此外还有资产支持证券和境外机构债。

【重点概念】

票面收益率　名义收益率　当期收益率　即期收益率　到期收益率　最终收益率　持有期收益率　债券收益率曲线　系统性风险　非系统性风险　梯形期限策略　前置期限策略　后置期限策略　杠铃期限策略　利率债　信用债　央行票据　政府支持机构债券　专项债　二级资本债　永续债　短期融资券　超短期融资券　中期票据　集合票据　资产支持票据　项目收益票据　非公开定向债务融资工具　绿色债务融资工具　境外机构债

【思考与练习题】

1. 简述商业银行证券投资的功能。
2. 简述商业银行证券投资的特点。
3. 简述商业银行证券投资的原则。
4. 简述商业银行证券投资收益的构成。
5. 简述债券收益率曲线的四种形态及其所代表的含义。
6. 商业银行证券投资的系统性风险包括哪些风险？

7. 商业银行证券投资的非系统性风险包括哪些风险？
8. 简述证券投资风险与收益的关系。
9. 简述商业银行的证券投资策略。
10. 简述梯形期限策略的优缺点。
11. 简述当前我国商业银行的投资业务范围。
12. 简述银行间债券市场的债券交易品种。

第九章

商业银行现金资产管理

【本章学习目标】
1. 掌握商业银行现金资产的概念、构成及其作用，了解商业银行现金资产的特点；
2. 掌握现金资产的管理原则；
3. 了解商业银行库存现金的管理；
4. 了解商业银行存款准备金的管理；
5. 了解商业银行同业存款的管理。

商业银行作为高负债经营的金融企业，是存款类金融机构中最具代表性和占比最大的机构，在日常经营活动中，商业银行为了保持清偿力和获得更多的投资机会和收益，必须保持一定比例的现金等高流动性资产，并加以科学管理。因此，现金资产业务是商业银行的一项重要的业务，现金资产管理也是商业银行管理的一项重要内容。

第一节 商业银行现金资产的构成

一、现金资产的概念

现金资产是银行持有的库存现金以及与现金等同的可随时用于支付的银行资产。作为银行流动性的第一道防线，现金资产是非盈利性资产，从经营的角度一般都尽可能地把它降低到法定的最低标准，保持一个合理适度的水平。

二、现金资产的构成

（一）库存现金

库存现金是指存放在银行金库中的现钞和硬币。库存现金的主要作用是银行用来应付客户取现和银行本身的日常业务开支及收付需要。因此，任何一家营业性的银行机构，为了保证对客户的支付，都必须保存一定数量的现金。但由于库存现金是一种非盈利性资产，而且保存库存现金还需要花费银行大量的保卫费用。因此，从经营角度讲，库存现金不宜保存太多。近年来，随着我国电子支付技术的进步以及关于现金使用与管理的法律法规的颁布，商业银行所需库存现金占其资产的比例在逐年下降。

（二）在中央银行存款

在中央银行存款是指商业银行存放在中央银行的资金，即存款准备金。在中央银行存款由两部分构成：一是法定存款准备金，二是超额存款准备金。

法定存款准备金是按照法定比率向中央银行缴存的存款准备金。规定缴存存款准备金的最初目的，是为使银行备有足够的资金，以应对存款人提款需求，避免因流动性不足而产生清偿力的危机，导致银行破产。目前，法定存款准备金已演变成为中央银行调节信用的一种政策手段，在正常情况下商业银行一般不动用，因此，缴存法定比率的准备金具有强制性。

超额存款准备金有狭义和广义之分：狭义的超额存款准备金是指在中央银行存款准备金账户中，超过法定存款准备金的那部分存款，这部分存款犹如工商企业在商业银行的活期存款，是商业银行在中央银行账户上保有的用于日常支付和债权债务清算的资金；广义的超额存款准备金是指商业银行吸收的存款中除去法定存款准备金以后的部分，是商业银行的可用资金。因为超额存款准备金是商业银行的可用资金，因此，其多寡直接影响着商业银行的信贷扩张能力。中央银行的法定存款准备率之所以能够作为调节经济的手段，是因为法定存款准备金率的变化，会影响商业银行超额存款准备金的多少，进而会影响到商业银行对企业的信贷扩张能力。当法定存款准备金率提高时，商业银行的超额存款准备金就相应减少，其信贷扩张能力下降；反之，当法定存款准备金率下降时，商业银行的超额存款准备金就相应增多，其信贷扩张能力提高。

（三）存放同业款项

存放同业款项是指商业银行存放在其他银行和非银行金融机构的存款，其中最主要的是存放在其他银行的存款，又称存放同业。存放同业的目的是在同业之间开展代理业务和结算收付。由于存放同业款项属于活期存款性质，可以随时支用，因而属于银行现金资产的一部分。

（四）在途资金

在途资金也称托收中的现金，是指商业银行在办理支付结算业务过程中形成的托收未达款，是暂时处于结算路途中的资金。随着支付结算电子化程度的提高，在途资金的在途时间越来越短，收妥后即成为存放同业款项，所以将其视同现金资产。

三、现金资产的作用

从商业银行经营管理的角度分析，现金资产具有以下作用。

（一）保持清偿力

商业银行是以利润最大化为最终目标经营货币信用的企业，这就要求商业银行要尽可能持有期限较长、收益较高的资产以获取利润。但由于商业银行的经营资金主要来源于客户的存款和借入资金，因此又是风险特别大的特殊金融企业。从存款负债来看，由于它是商业银行的被动负债，是否存款、存款额度、存款期限、何时提取等主动权都掌握在客户手中，银行只能无条件接受。因此，若银行不能满足客户的要求，就有可能影响银行的信誉，引发存款"挤兑"危机，甚至使银行清偿力不足遭受破产命运。同样，商业银行的借入资金必须按期还本付息，否则也会影响银行信誉，严重时威胁银行的安全性。所以，商业银行在追求利润的同时，必须保持一定数量的可直接应付客户取现和清偿债务的资产，而现金资产正是为了满足银行的流动性需要而安排的准备资产。因此，商业银行保有一定数量现金资产目的在于保持其经营过程中的债务清偿能力，防范支付风险。

（二）保持流动性

商业银行在经营过程中会面临复杂多变的经营环境，环境的变化又会使商业银行各种资产负债的特征发生变化。从商业银行经营的安全性和盈利性的要求出发，商业银行应当不断地调整其资产负债结构，保持应有的流动性。在保持银行经营过程的流动性方面，不仅需要银行资产负债结构的合理搭配，确保原有贷款和投资的高质量和易变现性，同时，也需要银行持有一定数量的流动性准备资产，以利于银行及时抓住新的贷款和投资的机会，为增加盈利、吸引客户提供充足条件。

（三）满足法定存款准备金的要求

目前世界上大多数国家都实行存款准备金制度。商业银行和存款机构必须按照法定存款准备金率向中央银行缴存法定存款准备金，其目的是保持银行体系的支付能力，降低银行的风险，并借以控制和调节商业银行货币信贷量，进而影响整个经济运行。

（四）同业往来及清算

商业银行必须在中央银行和其他金融机构保持充足的现金存款余额，用以支付票据交换的差额；另外，在银行间委托代理业务中，若银行从其他代理行获取服务，也要用现金来支付相应的手续费用等。

四、现金资产的特点

商业银行的现金资产具有频繁性、波动性、强制性和矛盾性的特点。

1. 频繁性。银行的经营对象是货币资金，货币的特性就是流动，只有在流动中才能真正发挥其作用，只有在不断的周转中才能增值。因此，银行现金资产的流动非常频繁。

2. 波动性。银行现金资产的需求和供给，受很多因素的影响，而且很多方面是银行自身难以控制的。因此，银行的现金资产存在很强的波动性。

3. 强制性。银行必须及时保证存款人以现金形式提取存款，必须按中央银行规定的存款准备金率缴存法定存款准备金。因此，商业银行持有的现金资产在很大程度上是强制性的结果。

4. 矛盾性。现金资产具有非常高的流动性，但其缺陷是盈利能力非常低，库存现金不能给银行带来任何收益，反而需要花费大量的保管成本。对于存放中央银行的款项，在中国有一定的存款利息收入，但利率很低，而在美国则没有任何利息收入。因此，现金资产存在高流动性与低盈利性之间的矛盾。

第二节 商业银行现金资产管理

一、现金资产的管理原则

现金资产是商业银行维持其流动性而必须持有的资产，是银行信誉的最基本保证，持有一定数量的现金资产，主要目的在于满足银行经营过程中的流动性需要。但由于现金资产基本上是一种无利或微利资产，过多地持有这种资产，将会失去许多盈利机会，使银行的盈利性下降。因此，银行持有现金资产需要付出机会成本。现金资产的管理目的就是在确保商业银行流动性需要的前提下，为获取更多利润，尽可能地降低现金资产占总资产的比重，将持有现金资产的机会成本降到最低程度，使现金资产达到适度的规模。

为此，银行在现金资产的管理中，应当坚持总量适度原则、适时调节原则和安全保障原则。

（一）总量适度原则

现金资产同时具有高流动性和低盈利性，持有的现金资产存量太少，不能满足客户的需求，会导致银行面临过高的流动性风险；存量太多，机会成本太大，又会导致银行的盈利能力下降。因此，应权衡流动性不足付出的代价和持有现金资产的机会成本，将银行现金资产总量保持在一个适度的规模上。只有保持现金资产的适度规模，才能实现银行经营安全性和盈利性的统一，有利于银行经营目标的实现。

根据最优存量管理理论，微观个体应使其非盈利性资产保持在最低的水平上，以保证利润最大化目标的实现。就商业银行的现金资产而言，其存量的大小将直接影响其盈利能力。存量过小，客户的流动性需要得不到满足，则会导致流动性风险的增加，直接威胁银行经营的安全；存量过大，银行付出的机会成本就会增加，从而影响银行盈利性目标的实现。因此，将现金资产控制在适度的规模上是现金资产管理的首要目标。除总量控制外，合理安排现金资产的存量结构也具有非常重要的意义。银行现金资产由库存现金、在中央银行存款、存放同业款项等构成，这些资产从功能和作用上看又各有不同的特点，其结构的合理有利于存量最优。因此，在控制适度总量的同时也要注意其结构的内在合理性。

（二）适时调节原则

适时调节就是指商业银行要根据业务过程中现金流量的不断变化，及时调节资金头寸，使其资金头寸始终保持在适度的规模上。商业银行的资金始终处于动态过程之中，随着银行各项业务的进行，银行的经营资金不断流进流出，最初的存量适度状态就会被新的不适度状态替代。银行必须根据业务过程中现金流量变化的情况，适时地调节现金流量，以确保现金资产规模适度。具体来讲，当一定时期内现金资产流入小于流出时，银行的现金资产存量就会减少，银行应及时采取措施筹集资金来补足头寸；当一定时期内现金资产流入大于流出时,银行的现金资产存量就会上升,此时需要及时调整资金头寸,寻找新的贷款或投资机会,将多余的资金头寸运用出去。在现金资产总量和结构都适度的情况下,经过商业银行经营过程中不相等的资金流入和流出,这种适度的资金状况必然会被打破。因此,只有适时灵活地调节现金资产流量,才能始终将存量保持在适度的水平上。即当资金的流入量小于流出量而导致现金资产减少时,商业银行就必须采取措施从各种渠道快速地调入资金弥补现金资产的不足;当资金的流入量大于流出量而导致现金资产存量过大时,就需要通过扩大盈利性资产的投放量,及时调整资金头寸,以保持适度的现金资金存量。

(三)安全保障原则

商业银行的库存现金是现金资产中最重要的构成部分,是商业银行业务经营过程中必要的支付周转金,它分布于银行的各个营业网点,库存现金是商业银行现金资产中唯一以现钞形态存在的资产。因此,库存现金面临的风险主要来自被盗窃、被抢劫以及自然灾害或意外事故所造成的损失。同时,银行工作人员管理工作的失误,比如清点、包装差错及因工作人员恶意挪用、贪污、盗窃等带来的风险都贯穿于银行的业务经营过程中。因此,对现金的管理应强调安全保障原则,商业银行应制定完善的现金内部控制制度,严格履行现金收支的审批程序和控制直接接触现金资产的人员,全面提高工作人员的业务素质和职业道德,加强库存现金的安全防范措施,确保资产的安全。

二、库存现金的管理

银行库存现金集中反映了银行经营的资产流动性和盈利性状况。库存现金越多,流动性越强,盈利性越差。为了保证在必要的流动性前提下,实现更多的盈利,就需要把库存现金压缩到最低程度,同时加强各项管理措施,确保库存现金的安全。

(一)库存现金的形成

在银行日常运营过程中,现金处于流动状态,既有现金收入,又有现金支出。

银行现金收支的主要来源和方式如下:

银行收回现金的渠道主要有:(1)储蓄性存款现金收入,也称为储蓄性现金回笼,即银行通过吸收城乡居民储蓄存款回笼的现金。(2)商品销售回笼现金。即通过商品销售收入现金后由商业单位再缴存银行。(3)服务事业现金收入,也称为服务回笼,即城乡居民用现金支付各种费用,而收入现金的单位将其缴存开户银行。(4)税收性现金回笼,即国家税务部门通过征收流转税、所得税、财产税、资源税和行为税等税收回笼的现金。

银行现金投放的渠道主要有:(1)储蓄存款现金支出,即城乡居民提取银行的储蓄存款现金支出,也就是城乡居民提取在银行的储蓄存款。(2)工资性现金支出,包括城乡居民的工资、奖金、福利、补贴以及依法获得的其他收入。(3)行政事业管理费现金支出,包括差旅费、会议费、管理费以及其他费用等现金支出。工资性现金支出和行政事业费现金支出又被统称为消费性现金支出。开户单位只要在开户银行的账户上有存款,就可以提取现金用来发放工资、支付差旅费等。这样,通过消费性现金支取就将一部分现金投放到社会上去了。(4) 农副产品收购现金支出。单位和个人如果从农民个人手中收购农副产品就要给农民支付现金，通过农副产品收购有一部分现金被投放出去。

银行现金收支的差额即形成现金投放或现金回笼。所谓现金投放，是指一个银行在一定时期内，支出的现金减去收入的现金后净支出现金的数量。所谓现金回笼，是指一个银行在一定时期内，收入的现金减去支出的现金的数量后的净收入现金的数量。投放和回笼是现金流通中两个非常重要的基础概念，表示绝对相反的含义。

综合以上分析，仅靠银行日常运营过程的现金收入来源，无法保证安全营运。当现金收入小于现金支出，即为现金投放时，银行的日常运营将受到严重影响；当现金收入大于现金支出，即为现金回笼时，由于存在收入、支出时点的差异，银行的日常运营也可能受到影响，安全性无法保障。因此，银行需保持一定数额的库存现金，以保证日常安全营运，防范风险。

(二) 库存现金管理方式

一般情况下，银行库存现金的管理涉及三个层面：人民银行发行库、商业银行中心金库、商业银行营业网点的机构尾箱。其中，中央银行存放现金的地方为发行库；商业银行存放现金的地方为业务库，也称中心金库；基层营业网点存放现金的地方为机构尾箱。

1. 人民银行与中心金库间的现金领缴。中国人民银行依据有关法律负责现金的印制、发行工作，并结合各商业银行的现金需求预测制定年度现金发行计划。但是，人民银行不直接向社会投放现金，钞票印制好后，存放在人民银行的发行库中。

商业银行在人民银行开立超额储备账户。商业银行中心金库根据其金库库存余额、辖内现金调拨、现金需求情况，判断是否需要从当地人民银行发行库出库。当商业银行中心金库现金库存过低时，如果其在人民银行的超额储备账户上有一定数量的超额存款准备金，就可以从人民银行发行库中支取现金。商业银行收到现金后在中心金库保管，然后根据各营业网点的现金申领需求配送到网点机构尾箱，最终通过储蓄存款支出、工资性支出、行政事业费支出、农副产品收购支出等现金投放渠道投放到社会。

同时，营业网点现金库存过多时上缴至管辖中心金库，中心金库也可能出现现金库存过多的情况。当中心金库现金库存过多时，可以向人民银行发行库中存入现金，并计入其在人民银行的超额储备账户上。

2. 中心金库与机构尾箱间的现金调拨。商业银行的中心金库负责其辖内的现金申领、现金调拨业务，该业务通过银行内部账户进行。

营业网点根据日常业务需要持有一定的库存现金。当库存现金余额过低时，可向管辖中心金库进行现金申领，中心金库对其现金申领申请进行审批，审批通过后即向营业网点配送现金。营业网点收到现金后入机构尾箱保管，然后通过储蓄存款支出、工资性支出、行政事业费支出、农副产品收购支出等现金投放渠道流向社会。

与之相对应的是，各营业网点的储蓄存款收入、商品销售收入、服务事业收入、税款收入等渠道从社会上回笼流通中的现金。当营业网点机构尾箱中库存现金过多时，可

商业银行业务经营与管理（第二版）

以向其中心金库进行现金上缴，既能降低库存现金的机会成本，又能降低风险。

银行还可以通过以下途径进行库存现金与各类资产负债的转换：一是各种变现途径类的资产，包括：（1）存放于中央银行的超额存款准备金，如果银行在中央银行的准备金超过了法定额度，可以取出以满足临时性现金需求；（2）存放于同业的存款；（3）短期拆借给其他银行的现金资产；（4）短期证券；（5）各种商业票据，优质商业票据有良好的变现能力，而且风险也较小；（6）其他有变现能力的资产，地方政府债券和其他各种政府机构债券也有较好的变现能力；（7）出售证券回购协议的证券，银行若需现金，返售已经购买的金融证券便可以取得现金。二是各种拆借途径的负债，包括从中央银行拆入现金、从其他银行拆入资金、证券回购、大额定期存单、财政账户、国外现金来源、其他形式的负债等。

（三）影响库存现金量的因素

影响银行库存现金的因素比较复杂，其中主要有：

1. 现金收支规律。银行的现金收支在数量上和时间上都有一定的规律性。例如，对公出纳业务，一般是上午大量支出现金，而下午则大量收入现金。如果是回笼行处，下午班收进的现金金额，一般大于上午班付出的现金金额；如果是投放行处，情况则正好相反。在这种情况下，当天收进的绝大部分现金只能在第二天上午才能抵用。因此，一般情况下，付出现金的平均日发生额与必要的库存现金量成正比。在一个年度当中，由于季节性因素的影响，有的季节银行现金收入多而支出少，而有的季节则支出多收入少。银行可以根据历年的现金收支状况，认真寻找其变化规律，为资金头寸的预测提供依据。

2. 与中央银行发行库的距离、交通条件及发行库的规定。一般来说，商业银行营业网点与中央银行发行库距离较近，交通运输条件较好，商业银行就可以尽量压缩库存现金的规模。而中央银行发行库的营业时间、出入库时间的规定，也对商业银行的库存现金产生重要影响。如果中央银行发行库的营业时间短，规定的出入库时间和次数少，势必增加商业银行的库存现金。

3. 银行所在城市。有的地区现金交易比较通行，就会造成现金流量增大。如一些地区城市结构比较松散，小商品交易发达，私营业主较多，交易大多采用现金，银行客户现金提取量不断攀升。也有的地区经济欠发达，银行业务电子化程度不高，现金交易就比较多。

4. 后勤保障条件。银行库存现金数量与银行后勤保障条件也有密切关系。一般说来，若银行后勤保障条件较好，运送现金的车辆、保安充足及服务周到全面，则无须在每个营业机构存放过多现金；反之，就必须在每个营业网点存放充足的现金，以备需要。

5. 营业网点的数量和开设网点的地理位置。银行经营业务的每一个网点，都需要有一定的库存现金，这样一来，银行网点越多，其现金的需要量也就越多，因此，从一般情况来看，银行营业网点的数量与库存现金的需要量是成正比的。另外，一些在商贸区、繁华商务区、大型批发市场等附近的银行网点，现金流量也相对较大，对于处在这些地区的银行来说就需要保有相对较多的库存现金。

6. 商业银行内部管理。除上述因素外，商业银行内部管理，如银行内部是否将库存现金指标作为员工工作业绩的考核指标，是否与员工的经济利益挂钩，银行内部各专业岗位的配合程度，出纳、储蓄柜组的劳动组合等，都会影响库存现金数量的变化。

（四）加强库存现金管理的措施

1. 建立库存现金资金动态分析机制，提高现金操作时效性。建立全面的数据库，进行数据储备，记录每日现金收支、出入库、资金规模等相关数据。在此基础上，采用"数据挖掘"技术，将经济活动规律、每日现金收支变动、入库和出库的状况以及库存资金规模与结构状况等诸多方面进行比较分析，加强对现金流的统计，以此进行现金的准确的收支预测，并采用预测结果进行库存限额的核定，从而建立操作性强、准确性和自动化水平高的动态分析模型，以提高现金操作、分析及管理的前瞻性和时效性。

2. 精确库存现金最佳持有量，充分运用银行同业拆借市场及银行间债券市场。注重货币时间价值和现金机会成本，在满足营业部门现金收支的基础上，获取库存现金价值的最大化。基于对库存现金的动态分析，可以首先核定一个库存现金最佳持有量，即库存现金的最低额度。当库存现金高于最佳持有量时，可以将多余部分的现金投放到银行同业拆借市场或银行间债券市场，获得较为稳定的收益；而当库存现金低于最佳持有量时，又可以及时从同业拆借市场或银行间债券市场获得资金，避免流动性危机。这样一方面可以满足运营部门资金的流动性需求，另一方面又可以借由短期投资获得持续的投资收益，从而起到了规避流动性风险、降低管理成本以及库存现金价值增值等多重效果。

3. 改革现金管理模式，减少现金调缴的中间环节。明确管理职能，分层次落实管理责任，优化整合库存现金管理流程。如将现金调缴模式改为分行—基层网点二级管理，成立现金管理中心负责整合各营业网点回笼的现金，并对上门收款业务进行集中管理，将明显缩短现金入库过程。由专门科室负责全行现金库存管理工作的具体实施，在基层行设立现金管理员和大库管理员，负责本行范围内的现金管理调度工作和柜员库箱现金的调度和管理，从分行到基层行层层负责，实现对现金库存的有效控制。

4. 采取各种措施，为现金缴存提供便利。采取诸如通过延长中心库房的收现时间来缓解各中心支行和网点的收现压力；通过增加中心库房的收现频率和残辅币的收缴频度来降低现金库存的留存量；通过增加复点时间和班次，尤其是节假日期间按正常工作日复点现金，争取日清日结、及时上缴人民银行，减少库存现金余额；调整基层单位调缴款次数，合理使用运钞车辆，最大限度地将库存现金收缴到分行。

5. 建立定期通报制度，强化经营单位现金库存管理意识。加大对各网点和中心支行库存现金管理比例（限额）的监控，通过预警、通报等形式督促下级经营单位切实履行分行对库存现金管理的目标要求。设立库存现金管理台账，每日统计各中心支行实际现金库存金额，并对各经营单位现金库存指标的执行情况按月进行通报，作为衡量基层负责人业务管理水平的一项重要参考依据。通过定期通报，进一步强化各经营单位负责人控制现金库存的意识，并在此基础上摸索出一定的现金备付管理规律，使各基层行的库存得到有效控制。

6. 做好客户的引导工作，加强内外部协调与沟通。严格执行客户大额取现的预约登记制度，加强大额现金支取管理，严禁以不合理的用途支取现金；积极引导客户办理转账结算业务，减少现金流量；加强网点柜员之间、网点与自助设备之间现金调配，合理留存现金，提高资金周转效率；加强与外部协调、沟通，争取当地人民银行的理解和支持，增加缴款的次数。

7. 建立完善的考核监控体系。合理核定各支行库存限额后，应制定科学的考核办法，加大考核及监控力度，促进库存限额管理的有效实施。将库存现金限额控制指标纳入分行考核体系之中，通过限额与网点的绩效挂钩、管理质量与经营目标挂钩的方式，强化目标约束。

三、存款准备金的管理

（一）法定存款准备金的管理

由于商业银行对于中央银行的法定存款准备金要求只能无条件服从，因此，对法定存款准备金的管理主要是围绕着法定存款准备金的准确计提与及时上缴进行的。从原则上讲，准备金的计提中，执行期与计算期应该保持一致，这样存款准备金与中央银行政策目标之间的联系就更加紧密，操作上也会更加准确。实际上由于计算缴存存款准备金的存款基数问题及技术上的原因，多数国家都有一个调整期。

存款准备金的计提有两种制度：无时差准备金制度（CRR）和时差准备金制度（LRR）。以美国为例，前者是指准备金的提取到位只有两天时间差的计提方案。商业银行按两周平均存款余额计提准备金，在此计算期结束后的第二天保证该准备金按时到位，并将其保持两周至第二个计算期的开始。而时差准备金制度则是指准备金的提取到位有将近两周时间差，指商业银行按第一周的存款平均余额计提准备金，然后在第三周准备金到位，并保持一周。美联储面对不同的经济形势，为解决不同的经济问题，采用无时差准备金制度和时差准备金制度两者更替使用的模式进行存款准备金考核。目前，美国、英国、日本等发达国家采用平均法考核存款准备金，计算周期为十四天到一个月不等。

1998 年存款准备金制度改革，我国对金融机构存款准备金实行时点法考核，金融机构存款准备金需每日达到法定要求。自 2015 年 9 月 15 日起改革存款准备金考核制度，由时点法改为平均法。2016 年 7 月 15 日，人民银行又进一步完善了存款准备金平均法考核制度，即人民币存款准备金的考核基数由考核期末的时点数调整为考核期内的一般存款余额的算术平均值。我国目前采用的平均法考核存款准备金制度属于时差准备金制度。

对于法定存款准备金的计提应注意以下几个问题：

1. 计算期与存款基数的确定和调整。存款准备金计算期的长短，以及是以该时期内存款的平均数量，还是以该计算期内的某一时点上的存款数量作为缴存准备金的存款基数，都是中央银行可以决定和调整的。通过确定和调整这些范畴，中央银行同样可以依据金融系统的实际状况以及自己的政策意图进行调节和控制，从而调整存款数量既定下金融机构缴存的准备金数量，达到改变金融机构信用扩张能力的目的。实践中各国采用的计算期长短不一，普遍的趋势是计算期的缩短（如以周为单位），并且以该时期内存款数量的平均值作为存款基数。大多数国家都以计算期内所吸收存款的平均值作为缴存准备金的基数。

2. 存款准备金持有期的确定和调整。同样，持有期的长短以及持有期内金融机构存款准备金是以平均值还是每日必须得到满足（是否允许日透支）对金融机构的信用创造能力产生影响，其确定和调整同样可以体现中央银行存款准备金工具职能。研究表明，大多数国家的持有期为1个月，而且持有期与计算期存在很大程度的对应关系。

另外，计算期和持有期之间的时滞也是影响存款准备金制度的一个重要范畴。计算期和持有期及其之间的时滞对金融机构准备金数量、信用扩张能力都会产生重要的影响。研究表明，美国于1984年改时差准备金制度为同步准备金制度以后，银行对其准备金需求的不确定性增加，从而使银行系统保有的超额存款准备金增加。在其他条件不变的情况下，银行系统的信用创造能力因此会下降。

这里需要强调说明的是，计算期、持有期以及相关范畴的确定主要取决于一国金融体系发展状况以及中央银行在其中的地位等因素，还与一国经济统计制度的发展状况密切相关，对其进行调整需要较高的费用和成本，所以一经确定后很少变动。

（二）超额存款准备金的管理

超额存款准备金是商业银行在中央银行准备金账户上超过了法定存款准备金的那部分存款。超额存款准备金是商业银行最重要的可用头寸，是银行用来进行投资、贷款、清偿债务和提取业务周转金的准备资产。商业银行在中央银行的超额存款准备金虽然也能获得一定的利息收入，但与其他盈利资产相比，属于微利资产。因此，商业银行超额存款准备金账户保留的存款应尽量减少。银行超额存款准备金管理的重点，就是要在准确测算超额存款准备金需要量的前提下，适当控制准备金规模。

1. 影响超额存款准备金需要量的因素有以下几个方面：

（1）存款波动。银行在经营过程中，如果出现存款大量流出的现象，若无超额存款准备金就得采取诸如出售证券、催收贷款、向中央银行借款等行动，这会增加成本或减少收益。如果存款流出规模过大又无法采取措施补充资金，银行还可能面临倒闭的危险。为了避免这些情况的出现，在出现存款流出苗头时，银行必须采取增加超额存款准备金的做法。这说明超额存款准备金保有数量与预期存款流出量为正相关关系。预期总具有不确定性，不过不确定性有大有小。如果在某一特定时期，银行认为不确定性增大，就会增加超额存款准备金的保有数量；反之，会相应减少保有数量。

（2）贷款的发放与收回。贷款的发放与收回对超额存款准备金的影响主要取决于贷款的使用范围。如果贷款的使用对象是在本行开户的企业，本行在中央银行的存款不会发生变化；如果贷款的使用对象是在他行开户的企业，或者本行开户的企业取得贷款后立即对外支付，就会减少本行在中央银行的存款，从而使本行的超额存款准备金下降。

此时,银行就需要增加超额存款准备金。贷款的收回对超额存款准备金的影响也因贷款对象的不同而有所不同。在他行开户的贷款企业归还贷款时,会使本行超额存款准备金增加,而在本行开户的贷款企业归还贷款时,则不会影响超额存款准备金的数量。

(3) 其他因素。除存贷款变化之外,还有一些其他因素影响超额存款准备金的需要量。这些因素主要包括:①向中央银行的借款,当银行向中央银行的借款数大于归还借款数时,商业银行的超额存款准备金就会上升;反之,则会下降。②同业往来情况。当商业银行在分析期中同业往来的科目是应付余额时,其超额存款准备金数额就会下降;反之,则会上升。③法定存款准备金的变化。在银行存款准备金总量一定的情况下,法定存款准备金与超额存款准备金之间存在此消彼长的关系,法定存款准备金的变动对银行进行超额存款准备金的管理与调整有着重要的影响。

2. 超额存款准备金调节。商业银行在预测了超额存款准备金需要量的基础上,就应当及时地进行头寸调度,以保持超额存款准备金规模的适度性。当未来的头寸需要量较大、现有的超额存款准备金不足以应付需要时,银行就应当设法补足头寸,增加超额存款准备金;而当未来头寸需要量减少、现有准备金剩余时,则应及时地将多余的超额存款准备金运用出去,寻求更好的盈利机会。商业银行进行头寸调度的渠道和方式主要有同业拆借、短期证券回购及票据买卖、向央行借款、系统内资金调度以及出售金融资产等。

知识链接 9-1
我国存款准备金制度与发达国家及地区的比较

一、存款准备金制度及存款准备金率

国际上市场经济发达国家及地区准备金制度的功能呈现明显弱化或取消的趋势,不再是调控货币数量和经济运行的常用政策工具。发达国家存款准备金率都普遍较低,调整频度低,一些国家存款准备金率几十年都不做调整,部分国家甚至完全取消。英国、加拿大、澳大利亚、丹麦、瑞典等西方国家的中央银行选择以货币主义的货币数量规则作为货币政策操作的理念和框架,实行通货膨胀目标制,完全取消了存款准备金制度。日本、美国等发达国家的存款准备金水平也降低到较低水平。20世纪90年代以后,西方国家已经很少调整存款准备金率水平了,例如美国最近一次调整存款准备金率是在1992年,日本最后一次调整存款准备金率是在1991年。香港和澳门的"中央银行"金融管理局的主要货币政策工具是公开市场操作——金融票据的发行及回购,利用此工具调整货币供应量,不存在存款准备金制度。

我国的存款准备金制度与市场经济发达国家相比具有鲜明的特点:存款准备金工具被作为经常性的调控工具,在货币政策体系中具有突出的地位,存款准备金率较高,而且使用比较频繁,成为人民银行调节金融体系流动性的主要手段。

二、存款准备金考核方式

美国采用无时差准备金制度和时差准备金制度两者更替使用的模式进行存款准备金考核。目前,美国、英国、日本等发达国家采用平均法考核存款准备金,计算周期为十四天到一个月不等。2015年9月15日,我国对存款准备金实施平均法考核。在此之前,我国对人民币存款准备金制度都是采用时点法进行考核。2016年7月15日，人民银行又进一步完善了存款准备金平均法考核制度，即人民币存款准备金的考核基数由考核期末的时点数调整为考核期内的一般存款余额的算术平均值。我国目前采用的平均法考核存款准备金制度属于时差准备金制度。

采用平均法计提机制，使存款类金融机构无法通过操作旬、月末存款余额来改变应交法定存款准备金的多少，有利于中央银行更准确地判断银行体系流动性状况，实施更有效的流动性管理。

三、存款准备金管理制度的法律法规

美国存款准备金制度的变革每次都有法律做支持，以保证准备金制度的有效实施及美联储货币监管职能的实现。

我国存款准备金管理缺乏统一、清晰的管理制度。我国存款准备金管理制度多次调整，存款准备金管理及处罚的相关规定分散于多部法规制度中，时间跨度长，要求分散，影响了存款准备金制度执行的严肃性和可操作性。

四、差别准备金率制度的"差别"

国际上发达国家大多实行差别存款准备金率，主要从负债流动性和准备金基数规模来差别化存款准备金率。一般而言，负债的流动性与存款准备金率的高低成正比。美国、日本和欧洲中央银行存款准备金率的厘定都遵循这一原则，即对不同类别存款执行差别化的存款准备金率。美国和日本实行的是累进准备金率，即存款类金融机构的负债规模越大，执行的准备金率就越高。实行累进准备金率，主要目的在于减轻规模较小的存款类金融机构缴纳准备金的负担。

在我国，同一金融机构的所有类别存款使用统一的法定准备金率，也不存在累进准备金率制度。对于差别存款准备金制度，人民银行从2009年中开始研究强化宏观审慎管理的政策措施，并于2011年正式引入差别准备金动态调整/合意贷款管理机制。2016年为进一步完善宏观审慎政策框架，人民银行对银行业金融机构将原有的管理机制升级为"宏观审慎评估体系"（MPA），其考核因素包括资本和杠杆情况、资产负债情况、流动性、定价行为、资产质量、跨境融资风险、信贷政策执行等7个方面的14个指标，由此对金融机构进行等级评判，并制定对法定准备金利率差别的激励约束机制。MPA在促进货币信贷平稳增长、维护金融宏观稳定方面发挥了重要作用。

↑ 资料来源：康峰. 存款准备金制度研究及国际经验借鉴［N］. 金融时报，2017-03-20.

四、同业存款的管理

本部分的同业存款是指广义上的同业存款，包括同业存放和存放同业两部分，因为同一笔款项对两家相关银行来说分别为资产和负债，我们把两者结合到一起加以介绍。

随着国内金融市场的快速发展，金融机构存款结构日趋多元化，资金往来日渐频繁。同业存款不仅发挥着金融机构办理资金结算、实现资金融通的基本功能，也成为银行类金融机构主动管理负债、拓展利润增长点的主要途径。

（一）同业存款的目的

任何一家银行，由于业务特点和人力、物力的限制，都不可能在其业务触及的每一个地方设立分支机构，它在没有分支机构的地区的一些金融业务就需要委托当地的银行等金融机构来代理。例如，2018年末，工商银行机构总数达16 820家，其中境内机构16 394家，工商银行在47个国家和地区建立了426家机构，通过参股标准银

行集团间接覆盖非洲 20 个国家，与 145 个国家和地区的 1 502 家境外银行建立了代理行关系，服务网络覆盖六大洲和全球重要国际金融中心。通过代理行关系，银行可以较低的成本获得自身无力经营或经营成本过高的业务。购买其他银行服务的银行称为被代理行或下游往来行，金融服务的提供方被称为上游往来行或直接称为代理行。那些较大的银行一般都是双重角色，一方面它作为其他银行的代理行而接受其他银行的存放同业款；另一方面，它又是被代理行，将一部分资金以活期存款形式存放在其他代理行，这就形成了银行之间的委托代理业务。银行之间开展代理业务，需要花费一定的成本，商业银行在其代理行保持一定数量的活期存款，主要目的就是支付代理行代办业务的手续费。代理行可以将同业存入款用于投资，并以投资的收入补偿其成本并获利。

(二) 影响同业存款需要量的因素

按照银行现金资产管理的原则，同业存款也应当保持一个适当的量。同业存款过多，会使银行付出一定的机会成本；而同业存款过少，又会影响银行委托他行代理业务的开展，甚至影响本行在同业市场上的声誉。因此，银行在同业存款的管理过程中，需要准确地预测同业存款的需要量。商业银行同业存款需要量主要取决于以下几个因素：

1. 使用代理行的服务数量和项目。银行将款项存放同业的主要目的是支付代理行代理本行业务的成本。因此，本行使用代理行服务的数量和项目，就成为影响同业存款需要量的最基本的因素。如果使用代理行服务的数量和项目较多，同业存款的需要量也较多；反之，使用代理行服务的数量和项目较少，同业存款的需要量较少。

2. 代理行的收费标准。在使用代理行的服务数量和项目一定的情况下，代理行的收费标准就成为影响同业存款需要量的主要因素。收费标准越高，同业存款的需要量就越大。

3. 可投资余额的收益率。通常情况下，代理行是通过对同业存款的投资获得收益来弥补其为他行代理业务支付的成本的，因此，同业存款中的可投资余额的收益率的高低，也直接影响着同业存款的需要量。如果同业存款中可投资余额的收益率较高，同业存款的需要量就少一些；否则，同业存款的需要量就较多。

(三) 加强同业存款业务管理的措施

1. 完善运营、管理、考核体系，积极开展同业合作。这方面主要做好两项工作：一是完善考核办法，健全激励约束机制；二是密切与金融同业的关系，建立沟通机制。

2. 关注资金市场价格行情，增强同业存款议价能力。一是关注资金市场利率走势，研究资金市场价格行情，及时将相关吸收情况与上级行进行沟通，争取理解支持以便多吸收存款。二是根据银行间市场同期限利率水平确定同业存款利率水平，总行对分行建立授权利率与银行市场利率联动机制，从而完善存款定价管理。三是下发部分同业存款审批权限，减少审批程序，提高工作效率。

3. 规范开展同业存款业务，完善资金核算体系管理。一是严格执行同业存款审批程序，严禁未经批准超利率上限、超额度组织同业存款，适时开展同业存款业务检查，对检查出的问题要严肃处理。二是利用内部资金转移定价对同业存款进行单独核算，即规定同业存款上存利率,不同期限对应不同的利率,进一步强化系统内资金往来利率差别化管理,引导分支机构正确处理负债总量增长和结构优化关系,大力发展稳定性强的负债业务。

> **知识链接9-2**
> 银行存贷比调整窗口未开　同业存款"暗变"一般存款

近日已有银行业人士向相关部门建议,将银行同业存款纳入一般存款范畴,通过做大存贷比分母(存款总额)作为调整存贷比考核标准的一种可行性方案。

此举能令被股市、信托等理财产品搬走的"存款"重新回归银行存贷比考核范畴,并通过做大银行存款额度,令银行有更多贷款额度支持实体经济。但是,2013年外汇占款骤增给银行带来额外增量存款,此项建议被纳入存贷比考核标准调整的概率却悄然走低。

按照现行的银行存款监管规定,银行同业存款不被视为一般存款,无法纳入银行存贷比考核范畴。然而,每逢月底,各家商业银行仍然积极发行各类挂钩银行同业存款的理财产品吸收资金。究其原因,是银行发现其中能将同业存款转化成活期存款的灰色操作空间。较常见的做法是,当某款挂钩银行同业存款的理财产品月底到期时,理财产品资金自动计为银行客户的活期存款账户,纳入银行当月存贷比考核范畴。

理财产品之所以青睐"挂钩同业存款",则是基于高息揽存。自2005年人民银行放开金融机构同业存款利率后,银行同业存款利率始终贴近同期限的政策性银行金融债利率区间,高于银行间拆借市场利率,成为银行月底吸存满足存贷比要求的重要手段。

更有甚者,由于银行同业存款无须银行间拆借市场对交易主体资格、拆借限额与期限、资金用途有着严格要求,个别银行通过"同业存款"变相运作"同业拆借",赚取额外的0.5%~1%利差收益,令监管部门无从知道拆入资金银行的短期资金真实缺口,并加以监管。

有的业内人士认为,将银行同业存款纳入一般存款范畴的建议,等于将上述灰色操作地带"阳光化"。毕竟,近年股市、信托等理财产品投资热,吸走大量客户存款,但这些被理财产品吸走的资金转而又以信托产品存款等形式回归银行同业存款,此项建议等于让这部分资金重新回到银行一般存款范畴。

据悉,目前相关部门对这项建议持谨慎评估态度。一旦银行同业存款被纳入一般存款范畴,相关银行将缴纳相应的存款准备金,随着同业存款的转移,两家银行结算存款准备金的操作性问题首先需要解决。

↑ 资料来源:陈植. 银行存贷比调整窗口未开　同业存款"暗变"一般存款[N]. 21世纪经济报道,2013-02-28,略有修改。

【本章小结】

现金资产是银行持有的库存现金以及与现金等同的可随时用于支付的银行资产,一般包括库存现金、在中央银行存款、存放同业款项和在途资金。

现金资产具有保持清偿力、保持流动性、满足法定存款准备金的要求及同业往来及清算作用。

商业银行的现金资产具有频繁性、波动性、强制性和矛盾性的特点。

现金资产的管理目的就是在确保商业银行流动性需要的前提下，为获取更多利润，尽可能地降低现金资产占总资产的比重，将持有现金资产的机会成本降到最低程度，使现金资产达到适度的规模。

银行在现金资产的管理中，应当坚持总量适度原则、适时调节原则和安全保障原则。

银行库存现金集中反映了银行经营的资产流动性和盈利性状况，在银行日常运营过程中，现金处于流动状态，既有现金收入，又有现金支出，银行现金收支的差额即形成现金投放或现金回笼。

一般情况下，银行库存现金的管理涉及三个层面：人民银行发行库、商业银行中心金库、商业银行营业网点的机构尾箱。

影响银行库存现金的因素比较复杂，其中主要有现金收支规律、与中央银行发行库的距离、交通条件及发行库的规定、银行所在城市、后勤保障条件、营业网点的数量和开设网点的地理位置及商业银行内部管理等因素。针对上述因素，商业银行要采取相应的措施来加强库存现金管理。

对法定存款准备金的管理主要是围绕法定存款准备金的准确计提与及时上缴进行的；超额存款准备金管理的重点，是要在准确测算超额存款准备金需要量的前提下，适当控制准备金规模。

同业存款不仅发挥着金融机构办理资金结算、实现资金融通的基本功能，也成为银行类金融机构主动管理负债、拓展利润增长点的主要途径。

使用代理行的服务数量和项目、代理行的收费标准及可投资余额的收益率是影响同业存款需要量的因素，商业银行应据此采取相应的措施来加强同业存款的管理。

【重点概念】

现金资产　库存现金　法定存款准备金　超额存款准备金　现金投放　现金回笼　无时差准备金制度（CRR）　时差准备金制度（LRR）

【思考与练习题】

1. 简述现金资产的构成。
2. 简述现金资产的作用。
3. 简述现金资产管理原则。
4. 简述影响库存现金量的主要因素。
5. 简述加强库存现金管理的措施。
6. 简述影响超额存款准备金需要量的因素。
7. 简述影响同业存款需要量的因素。
8. 简述有哪些加强同业存款业务管理的措施。

第十章

商业银行表外业务管理

【本章学习目标】
1. 了解商业银行中间业务的概念和种类；
2. 掌握表外业务的概念、特点，了解表外业务遵循的原则；
3. 了解巴塞尔委员会关于表外业务的分类；
4. 了解商业银行支付结算业务的含义和结算方式；
5. 了解商业银行代理业务的含义及范围；
6. 了解咨询顾问业务的内容；
7. 掌握资产托管业务的含义，了解资产托管业务的分类、服务内容及托管职责；
8. 了解出租保管箱业务的基本内容；
9. 了解银行卡的含义及种类，掌握信用卡和借记卡的含义及功能；
10. 了解理财业务的含义及基本规定；
11. 了解银行承兑汇票、银行保函、信用证、备用信用证、贷款承诺、票据发行便利的含义；
12. 了解衍生产品的种类。

第一节 表外业务概述

表外业务是商业银行经营多元化发展的产物。20世纪80年代以来，随着金融市场化和金融创新步伐的日益加快，商业银行业务经营结构发生了深刻变化，表外业务的快速发展和丰富为银行多元化经营增添了活力和动力，同时也对商业银行风险管理机制提出了新的挑战。

一、中间业务

中间业务是指商业银行不动用或不直接运用自己的资金，也不占用或不直接占用客户的资金，以中间人身份替客户办理收付或其他委托事项，提供各类金融服务并收取手续费的业务。

在中间业务中，商业银行不以信用活动一方的身份出现，只是以中间人的身份出现，它一般不会引起商业银行资产负债的变化，一般不反映在商业银行的资产负债表内。

从广义角度来说，中间业务是指资产业务和负债业务以外的所有业务，商业银行在其中既不是债权人也不是债务人。因此，凡不在银行资产负债表中直接反映出来的业务，都属于中间业务。依据 2001 年 6 月人民银行发布的《商业银行中间业务暂行规定》和 2002 年 4 月《人民银行关于落实〈商业银行中间业务暂行规定〉有关问题的通知》①，中间业务是指不构成商业银行表内资产、表内负债，形成银行非利息收入的业务，我国的中间业务分为九大类：（1）支付结算类中间业务，包括国内外结算业务；（2）银行卡业务，包括信用卡和借记卡业务；（3）代理类中间业务，包括代理证券业务、代理保险业务、代理金融机构委托、代收代付等；（4）担保类中间业务，包括银行承兑汇票、备用信用证、各类银行保函等；（5）承诺类中间业务，主要包括贷款承诺业务；（6）交易类中间业务，如远期外汇合约、金融期货、互换和期权等；（7）基金托管业务，如封闭式或开放式投资基金托管业务；（8）咨询顾问类业务，如信息咨询、财务顾问等；（9）其他类中间业务，如保管箱业务等。

二、表外业务

从财务会计角度看，银行业务可以分为表内业务和表外业务。这里的"表"指的是资产负债表。表内业务是指在资产负债表上反映的业务，如银行存款、贷款、证券投资等业务。表外业务是指商业银行从事的，按照现行的会计准则不计入资产负债表内，不形成现实资产负债，但能够引起当期损益变动的业务。由于这种业务不直接反映在银行的资产负债表内，所以称为表外业务，如担保业务、承诺业务。

巴塞尔委员会将商业银行表外业务分为广义表外业务和狭义表外业务。广义表外业务包含狭义表外业务和传统的表外业务。一类是或有资产和或有负债业务，即狭义表外业务，如贷款承诺、担保、互换、期权等。商业银行在经办这类业务时虽然没有发生实际的货币收付，银行也没有垫付资金，但是，由于它同银行资产负债业务密切相关，在一定条件下能转变为资产负债业务，同时在银行资产负债表中得到反映，按照与资产负债的关系，这种表外业务又可称为或有资产业务与或有负债业务。由于这类业务是伴随国际金融市场以及计算机和现代通信技术的发展而发展起来的，产生时间相对较短，因此，也可称为新兴表外业务。另一类是金融服务类业务，一般是指商业银行不运用或较少运用自己的资金，以中间人身份代客户办理收付业务或其他委托事项，为客户提供各类金融服务并收取手续费的业务，如支付结算业务、代理业务、咨询业务、托管业务等。金融服务类业务与商业银行资产负债业务相伴而生，存在的历史悠久，而且没有风险，相对安全，所以也可称为传统的表外业务。

---

① 2001 年 6 月的《商业银行中间业务暂行规定》和 2002 年 4 月的《人民银行关于落实〈商业银行中间业务暂行规定〉有关问题的通知》已在 2008 年被列入不适用的规章和规范性文件目录。

在一定情况下，表外业务可以转化为表内业务，此时，应由表外核算转换到表内核算。主要是或有资产业务、或有负债业务最终形成了确定性的资产或者负债。因此，表外业务并非与资产负债表毫无关联，反而对银行资产负债的变动形成了不确定的风险。

三、中间业务与表外业务

表外业务从会计核算的口径出发，中间业务则主要基于业务类别。长期以来，我国习惯上将资产负债业务以外的其他业务统称为中间业务，而西方国家则称为表外业务。

我国的中间业务的范围与广义的表外业务范围大体一致。我国中间业务中的金融服务类业务，即传统的中间业务、服务类中间业务，可视为传统的表外业务；我国中间业务中涉及风险的业务属于或有资产与或有负债的业务，可视为狭义的表外业务。

在本章银行业务的论述中，我们采用表外业务的称谓及分类，代替过去的中间业务的称谓及分类。

四、表外业务的分类

2016 年 11 月，银监会发布《商业银行表外业务风险管理指引（征求意见稿）》，根据表外业务特征和法律关系，将表外业务分为担保承诺类、代理投融资服务类、中介服务类和其他等四大类。

担保承诺类业务包括担保类、承诺类等按照约定承担偿还责任的业务。担保类业务是指商业银行对第三方承担偿还责任的业务，包括但不限于银行承兑汇票、保函、信用证、信用风险仍在银行的销售与购买协议等。承诺类业务是指商业银行在未来某一日期按照事先约定的条件向客户提供约定的信用业务，包括但不限于贷款承诺等。

代理投融资服务类业务指商业银行根据客户委托，为客户提供投融资服务但不承担代偿责任、不承诺投资回报的表外业务，包括但不限于委托贷款、委托投资、代客非保本理财、代客交易、代理发行和承销债券等。

中介服务类业务指商业银行根据客户委托，提供中介服务、收取手续费的业务，包括但不限于代理收付、财务顾问、资产托管、各类保管业务等。

其他类表外业务是指上述业务种类之外的其他表外业务。

为表述方便，本章将表外业务分为担保承诺类业务、服务类业务和衍生品交易业务三类。其中，代理投融资服务类业务和中介服务类业务合并为服务类业务，其他业务定位为衍生品交易业务。

五、表外业务的特点

（一）表外业务主要是以非资金资源为客户服务

商业银行从事的许多表外业务，主要是通过运用自身的信誉、机构、设备及人员，利用其非资金资源优势为客户提供服务，并收取一定的费用，如保函、信用证等，它满足的是顾客的非资金需求，如结算、规避风险等。

（二）表外业务形式多样，操作灵活

与表内业务相比，表外业务在形式上更加多样，充分体现了银行在业务操作上的灵活性。银行不仅可以提供没有风险的金融中介服务，还能够涉足具有较高风险的金融衍生工具市场；不仅直接参与金融市场的操作，还能够以中间人的身份出现；不仅可以作为无形市场，还可能成为有形市场。这种灵活性使银行表外业务获得了广阔的发展空间，从而在各个国家，特别是经济发达国家以惊人的速度发展起来。相比之下，传统的资产、负债业务虽然也有创新，但在形式上相形见绌，并由于市场的饱和在发展上停滞不前。

（三）表外业务会计处理透明度差，监管程序复杂

国际上对表外业务的记录方式差异比较大，部分表外业务以脚注的形式体现在资产负债表上，而大部分表外业务是不能够在财务报表上体现出来的，这样就造成了监管当局、股东、债权人等外部人员难以了解银行业务的真实状况，使银行的经营透明度降低。由于时间原因，银行内部人员在对表外业务进行统计分析和风险控制时也存在相当的难度，而外部人员更无法对银行的经营活动进行有效的监管和控制，这就隐藏着很大的风险。目前经济金融一体化的程度越来越深，任何风险都有可能造成一个国家甚至全球范围内的金融大波动，如2008年的全球金融危机。因此，表外业务的不断发展也在一定程度上要求提高国际银行业的会计处理和监管力度。

（四）部分表外业务金融杠杆高，盈亏风险大

该种状况主要体现在股票、期货等投机交易类业务上，此类业务占用资金少，成本低，属于"以小博大"、高收益、高风险的杠杆性金融业务，受交易者预测和市场波动的双重影响。当两者一致时，可能产生巨大的收益，反之也可能会造成重大的亏损。例如，进行期货交易通常只需缴纳较低的保证金，就可以操纵金额巨大的合约，盈亏都很大，如果银行管理层对此监控不力或存在投机心理，后果将非常严重。

六、表外业务遵循的原则

商业银行开展表外业务，应当遵循以下原则：

1. **全覆盖原则**。商业银行应当对表外业务实施全面统一管理，覆盖表外业务所包含的各类风险。

2. **分类管理原则**。商业银行应当区分自营业务与代客业务，区分不同表外业务的性质和承担的风险种类，实行分类管理。

3. **实质重于形式原则**。商业银行应当按照业务实质和风险实质归类和管理表外业务。

4. **内控优先原则**。商业银行开办表外业务，应当坚持风险为本、审慎经营的理念，坚持合规管理、风险管理优先。

5. **信息透明原则**。商业银行应当按照监管要求披露表外业务信息。

第十章 商业银行表外业务管理

> **知识链接 10－1**
> **央行：银行表外业务近254 万亿元 存风险隐患**

2017 年 7 月 4 日，人民银行发布《中国金融稳定报告（2017）》（以下简称《报告》），指出银行业的表外业务继续增长，其风险隐患值得关注。

目前，银行业表内外资产规模已经"五五开"。《报告》指出，截至 2016 年末，银行业金融机构表外业务余额为 253.52 万亿元，其表外资产规模相当于银行业表内总资产规模 109.16%，比上年末提高 12.04 个百分点。

按银监会定义，表外业务是指商业银行从事的，按照现行的会计准则不计入资产负债表内，不形成现实资产负债，但能够引起当期损益变动的业务。表外业务分为四类：担保承诺类、代理投融资服务类、中介服务类、其他类。

《报告》并未一一列举表外具体业务的规模，但指出 253.5 万亿元的表外业务中，担保类 19.03 万亿元，承诺类 16.08 万亿元，金融资产服务类 164.63 万亿元。根据银行业协会数据，银行业托管资产达 121.92 万亿元，这可能占到了央行所统计的金融资产服务类的大头。

《报告》指出，"商业银行表外业务管理仍然较为薄弱，表内外风险可能出现交叉传染"。

与 2015 年的银行业运行状况相比，《报告》指出，2016 年的银行业资产质量下行压力趋缓，资本充足率略有下降。在信用风险之外，《报告》还首次提及"操作风险、合规风险不容忽视"。对房地产贷款而言，由 2015 年的"房地产市场出现分化"变为 2016 年的"房地产市场出现局部泡沫风险"。

《报告》指出，将把防控金融风险放到更重要的位置，重点关注银行业资产质量、流动性、同业业务、银行理财和表外业务等领域的风险，密切跟踪交叉性金融风险、房地产市场风险、地方政府融资平台风险、互联网金融风险和非法集资风险。防范民间金融和境外金融风险的冲击，重视海外合规风险管理。

《中国金融稳定报告》是每年全面评估中国金融体系的稳健性状况的权威报告，财政部副部长史耀斌、人民银行副行长范一飞、银监会副主席王兆星、证监会副主席姜洋、保监会副主席陈文辉已担任了多年的报告指导小组成员。

流动性存在不稳定因素

2016 年的《报告》指出，银行业资产质量下行压力继续加大，资本充足率稳中有升。2017 年《报告》指出的问题则相反：银行业资产质量下行压力趋缓，资本充足率略有下降。

《报告》披露，截至 2016 年末，银行业金融机构不良贷款余额 2.19 万亿元，其中，商业银行不良贷款余额 1.51 万亿元，已连续 21 个季度反弹。值得注意的是，银行业关注类贷款余额 5.28 万亿元，银行业逾期贷款 3.24 万亿元，均持续上升。

同时，衡量银行不良真实性的关键指标：逾期 90 天以上贷款余额与不良贷款余额比值超过了 100%，已达 102.6%，比上年末上升 7.97 个百分点。商业银行拨备覆盖率 176.4%，比上年末下降 4.85 个百分点。

一个明显的趋势是，虽然资本质量仍处于较高水平，但商业银行亟待"补血"。据《报告》披露，截至 2016 年末，商业银行资本充足率为 13.28%，同比下降为 0.17 个百分点，资本补充压力有所加大；核心一级资本充足率为 10.75%，比上年末下降 0.16 个百分点。核心一级资本净额占资本净额的 80.97%，比上年末下降 0.13 个百分点。

因此,《报告》展望,将创新商业银行资本补充工具,扩大转股型二级资本债发行规模。

在流动性风险方面,《报告》指出,截至2016年末,商业银行流动性比例为47.55%,存贷比为67.61%,核心负债依存度56.57%,流动性整体合理充裕,但仍存在两大不稳定因素:一是存款大幅波动仍然明显。2016年,银行业金融机构存款跨季月间波幅最高超过8万亿元。二是银行资金来源稳定性有待提高。2016年银行业金融机构存款环比增速各月均低于7%,其中四个月环比为负增长。一些同业业务比重高、资产负债期限错配严重的中小银行,流动性风险管理难度加大。据《报告》披露,2016年同业存单发行13万亿元,是2015年发行量的144%。

几大风险

在信用风险方面,《报告》指出,2016年银行业信用风险总体可控,非金融企业债务风险继续暴露,其中房地产市场出现局部泡沫风险。

据《报告》,2016年,银行授信总额在10亿元以上的企业发生债务风险事件仍然较多,风险领域主要集中在低端制造业和产能过剩行业。非金融企业杠杆率上升,部分企业依靠"借新还旧"甚至"借新还息"维持经营,新增融资周转效率低下。一些产品没有竞争力、财务不可持续、资不抵债的僵尸企业占用信贷资源,不仅造成非金融企业部门债务积累、难以消化,而且扭曲信用定价体系、降低了资金使用效率。部分地区恶意逃废债情况时有发生。

房地产市场方面,《报告》指出,部分一、二线城市房价偏高、上涨过快,呈泡沫化趋势,首付贷、房抵贷等产品与房价上涨相互强化,进一步助推房地产泡沫。新增信贷资源过于集中投放于房地产领域。

据《报告》披露,截至2016年12月末,银行业金融机构房地产贷款余额为26.7万亿元,占各项贷款余额的25%,比上年末上升2.7个百分点;房地产贷款余额比年初增加5.7万亿元,占全部新增贷款的44.8%;房地产不良贷款余额660亿元,不良率为0.77%,比上年末上升0.08个百分点。

《报告》还提及,操作风险、合规风险不容忽视。部分银行业金融机构在公司治理、内部控制等方面仍有不足,风险管理、合规经营等问题依然存在,重大案件时有发生,案发领域从传统的存贷款业务向同业、表外业务等领域蔓延。个别银行发生大额票据、"假保函"案件。

同时,随着银行业"走出去"步伐加快,海外合规风险也在增加。此外,部分小额贷款公司、融资性担保公司、融资租赁公司等具有融资功能的非金融机构由于内部管理不善、外部监管不足等原因,发生多起风险事件。

除此之外,互联网金融及非法集资风险继续暴露。2016年,我国互联网金融和非法集资风险得到了一定程度的遏制,但相关风险事件仍在持续暴露。

《报告》指出,某些互联网金融业态偏离了正确的创新方向,部分机构风险意识、合规意识、消费者权益保护意识不强,反洗钱、恐怖融资制度缺失,有些甚至打着"金融创新"的幌子进行非法集资、金融诈骗等违法犯罪活动。大量未取得金融牌照的机构开展理财等金融活动涉嫌非法集资,民间投融资中介机构、P2P网络借贷、农民合作社、房地产、私募基金等领域非法集资案件高发。

较2016年《报告》,2017年的《报告》指出了该领域风险的新特点:养老机构、消费返利、地方交易场所等领域涉嫌非法集资问题逐步显现,比特币等特定虚拟商品吸引投资者跟风炒作也存在一定风险。

↑ 资料来源:吴红毓然. 央行:银行表外业务近254万亿元 存风险隐患 [EB/OL]. 财新网,2017-07-05.

第二节 服务类业务

服务类业务是指商业银行不运用或较少运用自己的资金,以中间人身份代客户办理收付业务或其他委托事项,为客户提供各类金融服务并收取手续费的业务,如支付结算业务、代理业务、咨询顾问业务、资产托管业务等。

一、支付结算业务

支付结算业务是指银行为客户采用票据、汇款、托收、信用证、信用卡等结算方式进行货币支付及资金清算提供的服务。支付结算业务的主要收入来源是手续费收入,传统的结算方式是指"三票一汇",即汇票、本票、支票和汇款。

1. 汇票。汇票是指出票人签发的,委托付款人在见票时或者在指定日期或者在将来可以确定的日期,向收款人或持票人无条件支付确定金额的票据。

汇票分为银行汇票和商业汇票两种。银行汇票由出票银行签发,商业汇票由银行之外的其他单位签发,商业汇票又分为商业承兑汇票(由银行以外的付款人承兑)和银行承兑汇票(由银行承兑)两种。

2. 本票。本票是指出票人签发的,承诺自己在见票时无条件支付确定的金额给收款人或者持票人的票据。

本票包括商业本票和银行本票。其中,银行本票是银行签发的,承诺自己在见票时无条件支付确定金额给收款人或者持票人的票据。银行本票用于单位和个人在同一交换区域支付各种款项,在实践中,没有银行支票账户的客户一般采用银行本票。

3. 支票。支票是指出票人签发的,委托办理支票存款业务的银行或者其他金融机构在见票时无条件支付确定的金额给收款人或者持票人的票据。

支票可用于单位和个人的各种款项结算,分为现金支票、转账支票和普通支票等。

4. 汇款。汇款业务是指银行接受客户的委托,通过银行间的资金划拨、清算、通汇网络,将款项汇往收款方的一种结算方式,主要有电汇、票汇、信汇三种方式。

其中,电汇比较常见。电汇业务是指汇出行应汇款人的要求,采用加押电传或SWIFT(环球银行间金融电讯网络)形式,指示汇入行付款给指定收款人。其特点是交款迅速,安全可靠、费用高,多用于急需用款和大额汇款。

二、代理业务

代理业务是指商业银行接受客户委托、代为办理客户指定的经济事务、提供金融服务并收取一定费用的业务,包括代收代付业务、代理政策性银行业务、代理中央银行业务、代理商业银行业务、代理证券业务、代理保险业务,以及委托贷款业务、委托投资业务等。

1. 代理收付业务。代理收付业务是指商业银行利用自身的结算便利,接受客户委托代为办理指定款项收付事宜的业务，主要包括代理各项公用事业收费、代理行政事业性收费和财政性收费、代发工资、代扣住房按揭消费贷款等。

2. 代理政策性银行业务。代理政策性银行业务是指商业银行接受政策性银行委托，代为办理政策性银行因服务功能和网点设置等方面的限制而无法办理的业务。代理政策性银行业务主要包括代理资金结算、代理现金支付、代理专项资金管理、代理贷款项目管理等业务。商业银行代理政策性银行业务风险较低，同时又可以为商业银行带来较为丰厚的手续费收入，并可以借此拓展和巩固银行客户。

3. 代理中央银行业务。代理中央银行业务是指根据政策、法规应由中央银行承担，但由于机构设置、专业优势等方面的原因，由中央银行指定或委托商业银行承担的业务。代理中央银行业务主要包括代理财政性存款、代理国库、代理金银等。

4. 代理商业银行业务。代理商业银行业务是指商业银行之间相互代理的业务，主要包括代理结算业务、代理外币清算业务、代理外币现钞业务等。其中，代理结算业务具体包括代理银行汇票业务和汇兑、委托收款、托收承付业务等其他结算业务。

5. 代理证券业务。代理证券业务是指商业银行接受委托办理的代理发行、兑付、买卖各类有价证券的业务，还包括接受委托代办债券还本付息、代发股票红利、代理证券资金清算等业务。此处有价证券主要包括国债、公司债券、金融债券、股票等。

6. 代理保险业务。代理保险业务是指商业银行接受保险公司的委托，代其办理保险业务的经营活动。商业银行代理保险业务，可以受托于个人或法人投保险种的保险事宜，也可以作为保险公司的代表，与保险公司签订代理协议，是保险人委托代理银行办理保险业务的代理行为。代理银行依托自身的结算、网络等优势，结合所拥有的客户群体资源，为保险公司提供代理保险业务的服务。

7. 委托贷款业务。委托贷款是指委托人提供资金，由商业银行（受托人）根据委托人确定的借款人、用途、金额、币种、期限、利率等代为发放、协助监督使用、协助收回的贷款。

按照现行法规要求，商业银行不得接受委托人受托管理的他人资金（包括资管计划、银行理财、信托计划、私募基金等）、银行的授信资金、具有特定用途的各类专项基金、其他债务性资金及无法证明来源的资金用于发放委托贷款。

商业银行受托发放的贷款应有明确用途，资金用途应符合法律法规、国家宏观调控和产业政策。委托贷款资金不得用于生产、经营或投资国家禁止的领域和用途；不得从事债券、期货、金融衍生品、资产管理产品等投资；不得作为注册资本金、注册验资；不得用于股本权益性投资或增资扩股。

商业银行在办理委托贷款业务中，不得代委托人确定借款人；不得参与委托人的贷款决策；不得代委托人垫付资金发放委托贷款；不得代借款人确定担保人；不得代借款人垫付资金归还委托贷款，或者用信贷、理财资金直接或间接承接委托贷款；不得为委托贷款提供各种形式的担保；不得签订改变委托贷款业务性质的其他合同或协议。

在委托贷款业务中，商业银行应按照"谁委托谁付费"的原则向委托人收取代理手续费，不承担信用风险。

知识链接 10-2
银监会列出委托贷款资金来源五大"负面清单"

近年来，商业银行委托贷款业务发展较快，对服务实体经济发展发挥了积极作用，但由于缺乏统一的制度规范，也存在一定风险隐患。对此，银监会制定了《商业银行委托贷款管理办法》（以下简称《管理办法》），对委托贷款的资金来源和资金用途列出"负面清单"，以规范商业银行委托贷款业务，防范相关金融风险，更好地服务实体经济。

商业银行委托贷款，是指委托人提供资金，由商业银行（受托人）根据委托人确定的借款人、用途、金额、币种、期限、利率等代为发放、协助监督使用、协助收回的贷款，不包括现金管理项下委托贷款和住房公积金项下委托贷款。委托人包括提供委托贷款资金的法人、非法人组织、个体工商户和具有完全民事行为能力的自然人。

中国人民银行发布的《2017 年第三季度中国货币政策执行报告》显示，截至 2017 年 9 月末，委托贷款存量规模为 13.88 万亿元，在 171.23 万亿元社会融资规模中占 8.11%，是社会融资途径中的第三大来源。

委托贷款存在风险与套利行为，体现在以下几个方面：

2013 年以来，存款类银行机构为规避信贷额度控制，不断创新委托贷款业务的操作模式，增加交易环节和交易对手，委托贷款逐渐演变为银行规避信贷规模控制的工具。2015 年存贷比监管指标取消之后，委托贷款又逐步演变为规避授信集中度和资本管理的工具。所以《管理办法》要求，对委托人在商业银行的授信需严加审查，原则上不得向有委托贷款余额的委托人新增授信。

此外，部分信贷资金发放委托贷款进行套利，这在不少大中型企业中表现更甚。对此，《管理办法》也对资金来源严加控制，严禁接受五种资金发放委托贷款：一是国家规定具有特殊用途的各类专项基金；二是银行授信资金；三是发行债券筹集的资金；四是筹集的他人资金；五是无法证明来源的资金。

为解决上述问题，《管理办法》从五个方面对商业银行委托贷款进行规定：一是明确委托贷款的业务定位和各方当事人职责。《管理办法》明确委托贷款业务是商业银行的委托代理业务，商业银行作为受托人，按照权责利匹配原则提供服务，委托人承担委托贷款的信用风险。二是规范委托贷款的资金来源。《管理办法》要求商业银行对委托资金来源合法性进行必要的审查，且明确了不得用于发放委托贷款的资金类型。三是规范委托贷款的资金用途。《管理办法》体现了金融服务实体经济的要求，明确委托资金用途应符合有关规定，并对资金用途进行了限定。四是要求商业银行加强委托贷款风险管理。《管理办法》要求商业银行将委托贷款业务与自营业务严格区分，加强风险隔离和业务管理。五是加强委托贷款业务的监管。《管理办法》明确，银监会或其派出机构将对违规办理委托贷款业务的商业银行依法采取相应监管措施或实施处罚。

银监会方面指出，《管理办法》的出台主要基于三个目的。一是弥补监管短板。目前，还没有专门制度对委托贷款业务进行全面、系统的规范，《管理办法》的出台填补了委托贷款监管制度的空白，为商业银行办理委托贷款业务提供了制度依据。二是加强风险管理。《管理办法》要求商业银行完善委托贷款业务内部管理制度和流程，严格风险控制措施，不得超越受托人职责开展业务，同时，强化了相关监管要求。三是服务实体经济。《管理办法》要求委托贷款资金用途应符合国家宏观调控和产业政策，有利于促进业务健康发展，防止资金脱实向虚，从而更好地发挥服务实体经济的作用。

《管理办法》的出台相当于禁止了具备贷款资质的机构作为委托人，所以银行作为委托人的模式彻底被封堵。此前，不少业务模式是银行不同分行作为委托人和受托人发放委托贷款，或者不同银行之间通过委托贷款发放资金。另外，也禁止了受托管理的他人资金作为委托方，所以任何资产管理产品募集的资金都不能再发放委托贷款。这等于封堵了当前很多资管产品非标投资的重要渠道，如私募基金的非标投资很多通过委托贷款途径发放。

🠕 资料来源：张末冬. 银监会列出委托贷款资金来源五大"负面清单"[N]. 金融时报，2018-01-08，略有修改。

---

8. 委托投资业务。委托投资是指商业银行接受客户委托而进行的投资。在委托投资中，委托人提供资金，由商行根据委托人确定的投资对象、金额、期限等代理进行投资。委托投资的资金由委托人提供，商行不得代垫资金，其风险由委托人承担。

三、咨询顾问业务

咨询顾问业务是指商业银行依靠自身在信息、人才、信誉、渠道等方面的优势，为客户提供的以信息咨询、资产管理顾问、财务顾问以及现金管理等服务为主要内容的业务。

1. 企业信息咨询业务，包括项目评估、企业信用等级评估、验证企业注册资金、资信证明、企业管理咨询等。

2. 资产管理顾问业务，是指为机构投资者或个人投资者提供全面的资产管理服务，包括投资组合建议、投资分析、税务服务、信息提供、风险控制等。

3. 财务顾问业务，包括大型建设项目财务顾问业务和企业并购顾问业务。大型建设项目财务顾问业务是指商业银行为大型建设项目的融资结构、融资安排提出专业性方案。企业并购顾问业务是指商业银行为企业的兼并和收购双方提供的财务顾问业务，银行不仅参与企业兼并与收购的过程，而且作为企业的持续发展顾问，参与公司结构调整、资本充实和重新核定、破产和困境公司的重组等策划与操作过程。

4. 现金管理业务，是指商业银行协助企业，科学合理地管理现金账户头寸及活期存款余额，以达到提高资金流动性和使用效益的目的。

四、资产托管业务

（一）资产托管业务的含义

资产托管业务，是指商业银行作为独立的第三方当事人，根据法律法规规定，与委托人、管理人或受托人签订托管合同，依约保管委托资产，履行托管合同约定的权利义务，提供托管服务，并收取托管、保管费用的业务。

（二）资产托管业务分类

1. 按照产品类别划分，托管业务包括但不限于：

（1）公募证券投资基金；

（2）证券公司及其子公司、基金管理公司及其子公司、期货公司及其子公司、保险

资产管理公司、金融资产投资公司等金融机构资产管理产品;
(3) 信托财产;
(4) 银行理财产品;
(5) 保险资产;
(6) 基本养老保险基金;
(7) 全国社会保障基金;
(8) 年金基金;
(9) 私募投资基金;
(10) 各类跨境产品;
(11) 客户资金;
(12) 其他托管产品。

2. 按经济关系划分,包括服务于所有权转移的交易类资产托管业务,服务于所有权和经营权分离的余额类资产托管业务,以及其他业务。

(三) 资产托管业务的服务内容

商业银行资产托管业务的服务内容,可以通过合同选择性地约定以下内容:

(1) 资产保管服务。根据法律法规规定和托管合同约定,安全保管托管银行可控制账户内的托管资产;未经相关当事人同意,不得自行运用、处分、分配托管资产。

(2) 账户服务。根据法律法规规定和托管合同约定,为托管资产开立银行账户、证券账户、基金账户、期货账户等,并负责办理相关账户的变更、撤销等。

(3) 会计核算(估值)服务。根据托管合同约定的会计核算办法和资产估值方式,根据相关会计准则的规定对托管资产单独建账,进行会计处理(估值)、账务核对、报告编制等。

(4) 资金清算服务。根据托管合同约定,执行托管账户的资金划拨、办理托管资产的资金清算等事宜。

(5) 交易结算服务。根据投资标的市场交易结算规则和托管合同约定,办理托管资产的结算交收等事宜。

(6) 投资监督服务。根据法律法规规定和托管合同约定,对托管资产的投资运作情况进行监督,包括托管账户的资金投资范围和投资比例、收益计算及分配等情况。

(7) 信息披露服务。根据法律法规、行业协会规定以及托管合同约定,将托管合同履行情况和托管资产的情况向相关当事人履行披露和报告义务。

(8) 公司行动服务。根据托管合同约定,向相关当事人提供托管资产持有证券的公司行动信息,以及根据委托人指令(如有)代为行使证券持有者权利。

(9) 依法提供的在托管合同中约定的其他服务。

(四) 托管职责

托管银行开展资产托管业务,应当根据法律法规规定和托管合同约定,承担下述全部或部分职责:

(1) 开立并管理托管账户;

(2) 安全保管资产；

(3) 执行资金划拨指令，办理托管资产的资金清算及证券交收事宜；

(4) 对托管资产的资产、负债等会计要素进行确认、计量，复核受托人或管理人计算的托管资产财务数据；

(5) 履行投资监督和信息披露职责；

(6) 保管托管业务活动的记录、账册、报表等相关资料；

(7) 法律法规明确规定的其他托管职责。

知识链接 10-3
我国商业银行资产托管业务二十年变迁与发展趋势

随着"大资管"时代的到来，为适应不同资产管理机构的服务需求，资产托管行业提供的服务将逐步从以资产安全保管、估值核算、清算交收为核心的基础服务向绩效评价、风险分析等高附加值、综合型的增值服务升级。

我国资产托管行业二十年变迁史

初步探索阶段（1998—2001年）：商业银行开办托管业务大幕徐徐拉开，五大行试水托管业务。我国商业银行的资产托管业务模式，是借鉴了国际上成熟的资产托管人制度，依托《信托法》法律基础，结合我国具体国情确立和完善起来的。1997年11月，国务院批准发布《证券投资基金管理暂行办法》，明确基金资产管理运用与资产保管职能分离、主体分离的制度安排，首次确立证券投资基金资产托管机制，要求托管人履行资产保管、投资监督、资金清算、会计核算等职责。《证券投资基金管理暂行办法》的出台，成为我国资产托管业务发展的基础性制度保障，由此我国托管行业从证券投资基金托管业务起步，开启了发展之路。

1998年2月，经中国证监会和中国人民银行核准，中国工商银行、中国农业银行、中国银行、中国建设银行和交通银行5家银行首批获得公募基金托管资格。同年3月，中国工商银行托管了首批封闭式基金——"基金开元"和"基金金泰"，正式拉开国内商业银行开办托管业务的大幕，国内托管行业进入探索阶段，该阶段托管服务机构集中于五家大型商业银行，托管产品也较为单一，主要为封闭式基金，托管服务内容相对简单，主要提供资产保管、资金清算、估值核算等基础服务。

全面推广阶段（2002—2011年）：商业银行托管业务开疆拓土，托管服务内容愈加丰富和专业化。在封闭式基金运作过程中，托管业务在保障基金财产安全、独立，监督投资机构合规运作方面发挥了不可替代的作用，托管机制的核心作用和托管人的专业服务得到了监管部门和资本市场主体的认可。托管制度在证券投资基金中的成功实践使得监管部门通过顶层设计在诸多金融产品中引入了托管机制，意在提高资金运作的安全性，促进资产管理业务的健康发展。2004年6月1日，《中华人民共和国证券投资基金法》颁布实施，对托管人的任职资格、履行职责、行为规范、任职程序等进行了全面的规定，在法律上进一步明确了托管人所提供的服务内容及相应承担的法律责任，随后中国银监会、中国保监会、中国证监会出台部门规章，在信托、银行理财、保险资产、券商资管计划等领域也纷纷引入了托管机制，使托管业务不断开疆拓土，逐渐涉足企业年金、券商理财、信托、资产证券化、股权基金、银行理财、跨境投资、社会保障和交易支付等更为广阔的领域。此外，在经济全球化的背景下，伴随国外资本的引入，我国资本市场与世界资本市场接轨，托管业务不断深化和拓展，呈现出全球化发展趋势。

在资本市场类托管业务快速发展的同时，商业银行开始将托管机制中的保管、监督、信息披露等功能应用到实体经济领域，专项资金托管、交易资金托管应运而生。如在商贸或权属交易领域引入托管机制，保障交易资金安全，促进交易双方达成信任机制，再如在专项拨付资金、预付卡预收资金、保证资金等领域，托管人的介入有效解决了拨款人与付款人因信任缺失导致的资金安全问题。

随着托管产品类型的增多和复杂化，托管服务内容也愈加丰富和专业化，各家托管机构开始结合自身特点尝试不同的托管营销与营运模式。在传统的托管服务基础上，国内托管机构借鉴国外先进托管银行经验，从单纯的资产托管业务发展出更多衍生产品，通过增加附加值来满足资本市场需求。服务内容扩充至交易监督、行政外包、绩效分析、投资咨询、风险管理等增值托管方面，已形成"基础托管＋增值托管"的服务体系。

这一时期，市场上多家商业银行，如招商银行、光大银行、浦发银行、中信银行、民生银行、兴业银行等获批基金托管资格，加入托管队伍行列，证券公司、中国证券登记结算公司等非银行金融机构也相继获得托管资质。截至 2011 年末，全国共有 18 家商业银行获得证券投资基金托管业务资格，全行业托管规模从 1998 年的 100 亿元快速增长到 2011 年末的突破 14 万亿元。

高速发展阶段（2012 年至今）：资产托管机构队伍逐渐壮大，托管业务规模爆发式增长。2012 年下半年开始，金融监管部门相继出台政策，促进资产管理行业创新融合发展，各个资管子行业之间的竞合关系更加明显和充分。资产管理机构蓬勃发展，机构数量也大大增加，资产管理业务品种由公募基金拓展至保险、银行、信托、证券、期货等资产管理的各个细分领域，国内资管规模也实现了快速发展，截至 2017 年末，整体规模已超过 120 万亿元。资管行业的蓬勃发展，为资产托管业务带来了广阔的发展空间，托管对资管的覆盖度逐年攀升，逐步覆盖到大资管全部细分子行业，在该阶段托管行业发展呈现四个特征：

受益于资管业务高速发展，我国托管行业规模呈现爆发式增长。在该阶段，托管行业与资管行业相辅相成，共同成长。2013—2017 年我国资管市场规模完成了从 40 万亿元向 140 万亿元的跨越，年均复合增长率达到 33%。截至 2016 年末，我国资管行业总规模达到了 116.81 万亿元，首次超过金融机构人民币贷款余额 112.06 万亿元，标志着我国初步形成"银行贷款＋资管理财"的双轨制融资体系。在此背景下，托管行业规模从 2013 年的 30 万亿元增长至 2017 年末的 141.5 万亿元，年均增幅达到 47%，托管机制对资管规模的覆盖率由 2012 年的 67.2% 攀升至 2017 年的近 100%。托管人作为独立第三方，成为支撑资管行业健康发展的基石。

托管市场的各细分领域快速发展并形成了三种托管模式。一是"强托管"模式，在公募基金、全国社保、企业年金及保险资产等场内产品托管业务中，托管机构承担共同受托职责，对投资过程的资金流、信息流进行实质性监控与监督，全面履行保管、清算、核算、估值、监督、信息披露等职责，有效防范挪用风险。"强托管"模式下的资管产品规模合计约 30 万亿元，在大资管行业占比约 25%。二是"弱托管"（或称"保管"）模式，在信托、银行理财及通道类的券商资管计划和基金专户等非标投资类产品中，托管机构开立托管专户保管现金资产，但仅对资金划款指令进行形式性审核，无法全流程监督资金流转情况，第三方监督职能往往无法有效发挥。该模式下的资管规模为 70 万亿~80 万亿元，占比 2/3 左右。三是"无托管"模式，在部分私募股权投资基金领域、P2P 借贷等互联网金融领域，尚未引入托管机制。

资产托管机构队伍逐渐壮大，托管银行形成四个梯队。经过 20 年的发展，随着托管主体不断扩充，至今已逐步扩展涵盖全国性股份制商业银行、中小银行、证券公司及中国证券登记结算有限责任公司多种类型的托管机构。截至2017年末，市场上共有43家托管机构，包括27家商业银行、14家证券公司、中国证券登记结算有限公司和中国证券金融股份有限公司。按照托管规模，托管银行形成了四个梯队，截至2017年末，工商银行托管规模达到15.55万亿元，保持绝对领先优势；招商银行、建设银行、兴业银行、农业银行、浦发银行，规模均突破10万亿元；交通银行、中信银行、民生银行、中国银行、平安银行、光大银行，规模超过5万亿元；其他10余家银行规模低于5万亿元。

资管与托管市场蕴含的风险有所提升。在资管市场快速发展、规模持续提升的同时，资管市场风险隐患逐步积聚。一是监管套利导致金融监管盲区。设计复杂的交易结构、多产品嵌套、多通道"借壳"，成为资管机构规避监管的常用手段，同时复杂的交易安排也放大了风险，造成金融产品属性不明，"刚性兑付""资金池"容易演变为区域性、跨行业风险，威胁到金融市场总体安全。二是高杠杆放大市场总体风险。部分资管机构将加杠杆成为迅速做大规模、博取高收益的主要手段，一旦无法找到满足高收益要求的底层资产，资金往往在金融市场、金融机构间空转，导致"脱实向虚"，交叉形成系统性风险，并在高杠杆下放大为市场总体风险。三是托管第三方监督功能未能充分发挥。由于托管上位法缺失，在私募基金、信托计划、银行理财等托管领域，托管人和托管模式的选择由管理人决定，托管人只能被动接受"弱托管"模式，第三方监督职能无法有效发挥。在"无托管"领域，客户资产安全性无法得到有效保障，存在监督盲区，投资者利益极易受到侵害，易引发金融风险案件。

 资料来源：中国工商银行资产托管部. 我国商业银行资产托管业务二十年变迁与发展趋势 [J]. 中国银行业, 2018（8）.

五、保管业务

保管业务是指商业银行利用自身的设施（如保管箱、保管库）接受客户的委托，代为保管各种贵金属、珠宝、古玩字画、有价证券、契约文件、保密档案资料、设计图纸等，并收取一定手续费的业务。

当前，我国商业银行的保管业务主要是出租保管箱业务，是指银行接受客户的委托，以出租保管箱的形式代客户保管贵重物品的一项服务。保管箱业务是一种金融保障服务，通过出租保管箱服务，银行为客户提供专属、安全的存放空间，而客户可将家中的珠宝、古玩字画、股票债券、房产契约、保险单据等贵重或隐私物品进行存放，以解除对盗窃、失密或火灾等不安全情况的担忧，既维护个人财物不受损失，又严格保障个人隐私不受侵犯。

出租保管箱业务规定，除了液体、气体、易燃易爆品、腐蚀性易烂物品、违法违禁、具危险性物品、需要特殊保存条件物品外，其他物品均可存放。保管箱收费分租金与保证金。租金按年计收，保证金通常在申请租箱时一次性交付，主要用于扣除逾期租金及银行凿箱费用。我国保管箱租期一般按年计算，一年续租，使用不足一年按一年计收租金，开户时一次交足，并按一年租金总额收取保证金。

六、银行卡业务

银行卡是由商业银行（或者发卡机构）发行的具有消费信用、转账结算、存取现金等全部或部分功能的信用支付工具。

按照清偿方式的不同，银行卡主要包括信用卡和借记卡；按照结算货币的不同，银行卡可分为外币卡和本币卡；按照信息存储介质不同，银行卡可分为磁条卡和芯片卡；按照持卡人的地位和责任不同，银行卡可分为主卡和附属卡；按照合作单位性质不同，银行卡可分为联名卡和认同卡；按照发卡对象不同，银行卡可以分为单位卡和个人卡。

（一）信用卡

信用卡是指记录持卡人账户相关信息，具备银行授信额度和透支功能，并为持卡人提供相关银行服务的各类介质。

按是否向发卡银行交存备用金，信用卡分为贷记卡和准贷记卡两类。贷记卡是指发卡银行给予持卡人一定的信用额度，持卡人可在信用额度内先消费后还款的信用卡。准贷记卡是指持卡人先按发卡银行要求交存一定金额的备用金，当备用金余额不足支付时，可在发卡银行规定的信用额度内透支的信用卡。贷记卡是标准的信用卡，一般所说的信用卡即指贷记卡，而准贷记卡是我国信用卡业务发展过程中的一种过渡的信用卡。

信用卡业务是指商业银行利用具有授信额度和透支功能的银行卡提供的银行服务，主要包括发卡业务和收单业务。其中，发卡业务是指发卡银行基于对客户的评估结果，与符合条件的客户签约发放信用卡并提供相关银行服务的业务。发卡业务包括营销推广、审批授信、卡片制作发放、交易授权、交易处理、交易监测、资金结算、账务处理、争议处理、增值服务和欠款催收等业务环节。收单业务是指商业银行为商户等提供的受理信用卡，并完成相关资金结算的服务。收单业务包括商户资质审核、商户培训、受理终端安装维护管理、获取交易授权、处理交易信息、交易监测、资金垫付、资金结算、争议处理和增值服务等业务环节。

（二）借记卡

借记卡是指发卡银行向持卡人签发的，没有信用额度，持卡人先存款、后使用的银行卡。借记卡与储户的活期储蓄存款账户相联结，卡内消费、转账、ATM取款等都直接从存款账户扣划，不具备透支功能，需要先存款后消费。

借记卡按功能不同分为转账卡（含储蓄卡）、专用卡和储值卡。转账卡是实时扣账的借记卡，具有转账结算、存取现金和消费功能；专用卡是具有专门用途（指在百货、餐饮、饭店、娱乐行业以外的用途），在特定领域使用的借记卡，具有转账结算、存取现金功能；储值卡是发卡银行根据持卡人的要求将其资金转至卡内存储，交易时直接从卡内扣款的预付钱包式借记卡。

知识链接 10-4
中国银联

中国银联是中国银行卡联合组织，通过银联跨行交易清算系统，实现商业银行系统间的互联互通和资源共享，保证银行卡跨行、跨地区和跨境的使用。中国银联已与境内外两千多家机构展开广泛合作，银联网络遍布中国城乡，并已延伸至亚洲、欧洲、美洲、大洋洲、非洲等170个国家和地区。

中国银联大力推进各类基于银行卡的综合支付服务。持卡人不仅可以在 ATM、商户 POS 刷卡终端等使用银行卡，还可以通过互联网、手机、固定电话、自助终端、智能电视终端等各类新兴渠道实现公用事业缴费、机票和酒店预订、信用卡还款、自助转账等多种支付。围绕满足多元化用卡需求，在中国银联和商业银行等相关机构的共同努力下，一个范围更广、领域更多、渠道更丰富的银行卡受理环境正在逐步形成。

资料来源：中国银联网站。

七、理财业务

理财业务是指商业银行接受投资者委托，按照与投资者事先约定的投资策略、风险承担和收益分配方式，对受托的投资者财产进行投资和管理的金融服务。

我国现行法规规定：商业银行开展理财业务时，不得承诺保本保收益，出现兑付困难时，商业银行不得以任何形式垫资兑付；商业银行按照约定条件和实际投资收益情况向投资者支付收益、不保证本金支付和收益水平；商业银行开展理财业务，应当诚实守信、勤勉尽职地履行受人之托、代人理财职责，投资者自担投资风险并获得收益；商业银行开展理财业务，应当遵守成本可算、风险可控、信息充分披露的原则，严格遵守投资者适当性管理要求，保护投资者合法权益。

与传统表外业务相比，理财业务涉及信托、基金、证券、保险等领域，需要综合运用境内外货币市场及资本市场金融工具，是一项技术含量高的综合性金融服务。

第三节 担保承诺类业务

担保承诺类业务是指商业银行对第三方承担偿还责任的业务，以及在未来某一日期按照事先约定的条件向客户提供约定的信用业务，主要有银行承兑汇票、银行保函、信用证、备用信用证、贷款承诺、票据发行便利等。

一、银行承兑汇票

银行承兑汇票是由在承兑银行开立存款账户的存款人出票，向开户银行申请并经银行审查同意承兑的，保证在指定日期无条件支付确定的金额给收款人或持票人的票据。

对于银行而言，银行承兑汇票包括已贴现的银行承兑汇票和未贴现的银行承兑汇票。持票人将票据在到期日之前卖给银行，也就是所谓的贴现，票据贴现后就成了银行表内的贷款，即票据融资。未贴现的银行承兑汇票是银行的表外融资，体现了银行对企业的信用支持。

银行承兑汇票期限自出票之日起最长不超过 6 个月。银行承兑汇票要以真实的商品交易为基础，出票人（持票人）向银行申请办理承兑和贴现时，承兑行和贴现机构应按照支付结算制度的相关规定,对商业汇票的真实交易关系和债权债务关系进行审核。

二、银行保函

银行保函是指银行应申请人的要求,向受益人作出的书面付款保证承诺,银行将凭受益人提交的与保函条款相符的书面索赔履行担保支付或赔偿责任。

银行保函根据担保银行承担风险的不同及管理的需要,可分为融资类保函和非融资类保函两大类。融资类保函主要包括借款保函、授信额度保函、有价证券保付保函、融资租赁保函、延期付款保函,其核心特点是为申请人的融资行为及资金债务的偿还义务承担担保责任。非融资类保函主要包括投标保函、预付款保函、履约保函、关税保函、即期付款保函、经营租赁保函等。

三、信用证

信用证是由银行根据申请人的要求,向受益人(收款人)开立的载有一定金额,在一定期限内凭规定的单据在指定地点付款的书面保证文件,是一种有条件的银行支付承诺。

信用证是一项独立于贸易合同之外的契约,信用证业务处理的是单据,而不是与单据有关的货物。银行在信用证业务中能够提供的服务包括:在出口商按照信用证条款的要求提交合格的单证后,开证行承担首要付款责任;为出口商提供打包融资服务;对出口商可凭已装船单据办理押汇融资服务;可以为信用证使用各方提供相关咨询业务。

按开证行保证性质的不同,信用证可分为可撤销信用证和不可撤销信用证,现在银行基本上只开不可撤销信用证。按付款期限不同,信用证可分为即期信用证和远期信用证。即期信用证下,开证行应在收到相符单据次日起五个营业日内付款。远期信用证下,开证行应在收到相符单据次日起五个营业日内确认到期付款,并在到期日付款。信用证付款期限最长不超过一年。

四、备用信用证

备用信用证是开证行应借款人的要求,以放款人作为信用证的受益人而开具的一种特殊信用证,以保证在借款人不能及时履行义务或破产的情况下,由开证行向受益人及时支付本利。

备用信用证是在法律限制开立保函的情况下出现的保函业务的替代品,其实也是银行对借款人的一种担保行为。

备用信用证与其他信用证相比,其特征是在备用信用证业务关系中,开证行通常是第二付款人,即只有借款人发生意外才会发生资金的垫付。而在一般信用证业务中,只要受益人所提供的单据和信用证条款一致,无论申请人是否履行其义务,银行都要承担对受益人的第一付款责任。

备用信用证主要分为可撤销的备用信用证和不可撤销的备用信用证两类。可撤销的备用信用证是指附有申请人财务状况出现某种变化时可撤销或修改条款的信用证。这种信用证旨在保护开证行的利益,开证行是根据申请人的请求和指示开证的,如果没有申请人的指示，开证行是不会随意撤销信用证的。不可撤销的备用信用证是指开证行不可以单方面撤销或修改信用证。对受益人来说，开证行不可撤销的付款承诺使其有了可靠的收款保证。

银行开出备用信用证实际上是出借银行信用等级的行为，以此可使被担保人的信用等级有所提高。银行由此将面临市场风险与信用风险，但一般情况下较贷款损失要小得多，银行在开立备用信用证时要收取开证费。

五、贷款承诺

贷款承诺是指银行承诺客户在未来一定的时期内，按照双方事先约定的条件（期限、利率、金额、贷款用途等），应客户的要求，随时提供不超过一定限额的贷款。

贷款承诺具有期权性质。在贷款承诺下，商业银行为客户提供了一种保证，使其在未来一段时期内肯定可以获得所需要的贷款，商业银行则收取一定的费用作为提供这种保证的补偿。客户需要融通资金时，如果市场利率高于贷款承诺中规定的利率，客户就会要求商业银行履行贷款承诺；如果市场利率低于贷款承诺中规定的利率，客户就会放弃使用贷款承诺，而直接以市场利率借入所需资金，客户损失的仅为前期支付的承诺费或使用费。因此客户拥有是否选择履行贷款承诺的权利。对于商业银行而言，在承诺执行前，贷款承诺属于表外业务，一旦履行了承诺，贷款承诺业务就转化成真实的表内的信贷业务。

六、票据发行便利

票据发行便利，又称票据发行融资安排，它是商业银行与客户之间签订的具有法律约束力的中期循环融资保证协议。在协议期限（一般在3~7年）内，银行保证客户可以以自己的名义周转性地发行短期票据（一般是3~6个月），从而以短期融资的方式取得中长期的融资效果。承诺银行则依照协议负责承购借款人未能按期销售出去的全部票据，或承担提供备用信贷的责任，银行为这一承诺收取手续费。

票据发行便利使借款人得到了直接从货币市场上筹得低成本资金的保证，并能按短期利率获得银行长期贷款的承诺，银行则不但收取手续费，而且维持了与客户的良好关系，在该业务中，银行实际上充当了包销商的角色，从而产生了或有负债。

第四节 衍生产品交易业务

衍生产品本质上是一种跨期交易合约，这种合约可以是标准化的，有统一模式和规则条款，也可以是非标准化、由交易双方自己拟定的。衍生产品的价值取决于其基础标的，也受具体条款的影响。衍生产品的基本种类包括远期、期货、互换和期权，还包括具有远期、期货、互换和期权中一种或多种特征的混合金融工具。

一、远期

远期，也称为远期合同或远期合约。远期合约是指交易双方约定在未来的某一确定时间，以确定的价格买卖一定数量的某种标的资产的合约。远期交易最早是作为一种锁定未来价格的工具，交易双方需要确定交易的标的物、有效期和交割时的执行价格等内容，双方都必须履行协议。一般说来，双方协议确定合约的各项条款，其合约条件是为买卖双方量身定制的，满足了买卖双方的特殊要求，一般通过场外交易市场达成。

常见的远期交易包括商品远期交易、远期利率协议、远期外汇交易，以及远期股票合约等。其中，远期利率协议，是指交易双方约定在未来某个时点交换未来某个期限内一定本金基础上的协定利率与参照利率利息差额的合约；远期外汇交易，是指外汇买卖成交后并不立即办理交割，而是根据合同的规定，在约定的日期按约定的汇率办理交割的外汇交易；远期股票合约，是指在将来某一特定日期按特定价格交付一定数量单只股票或一揽子股票的协议。

由于采用了一对一交易的方式，远期交易事项可协商确定，较为灵活。但是，非集中交易同时也带来了成交困难、交易成本较高、对手违约风险较高等缺点。

二、期货

期货与现货相对应，并由现货衍生而来。期货不是货，通常是指以某种大宗商品或金融资产为标的可交易的标准化合约。期货合约与现货合约和远期合约最本质的区别就在于期货合约条款的标准化，期货合约是期货交易所统一制定的、规定在将来某一特定的时间和地点交割一定数量标的物的标准化合约。

期货合约中的标的物即为期货品种，期货品种既可以是实物商品，也可以是金融产品。标的物为实物商品的期货合约称作商品期货，标的物为金融产品的期货合约称作金融期货。目前，金融期货在国际期货市场占据主导地位。金融期货主要包括外汇期货、利率期货、股指期货以及股票期货。外汇期货可用于规避汇率变动风险，利率期货可用于规避利率变动风险，股指期货以及股票期货可用于规避股票价格变动风险。

三、互换

互换是指两个或两个以上当事人按照商定条件，在约定时间内交换系列现金流的合约。远期合约可以看成仅交换一次现金流的互换，在大多数情况下，由于互换双方会约定在未来多次交换现金流，因此互换可以看作是一系列远期的组合。由于其标的物以及计算现金流的方式很多，互换的种类也就很多，其中最常见也最重要的是利率互换和货币互换，此外还有商品互换、股权类互换、远期互换等。

利率互换是指交易双方约定在未来的一定期限内，根据约定数量的同种货币的名义本金交换利息额的金融合约。最常见的利率互换是在固定利率与浮动利率之间进行转换。当利率看涨时，可将浮动利率债务类金融工具转换成固定利率金融工具，将固定利率资产类金融工具转换成浮动利率金融工具；而当利率看跌时，做相反交易。

货币互换是指在约定期限内交换约定数量两种货币的本金，同时定期交换两种货币利息的交易。货币互换交易的本金交换形式如下：在协议生效日双方按约定汇率交换人民币与外币的本金，在协议到期日双方再以相同汇率、相同金额进行一次本金的反向交换。货币交易的利息交换形式如下：交易双方定期向对方支付以换入货币计算的利息金额，交易双方可以按照固定利率计算利息，也可以按照浮动利率计算利息。

四、期权

期权是一种选择的权利，即买方能够在未来的特定时间或者一段时间内按照事先约定的价格买入或者卖出某种约定标的物的权利。期权是给予买方（或持有者）购买或出售标的资产的权利，可以在规定的时间内根据市场状况选择买或者不买、卖或者不卖，既可以行使该权利也可以放弃该权利。而期权的卖出者则负有相应的义务，即当期权买方行使权利时，期权卖方必须按照指定的价格买入或者卖出。期权在交易所交易的是标准化的合约；也有在场外交易市场交易的，它是由交易双方协商确定合同的要素，满足交易双方的特殊需求而签订的非标准化合约。

按买方权利的不同，期权分为看涨期权和看跌期权。看涨期权是指期权买方在规定的期限内享有按照一定的价格向期权卖方购入某种基础资产的权利，但不负担必须买进义务的期权。投资者一般在预期价格上升时购入看涨期权，而卖出者预期价格会下跌。看跌期权指期权买方在规定的期限内享有向期权卖方按照一定的价格出售基础资产的权利，但不负担必须卖出的义务。投资者一般在预期价格下跌时购入看跌期权，而卖出者预期价格会上升。

按行使权利的时限不同，期权可分为欧式期权和美式期权。欧式期权是目前较为通行的方式，其买方只能在期权到期日方能行使权利；美式期权的买方可以在买入后到期权到期日之间任何时间行使权利。

按照标的资产划分，常见的期权还包括利率期权、外汇期权、股权类期权和商品期权等。

衍生产品交易业务是商业银行为满足客户保值或自身头寸管理等需要而进行的交易业务，按照交易目的的不同，商业银行的衍生产品交易业务分为套期保值类衍生产品交易和非套期保值类衍生产品交易两类。套期保值类衍生产品交易是指银行业金融机构主动发起，为规避自有资产、负债的信用风险、市场风险或流动性风险而进行的衍生产品交易。非套期保值类衍生产品交易是指除套期保值类以外的衍生产品交易，包括由客户发起，银行业金融机构为满足客户需求提供的代客交易和银行业金融机构为对冲前述交易相关风险而进行的交易；银行业金融机构为承担做市义务持续提供市场买、卖双边价格，并按其报价与其他市场参与者进行的做市交易；以及银行业金融机构主动发起，运用自有资金，根据对市场走势的判断，以获利为目的进行的自营交易。

> **知识链接 10 – 5**
> 银行间利率衍生品市场稳步发展

从债券远期、利率互换、远期利率协议，再到标准债券远期，我国银行间利率衍生产品正不断丰富。

第十章 商业银行表外业务管理

近年来，随着利率市场化进程的不断推进，利率风险管理的重要性逐渐凸显，利率衍生品在金融机构资产负债管理和服务实体经济需求中扮演的角色愈加重要。在这样的背景下，我国利率衍生品市场在过去10余年间发展迅速，品种不断丰富，交易规模快速增长。

业内人士表示，金融是国家重要的核心竞争力。深化金融体制改革，才能为实体经济发展提供更高质量、更有效率的金融服务。银行间利率衍生品的丰富创新，有助于加强金融机构风险管理，提升价格发现能力，对加快我国利率市场化进程、推进利率"两轨并一轨"具有深远意义。

利率衍生品发展迅速

2005年6月，人民银行推出了银行间市场第一个利率衍生产品——人民币债券远期交易，并逐步引导投资者利用基础性衍生产品去管理风险。债券远期的推出，为市场投资者提供了规避利率风险的工具，意味着我国金融衍生产品市场继1995年终止交易所国债期货后首次放开，标志着我国场外金融衍生产品市场迈出了开创性的一步。

此后，我国利率衍生品市场迈出了快速创新发展的步伐。2006年2月，人民银行允许开展人民币利率互换交易试点。两年后，人民银行宣布于2008年2月起正式开展人民币利率互换业务，参与机构从原来试点规定的部分商业银行和保险公司拓展到所有银行间债券市场参与者，并取消了对利率互换具体形式的限制。2007年11月，人民币远期利率协议业务正式开始交易，使机构投资者获得了新的利率风险管理工具。

值得注意的是，2014年1月，人民币利率互换集中清算业务在上海清算所推出，随后人民银行发布通知，自2014年7月起人民币利率互换实行强制集中清算，为我国落实G20关于场外金融衍生品集中清算承诺作出安排。人民币利率互换集中清算，是在人民币利率互换交易中引入上海清算所作为中央对手方，成为买方的卖方和卖方的买方，并由上海清算所控制交易双方的履约风险。业内人士表示，利率互换集中清算既有利于提高场外衍生品市场的效率和透明度，保证金融市场安全、高效整体运行，也能够有效降低清算成本，加快利率市场化改革进程，是场外金融衍生品市场的内在要求。

在债券远期、利率互换、远期利率协议等场外利率衍生品快速发展的同时，场内利率衍生品的启动准备就绪。2013年9月，中金所5年期国债期货合约正式起航，场内利率衍生品交易的大幕也就此拉开，进一步完善了我国利率衍生品的结构。

业内人士认为，利率衍生品的创新发展，标志着我国金融市场不断趋于完善和成熟，有助于为市场参与者提供有效的规避风险和盈利手段，对于促进债券市场价格的有效发现、形成完整合理的收益率曲线结构以及加快利率市场化进程等方面具有重要意义。

从利率衍生品发展态势看，近几年其市场规模呈现快速增长。数据显示，2017年，我国银行间人民币利率衍生品市场累计成交14.4万亿元，同比增长45.2%。2018年，银行间利率衍生品市场容量进一步扩大，参与者类型进一步丰富，全年交易量达到21.5万亿元，同比增长49%，407家机构备案入市。

标准化产品受关注

在银行间利率衍生品市场创新发展过程中，近年来推出并不断优化的标准债券远期颇受各方关注。

2018年3月，外汇交易中心会同上海清算所优化推出标准债券远期现金交割机制，该业务通过交易中心交易处理平台达成，由上海清算所提供集中清算服务。标准债券远期是在银行间市场交易的，以流动性最好的国开债为标的债券，合约面额、交割日等产品要素标准化的债券远期合约，其具有交易公开、透明、连续的特点，能够为市场提供更为及时、有效的价格信号，促进债券市场的价格发现。标准债券远期的推出为各种类型市场参与主体提供了主动管理利率风险、增加套期保值、丰富投资策略的有效利率衍生品工具。

标准债券远期定价机制简单透明，与国开债现券价格走势贴合，便于多种交易策略发挥，为商业银行等金融机构提供了基于国开债的利率风险管理工具。从市场看，优化后的标准债券远期交易逐步活跃，商业银行、证券公司等机构以及非法人产品参与积极性提高。

标准债券远期自 2018 年优化后，市场反馈较好的主要原因在于：一是优化了可交割券选择机制，将每个合约的可交割券精简锁定为待偿期内当季最活跃的两只国开债，提升了远期合约和国开债现券的联动性。二是优化了虚拟券价格计算方式，采用市场公允的中债估值作为到期结算价，使得定价方式更加透明清晰，降低了价格操纵风险。

资料来源：赵洋. 银行间利率衍生品市场稳步发展［N］. 金融时报，2019-05-09.

【本章小结】

中间业务是指商业银行不动用或不直接运用自己的资金，也不占用或不直接占用客户的资金，以中间人身份替客户办理收付或其他委托事项，提供各类金融服务并收取手续费的业务。

表外业务是指商业银行从事的，按照现行的会计准则不计入资产负债表内，不形成现实资产负债，但能够引起当期损益变动的业务。

表外业务具有主要是以非资金资源为客户服务，形式多样，操作灵活，透明度差，监管程序复杂等特点，在开展表外业务时，要遵循全覆盖原则、分类管理原则、实质重于形式原则、内控优先原则和信息透明原则。

服务类业务是指商业银行不运用或较少运用自己的资金，以中间人身份代客户办理收付业务或其他委托事项，为客户提供各类金融服务并收取手续费的业务。包括支付结算业务、代理业务、咨询顾问业务、资产托管业务、保管业务、银行卡业务、理财业务等。

支付结算业务是指银行为客户采用票据、汇款、托收、信用证、信用卡等结算方式进行货币支付及资金清算提供的服务。传统的结算方式是指"三票一汇"，即汇票、本票、支票和汇款。

代理业务是指商业银行接受客户委托、代为办理客户指定的经济事务、提供金融服务并收取一定费用的业务，包括代收代付业务、代理政策性银行业务、代理央行业务、代理商业银行业务、代理证券业务、代理保险业务，以及委托贷款、委托投资业务等。

咨询顾问业务是指商业银行依靠自身在信息、人才、信誉、渠道等方面的优势，为客户提供的信息咨询、资产管理顾问、财务顾问以及现金管理等服务为主要内容的业务。

资产托管业务是指商业银行作为独立的第三方当事人，根据法律法规规定，与委托人、管理人或受托人签订托管合同，依约保管委托资产，履行托管合同约定的权利义务，提供托管服务，并收取托管、保管费用的业务。

保管业务是指商业银行利用自身的设施接受客户的委托，代为保管各种贵金属、珠宝、古玩字画、有价证券、契约文件、保密档案资料、设计图纸等，并收取一定手续费的业务，主要是出租保险箱业务。

银行卡是指由商业银行（或者发卡机构）发行的具有消费信用、转账结算、存取现金等全部或部分功能的信用支付工具。按照清偿方式的不同，银行卡主要包括信用卡和借记卡。

理财业务是指商业银行接受投资者委托，按照与投资者事先约定的投资策略、风险承担和收益分配方式，对受托的投资者财产进行投资和管理的金融服务。

担保承诺类业务是指商业银行对第三方承担偿还责任的业务，以及在未来某一日期按照事先约定的条件向客户提供约定的信用业务，主要有银行承兑汇票、银行保函、信用证、备用信用证、贷款承诺、票据发行便利等。

衍生产品交易业务属于跨期交易业务，基本种类包括远期、期货、互换和期权，还包括具有远期、期货、互换和期权中一种或多种特征的混合金融工具。

【重点概念】

中间业务　表外业务　汇票　本票　支票　委托贷款　委托投资　资产托管　银行卡　信用卡　贷记卡　借记卡　银行承兑汇票　银行保函　信用证　备用信用证　贷款承诺　票据发行便利　远期　期货　互换　期权

【思考与练习题】

1. 简述中间业务的种类。
2. 简述表外业务的范围。
3. 简述表外业务的特点。
4. 简述表外业务遵循的原则。
5. 简述表外业务与中间业务的关系。
6. 简述代理业务的范围。
7. 简述资产托管业务的分类。
8. 简述资产托管业务的服务内容。
9. 简述试分析资产托管业务给商业银行带来的综合价值。
10. 简述贷记卡、准贷记卡和借记卡的区别。
11. 商业银行是否可以向大学生发放信用卡？如果可以发放，发放的条件是什么？
12. 简述发放大学生信用卡的利与弊。
13. 大学生信用卡有哪些风险？
14. 简述远期、期货和期权的区别。

第十一章

信托与租赁业务

【本章学习目标】
1. 掌握信托的含义及构成要素；
2. 了解信托业务的基本分类，掌握信托的功能；
3. 了解信托业务和银信类业务的主要内容；
4. 了解信托和银行信贷的区别；
5. 掌握融资租赁的含义及其基本形式；
6. 掌握融资租赁的特点及其主要功能；
7. 了解融资租赁租金的构成及商业银行开展融资租赁业务的优势。

第一节 信托业务

一、信托的含义

信托是指委托人基于对受托人的信任，将其财产权委托给受托人，由受托人按委托人的意愿以自己的名义，为受益人的利益或者特定目的，进行管理或者处分的行为。

信托是一种特殊的财产管理制度和法律行为，同时又是一种金融制度，信托与银行、保险、证券一起构成了现代金融体系的四大支柱。

二、信托的构成要素

任何一项信托均由信托行为、信托主体和信托客体三个基本要素构成。

（一）信托行为

信托行为是指以信托为目的的法律行为。信托约定（信托关系文件）是信托行为的依据，即信托关系的成立必须有相应的信托关系文件作保证，信托行为的发生必须由委托人和受托人进行约定。

（二）信托主体

信托主体也是信托的基本当事人，包括委托人、受托人以及受益人。

1. 委托人。委托人是信托的创设者,他应当是具有完全民事行为能力的自然人、法人或者依法成立的其他组织。委托人提供信托财产,确定谁是受益人以及受益人享有的受益权,指定受托人,并有权监督受托人实施信托。

2. 受托人。受托人承担着管理和处分信托财产的责任,应当是具有完全民事行为能力的自然人或者法人。受托人必须恪尽职守,履行诚实、信用、谨慎、有效管理的义务;必须为受托人的最大利益,依照信托文件和法律的规定管理和处分信托事务。

3. 受益人。受益人是在信托中享有信托受益权的人,可以是自然人、法人或者依法成立的其他组织,也可以是未出生的胎儿。公益信托的受益人则是社会公众,或者一定范围内的社会公众。

(三) 信托客体

信托客体主要是指信托财产。信托财产是指受托人因承诺信托而取得的财产,以及因信托财产的管理运用、处分或者其他情形而取得的财产。

信托财产具有独立性,信托有效设立后,信托财产就从委托人、受托人和受益人的固有财产中分离出来,成为一种独立运作的财产。这种独立性使信托财产超然于各方当事人的固有财产以外,其出发点是维护信托财产的安全,确保信托目的得以圆满实现。

三、信托业务的分类

(一) 以信托关系成立的方式为标准,信托业务基本可以分为任意信托和法定信托

1. 任意信托。根据当事人之间的自由意思表示而成立的信托称为任意信托,任意信托又称为自由信托或明示信托,主要是指委托人、受托人、受益人自由自愿形成信托关系,而且这种自由自愿意思在信托契约中明确地表示出来,大部分信托业务都属于任意信托。

2. 法定信托。法定信托是与任意信托相对应的一种信托形式。主要是指由司法机关确定当事人之间的信托关系而成立的信托,即信托的当事人之间原本并没有成立信托的意思,司法机关为了当事人的利益,根据实际情况和法律规定,判定当事人之间的关系为信托关系,当事人无论自己的意思如何,都要服从司法机关的判定。设立法定信托的目的主要是保护当事人的合法利益,防止当事人的财产被不法使用。

(二) 以信托财产的性质为标准,信托业务分为金钱信托、有价证券信托、不动产信托、动产信托和金钱债权信托

1. 金钱信托。金钱信托也叫资金信托,它是指在设立信托时委托人转移给受托人的信托财产是金钱,即货币形态的资金,受托人给付受益人的也是货币资金,信托终了,受托人交还的信托财产仍是货币资金。

2. 有价证券信托。有价证券信托是指委托人将有价证券作为信托财产转移给受托人,由受托人代为管理运用。如代客户保管、代客户行使股东权,代收股息、红利,代客户出售、出租、抵押有价证券,将有价证券作为抵押取得借款,并将所得资金加以运用等。

3. 不动产信托。不动产信托是指委托人把各种不动产,如房屋、土地等转移给受托

人，由其代为管理和运用，如对房产进行维护保护、出租房屋土地、出售房屋土地等。

4. 动产信托。动产信托是指以各种动产作为信托财产而设定的信托。动产包括的范围很广，但在动产信托中受托人接受的动产主要是各种机器设备，受托人受委托人委托管理和处理机器设备，并在这个过程中为委托人融通资金，所以动产信托具有较强的融资功能。

5. 金钱债权信托。金钱债权信托是指以各种金钱债权作为信托财产的信托业务。金钱债权是指要求他人在一定期限内支付一定金额的权力，具体表现为各种债权凭证，如银行存款凭证、票据、保险单、借据等。

（三）从受益人的角度对信托进行划分，信托业务分为自益信托、他益信托、私益信托、公益信托

1. 自益信托。自益信托是指委托人将自己指定为受益人而设立的信托。通过这种信托形式，委托人可以把自己不能做、不便做的事项委托给信托机构去做，利用信托机构的专门人才和专业设施，使财产获取更大的收益。

2. 他益信托。他益信托是指委托人指定第三人作为受益人而设立的信托业务，利用这种信托形式使他人能享受自己财产的收益。

3. 私益信托。私益信托是指委托人为了特定的受益人的利益而设立的信托。所谓特定的受益人是从委托人与受益人的关系来看的，如果受益人与委托人之间有经济利害关系，委托人为受益人设立的信托可以使委托人为此而获取一定的利益，那么这种信托可视作私益信托。

4. 公益信托。公益信托是指出于公共利益的目的而设立的信托。具体来说，就是为了救济贫困、救助灾民、扶助残疾人，发展教育、科技、文化、艺术、体育、医疗卫生事业，发展环境保护事业、维护生态平衡，以及发展其他社会公益事业而依法设立的信托。

（四）按照委托人数量，信托业务可以划分为单一信托和集合信托

1. 单一信托。单一信托的委托人只有一人，交易结构简单，按照委托人意愿单独管理运用信托财产，信托计划信息无须披露，信托存续期限无限制，风险相对较大。

2. 集合信托。集合信托的委托人控制在 2～50 人，交易结构涉及优先劣后级的分层，涉及公众财产与利益；需要详尽的信息披露材料，信托存续期限大多在一年以上，风险相对分散。

（五）以业务范围为标准划分，信托可分为广义和狭义两种

1. 广义信托。广义信托包括信托和代理两类业务。它们同样都是财产代为管理制度，信托机构也都办理这两类业务。但严格地说，信托与代理是不同的，从当事人来看，信托有三个当事人，而代理只有两个当事人，即代理人和被代理人，代理人也称受托人，被代理人也称委托人；从财产上看，信托需要转移财产权，代理则不需要转移财产权；从权限上看，信托业务中受托人以自己的名义从事业务，并有较大的权限，而代理业务中代理人以被代理人的名义从事业务，直接受被代理人的制约。

2. 狭义信托。狭义信托仅仅指财产所有权需要转移的信托业务，即我们在信托定义

里所规定的信托。

四、信托的功能

信托的本义是受人之托,代人理财,信托的功能主要体现在以下几个方面。

(一) 财产管理功能

信托是财产管理的一种形式,自然具有财产管理功能。信托机构接受财产所有者的委托,对信托财产进行必要的管理和处置,尽管受托人只能按委托人的意愿管理和处置信托财产而不能自行其是,但是无论信托财产的所有权是否彻底转移,受托人执行的"代人理财"的财产管理功能则是确定无疑的。财产管理功能可看作信托首要的、基本的功能。

(二) 融通资金功能

融通资金功能是指信托业作为金融业的一个重要组成部分,本身就有调剂资金余缺之功能,并作为信用中介为一国经济建设筹集资金,调剂供求。由于在商品货币经济条件下,财产有相当一部分以货币资金形态存在,因此对这些信托财产的管理和运用就必然伴随着货币资金的融通。该功能主要反映在长期资金营运上,同时也表现在对外引进资金、先进技术和设备上。

(三) 社会投资功能

通过开办信托业务参与社会投资行为是信托业的重要功能。信托公司开办投资业务是世界上许多国家普遍的做法,信托业务的开拓和延伸,必然伴随着投资行为的出现。只有在信托业享有投资权和具有相适应的投资方式的条件下,其代人理财功能的发挥方能建立在可靠的基础上。

(四) 中介服务功能

中介服务功能是指信托业处理和协调交易主体间经济关系和为之提供信任与咨询事务的功能。因其不存在所有权的转移问题,所以有别于其他功能形式。在现代经济生活中固有的信息不完备和交易主体内存在的机会主义行为倾向,使得交易费用越发昂贵。因此,为降低交易费用,弱化交易对方的机会主义行为,交易主体通常都要了解与之经营有关的经济信息,如经济政策、技术可行性、交易对方资信、经营能力、付款能力、经营作风、市场价格、利率、汇率以及生活习俗等。信托机构通过其业务活动而充当"担保人""见证人""咨询人""中介人",为交易主体提供经济信息和经济保障。

(五) 社会福利功能

社会福利功能是指信托业可以为欲捐款或资助社会公益事业的委托人服务,以实现其特定目的的功能。随着经济的发展和社会文明程度的提高,越来越多的人热心于教育、文化、卫生、环保等公益事业,纷纷捐款或者设立基金会,但他们一般对捐助或募集的资金缺乏管理经验,并且又希望所热心支持的公益事业能持续下去,于是就有了与信托机构合作办理公益事业的愿望。信托业对公益事业的资金进行运用时,一般采取稳妥而且风险较小的投资方法,如选取政府债券作为投资对象。信托机构开展与公益事业有关的业务时,一般收费较低,有的甚至可不收费,提供无偿服务。

五、信托业务的主要内容

我国目前实行的是分业经营的体制,《商业银行法》第四十三条规定,商业银行在中华人民共和国境内不得从事信托投资和证券经营业务。因此,目前所说的信托业务是针对信托公司而言的。银行所能涉足的有关信托业务,我们在后面银信类业务中单独介绍。

信托业务是指信托公司以营业和收取报酬为目的,以受托人身份承诺信托和处理信托事务的经营行为。目前,信托公司可以申请经营下列部分或者全部本外币业务:

1. 资金信托;
2. 动产信托;
3. 不动产信托;
4. 有价证券信托;
5. 其他财产或财产权信托;
6. 作为投资基金或者基金管理公司的发起人从事投资基金业务;
7. 经营企业资产的重组、购并及项目融资、公司理财、财务顾问等业务;
8. 受托经营国务院有关部门批准的证券承销业务;
9. 办理居间、咨询、资信调查等业务;
10. 代保管及保管箱业务;
11. 法律法规规定或银保监会批准的其他业务。

六、银信类业务

银信类业务是指商业银行作为委托人,将表内外资金或资产(收益权)委托给信托公司,投资或设立资金信托或财产权信托,由信托公司按照信托文件的约定进行管理、运用和处分的行为。

银信类业务中的一个重要业务内容是银信通道业务,是指在银信类业务中,商业银行作为委托人设立资金信托或财产权信托,信托公司仅作为通道,信托资金或信托资产的管理、运用和处分均由委托人决定,风险管理责任和因管理不当导致的风险损失全部由委托人承担的行为。

按照国家相关法律规定,商业银行和信托公司开展银信类业务,应贯彻落实国家宏观调控政策,遵守相关法律法规,不得将信托资金违规投向房地产、地方政府融资平台、股票市场、产能过剩等限制或禁止领域。

七、信托与银行信贷的区别

信托和银行信贷都是一种信用方式,但两者多有不同。

(一)经济关系不同

信托是按照"受人之托,代人理财"的经营宗旨来融通资金、管理财产,涉及委托人、受托人和受益人三个当事人,信托行为体现的是多边的信用关系。而银行信贷则是作为"信用中介"筹集和调节资金供求，是银行与存款人、与借款人之间发生的双边信用关系。

（二）行为主体不同

信托业务的行为主体是委托人。在信托行为中，受托人要按照委托人的意旨开展业务，为受益人服务，其整个过程，委托人都占主动地位，受托人被动地履行信托契约，受委托人意旨的制约。而银行信贷的行为主体是银行，银行自主地发放贷款，进行经营，其行为既不受存款人意旨的制约，也不受借款人意旨的强求。

（三）承担风险不同

信托一般按委托人的意图经营管理信托财产，信托的经营风险一般由委托人或受益人承担，信托投资公司只收取手续费和佣金，不保证信托本金不受损失和最低收益。而银行信贷则是根据国家规定的存放款利率吸收存款、发放贷款，自主经营，因而银行承担整个信贷资金的营运风险，只要不破产，对存款要保本付息、按期支付。

（四）清算方式不同

银行破产时，存、贷款作为破产清算财产统一参与清算；而信托投资公司终止时，信托财产不属于清算财产，由新的受托人承接继续管理，保护信托财产免受损失。

知识链接 11-1
2019 年度中国信托业发展评析

2019 年，全球经济复苏步伐放缓，经济、金融不确定性上升，中国经济运行总体平稳。在金融供给侧结构性改革的引领下，金融监督管理部门进一步贯彻落实党的十九大和第五次全国金融工作会议精神，推动金融机构提升服务实体经济质效，防控金融风险、深化金融改革、扩大对外开放，取得了显著的成效。信托业坚持回归本源、提质增效，整体经营稳健，服务实体的能动性、依法经营的自觉性和风险防控的主动性不断增强。从全年运行情况看，信托行业经营状况良好，风险水平总体可控，高质量发展和服务实体经济能力进一步提升，实现了向高质量发展转型的良好开局。

一、信托业务规模稳中趋降，结构不断优化

（一）信托业务规模

截至 2019 年第四季度末，全国 68 家信托公司受托资产规模为 21.6 万亿元，较 2018 年末的 22.7 万亿元同比下降 4.85%，小于 2018 年同期的 13.50%。从 4 个季度的环比变化看，第一季度环比下降 0.7%，第二季度和第三季度分别环比下降 0.02% 和 2.39%，第四季度环比下降 1.78%，第三季度和第四季度的环比下降均有小幅上升。在经历了 2018 年较大幅度的调整后，2019 年信托业资产规模下降幅度明显收窄，进入了波动相对较小的平稳下行阶段。

（二）信托资金结构

2018 年以来，随着资管新规的出台，在监管政策影响下以单一信托为主的通道业务受限，信托利用自身制度优势逐步推进转型。2019 年，信托公司普遍加强财富渠道建设，注重主动管理能力培养，集合资金信托占比进一步提升，新增信托资产来源结构优化趋势明显，发展质量提升；财产权信托尤其是资产证券化等事务管理类信托业务较快发展，行业转型初见成效。

1. 按信托资金来源划分

在监管引导下，信托业在2019年加快了转型步伐，信托业务资金来源结构进一步优化：集合信托占比上升，单一资金信托占比下降，管理财产信托占比较为稳定。从2019年第二季度开始，集合资金信托占比开始超过单一资金信托，成为最主要的资金来源。

2019年第四季度末，集合资金信托规模达9.9万亿元，占比45.93%，较2019年第三季度末小幅增加了800亿元左右，占比上升1.19个百分点，较2018年末增加8000亿元，占比上升5.81个百分点。截至2019年第四季度末，单一资金信托规模约8万亿元，占比为37.1%，较第三季度末减少6733亿元，占比下降2.4个百分点，较2018年末减少1.82万亿元，占比下降6.23个百分点。单一资金信托规模占比在2010年第二季度曾达到83.27%的历史高位，之后持续下降，从原有的"一家独大"到目前显著低于集合信托，信托业务的资金来源结构得到了显著优化。

截至2019年第四季度末，管理财产信托3.67万亿元，占比16.98%，比2019年第三季度末增加2005亿元，占比上升1.21个百分点。与2018年末相比，规模减少约884亿元，占比基本持平。2017年、2018年和2019年，管理财产信托占比分别为16.53%、16.55%和16.98%，基本保持稳定。

2. 按信托功能划分

从信托功能角度看，2019年信托业务结构变化较为明显，在日益严厉的"去通道"监管环境下，融资类信托占比有所上升，事务管理类信托占比显著下降，投资类信托则基本稳定。随着通道类业务占比的不断下降，信托业回归主业、服务支持实体经济的转型取得显著成效。

事务管理类信托在2019年呈逐季下降的趋势，第四季度末余额为10.65万亿元，占比49.30%，较第三季度末减少约1万亿元，占比下降3.45个百分点。与2018年末和2017年末相比，事务管理类信托规模分别减少2.6万亿元和5万亿元，降幅分别为19.6%和31.95%。占比较2018年和2017年同期分别下降9.06%和10.32%。事务管理类信托规模的下降，是2018年和2019年信托资产整体规模下降的主要原因。

融资类信托与投资类信托规模占比相当，差异进一步收窄。其中，融资类信托规模为5.83万亿元，较第三季度末增加约5600亿元，增幅10.60%，较2018年末增加1.49万亿元，增幅34.17%，占比26.99%，较2018年末上升7.85个百分点。投资类信托规模为5.12万亿元，与第三季度大体相当，与2018年末的数据基本持平，占比23.71%，比2018年同期小幅上升1.21个百分点。从历史数据看，投资类信托规模占比在2015年第二季度曾达到39.33%的历史高位，之后一直保持稳步下行的趋势。

（三）信托资金投向

服务支持实体经济是金融供给侧结构改革的核心要求，是信托业转型的重要方向。2019年，信托业按照"六稳"的要求，采取积极措施，稳步加大对实体经济的资金投入，着重引导资金进入工商企业和基础设施领域，积极支持国家重大战略实施，提高金融服务效率。与2018年相比，2019年工商企业继续在资金配置中占据首位，基础产业和房地产占比分别上升到第二和第三位，金融机构占比则从第二位下滑到第四位，信托资金运用的结构优化趋势较为明显。

1. 工商企业

2012年第二季度以来，工商企业一直是信托资金的第一大配置领域。2019年末，投向工商企业的信托资金总额为5.49万亿元，比2018年同期减少1768亿元左右，占比30.6%，较2018年小幅上升0.7个百分点，较2017年末上升2.76个百分点。规模占比的上升，充分体现了信托行业脱虚向实、支持实体经济的转型方向。

2. 基础产业

2019年,为应对经济下行压力、实现"六稳"的政策目标,逆周期调节力度逐步加大。基建项目投融资需求有所上升。从信托资金流向结构上看,投入基础行业的信托资金占比稳步上升。截至2019年第四季度末,投向基础产业领域的信托资金总额为2.82万亿元,与2018年末大体相当,占比15.72%,较2018年上升1.14个百分点,成为信托资金第二大配置领域。从历史数据看,投向基础产业领域的信托资金占比在2010年第一季度曾达到40.16%的高位,之后一直处于下降趋势,2018年、2019年又均有小幅上升。

3. 房地产业

房地产信托一直以来是信托公司的重要业务,也是信托公司重要的收入来源。2019年第四季度末,投向房地产领域的信托资金总额为2.7万亿元,与2018年末基本持平,占比15.07%,较2018年小幅上升0.89个百分点。投向房地产的信托资金占比在2013年之后一直呈现下降趋势,但在2017年之后出现了明显的提升,2017年和2018年均维持了较快的增速。在信托资产规模下滑的背景下,房地产信托规模上升,主要原因可能在于其收益水平较高,对资金有较强的吸引力。不过,在"房住不炒"的政策要求下,随着监管约束的不断强化,2019年房地产信托规模增长趋于停滞,占比因为信托资产总规模的下降有小幅上涨。这充分表明信托行业积极响应中央政策,"不将房地产作为短期刺激经济的手段",严格落实银保监会对房地产信托业务监管的明确要求,有效遏制了房地产信托规模的快速增长,防范了风险的过度积累。

4. 金融机构

投向金融机构的信托资金继续回落,去通道、治乱象效果明显。截至2019年第四季度末,投向金融机构的信托资金总额为2.5万亿元,继续保持下行趋势,较第三季度末减少约1725亿元,环比下降6.45%,较2018年末下降约5254亿元,同比下降17.34%;规模占比13.96%,较2018年末下降2.03个百分点,较2017年末下降4.8%。

2017年,由于同业业务回流,金融机构一度成为信托资金第二大配置领域。在防风险、去杠杆的背景下,金融同业合作的监管力度持续强化,通道类业务受到极大压缩。自2018年第一季度起,投向金融机构的信托资金环比增量即进入负值区间,占比持续从2018年末的第二位降到第四位,主动压降金融同业通道规模效果显著。

5. 证券市场

2019年第四季度末,投向证券市场的信托资金总额为1.96万亿元,较第三季度末减少850亿,环比下降4.16%,较2018年末减少约2369亿元,同比下降10.79%,占比10.92%,较2018年小幅下降0.67个百分点。自2015年以来,随着证券市场的调整和监管部门对跨市场风险的关注,投向证券市场的信托资金占比从2015年的20.35%持续下行。2019年,随着金融供给侧结构性改革的深入和资本市场的回暖,下行趋势有所放缓,尤其是2019年第三季度,规模和占比一度有小幅上升。从长远看,一方面,得益于证券市场改革的不断推进;另一方面,要转型为真正意义上的资管机构,信托公司需要主动提升证券投资能力。预计投向证券市场的信托资金占比在未来有上升的空间。

二、信托行业经营业绩向好,资本实力稳步提升

(一) 所有者权益

2019年,信托行业资本实力进一步增强,截至第四季度末,68家信托公司所有者权益规模达到6316.27亿元,较2018年增加566.97亿元,增速9.86%。从所有者权益的构成来看,截至

2019年第四季度末，实收资本为2842.4亿元，较2018年末增加188.25亿元，占所有者权益的比重为45%，比2018年末下降1.16个百分点；未分配利润为1819.13亿元，较2018年末增加188亿元，增速为11.53%，占所有者权益的比重为28.8%，较2018年同期上升0.43个百分点；信托赔偿准备291.24亿元，比2018年末增加30.53亿元，增长11.71%，占所有者权益的比重为4.61%。

资本是金融机构抵御风险，确保自身长期稳健发展的基础。在信托业务规模稳步下降的情况下，信托行业的实收资本、信托赔偿准备和未分配利润都保持了较快的增长速度，应对风险的能力稳步提升。从长期看，强化净资本管理，增强资本实力，为信托行业抵御各种风险、推动各项业务稳步发展，提供了有力的保障。

（二）固有资产

截至2019年第四季度末，68家信托公司固有资产规模达到7677.12亿元，比2018年第四季度末增加483.97亿元，增长6.73%，比2018年同期低2.61个百分点。从季度环比增速来看，2019年前3个季度分别是1.07%、1%、0.83%，第四季度环比增速为3.7%。

从结构上看，自2014年第三季度以来，投资类在固有资产运用中占比呈稳步上升趋势。2019年第四季度末，投资类资产余额为6094.32亿元，较2018年增加约453亿元，占比78.8%，略高于2018年末的77.79%，总体保持平稳。货币类资产在固有资产中的占比一直处于下行态势，2019年第四季度末，货币类资产余额为606亿元，与2018年的610亿元大体持平，占比7.9%，较2018年末下降0.58个百分点。贷款是固有资产运用的重要领域，2016年之前，占比基本维持在10%以上。2016年之后，贷款在固有资产配置中的占比大幅度下降，基本维持在5%左右。2019年第四季度末，贷款资产余额为453.1亿元，占比5.9%，较2018年上升约1个百分点，与2017年基本持平。

（三）经营业绩

2019年，在面对诸多挑战的情况下，信托行业转型和高质量发展取得显著成效，经营业绩稳步提升。2019年第四季度，信托业实现经营收入累计1200.12亿元，较2018年增加59.49亿元，同比增长5.22%，与2018年-4.2%相比，增速大幅提高了9.42个百分点，扭转了信托行经营收入下滑的态势。

从收入结构看，2019年第四季度，信托业务收入累计达833.82亿元，较2018年末增加52.06亿元，占比69.48%，比2018年末上升0.94个百分点；固有业务收入累计为341.24亿元，较2018年增加30.88亿元，占比28.43%，较2018年上升1.22个百分点。2019年第四季度，新增信托业务收入为282.47亿元，环比增长51.23%；新增固有业务收入为113.33亿元，环比增速达到49.72%，短期波动较为明显。总体上看，2019年，信托业务收入仍占经营收入的主导地位且占比进一步提升，信托公司回归信托本源，坚守大力发展信托业务的转型方向日益明确。

2015年以来，信托业净利润整体保持平稳，2017年之后有较大幅度回调，从2017年的824.11亿元下降到2018年的731.8亿元。2019年第四季度，信托行业利润总额为727.05亿元，与2018年基本持平。信托行业人均利润为244.23万元，略低于2018年的275.02万元。从信托报酬率来看，第四季度的平均年化综合信托报酬率为0.37%，较第三季度下降0.12%，较2018年同期上升了0.02%。平均年化综合实际收益率为5.49%，较第三季度下降0.09%，比2018年同期上升0.58%。在逆周期政策力度加大、金融市场整体资产收益率下行的背景下，信托报酬率和实际收益率较2018年有小幅回升，说明信托公司在提升自身盈利水平的同时，为信托投资者创造和实现了更多价值。

三、风险暴露更为真实，整体仍在可承受范围

近年来，伴随国内经济进入减速换挡期，供给侧结构性改革步入深水区，信托行业风险面临持续上升的压力，信托业风险项目数量和规模持续上升，风险资产率也有显著上升。

（一）风险资产规模和项目数量有所增加

从风险资产规模和风险项目数量的变动来看，2019年第四季度末，信托行业风险资产规模为5770.47亿元，较2018年末增加3548.6亿元，增幅159.71%。从风险项目数量看，也有逐步上升的趋势。2019年第四季度末，信托业风险项目个数为1547个，较第三季度增加242个，较2018年末增加675个。2019年，信托业风险项目和风险资产规模显著增加最主要的原因，是监管部门加大了风险排查的力度和频率，使得之前被隐匿的风险更充分地暴露，并不意味着增量风险的加速上升。从环比看，2019年4个季度，风险资产规模的环比增速分别为27.39%、22.74%、32.72%和25.14%，环比增速在第四季度有放缓趋势。随着风险的充分暴露，预计信托风险资产规模变化将趋于平稳，行业整体风险也将逐步从发散进入收敛状态。

（二）集合信托风险资产规模占比仍居主导

从信托行业风险资产分类来看，三类信托的风险提升都较为明显。2019年第四季度末，集合信托风险资产规模为3451.8亿元，比2018年末的1371.89亿元增加了2079.91亿元，增长较为显著；集合信托风险资产规模占全部风险资产规模的比重为59.82%，比2018年末的61.74%略有下降。

2019年第四季度末，单一信托的风险规模为2263.09亿元，较2018年末的812.4亿元大幅上升1450.69亿元，占全部风险资产规模的比重为39.22%。财产权信托的风险资产规模为55.58亿元，较2018年的37.60亿元增加17.98亿元，整体规模和占风险资产的比重都较低。

（三）信托资产风险率显著上升

伴随风险资产规模的增大，信托资产风险率也有较大幅度的上升。2017年之前，信托风险资产率虽有波动，但多数时候维持在0.8%以下，2018年小幅上升至0.98%，2019年末则大幅上升至2.67%。在风险暴露充分的背景下，存量风险化解将成为信托行业一项重要的任务，从信托行业自身的风险抵御能力来看，行业风险仍在可承受范围。

（四）未来一年到期兑付压力维持高位

从未来一年信托到期情况看，未来一年的信托到期规模为5.40万亿元，与2018年末基本持平，其中，未来一年到期的集合信托规模为2.7万亿元，比2018年末减少2662亿元。从到期项目数量来看，预计未来一年到期项目为1.48万个，比2018年末增加800个左右，数量大体相当。上述三个指标充分表明，与2018年末相比，预计未来一年的到期兑付压力仍然较大，部分信托项目按期正常清算面临不小挑战。

四、2020年展望

展望2020年，中国将面临的国内外经济环境更加复杂。在经济下行压力显著加大的背景下，新冠肺炎疫情的爆发和全球传播，不仅给中国经济造成了短期冲击，也给全球经济增长前景蒙上了一定的阴影。不确定性的加大，会给信托业发展带来新的挑战。2020年，信托业的工作重点应分为两个方面：一是全力以赴支持疫情防控工作和民生保障工作的开展，履行行业社会责任。新冠肺炎疫情爆发以来，信托公司充分发挥信托的制度优势，踊跃设立慈善信托，汇聚社会慈善力量支持新冠肺炎疫情防控。根据中国信托登记公司统计，截至2020年2月末已完成信托公司报送的定向"武汉加油""抗击新冠肺炎"等专项慈善信托36笔，金额累计达

12.4亿元。二是继续强化对实体经济的支持，助力企业复工复产，为全面完成2020年经济社会目标贡献行业力量。从宏观政策引导的方向看，2020年，信托资金需要进一步加大对基础产业和工商企业的投入。

从监管环境看，在资管新规的框架之下，2020年信托行业的监管规则将进一步完善。面对监管政策和监管环境的根本性变化，信托行业将进入新的发展阶段，行业转型有望加速，重点需要关注以下几方面工作。

一是从融资类业务向投资类业务转型。从资本监管的要求来看，未来信托公司融资类业务占用资本可能明显提升，融资类业务发展会越来越多地受到来自资本方面的约束。这一方面对信托公司的资本实力提出了更高要求，另一方面也要求信托公司努力培养自身的投资能力，逐渐摆脱对融资类业务的过度依赖，从规模优先转变为质量优先的增长模式。未来，信托公司要培养标准化产品投资团队和投资能力，努力提升资产判断和把控能力，加大股权投资业务拓展力度，逐步提升主动投资管理能力。

二是深入挖掘受托服务功能，发展服务信托。服务信托被认为是与资金信托、慈善信托并列的信托业务类型。2020年1月3日，《中国银保监会关于推动银行业和保险业高质量发展的指导意见》出台，其中在培育非银行金融机构特色优势中要求，信托公司要积极发展服务信托、财富管理信托和慈善信托的本源业务，将服务信托作为支撑信托行业转型的"三驾马车"之一。虽然对于服务信托的内涵和外延尚未达成共识，但是服务信托紧扣受托人定位，以收取管理费为主要收入来源，对信托业的长期稳健发展有着重要意义。从未来看，资产证券化、家族财富管理信托等属于典型的已经发展起来的服务信托，需要加大拓展力度，持续深耕细作，打造为信托核心业务。与此同时，需要进一步探索信托服务功能，挖掘更多发挥服务功能的领域，如养老、消费权益等。

三是大力发展财富管理业务。财富管理应当是未来信托公司的主要方向，这也是现阶段多数信托公司努力转型的重点。做好财富管理业务既需要大量的客户积累，也需要资产管理和资产配置能力，重点有以下几个方面：其一，进一步加强销售渠道建设，搭建线上线下一体化财富管理平台，逐步降低对商业银行渠道的依赖程度；其二，加快专业财富管理团队建设，通过专业化投顾，有效发掘投资者需求；其三，在业务特色方面，重点将家族信托作为信托业财富管理发展的方向。

四是加强信托文化建设。在2019年的信托业年会上，银保监会副主席黄洪强调，信托文化是推动信托行业转型发展的重要力量，过去多年信托行业取得快速发展，但并未形成自身文化，信托文化建设迫在眉睫。监管部门计划从2020年开始连续用五年的时间，开展信托文化教育年、信托文化普及年、信托文化确立年、信托文化深化年、信托文化提升年的主题活动，在全行业开展信托文化建设工程，推动信托文化建设有步骤、有计划地向纵深开展，最终建成有中国特色的信托文化。信托文化建设的基本要求是，坚持服务实体经济的使命、满足人民需要的宗旨、推动社会进步的责任、依法合规的底线和员工的职业操守。通过构建信托文化推动行业发展，对探索可持续发展模式有着重要的意义，也是信托行业实现转型的基础所在。

↑ 资料来源：中国信托业协会，国家金融与发展实验室主任曾刚。

第二节 融资租赁业务

融资租赁是与实体经济紧密结合的一种投融资方式，是推动产业创新升级、促进社会投资和经济结构调整的积极力量。2007年，银监会对《金融租赁公司管理办法》进行了修订，首次允许商业银行控股设立金融租赁公司开展融资租赁业务。

一、融资租赁的含义

租赁是指承租人在不拥有物品所有权的情况下，通过向物品所有者支付费用、在一定的期限内获得物品使用权的行为。

融资租赁也称金融租赁，是指出租人根据承租人对租赁物和供货人的选择或认可，将其从供货人处取得的租赁物按合同约定出租给承租人占有、使用，向承租人收取租金的交易活动。

二、融资租赁的基本形式

1. 直接租赁。直接租赁是指出租人根据承租人的要求，支付资金直接购回租赁设备租给承租人，由承租人使用并负责设备的维修和保养的租赁形式。直接租赁是融资租赁业务的典型形式，通常所说的融资租赁就是指直接租赁形式。

2. 回租租赁。回租租赁也叫售后回租，又称为返租赁，是指承租人将自有物件出卖给出租人，同时与出租人签订融资租赁合同，再将该物件从出租人处租回的融资租赁形式。回租租赁是当企业资金流通困难时改善企业财务状况非常有效的一种做法。

3. 杠杆租赁。在杠杆租赁形式下，设备购置成本的小部分由出租人承担，大部分由银行等金融机构提供贷款补足。由于出租人自筹资金只占少量，而主要依靠抵押贷款的杠杆作用来获取高于一般租赁的投资报酬，因此称为杠杆租赁。

4. 转租赁。转租赁是由出租人作为承租人，向其他出租人租赁所需的设备，再将该设备租赁给其他承租人使用的一种租赁方式。这种租赁方式要涉及三方当事人，包括第一出租人、第一承租人（第二出租人）、第二承租人。

5. 委托租赁。委托租赁是指出租人接受委托人的资金或租赁标的物，根据委托人的书面委托，向委托人指定的承租人办理的融资租赁业务。在租赁期内，租赁标的物的所有权归委托人，出租人只收取手续费，不承担风险。

三、融资租赁的特点

1. 所有权与使用权相分离。融资租赁作为一种信用方式，同样具有信用活动的特征，也体现了所有权与使用权的分离。在租赁有效期内，租赁资产的使用权归承租人，而所有权仍归出租人，从而使资产的所有权与使用权相分离。

2. 融资与融物相结合。在融资租赁业务中，出租人通过出租资产的形式，向承租人提供信贷便利；承租人则通过直接租入设备，一方面取得资产的使用权，另一方面得到一笔相当于该项资产购置成本的信贷资金而达到融资目的。"融资"和"融物"相结合，不仅能为企业融通资金，而且有助于整个社会融资渠道的交易方式多样化，打破形形色色的不同程度的垄断，减少环节，提高企业及全社会的资产使用效率。

3. 租金的分期归流。出租方在一个较长的租赁时期内，通过收取租金来收回全部投资，即租金采用分期归流的形式。租金的性质实为承租方对资产使用权的获得而按期所付出的代价。由于租赁期是一个连续的、不间断的期间，加之融资租赁的承租人的特定性和租赁资产的被指定性，决定了租赁合同的不可解约性。

4. 融资租赁至少涉及三方当事人，包括两个或两个以上的合同。传统租赁只有出租人和承租人两方当事人，只签订一个租赁合同。融资租赁中最基本的当事人有三个，即出租人、承租人和供货人。而且要签署两个或两个以上的合同，即主要是租赁合同和购货合同，有时还需要贷款合同。其中，出租人和承租人之间需要签订租赁合同，出租人与供货人之间需要签订购货合同，出租人与贷款人之间需要签订贷款合同。

5. 承租人对设备和供货商具有选择的权利和责任。在融资租赁中，租赁的设备、设备生产人、供货人都是由承租人选定的。出租人只是根据承租人的要求负责提供融资便利，购买设备。承租人应参加购买设备的技术谈判，并会签合同，以表示确认购买合同的条款。承租人对购进设备的质量、数量、规格、技术要求及验收承担责任。但出租人为了承租人的利益，也可以介绍可靠的供货人或设备供承租人选择。

6. 租赁期满后，承租人对设备有退租、续租和留购三种选择权。在租赁期内，承租人负担设备的保险、保养、维护等费用及风险。在租赁期满时，承租人除了拥有退租和续租的权利外，还有留购的选择权。即由承租人按象征性残值购入租赁设备，获得租赁设备的所有权，使租赁设备的所有权由出租人拥有转为承租人拥有。

四、融资租赁的主要功能

1. 融资功能。融资租赁以"融物"为依托，实现与"融资"的完美结合，为企业解决资金不足的问题，需要添置设备的企业只需付少量资金就能使用到所需设备进行生产，相当于为企业提供了一笔中长期贷款。

2. 促销功能。融资租赁可以用"以租代销"的形式为生产企业提供金融服务。一是可以避免生产企业存货太多，导致流通环节的不畅通，有利于社会总资金的加速周转和国家整体效益的提高；二是可以扩大产品销路，加强产品在国内外市场上的竞争能力。

3. 投资功能。租赁业务也是一种投资行为。租赁公司对租赁项目具有选择权，可以挑选一些风险较小、收益较高以及国家产业倾斜的项目给予资金支持。同时一些拥有闲散资金、闲散设备的企业也可以通过融资租赁使其资产增值。融资租赁作为一种投资手段，使资金既有专用性，又改善了企业的资产质量，使中小企业实现技术、设备的更新改造。

4. 资产管理功能。融资租赁将资金运动与实物运动联系起来。因为租赁物的所有权在租赁公司，所以租赁公司有责任对租赁资产进行管理、监督，控制资产流向。随着融资租赁业务的不断发展，还可利用设备生产者为设备的承租方提供维修、保养和产品升级换代等特别服务，使其能经常使用上先进的设备，降低使用成本和设备淘汰的风险，尤其是对于售价高、技术性强、无形损耗快或利用率不高的设备有较大好处。

正因为上述四种功能，融资租赁将工业、贸易、金融紧密地结合起来，沟通了这三个市场，引导了资本的有序流动，既为企业以较少的投入而迅速获得设备的使用权提供了便利，又为银行及其他资金提供了一条安全的放款渠道。

五、融资租赁的租金构成

融资租赁的租金总额 = 设备购置成本 + 融资成本 + 手续费 + 利润

在这个等式里，设备购置成本通常作为该项租赁业务的净投资，而将融资成本、手续费和利润合并为租赁收益。

1. 设备购置成本。设备购置成本包括设备买价、运费、保险费等，它是融资租赁交易计算的基础，也是融资租赁租金的最重要组成部分。

2. 融资成本。融资成本是指出租人的资金成本，也就是出租人为承租人所垫付资金的代价。出租人为了购买设备所付出的资金，可能来源于其自有资金，也可能来源于银行贷款，无论哪种情况，租金中都要体现资金成本。

3. 手续费。手续费是出租人向承租人收取的，用以补偿出租人为承租人办理租赁业务时所开支的各项费用，如办公费、工资、差旅费、管理费和交纳的间接税等。

4. 利润。利润是指出租人从事租赁业务时所期望获得的净回报。

六、商业银行开展融资租赁业务的优势

根据《金融租赁公司管理办法》，在中国境内外注册的具有独立法人资格的商业银行作为金融租赁公司发起人。商业银行开展融资租赁业务属于一定程度上的范围经济，即依托本身经营银行传统业务的流程和资源来开展相关的另一项业务。其优势主要有：

一是有资金成本优势。融资租赁是一个资金密集型行业，而银行设立的融资租赁公司可以方便地从银行借款或者进行同业拆借，资金成本相对较低。

二是经营网络和客户资源优势。银行拥有广泛的销售网点和大量客户资源，通过资源共享，银行系租赁公司可以在既有客户群体中迅速锁定潜在客户。

三是经验优势。商业银行在经营资产管理业务过程中，在客户信用评级、信贷风险控制、违约处理问题上积累了丰富、可靠的实践经验，其原有的对客户信用状况的记录也有助于在融资租赁业务中有效地控制承租人的违约风险。

知识链接 11-2
把握对外开放机遇　提升金融租赁质效

金融租赁业起步于 2007 年，单个公司股东背景多较为强大，其中约 70% 有银行背景，但外资涉足则寥寥无几，早期建信金融租赁公司曾引入外资股东美国银行，持有 24.9% 的股份，但美

国银行已于 2012 年退出。目前，在 69 家金融租赁公司（含 3 家金融租赁专业子公司）中，仅江苏金融租赁公司有外资股东法巴租赁集团公司，现持股比例也仅为 5.11%。

按照党和国家深化金融体制改革和扩大开放的战略部署，金融机构对外资开放节奏明显加快，2018 年 4 月底银保监会发布的《银保监会加快落实银行业和保险业对外开放举措》，鼓励信托、金融租赁、汽车金融、货币经纪、消费金融等各类银行业金融机构引进境外专业投资者。现阶段，金融租赁业面临着股东依赖度高、人才储备不足、融资渠道单一等诸多问题，鼓励外资进入，为金融租赁业迎来市场新机遇，有助于改善行业发展过程的不足，促进金融租赁业高质量发展。

补充资本金引进战略投资者

金融租赁公司资本充足率需要满足监管要求，但金融租赁公司由于资产规模不断扩大，开始普遍出现资本充足率下降的问题，而资本金不足将对其业务定位及业务发展形成重大制约。在外资尚未进入金融租赁行业前，为满足金融租赁公司资本充足率监管达标和未来持续发展的需要，一些金融租赁公司开始寻求大股东母行的增资，银行背景股东也纷纷向金融租赁公司追加资本。但如果银行本身资本金受限，即使是银行系金融租赁公司，在母行面临各项指标考核压力且需要综合考虑投资回报率的背景下，由母行向金融租赁公司增资也将变得更加困难，金融租赁公司尤其是城市商业银行旗下的金融租赁公司，急需引入外资增加注册资本。因此，开放外资进入金融租赁行业，可以帮助我国金融租赁公司补充资本金、提升经营管理能力。在内外资资本不断加持下，金融租赁行业将迎来全新发展。

随着金融自由化和金融全球化的发展，我国金融租赁业要应对国际国内金融市场的激烈竞争，就必须采取积极的措施来改善经营的不足和诸如资本充足率低、产权结构不完善等缺陷，提高自身的经营能力。金融租赁公司对外开放、引入境外战略投资者，适应金融租赁行业发展的形势，符合金融租赁行业快速发展的战略，有助于改善金融租赁公司的股权结构，在金融租赁业发展阶段快速扩大业务规模，实现国内外企业文化的交融、经营理念的创新。金融租赁公司可以根据自身的发展阶段和实际需求，在产品、市场、资金、管理、信誉等方面对外资进行考察，选择自有资金充足、市场占有率高、经营状况良好、管理科学规范、盈利能力较强的战略投资者，在资本、管理、技术、产品、服务等方面提升金融租赁公司的竞争力。

拓宽融资渠道增强跨境融资能力

金融租赁公司的资金来源渠道主要有资本金、向金融机构借款、拆借资金、股东存款、发行债券和股票及票据融资。由于债券发行条件十分严格，即使能够发行，获得的资金也有限；通过股票融资就更难，目前仅有一家金融租赁公司被批准在 A 股上市融资，使得金融租赁公司不得不将银行借款、同业拆借资金作为资金主要来源，以短期资金支持租赁项目的长期使用，从而导致存在期限错配的流动性风险，资金来源的单一性也无法满足租赁业发展的需要。因此，亟须拓宽金融租赁公司的资金来源，满足金融租赁业务的中长期性资金需求。境外资金进入金融租赁业，可以打通金融租赁公司境外融资渠道，将为金融租赁行业带来增量资金，进一步降低我国金融租赁公司的融资成本，丰富金融租赁公司融资渠道。

拓宽外部融资渠道是金融租赁业紧迫需求。随着金融租赁业的对外开放，金融租赁公司通过跨境人民币贷款、境外外汇借款及发行外债融资等方式实现跨境融资，可以利用跨境人民币借款方式获取境外低成本人民币资金，在境内开展业务以服务于实体经济的发展，还可以通过境外外汇借款、境外发债的方式解决外汇紧张问题。《国务院办公厅关于促进金融租赁行业健康发展的指导意见》明确指出，适度放开外债额度管理要求，简化外债资金审批程序；支持金融租赁公司开展跨境人民币业务，给予金融租赁公司跨境人民币融资额度；积极运用外汇储备委托贷款等多种方式,加大对符合条件金融租赁公司的支持力度。金融租赁业对外开放也是落实国务院指导意见的重要举措。

引进先进管理技术提升经营管理水平

金融租赁市场基本没有外资参与竞争,外资在我国金融租赁业影响力较小。由于外资特别是国外银行在风险管理和股权架构、管理方面具有先进经验,经营风格相对比较稳健,金融租赁行业迎来对外开放,将进一步完善金融租赁业投资和经营环境,增强我国金融租赁业发展的活力,共同构建更加开放、互利共赢的金融租赁市场环境,丰富金融租赁服务和产品体系,提升金融租赁业服务实体经济的质效。

我国金融租赁行业尚处探索发展阶段,金融租赁公司作为产业资本和金融资本结合的纽带,可以通过引进外资的股权投资或债权投资,发挥外资专注于专业领域的直接租赁尤其是设备租赁的优势,改变金融租赁公司以售后回租业务为主的经营模式,匹配专业领域的承租人、专业化的租赁物,加快金融租赁专业化分工,在"一带一路"建设深入推进的背景下,寻求航空、船舶、设备、建筑等领域的特色化经营。在租赁并表、资金成本上升、监管趋严、行业日趋规范的背景下,允许外资进入金融租赁业,在为外资分享金融租赁行业带来投资收益和为国内金融租赁公司带来丰富客户资源的同时,国内金融租赁公司亦可借此契机学习国外先进的管理经验,引进国外先进的租赁管理技术,尤其是直接租赁业务管理方式,积极参与国际租赁市场竞争,助推中国制造走出去,推动金融租赁业务向国际化、专业化方向转型,为行业发展注入新的活力,促使金融租赁公司在风险可控的公平竞争环境中更好地服务实体经济。

金融租赁专业人才短缺也是制约行业发展的重要因素。金融租赁公司从商业银行选聘的人员,熟悉银行业务和风险管理,不可避免地会借鉴其母行的营销渠道和风控经验,而金融租赁具有融资融物双重功能,涉及经济、法律、金融、税收、会计等各领域的综合性业务,涉及面宽、覆盖领域广、交叉性强,对从业人员的综合素质要求高,尤其是需要中高端复合型专业人才。金融租赁公司引进外资时,可以在更广的范围内选择适合自身专业化发展的战略投资者。尤其是通过引进国外金融机构金融租赁公司可以有效地调整股权结构,也有助于培养、引进大量高素质人才,建立专业化的符合金融租赁业发展要求的人才队伍。

金融租赁公司引进外资是为了提高租赁业的国际竞争力和经营管理的能力,不能盲目追求引进外资的规模,要客观分析外资融资租赁公司家数众多却没能高质量高速度发展的原因,金融租赁公司在引进外资时要注重行业高品质的发展。

完善内控管理机制提高风险管理水平

金融开放要和风险防范并重,要注意开放与风险的平衡。目前,金融租赁的风险管理体系更多是参照银行风险管理体系标准,风险管理方式和手段不能满足金融租赁融资融物风险管理的要求。未来金融租赁业在外资渗透到一定程度后,必然会按照国际化、科学化的风险管理标准,完善公司治理和风险内控管理机制,把主动防范化解风险放在更加重要的位置,完善安全防线和风险应急处理机制,在科学的法人治理结构基础上建立全方位的风险管理框架,提高金融机构的风险控制能力和核心竞争力。当然,引入外资的金融租赁公司不能照搬外资所在国标准的风控体系,要建立符合中国国情、适应中国企业发展、接地气的风控体系,防止因水土不服带来不利的影响。

随着对外开放,金融租赁业的经营模式将发生变化,诱发金融风险的不确定性因素将会增多、复杂性加大、技术性上升。金融监管要与金融租赁业开放相匹配,在监管方式和内容等方面要与金融租赁业开放的现实相适应,综合考量扩大开放带来的新增风险,完善监管体系和监管制度,提高监管效能,防范金融风险,保障金融租赁行业稳健发展。

在改革开放40周年的重要节点，金融租赁业开放正在进入全新阶段，未来将坚决落实党中央和国务院工作部署，坚定"四个自信"，积极推进金融租赁业对外开放，进一步增强金融租赁业的国际竞争力，推动新时代金融租赁业改革发展再上新台阶。

↑ 资料来源：邹广明，丁满节. 把握对外开放机遇 提升金融租赁质效 [J]. 中国金融家，2018（6）.

【本章小结】

信托是指委托人基于对受托人的信任，将其财产权委托给受托人，由受托人按委托人的意愿以自己的名义，为受益人的利益或者特定目的，进行管理或者处分的行为。

信托是一种特殊的财产管理制度和法律行为，同时又是一种金融制度，信托与银行、保险、证券一起构成了现代金融体系的四大支柱。

任何一项信托均由信托行为、信托主体和信托客体三个基本要素构成。

按照不同标准划分，信托业务有着不同的分类结果。以信托关系成立的方式为标准，信托业务可以分为任意信托和法定信托；以信托财产的性质为标准，信托业务分为金钱信托、动产信托、不动产信托、有价证券信托和金钱债权信托；从受益人的角度对信托进行划分，信托业务分为自益信托、他益信托、私益信托、公益信托；按照委托人数量，信托业务可以划分为单一信托和集合信托；以业务范围为标准划分，信托可分为广义和狭义两种。

信托具有财产管理、融通资金、社会投资、中介服务、社会福利等多种功能。

我国目前实行的是分业经营的金融体制，受《商业银行法》限制，当前我国商业银行只能开展银信类业务，即商业银行作为委托人，将表内外资金或资产（收益权）委托给信托公司，投资或设立资金信托或财产权信托，由信托公司按照信托文件的约定进行管理、运用和处分。

银信类业务中的一个重要内容是银信通道业务，是指在银信类业务中，商业银行作为委托人设立资金信托或财产权信托，信托公司仅作为通道，信托资金或信托资产的管理、运用和处分均由委托人决定，风险管理责任和因管理不当导致的风险损失全部由委托人承担的行为。

信托和银行信贷都是一种信用方式，但两者在经济关系、行为主体、承担风险以及清算方式上存在着不同。

融资租赁也称金融租赁，是指出租人根据承租人对租赁物和供货人的选择或认可，将其从供货人处取得的租赁物按合同约定出租给承租人占有、使用，向承租人收取租金的交易活动。

融资租赁有直接租赁、回租租赁、杠杆租赁、转租赁和委托租赁等基本形式。

融资租赁的所有权与使用权相分离；融资与融物相结合；租金分期归流；至少涉及三方当事人，包括两个或两个以上的合同；承租人对设备和供货商具有选择的权利和责任；租赁期满后，承租人对设备有退租、续租和留购三种选择权。

融资租赁通过融资、促销、投资、资产管理等功能，将工业、贸易、金融紧密地结合起来，沟通了这三个市场，引导了资本的有序流动。

融资租赁的租金主要由设备购置成本、融资成本、手续费和利润四个部分构成。

商业银行开展融资租赁业务具有资金成本优势、经营网络和客户资源优势以及经验优势。

【重点概念】

信托　任意信托　法定信托　自益信托　他益信托　私益信托　公益信托
银信类业务　银信通道业务　直接租赁　回租租赁　杠杆租赁　转租赁　委托租赁

【思考与练习题】

1. 简述信托的构成要素。
2. 简述信托的功能。
3. 简述信托业务的主要内容。
4. 简述信托与银行信贷的区别。
5. 简述融资租赁的特点。
6. 简述融资租赁的主要功能。
7. 简述融资租赁的租金构成。
8. 简述商业银行开展融资租赁业务的优势。
9. 当前，我国银行开展的银信类业务有哪些？
10. 结合实际，分析我国商业银行开展融资租赁业务的优劣势。
11. 试分析信托与租赁合作的可能性与合作模式。

第十二章

电子银行业务

【本章学习目标】
1. 掌握电子银行业务的含义及特点；
2. 了解电子银行业务的优势及开办条件；
3. 掌握网上银行的概念及开通方式；
4. 了解网上银行的分类、主要业务及其安全使用；
5. 掌握电话银行业务的含义，了解电话银行的服务内容；
6. 了解电话银行的开通方式、优缺点及其安全使用；
7. 掌握手机银行的含义、开通方式及其特点；
8. 了解手机银行的功能及其安全使用；
9. 掌握自助银行业务的含义，自助银行的主要形式；
10. 了解自助银行的主要自助设备及其功能，了解自助银行的安全使用。

第一节 电子银行业务概述

在金融全球化的大趋势下，银行信息化向信息化银行转变已成为整个银行业发展的主流。与此相伴随的是电子银行业务的迅猛发展，业务品种从简单的 ATM 取款、电话余额查询拓展到以网上银行业务、手机银行业务、自助终端业务为主体的多元化的业务体系。电子银行业务不仅在业务办理效率方面优于传统的人工业务，而且从经营成本的角度来看，也是传统人工业务无法比拟的。因此，电子银行业务越来越受到商业银行的广泛关注。

一、电子银行业务的含义

电子银行是在传统金融服务的基础上，依托先进的信息、电子技术，以网络为媒介，为客户提供完善的自助式金融服务，是一种先进的金融服务手段。电子银行涵盖的范围比较广泛，各界对电子银行的界定并不统一。

根据中国银行业监督管理委员会 2006 年 3 月 1 日施行的《电子银行业务管理办法》的有关定义，电子银行业务是指商业银行等银行业金融机构利用面向社会公众开放的通信通道或开放型公众网络，以及银行为特定自助服务设施或客户建立的专用网络，向客户提供的银行服务。电子银行业务包括利用计算机和互联网开展的银行业务（以下简称网上银行业务）、利用电话等声讯设备和电信网络开展的银行业务（以下简称电话银行业务）、利用移动电话和无线网络开展的银行业务（以下简称手机银行业务），以及其他利用电子服务设备和网络，由客户通过自助服务方式完成金融交易的银行业务。

二、电子银行业务的特点

相对于传统银行的所有业务都需要经过柜面办理而言，电子银行业务具有以下特点：

1. 以计算机技术为基础，网络为媒介。电子银行业务与传统银行业务的根本区别在于电子银行业务以计算机技术为基础，网络为媒介。虽然传统银行业务办理也借助于计算机网络技术，但通常情况下都是封闭的，只是商业银行用于内部之间进行传输数据、办理业务的一种工具而已。而电子银行业务则是在更加开放的环境下利用计算机网络技术，并以此为平台开展各项银行业务。

2. 客户自助服务。传统商业银行服务主要是通过账户、密码、凭证、专用设备和实体机构网点等要素，由银行柜员为客户提供面对面服务，并完成各项业务操作；而电子银行业务主要通过账户和密码两个要素，辅以动态口令、手机短信或者数字证书作为第二因素认证，由客户通过通信网络远距离自助办理业务，如自助进行账户余额查询和转账等。同时，银行的分支机构大大缩减，逐渐为计算机网络等其他自助设备所取代，客户接受服务的模式也由原来的被动变为主动，可以随时随地通过电子银行系统办理业务。

3. 提供全方位离柜式金融服务。所谓全方位，是指除现金业务以外的所有银行业务，包括资产业务、负债业务和表外业务在内的多种产品和服务，电子银行业务都可以处理。此外，全方位还体现在可以为客户提供无时空、地域限制的"3A"式服务，即在多种安全机制的保护下，电子银行系统可在任何时间（Anytime）、任何地点（Anywhere），以任何方式（Anyhow）为客户提供全天候金融服务，真正做到了无处不在、无时不在。

三、电子银行业务的优势

相比传统的银行业务，电子银行业务在金融服务方面效率更高。它依靠计算机网络技术优化配置银行的各项资源，在简化银行业务流程的同时，使得银行的销售收入大大增加。具体的业务优势如下：

1. 有利于降低业务的运营成本。电子银行业务在运行初期也需要在设备购置、软件开发、人员培训、市场推广以及后续的维护、升级等方面投入一定的费用，但是一旦建成以后，客户便可进行自主化操作，无须柜员介入，大大降低了人力成本。与此同时，电子银行业务与传统银行业务相比，提高了业务办理效率，从而产生了一定的规模效应。换句话说，银行办理的电子银行业务越多，服务的客户越多，分摊在每笔业务上的成本便越小，进而使得长期运营成本降低，可以获得集约化经营管理的规模效应。

2. 有利于缓解柜台压力。银行的服务网点和柜台窗口是银行从事金融服务的重要媒介，但是长时间的排队等候不仅浪费了顾客的宝贵时间，而且降低了业务办理效率。针对这一情况，电子银行固有的自助特性对柜面办理业务人群进行了合理分流，在提高效率与降低服务成本的同时，使得柜台集中力量满足优质客户的服务需要。

3. 有利于业务办理效率和服务质量的提高。电子银行业务由于依托计算机网络技术平台，不仅消除了客户与柜台人员之间的物理距离，实现数据的集中共享，而且其无纸化的银行业务办理，在提升业务办理速度的基础上，减少了人为错误，保证了服务的精准度，进而使得服务质量大幅提高。

4. 有利于扩大业务经营领域和金融产品的创新。相比物理网点提供的窗口式金融服务而言，电子银行的客户还可以通过 ATM、POS 机、电话、计算机和手机等享受金融服务，由此形成了多个虚拟网点，无形之中扩展了银行的服务渠道。例如，商业银行完全可以利用电子银行特有的优势建立全新的代销平台，通过网上银行、电话银行、手机银行等渠道代理发布合作伙伴的商品信息，并且借助银行自身强大的支付结算体系完成商品买卖双方的交易和资金结算。

5. 有利于更好地为客户提供高效的信息服务。除了向客户提供上述服务外，电子银行还能通过其高效的数据收集能力向顾客提供相关金融信息服务，从而有助于客户进行理性的投资活动。例如，代客理财、投资咨询等服务都是银行建立在强大信息基础上所提供的的衍生金融服务。

但是，需要注意的是，目前电子银行业务规模还较小，盈利能力也较弱。而传统银行由于经过长时间的发展、壮大，拥有了大量稳定的客户群，银行可以依托此种优势向客户进行网上银行、手机银行等业务的宣传。同时，由于之前的银行卡在客户中已经得到普及，因此可以直接开通这些卡的网银功能，使得这些潜在的客户转为有效客户，对虚拟网点业务的开展起到积极的促进作用。可以说，虚拟网点的建设是银行转型的需要，而不是取代谁。它们作为不同的服务渠道，将会发挥不同的作用，进而满足客户差异化的金融服务需求。

四、中国电子银行业务的发展

中国现代银行业的发展已有一个多世纪的历史，银行业的主要基于实体业态的方式并未发生本质性的变化。随着网络的出现，以其为支撑的电子银行业务发展迅猛，成为银行虚拟业态的代表。电子银行业务的发展绝非一蹴而就，其演进既有银行内生的动力，也有客户外部的需求，还有宏观经济的发展与技术进步的支撑。按照经济管理研究领域广泛使用的"生命周期"理念，我国电子银行业务也可划分为萌芽、发展、成熟、再生等四大主要周期。

（一）中国电子银行业务的萌芽期（1997—2000 年）

随着中国的改革开放，中国与世界的距离越来越近，交流越来越多，电子银行业务也身处潮流之中。1986 年，中国发出第一封电子邮件（E-mail）；1989 年，中国开始建设互联网；1994 年，中国第一个全国性互联网 CERNET 建成；1995 年，被称作"中国互联网商业元年",邮电部开始向社会开放互联网接入服务,中国首家互联网服务供应商"瀛海威"入网。银行业一直是最新科技的使用者和实践者,在互联网领域始终立于潮头、敢于尝鲜。1997年,也就是全球第一家网络银行 SFNB(Security First Network Bank)成立之后仅仅两年,招商银行率先提出网上银行"一网通",一度成为国内网银市场的引领者;此后,中国银行(1998年)、建设银行(1999年)、工商银行(2000年)等大型商业银行陆续推出网上银行业务,通过台式电脑办理银行业务的模式在国内悄然兴起。

(二)中国电子银行业务的发展期(2001—2005年)

尽管网银在各家商业银行逐步落地开花,但这一阶段的电子银行业务一直存在局限,主要表现就是商业银行"客户排队"的问题迟迟未能得到有效解决。导致这一问题的根源是多方面的:一是由于商业银行特别是国有商业银行零售客户基数较大,交易和业务高峰相对集中,缺乏其他可行的交易渠道;二是由于当时很多地区的带宽有限、机器老旧,上网的硬件支持相对不足;三是由于很多客户特别是中老年客户还未"触网",对计算机的操作和性能相对陌生,更不要说网上银行的使用;四是由于当时我国的经济发展相对滞后,除大中城市外,很多地区的家用电脑、手提电脑等仍待普及。这一时期,电子银行业务呈现"百花齐放、百家争鸣"的态势,每家银行都有一个或多个网上银行的品牌,一般冠以"E"的关键词。但也存在电子银行品牌繁多、名称芜杂的状况,整合力度不够、品牌内涵不足,让客户眼花缭乱、难以选择。

(三)中国电子银行业务的成熟期(2006—2012年)

2006年,银监会正式出台并实施了《电子银行业务管理办法》,标志着各家商业银行逐步告别"野蛮生长"的电子银行业务发展阶段,逐步开始规范化、标准化、系统化。这一阶段,发展期遇到的问题被逐步破解,尽管银行排队问题一度在2008年前后还多被社会舆论关注,但银行服务已经给予广大客户一种崭新的、可行的选择。在成熟期间,电子银行业务更具可操作性、界面更为友好亲切、使用更加方便快捷。在这期间,个人电脑得到了迅速的普及,更加便携的笔记本电脑也得到了广泛的适用。不仅如此,银行还大力推行 ATM 等自助银行业务,加大自助设备的布设,从自助渠道加大业务分流力度,鼓励客户自主操作存取款、转账、缴费等基础业务。

(四)中国电子银行业务的再生期(2013年至今)

再生期是我们对中国电子银行业务的再认识,因为这段时期不仅代表着网上银行的增长乏力,更代表着手机银行、微信银行的迅速崛起。2013年被称为"移动互联网金融元年",电子银行业务并未式微,反而借助智能手机寻找到一个新的天地所在。在萌芽期以前,客户只能在银行的上班时间到网点寻求金融支持,金融服务受到了时间、地点的制约;萌芽期到成熟期,客户金融服务的时间逐步放宽,但囿于电脑的操作限制,服务地点的选择得不到充分保障,需要设备、网络的硬件支持;再生期之后,智能手机的普及使得客户解决了服务地点的难题,真正实现了全天候"随时随地"的金融服务。不同的是,传统借助电脑的电子银行业务向借助手机的电子银行业务快速转移,前者业务增长缓慢、后劲乏力,后者却呈现井喷、前景喜人。

五、开办电子银行业务的条件

金融机构开办电子银行业务,应当具备下列条件:

(1) 金融机构的经营活动正常,建立了较为完善的风险管理体系和内部控制制度,在申请开办电子银行业务的前一年内,金融机构的主要信息管理系统和业务处理系统没有发生过重大事故;

(2) 制定了电子银行业务的总体发展战略、发展规划和电子银行安全策略,建立了电子银行业务风险管理的组织体系和制度体系;

(3) 按照电子银行业务发展规划和安全策略,建立了电子银行业务运营的基础设施和系统,并对相关设施和系统进行了必要的安全检测和业务测试;

(4) 对电子银行业务风险管理情况和业务运营设施与系统等,进行了符合监管要求的安全评估;

(5) 建立了明确的电子银行业务管理部门,配备了合格的管理人员和技术人员;

(6) 中国银保监会要求的其他条件。

金融机构开办以互联网为媒介的网上银行业务、手机银行业务等电子银行业务,除应具备以上所列条件外,还应具备以下条件:

(1) 电子银行基础设施设备能够保障电子银行的正常运行;

(2) 电子银行系统具备必要的业务处理能力,能够满足客户适时业务处理的需要;

(3) 建立了有效的外部攻击侦测机制;

(4) 中资银行业金融机构的电子银行业务运营系统和业务处理服务器设置在中华人民共和国境内;

(5) 外资金融机构的电子银行业务运营系统和业务处理服务器可以设置在中华人民共和国境内或境外。设置在境外时,应在中华人民共和国境内设置可以记录和保存业务交易数据的设施设备,能够满足金融监管部门现场检查的要求,在出现法律纠纷时,能够满足中国司法机构调查取证的要求。

外资金融机构开办电子银行业务,除应具备以上所列条件外,还应当按照法律、行政法规的有关规定,在中华人民共和国境内设有营业性机构,其所在国家(地区)监管当局具备对电子银行业务进行监管的法律框架和监管能力。

知识链接 12-1
从手工操作到电子银行:信息化建设重塑银行服务"内核"

一支笔、一个算盘、一本账簿,曾经是商业银行服务客户的所有工具。20世纪80年代,银行还停留在手工作业阶段,那时候到银行办理业务,在柜台前可以看到里面摞得高高的账本,工作人员算账用的是算盘,记账用的是笔杆。

而现在,随着农业银行西藏自治区分行最后一批114个手工作业营业网点在2018年7月完成电子化联网,即便是在海拔3 000多米的西藏林芝等偏远山区,人们也可以实现通存通兑,并在农行的任一网点取款、转账。在西藏以外的其他省区，足不出户，"一'网'打尽"，早已成为人们获取金融服务的主要方式。

事实上，不仅客户接触到的金融服务在变得更快捷、更方便，在客户看不到的 IT 后台，银行的信息化发展也早已发生了翻天覆地的变化。银行单笔转账支付交易的处理响应时间已压缩到 50 毫秒内，IT 核心系统实现了账户数、单日交易能力从千万级向亿级的飞跃。可以毫不夸张地说，改革开放 40 年来，银行的信息化建设实现了从"刀耕火种"到现代社会的革命性跨越。

信息化与时俱进

20 世纪 70 年代，我国银行业信息化蹒跚起步。1974 年，中国人民银行引入 60/61 型电子计算机，开始从事联机业务处理和批处理。通过信息技术手段，将手工处理的工作进行电子化，这是银行业信息化的第一个阶段。收钱、点钱、核对储蓄卡和储蓄凭条、登记存折，然后交由另一人做复核……手工作业时期烦琐的工作流程，一经电子化处理，业务效率便出现革命性提升。而使用计算机系统进行单机批处理业务的成功实践，标志着我国银行信息化正式起步。

进入 20 世纪 90 年代，科技对生产效率的革命性提升作用被越来越深入地认识。中国金融业也下定决心，排除困难，真正走上金融信息化之路。这一阶段，我国开始较大规模引进和推广计算机系统及技术，在完成银行业务的联机实时处理后，进一步在全国范围内建立起网络系统，逐步实现了通存通兑功能。

1995 年 7 月 3 日，招商银行在深圳发行了"一卡通"银行借记卡，这是一张印有金色葵花灿烂开放图案的小卡片，"一卡通"集多币种、多储种存折、存单于一身，实现了在金融电子化方面的突破。1994 年末，招行全行储蓄存款只有 15.7 亿元（折合人民币），储蓄存款余额甚至还不及中心城市国有商业银行的一个大储蓄所。而在"一卡通"发行后的 3 年内，到 1998 年，招行吸收储蓄存款突破 110 亿元，个人业务实现飞跃式发展。

与此同时，中国银行业的竞争也步入一个新阶段。随着中国加入 WTO，中国金融业开放步伐加快，人们对于金融服务的需求不断升级，原有的省级集中的信息系统已经不能满足金融改革的需要，只有真正的全国性数据大集中体系才能支撑金融业令人目眩的发展速度。所谓数据大集中，就是把几十个省级数据中心的业务和数据最后集中到国家级的单一数据中心，所有业务在后台都由这个数据中心统一支持。也就是说，无论用户在哪里，以哪种方式在账户中发生交易行为，所有的计算和处理工作都通过网络由全国性数据中心来处理。

1999 年，中国工商银行正式启动数据大集中工程，将该行的主要业务集中在北京、上海两大数据中心处理。2002 年，两大数据中心成功挂接，成为我国银行信息化发展历程中具有里程碑意义的大事件。此后几年，我国其他大中型银行也陆续完成了银行数据的大集中和多中心化。

数据大集中之后，我国银行业信息化建设的环境日趋成熟，随着计算机网络的飞速发展，金融创新力度不断加大，网上银行、在线支付等新型服务渠道不断涌现，我国银行业信息化发展步入了一个新的时代。

用户体验不断革新

信息化给银行业提供了巨大的发展机遇，它促使银行较以往更贴近市场和客户，信息技术在我国银行业中的渗透极大地推动了银行业务的扩展和管理水平的深化。

一些新的金融产品及业务渠道应运而生。ATM 和 POS 机结算终端广泛使用，分流了银行柜台的业务量，提高了银行离柜业务的交易量和创利水平。此外，依托信息网络为主要技术手段，大力发展以电话银行、自助银行、网络银行等为代表的电子银行系统，也成为各家商业银行提高服务质量、开展业务创新和增强竞争优势的重要战略举措。

1997年,招商银行率先推出网上银行"一网通",成为国内网上银行业务的市场引领者。1998年3月,中国银行在国内率先开通了网上银行服务。1999年4月,建设银行启动网上银行,在北京、广州、四川、深圳、重庆、宁波和青岛进行试点,标志着我国网上银行建设迈出了实质性的一步。此后,中行、建行、工行等陆续推出网上银行,开通了网上支付、网上自助转账和网上缴费等业务,初步实现了真正的在线金融服务。

一台电脑、一根网线、24×7×365的全天候服务,足不出户,在家动动鼠标就可以轻松实现购物、缴费等目的——网上银行的出现,以革命性的技术创新颠覆了用户体验。

进入21世纪以后,网上银行的流程更加现代化,网上银行越来越受到人们的青睐。2010年,我国网上银行市场交易额达553.75万亿元,截至2010年底,注册用户超过3亿人。时间的节省、效率的提升,让网上银行成为越来越主流的银行服务渠道。

随着3G时代的来临以及手机终端技术的不断提高,我国移动银行业务在经过先期预热后,逐渐进入了成长期。移动银行业务不仅可以使人们在任何时间、任何地点处理多种金融服务,而且极大地丰富了银行服务的内涵。移动终端所独具的贴身特性,使之成为继ATM、POS机、网上银行之后出现的一种全新的银行服务方式。

打造IT新"核心"

在银行IT应用系统总体架构中,只有有了核心业务系统这颗"心脏",各应用系统才可以"活"起来,应用系统之间的"血液"才可以顺畅地流通,最终支撑银行业务发展战略的实现。

从PC互联时代进入了移动互联时代,移动终端用户和交易量大幅增加,且越来越多的第三方系统接入到银行,这些趋势都造成银行业务量逐年翻番。而随着利率改革逐渐深入,银行需要第一时间响应市场和客户的要求,快速生成配置化批量产品。这些都对银行的核心业务系统提出更高要求,需要对现有的IT系统架构、业务体系进行重构和优化,打造运行高效、长期可用、满足专业化经营要求的新一代系统。

2008年以后,以业务转型为契机,多家银行开始构建"以客户为中心"的新一代核心系统。

2009年,农业银行启动了庞大的系统建设工程项目——"蓝海工程",在交易量持续走高的前提下完成了核心业务系统的安全"换芯",实现了从"以账户为中心"向"以客户为中心"的转变。2012年,中国银行提出智慧银行战略,并逐步完成了核心银行系统转型和业务流程再造,实现了信息科技建设的跨越式发展。

此外,还有一些银行开始采用互联网架构和技术,尝试分布式架构的核心系统,系统从封闭向开放、从粗放向精细转变。

招商银行新一代分布式核心系统于2010年启动规划,从规划到投产历时3年。如今,招商银行将自己定位为一家"金融科技银行",把金融科技作为转型动力,着力布局金融科技,加快打造数字化招行。现已利用人工智能、大数据、云计算等新技术推出闪电贷、刷脸取款、"一闪通"支付等创新服务。

2016年10月16日,平安银行在股份制银行中首次成功采用互联网架构与技术,上线了其代号为"腾龙"的新核心系统,平安银行也借此实现了账户数、单日交易能力从千万级向亿级的飞跃。

信息化的力量,正以令人震惊的发展速度改变着银行业的面貌。

资料来源:周萃. 从手工操作到电子银行:信息化建设重塑银行服务"内核"[N]. 金融时报,2019-01-02.

第二节　网上银行业务

一、网上银行的概念

网上银行又称网络银行、在线银行，是指银行通过互联网向客户提供包括银行传统业务和新兴业务在内的各种金融服务。

网上银行包含两个层次的含义：一个是机构概念，是指通过信息网络开办业务的银行；另一个是业务概念，是指银行通过信息网络提供的金融服务，包括传统银行业务和因信息技术应用带来的新兴业务。在日常生活和工作中，我们提及网上银行，更多是第二层次的概念，即网上银行服务的概念。网上银行业务不仅仅是传统银行产品简单向网上的转移，其服务方式和内涵也发生了一定的变化，而且由于信息技术的应用，又产生了全新的业务品种。

二、网上银行的分类

（一）按照有无实体分类

按照有无实体网点划分，网上银行分为两类。

一类是完全依赖于互联网的无形的电子银行，也叫"虚拟银行"，所谓虚拟银行，是指没有实际的物理柜台作为支持的网上银行，这种网上银行一般只有一个办公地址，没有分支机构，也没有营业网点，采用国际互联网等高科技服务手段与客户建立密切的联系，提供全方位的金融服务。如 1995 成立的美国安全第一网上银行，2014 年成立的深圳前海微众银行、浙江网商银行都属于这种模式的网上银行。

另一类是在现有的传统银行的基础上，利用互联网开展传统的银行业务交易服务，即传统银行利用互联网作为新的服务手段为客户提供在线服务，实际上是传统银行服务在互联网上的延伸。这是网上银行存在的主要形式，也是绝大多数商业银行采取的网上银行发展模式。目前，国内现在的网上银行基本都属于这种模式。

（二）按照服务对象分类

按照服务对象，网上银行分为个人网上银行和企业网上银行两种。

个人网上银行主要适用于个人和家庭的日常消费支付与转账。客户可以通过个人网上银行服务，完成实时查询、转账、网上支付和汇款功能。

企业网上银行主要针对企业与政府部门等企事业客户。企事业组织可以通过企业网上银行服务实时了解企业财务运作情况，及时在组织内部调配资金，轻松处理大批量的网上支付和工资发放业务，并可处理信用证相关业务。

三、网上银行的主要业务

(一)个人网上银行业务

个人网上银行业务几乎涵盖了除现金存取以外的全部个人金融业务,主要包括账户信息管理、转账汇款、缴费支付、投资理财、信用卡服务,以及个人贷款等一揽子金融业务。

1. 账户信息管理。为客户提供银行账户的基本信息查询、余额查询、交易明细查询等账户信息查询服务,以及账户挂失服务。

2. 转账汇款。转账汇款包括行内转账汇款、跨行转账汇款、跨境转账汇款。该业务使客户能够实现多种账户之间的转账汇款,收款人既可以是本行个人客户,也可以是企业客户,还可以是其他商业银行的个人客户,还可以进行全球汇出汇款。

3. 缴费支付。缴费支付包括电话费、手机费、水电费、燃气费、物业费、有线电视费、交通罚款等多种日常费用的查询和缴纳。

4. 投资理财。投资理财是指买卖基金、债券、理财产品、贵金属、外汇等业务。

5. 信用卡服务。信用卡服务包括提供办卡、换卡申请,信用卡启用、挂失、账户查询,调整信用额度以及信用卡现金分期等业务。

6. 个人贷款。客户可通过网上银行在线完成贷款,包括实时申请、批贷、签约、支用和还款,无须通过任何中介和他人办理。网上银行还为客户提供贷款的历史还款记录、逾期未还贷款和剩余应还贷款的网上查询服务。

(二)企业网上银行业务

企业网上银行功能繁多,基本可以满足企业日常经营中所有非现金业务,其主要业务有账户管理、收付款业务、投资理财业务、贷款业务、票据业务、国际业务、集团业务等。

1. 账户管理。客户可对关联账户进行设置,还可以查询自己所有的关联账户的余额及交易明细并提供回单打印,包括账户余额查询、交易明细查询、网银交易日志查询、电子回单查询、银企对账等。

2. 收付款业务。收款业务是企业客户通过网上银行以批量方式主动收取签约个人或者其他已授权企业用户各类应缴费用的一项业务,付款业务是指对外转账汇款、在线缴费、代发工资等业务。收付款业务包括单笔或批量行内转账、跨行转账,单笔或批量行内收款、跨行收款。

3. 投资理财业务。通过网上银行开立定活互转、通知存款、协议存款以及进行债券、基金、理财产品、贵金属等产品的买卖。

4. 贷款业务。客户可通过网上银行在线完成贷款申请、在线提款和还款,还可进行贷款账户查询、历史还款信息查询、逾期未还款信息查询、剩余还款信息查询。

5. 票据业务。票据业务是指银行为企业客户提供电子票据的签发、背书转让、贴现、质押、提示付款、追索、清偿等服务。

6. 国际业务。国际业务是指信用证开证、离岸汇款、进口代收、出口托收等业务。

7. 集团业务。为客户提供了单笔上划、单笔下拨、批量划拨、子公司账户查询和内部调拨等集团服务，实现集团企业内或母子公司之间的资金相互划转，母公司对子公司账户查询，子公司之间资金调拨。

四、网上银行的开通方式

一是网上自助注册开通。客户直接登录银行网站点击"网上银行注册"页面，按照网页相关的提示进行自助注册。

二是营业网点注册开通。由客户持有效的身份证件和银行卡，在银行任意一个营业网点申请开通网上银行。

五、网上银行的安全使用

（一）严格保护网上银行账号及密码

1. 严格保管自己的银行账号和各种密码，绝不透露给其他人。

2. 不相信任何人通过电子邮件、短信、电话等方式索要银行卡号和交易密码，不相信任何用指定方式修改密码、进行身份验证的要求。

3. 应该设定数字加字母的组合银行密码，并尽量避免规律组合，以增强保密程度。

4. 要定期修改自己的各种银行密码。

5. 要为自己的网上银行设置专门的用户名和密码，区别于其他场合（如其他网上服务、ATM、存折和银行卡等）使用的用户名和密码，避免因其他密码的失窃而造成网上银行密码的泄露。

6. 不要使用电话号码、车牌号、身份证号、出生日期等容易被他人猜到和窃取的信息作为登录或交易密码。

7. 不要在计算机上保存网上银行密码，不要将密码书写于纸张或卡片上。

8. 使用网上银行前应查看欢迎页面上的"上次登录时间"和实际登录情况是否相符，发现异常情况的应立即停止交易并及时拨打银行客户服务电话。

（二）登录正确网址

1. 访问银行网站要直接在浏览器地址栏内输入网址，不要通过链接登录网上银行。

2. 如有预留信息，则登录后应检查预留信息是否准确，以免被假网站或钓鱼网站欺骗。

3. 小心识别虚假网站，若有任何怀疑，请立即致电银行客户服务电话。

（三）保证计算机安全

1. 应在个人电脑上安装银行提供的用于保护客户端的安全组件。

2. 及时安装操作系统和浏览器最新补丁文件，并为计算机设定密码，以防止他人擅自使用。

3. 安装正版杀毒和防火墙软件并及时更新，不要查看来历不明的电子邮件，防止计算机病毒或黑客入侵计算机。

（四）妥善保管和正确使用银行提供的安全工具及服务

1. 妥善保管和正确使用银行提供的USBKey、动态口令卡、动态口令牌等安全产品，切勿交给他人保管。

2. 推荐使用账户变动短信通知、网银登录短信提醒、转账汇款短信验证服务等安全措施，进一步提高使用网上银行的安全性。

（五）其他保护措施

1. 不要在网吧、图书馆等公共场所使用网上银行。

2. 用户操作结束后需通过网上银行页面设有的专用"退出"按钮退出网银系统，然后再关闭浏览器结束使用。

3. 个人资料有任何更改（如手机号码、联系方式、地址等），应尽快联系银行办理变更手续，以保证与银行信息联系渠道的畅通。

4. 警惕互联网上的中奖诈骗、网络购物诈骗、炒股信息诈骗、银行卡消费信息诈骗、低息贷款诈骗等，切莫轻易通过网上银行向不明账户转账汇款。

第三节　电话银行业务

一、电话银行的含义

电话银行业务是指利用电话等声讯设备和电信网络开展的银行业务。电话银行通过自助语音和人工座席服务相结合的方式向客户提供账户查询、转账汇款、投资理财以及业务咨询、投诉建议等金融服务。

银行使用的客户服务电话号码主要包括以下两类：一是统一的客户服务电话号码；二是当地分支机构或营业网点公布的可供客户咨询、办理有关业务的电话号码。

二、电话银行的服务内容

电话银行主要受理各类业务咨询，回答客户提出的疑难问题，向客户介绍新业务，对客户投诉进行处理和回访。同时，客户也可以通过电话银行办理部分银行业务。

电话银行为客户提供的服务包括自动语音服务和人工服务，其主要业务包括但不局限于下列内容：

1. 账务查询。客户可通过电话查询其账户余额及当天或历史交易明细。
2. 转账服务。客户可通过电话银行进行关联账户转账和指定收款账户之间的转账。
3. 自助缴费。客户可通过电话银行查询和缴纳手机费、电费等多种费用。
4. 密码修改。客户可通过电话银行修改交易密码、查询密码等。
5. 口头挂失。客户可通过电话银行办理存折、银行卡等账户的口头挂失。
6. 投资理财。客户可通过电话银行进行理财产品、黄金、基金、外汇、贵金属的买卖及相关信息查询。
7. 贷款服务。客户可通过电话银行完成贷款的申请登记、贷款申请进度查询以及贷款账户余额查询。

8. 疑难账务查询。客户如对自己在银行的账户情况有疑问，可以通过人工服务进行查询。

9. 业务咨询。客户可通过人工了解银行的各项服务与产品信息，可以对产品使用中的问题进行咨询。

10. 受理客户投诉。银行可通过电话银行受理客户对银行营业网点的服务质量、业务和产品质量的批评和投诉，并在规定时间内由相关部门给予客户答复。

三、电话银行的开通方式

一是拨打客服电话直接开通。客户可直接拨打银行的客服电话号码，在通过身份验证、密码设置完成后，开通电话银行。

二是营业网点注册开通。由客户持有效的身份证件和银行卡，在银行任意一个营业网点申请开通电话银行。

三是网上银行注册开通。客户直接登录银行网站点击"网上银行注册"页面，按照网页相关的提示进行自助注册网上银行，同时相应开通电话银行。

四、电话银行的优缺点

优点：手续简便、功能强大；使用简单、操作便利；覆盖广泛、灵活方便；成本低廉、安全可靠。

缺点：电话银行的操作有一定的局限性，不可视操作可能会造成较多的操作失误。

五、电话银行的安全使用

1. 妥善保管好自己的账号和密码。
2. 请勿使用公用电话、他人电话或手机登录电话银行系统，通过本人手机或电话登录电话银行系统后应注意清除拨打记录，避免被他人掌握你的银行账户信息及密码。
3. 请为自己的电话银行设置一定的对外转账限额。
4. 在条件允许的情况下尽量使用绑定电话办理电话银行业务。
5. 尽量使用动态口令卡等安全保护设施。

◆ 知识链接 12-2

我国部分商业银行的电话银行服务热线

工商银行	95588	平安银行	95511
农业银行	95599	招商银行	95555
中国银行	95566	浦发银行	95528
建设银行	95533	兴业银行	95561
交通银行	95559	民生银行	95568

续表

邮政储蓄银行	95580	恒丰银行	95395
中信银行	95558	浙商银行	95527
光大银行	95595	渤海银行	95541
华夏银行	95577	哈尔滨银行	95537
广发银行	95508	北京银行	95526

第四节 手机银行业务

手机银行是网上银行的延伸，也是继网上银行、电话银行之后又一种方便银行用户的金融业务服务方式，有贴身"电子钱包"之称。它一方面延长了银行的服务时间，扩大了银行服务范围，另一方面无形地增加了许多银行经营业务网点，真正实现24小时全天候服务，大力拓展了银行的表外业务。

一、手机银行的概念

手机银行是指银行依托移动通信运营商网络、以客户手机为终端而提供的金融服务。作为一种结合了货币电子化与移动通信的崭新服务，手机银行业务不仅可以使人们在任何时间、任何地点处理多种金融业务，而且极大地丰富了银行服务的内涵，使银行能以便利、高效而又较为安全的方式为客户提供传统和创新的服务。

二、手机银行的开通方式

一是柜台开通。客户可持有效身份证件和银行卡，在银行任意一个营业网点均可申请开通手机银行。

二是网银自助开通。客户登录到银行官方网站，进入手机银行界面，填写相关信息绑定手机，设置好密码后，认证相关信息完成开户。

三是手机自助开通。客户可直接在手机银行客户端登录界面点击注册，填写相关信息进行自助注册。

三、手机银行的功能

1. 账户查询。为客户提供账户类型、账户余额、账户状态、开户时间、开户机构，以及历史明细查询。

2. 转账汇款。为客户提供定活互转、行内转账、跨行汇款、手机号转账、按址汇款、密码汇款、汇款查询、收款人名册等功能。

3. 信用卡业务。为客户提供查询信用卡的账户信息、未出账单交易明细信息，并向本人或他人信用卡人民币账户还入透支欠款的功能；办理本人名下的活期结算账户与信用卡进行绑定的功能，同时支持信用卡分期付款，以及积分查询等功能。

4. 缴费业务。客户通过手机银行缴纳各种公共事业费用，如移动话费、水费、电费等、燃气费、交通罚款等。

5. 基金业务。客户可以查询银行代销的基金产品的基本信息（包括基金代码、名称、类型、净值等信息），并可以快速便捷地进行基金购买、定投、赎回、转换、撤单、修改分红方式、查询基金持有情况、查询交易明细等操作。

6. 国债业务。客户可以查询银行代销的所有期次凭证式国债和储蓄国债（电子式）产品，并可以实现查询国债持有情况、查询交易明细等操作。

7. 理财业务。客户可以查询银行销售的理财产品，并可以实现理财追加投资、提前赎回、终止投资、交易撤单、查询理财产品持有情况、查询交易明细等操作。

8. 贷款业务。客户可通过此功能查询未结清贷款的合同信息、借据信息、还款计划表等信息。通过此功能，客户可了解尚未结清的贷款的余额、利息、积欠利息、利率和下次还款日等，客户还可通过此功能进行提前还款预约申请，帮助客户及时归还贷款，处理欠款。

9. 客户服务。为客户提供凭证挂失、交易限额设置、登录密码修改、交易密码修改、预留信息设置、交易日志查询等功能。

四、手机银行的特点

1. 全天候服务。手机银行为客户提供7×24小时全天候的服务，只要随身携带可以上网的手机，无论何时，无论何处，客户均可轻松管理账户、打理财务、缴纳费用，一切尽在"掌"握。

2. 功能丰富。手机银行不仅为客户提供交易查询、转账、信用卡等基础金融服务，还有基金、黄金、国债、外汇买卖等投资理财服务。

3. 安全可靠。手机银行采用手机号和银行账号绑定、电子银行口令卡等多种安全认证手段，以及最先进的信息加密技术，时刻保障客户的信息和交易安全。

4. 零手续费。目前手机银行转账的手续费实行免费，对于经常需要进行资金划转的客户可以节省转账成本。

> **知识链接12-3**
> **中国银行手机银行6.0版全新推出**

2019年6月5日，中国银行正式发布手机银行6.0全新版。中行手机银行6.0版更智能，全场景，个性化，具有如下五大突出特点：

全流程在线，全智能金融服务。中行手机银行6.0将人工智能和专家智慧紧密结合，提供覆盖全币种、全市场的"AI+金融"智能投资理财服务，用户可随时随地享受中银慧投、专属投资顾问等服务。根据用户需求，打造多种专业贷款产品，为用户提供全流程在线、快速审批、操作便捷的贷款服务。

多产品、全场景，一站式综合服务。新版手机银行整合集团内基金、证券、保险等产品，推出业内首家综合金融服务专区，实现一站式综合服务；打造场景生态丰富、用户体验极致的生活服务专区，服务涵盖全国所有省份的水、电、燃气等80余类生活缴费项目，以及本地化专属优惠以及交通出行服务。全新改版升级境外版手机银行，服务覆盖18个国家/地区，支持9种语言，整合签证通、外币现钞预约、跨境移动支付、跨境汇款等多元化产品和服务，让用户真正实现"一机在手、走遍全球，一机在手、共享所有"。

智能交互，用户实时互动服务。中行手机银行6.0推出中银直播间，实现"直播+银行"的跨界融合；利用智能客服机器人、声纹识别、语音识别、语义分析等人工智能技术，提供实时智能应答服务，成为用户的"生活助理"及"金融顾问"。

甄选服务，满足个性化需求。新版手机银行除普通版本外，推出个性化"甄玉版"，基于对用户行为偏好的大数据分析，为每位用户量身定制专属服务页面，并支持自主定制，实现"千人千面"的个性化服务。

7×24小时，保障资金安全。中行手机银行6.0打造覆盖事前、事中、事后全流程的智能风险防控体系，实现了跨渠道、全时段交易实时监控和可疑交易自动拦截，全面保障用户资金安全。

"银行为金，客户为玉"。这次发布会以美玉为主线，将互联网金融科技与中国传统玉文化相结合，寓意百年中行以客户为中心、珍视客户如美玉，与客户携手成就"金玉良缘"。

手机银行6.0以用户为中心，应用云计算、大数据和人工智能等金融科技，聚焦智能决策、智能营销、智能投顾、智能风控、智能运营、智能客服等领域，以数据为核心、以科技为引领、以创新为驱动，持续提升金融服务水平。作为一家"常为新"的百年老店，中国银行积极拥抱科技变革，以手机银行作为全行战略转型的重要工程，用10年时间将手机银行打造成为服务主渠道，致力于为用户提供智能、便捷、安全的服务。

资料来源：中国银行网站，2019年6月5日。

五、手机银行的安全使用

1. 在开通手机银行时，一定要使用官方发布的手机银行客户端，同时确认签约绑定的是自己的手机，并保证签约手机号码必须本人使用。

2. 尽量不使用公共场所的免费 Wi-Fi 登录手机银行。

3. 根据自己平时的交易习惯、转账金额给手机银行设定一定的支付限额，确保账户支付的额度限制。

4. 每次登录手机银行时要仔细核对欢迎信息是否相符、上次登录时间是否正确，发现异常情况及时退出。

5. 使用完毕后，点击"安全退出"按钮退出，以免程序可能仍在后台运行。

6. 保护好自己的手机，不要随意借给他人使用，注意及时查杀手机病毒。

7. 手机丢失时尽快到柜面办理手机银行渠道的暂停或注销服务；更换手机号码后，及时修改银行绑定信息，避免原手机号继续使用手机银行功能。

8. 开通短信通知业务，账户资金一旦有变动，银行都会在第一时间以手机短信的形式通知用户,确保账户安全。

9. 不要设置简单的易猜中的密码,不要向他人透露自己的密码,并且定期更换密码。

> **知识链接 12-4**
> **电话银行与手机银行的区别**

业务种类	电话银行	手机银行
服务渠道	电话线路	移动通信网络
接入条件	固定电话、手机等	具备短信发送功能或上网功能的手机
服务方式	语音交换方式(自动语音、人工服务应答、在语音提示下办理银行业务,同时用语音方式告知处理结果)	数据交换方式(全部采用可视操作,一目了然,通过手机键盘输入数据,在屏幕上就能看到提示和处理结果)
服务功能	相对简单	相对丰富
接入收费	通话费	短信费或网络运营商基本上网流量费
服务收费	有些银行收费,有些银行免费	有些银行收费,有些银行免费
申办和使用	在银行网点办理申请手续或自助注册申请开通后,直接拨打统一客户号码办理相关业务	在银行网点申请或自助注册申请开通后,通过发送短信或登录 WAP 网址即可使用

第五节　自助银行业务

自助银行业务是指通过自助设备,由客户自助完成存取款、贷款、查询、转账、缴费、理财和货币兑换等金融交易的银行业务。

一、自助银行的形式

当前自助银行主要有两种形式,一种是混合式自助银行,另一种是隔离式自助银行。

所谓的混合式自助银行,指的是在现有的银行分支机构的营业大厅内划分出一个区域,放置各种自助设备,提供 24 小时的自助银行服务。该区域在日常营业时间内与营业大厅相连通,能够分担网点的部分银行业务,缓解柜台压力。在柜台营业时间外,营业大厅关门,该区域被人为地与营业大厅隔离,又变成了独立的自助银行。

隔离式自助银行又称全自动自助银行,这种形式的自助银行与银行分支机构和营业网点完全独立。一般是设立在在商业中心、人口密集区或高级住宅区内，实行全天候开放。

二、自助银行的自助设备及主要功能

自助银行服务要通过自助设备来完成，自助设备是银行为满足客户办理业务需要而提供的由客户自行完成现金交易、转账交易、账户查询等业务的专用设备。自助银行的自助设备及主要功能有：

1. 自动取款机。自动取款机就是常说的 ATM，英文 Automatic Teller Machine 直译为自动柜员机，因大部分 ATM 用于取款，且为了与自动存款机相对照，我们称它为自动取款机。自动取款机是最普遍的自助银行设备，最主要的功能就是提供最基本的一种银行服务，即出钞交易。在自动取款机上也可以进行账户查询、密码修改等业务。

2. 自动存款机。自动存款机能实时将客户的现金存入账户，这种功能其实就是自动取款的反向操作。在存款过程中，自动存款机能自动识别面值并判断真伪。客户存款能实时入账，并可以马上查询到交易处理结果。

3. 自动存取款机。自动存取款机又称存取款一体机，它集现金存取款于一身，并且可以办理余额查询、密码修改等业务。

4. 存折补登机。存折补登机是一种方便客户存折更新需要的自助服务终端设备。通过存折感受器和页码读取设备的配合，实现自动打印和向前、向后自动翻页。客户将存折放入补登机后，设备自动从存折上的条码和磁条中读取客户的账户信息，然后将业务主机中的客户信息打印到存折上。

5. 多媒体查询机。多媒体查询机利用触摸屏技术提供设备说明、操作指导、金融信息、业务查询等多种服务，其中包括外汇牌价、存贷款利率等信息。不少自助银行还都配有大屏幕及时提供各类公共信息的查询。

6. 纸硬币自助兑换机。纸硬币自助兑换机具备纸币兑换硬币、硬币兑换纸币双向功能，硬币兑换币别分别为 1 元、5 角和 1 角；纸币兑换面额为 10 元、20 元、50 元、100 元。

7. 外币兑换机。外币兑换机的主要服务对象为外国游客和有外汇收入的居民。外币兑换机能识别多种不同的货币，在兑换过程中自动累计总数，然后按照汇率进行兑换。

8. 智慧柜员机。智慧柜员机是银行网点智能化改造的重要产物，智慧柜员机能够办理个人开卡、转账、电子银行、信用卡、外汇、投资理财、换卡、改密、打印交易明细、注销卡片等业务，不仅功能全面而且效率大幅提升。

9. 智能机器人。智能机器人是贴近银行场景的机器人。目前，很多银行的网点投放了一些智能机器人充当大堂经理，它们不仅能提供迎宾接待服务，还能从事业务咨询、宣传讲解、娱乐互动、主动营销、投诉处理等服务。

需要指出的是，各家银行的自助银行设备和功能不一样，就算是同一家银行，也会在不同地点的自助银行内摆放不同的设备，提供不同功能的服务。

三、自助银行的安全使用

1. 办理业务前，要留意查看自助设备插卡口、出钞口、键盘及机器其他部位是否加装或粘贴异物，注意周围是否有可疑人员，在自助银行门禁系统刷卡前，请留意门禁是否有改装痕迹。发现可疑现象请立即向银行反映。
2. 办理业务时，要仔细阅读屏幕中的操作说明和安全提示，确认操作无误。
3. 办理业务时，如果自助设备工作不正常，要立即取消交易并退卡；如果设备吞卡或未吐钞，要尽快联系营业机构人员或拨打客户服务电话。
4. 在交易过程中不要离开自助设备，防止他人吸引自己的注意力。交易完成后，必须及时退出系统取回银行卡，并检查取回的确实是本人的卡片。
5. 打印交易单据后要妥善保管，切勿随意丢弃，以防银行卡信息失窃。
6. 输入密码时应用手遮挡，严格防止密码信息泄露。
7. 切勿轻信手机短信中银行卡交易或中奖等信息，切勿拨打粘贴在自助设备上除银行客服电话外的任何联系电话，警惕不法分子利用自助设备转账功能进行诈骗。
8. 随时关注银行卡账户资金变动情况，建议开通账户变动消息服务业务，发现异常交易及时与银行联系。

【本章小结】

电子银行是在传统金融服务的基础上，依托先进的信息、电子技术，以网络为媒介，为客户提供完善的自助式金融服务，是一种先进的金融服务手段。

电子银行业务，是指商业银行等银行业金融机构利用面向社会公众开放的通信通道或开放型公众网络，以及银行为特定自助服务设施或客户建立的专用网络，向客户提供的银行服务。

相对于传统银行的所有业务都需要经过柜面办理而言，电子银行业务具有以计算机技术为基础、网络为媒介，客户自助服务，提供全方位离柜式金融服务的特点。

相比传统的银行业务，电子银行业务有利于降低业务的运营成本，有利于缓解柜台压力，有利于业务办理效率和服务质量的提高，有利于扩大业务经营领域和金融产品的创新，有利于更好地为客户提供高效的信息服务。

我国电子银行业务可划分为萌芽、发展、成熟、再生等四大主要周期。

金融机构开办电子银行业务，应当具备一定的条件。

网上银行又称网络银行、在线银行，是指银行通过互联网向客户提供包括银行传统业务和新兴业务在内的各种金融服务。

网上银行业务主要包括个人网上银行业务和企业网上银行业务。个人网上银行业务主要包括账户信息管理、转账汇款、缴费支付、投资理财、信用卡服务，以及个人贷款等一揽子金融业务；企业网上银行主要业务有账户管理、收付款业务、投资理财业务、贷款业务、票据业务、国际业务、集团业务等。

网上银行有网上自助注册开通和营业网点注册开通两种方式。

网上银行存在一定的风险，需要安全使用。

电话银行业务是指利用电话等声讯设备和电信网络开展的银行业务。电话银行通过自助语音和人工坐席服务相结合的方式向客户提供账户查询、转账汇款、投资理财以及业务咨询、投诉建议等金融服务。

电话银行可通过拨打客服电话直接开通、营业网点注册开通以及网上银行注册开通。

电话银行具有手续简便、功能强大、使用简单、操作便利，覆盖广泛，灵活方便，成本低廉、安全可靠等优点，也具有不可视操作容易造成操作失误的缺点。

电话银行存在一定的风险，需要安全使用。

手机银行是指银行依托移动通信运营商网络、以客户手机为终端而提供的金融服务。

手机银行有柜台开通、网银自助开通和手机自助开通三种开通方式。

手机银行可以提供账户查询、转账汇款、信用卡业务、缴费业务、基金业务、国债业务、理财业务、贷款业务，以及客户服务等多种金融服务。

手机银行具有全天候服务、功能丰富、安全可靠和零手续费的特点。

手机银行存在一定的风险，需要安全使用。

自助银行业务是指通过自助设备，由客户自助完成存取款、贷款、查询、转账、缴费、理财和货币兑换等金融交易的银行业务。

当前自助银行主要有两种形式，一种是混合式自助银行，另一种是隔离式自助银行。

自助银行服务要通过自助设备来完成。自助银行的自助设备主要有自动取款机、自动存款机、自动存取款机、存折补登机、多媒体查询机、纸硬币自助兑换机、外币兑换机、智慧柜员机以及智能机器人等。

【重点概念】

电子银行业务　网上银行　电话银行业务　手机银行　自助银行业务
混合式自助银行　隔离式自助银行　ATM　存折补登机

【思考与练习题】

1. 简述电子银行业务的特点。
2. 简述电子银行业务的优势。
3. 简述开办电子银行业务的条件。
4. 简述网上银行的分类及其主要业务。
5. 网上银行业务存在哪些风险？如何安全使用网上银行？

6. 简述电话银行的服务内容。
7. 简述电话银行的优缺点。
8. 电话银行业务存在哪些风险？如何安全使用电话银行？
9. 简述手机银行的开通方式。
10. 简述手机银行的主要功能。
11. 简述手机银行的特点。
12. 手机银行业务存在哪些风险？如何安全使用手机银行？
13. 简述自助银行的自助设备及主要功能。
14. 如何安全使用自助银行？

第十三章

商业银行风险管理

【本章学习目标】
1. 掌握商业银行风险的含义、分类，了解商业银行风险特点；
2. 了解商业银行风险管理含义，掌握商业银行风险管理流程和基本方法；
3. 掌握商业银行信用风险分类，了解信用风险的计量和管控手段；
4. 掌握商业银行市场风险分类，了解市场风险的计量和管控手段；
5. 掌握商业银行操作风险分类，了解操作风险的计量和管控手段；
6. 掌握商业银行流动性风险分类，了解流动性风险的计量和管控手段。

商业银行是金融体系中的重要组成部分，其通过自身的经营活动，在社会经济活动中发挥着重要作用。由于其经营对象的特殊性，经营领域的复杂性，商业银行面临着来自各方的各种风险。而商业银行抵抗风险的能力就在于其自身的风险管理能力。正是由于具有较强的风险管理能力，商业银行才能够给公众以信心，进而确立自身的信用地位，才能够有效地识别交易对象的信用度，进而推进社会经济的发展。

第一节 商业银行风险管理概述

一、商业银行风险

(一) 商业银行风险含义

商业银行风险是商业银行在经营过程中，由于不确定因素的影响，从而导致银行蒙受经济损失或获取额外收益机会的可能性。

对银行风险的定义，可以从两个角度理解：一是强调结果的不确定性。即在一定条件下和一定时期内发生各种结果的变动，结果的变动程度越大则相应的风险就越大，反之则越小。不确定性带来的后果可能是有利的，也可能是不利的。二是强调不确定性带来的不利后果。即由于各种结果发生的不确定性，而导致行为主体遭受损失的可能性。可以看出，风险不等同于损失本身，风险是一个事前概念，损失是一个事后概念，风险的概念既涵盖了未来可能损失的大小，又涵盖了损失发生概率的高低。

（二）商业银行风险分类

商业银行作为一种经营风险的特殊企业，为了有效地识别和管理风险，有必要对其所面临的风险进行分类。根据不同的分类标准可以将风险划分为不同的类型。结合商业银行经营的主要特征，按诱发风险的原因，巴塞尔委员会将其划分为八大类风险。

1. 信用风险。信用风险是商业银行在业务经营中面临的最基本的风险，即借款人或交易对手不能按照事先达成的协议履行义务的可能性。信用风险既存在于传统的贷款、债券投资等表内业务中，也存在于信用担保、贷款承诺等表外业务中。现代意义上的信用风险不仅包括违约风险，还包括当债务人或交易对手的信用状况和履约能力不足即信用质量下降时，市场上相关资产价格随之降低的风险。

2. 市场风险。市场风险是指因市场价格的不利变动而使银行表内和表外业务发生损失的风险。这里的市场价格包括利率、汇率、股票价格和商品价格，因此，市场风险可以相应分为利率风险、汇率风险、股票价格风险和商品价格风险四种，其中利率风险尤为重要。

3. 操作风险。操作风险是指由不完善或有问题的内部程序、员工和信息科技系统，以及外部事件所造成损失的风险。操作风险具有普遍性，广泛存在于商业银行业务和管理的各个方面。操作风险具有非营利性，它并不能为商业银行带来利润，商业银行之所以承担它是因为其不可避免，对它的管理策略是在管理成本一定的情况下尽可能降低操作风险。

4. 流动性风险。流动性风险是指商业银行无法及时获得或以合理成本获得充足资金，用于偿付到期债务、履行其他支付义务或满足正常业务开展需要的风险。与信用风险、市场风险和操作风险相比，流动性风险的形成原因更加复杂，涉及范围更加广泛，通常被视为一种综合性风险。

5. 国家风险。国家风险是指在与非本国国民进行国际经贸与金融往来中，由于他国（或地区）经济、政治、社会变化及事件而遭受损失的可能性。国家风险通常是由债务人所在国家的行为引起的，它超出了债权人的控制范围。

国家风险有两个特点：一是国家风险发生在国际经济金融活动中，在同一个国家范围内的经济金融活动不存在国家风险；二是在国际经济金融活动中，无论是政府、银行、企业还是个人，都可能遭受国家风险所带来的损失。

6. 声誉风险。声誉风险是指由商业银行经营、管理及其他行为或外部事件导致利益相关者对商业银行负面评价的风险。良好的声誉是一家银行多年发展积累的重要资源，是银行的生存之本，是维护良好的投资者关系、客户关系以及信贷关系等诸多重要关系的保证。声誉风险与其他金融风险不同，其难以直接测算，并且难以与其他风险分离和进行独立处理。

7. 法律风险。法律风险是指商业银行在日常经营活动中，由于无法满足或违反法律要求，导致不能履行合同、发生争议/诉讼或其他法律纠纷而可能给商业银行造成经济损失的风险。法律风险是一种特殊类型的操作风险。从狭义上讲，法律风险主要关注银行所签署的各类合同、承诺等法律文件的有效性和可执行力。从广义上讲，与法律风险密切相关的还有合规风险和监管风险。

8. 战略风险。战略风险是指商业银行在追求短期商业目的和长期发展目标的系统化管理过程中，不适当的发展规划和战略决策可能威胁商业银行未来发展的潜在风险。战略风险主要来源于四个方面：一是商业银行战略目标缺乏整体兼容性，二是为实现这些目标而制定的经营战略存在缺陷，三是为实现目标所需要的资源匮乏，四是整个战略实施过程中的质量难以保证。

需要说明的是，商业银行所面临的各种风险并不是孤立存在的，往往是相互联系、相互转化的。因此，商业银行在风险管理过程中应关注各类风险的内在联系，全面管理各种风险。

(三) 商业银行风险的特点

1. 不确定性。风险的不确定性，是指风险因素是否发生的不确定性、发生时间的不确定性和产生的结果的不确定性。正是由于不确定性的存在，决定了商业银行风险管理是长期的、持续的和全面的。

2. 客观性。风险是一种不以人的意志为转移、独立于人的意识之外的客观存在，我们只能在一定的时间和空间内改变风险存在和发生的条件，降低风险发生的频率和损失程度。但是，从总体上说，风险是不可能被彻底消除的。

3. 普遍性。商业银行的发展历史就是与各种风险相伴的历史。自从银行出现后，就面临着各种各样的风险，如银行面临着自然风险、市场风险、技术风险、政治风险等。同时，商业银行的风险无处不在，无时不有。

4. 隐蔽性。商业银行的业务以信用为基础，而信用工具一般具有延期性，如各种中长期贷款。因此，很多信贷风险实际上是一直存在的，但是要在达到一定条件和额度的情况下才能够显露出来。

5. 突发性。在通常情况下，商业银行风险的前期存在形式是隐蔽的、不易察觉的，也是分散的和局部的，其风险的形成是从无到有、从小到大、从局部到全局的累积过程，当风险累积到一定程度后，在某种因素的诱导下就会爆发，进而导致危机。

6. 关联性。金融是现代经济的核心，而商业银行是各国金融体系的主体，它既是资金的供应者，又是资金的需求者，几乎参与了金融市场的所有活动。正是由于商业银行的特殊地位和作用，决定了其风险的一个显著特征是它的关联性和扩散性，一家银行出现危机可能导致多家银行机构受到传染，并扩散到非银行机构，使整个金融体系产生"多米诺骨牌"现象，进而迅速蔓延到国民经济的其他部门，波及整个社会。

7. 可测性。商业银行的个别风险的发生是偶然的，不可预知的，但通过对大量风险数据观察会发现，风险往往呈现出明显的规律性。根据以往大量资料，利用概率论和数理统计的方法可测算风险事故发生的概率及其损失程度，并且可构造出损失分布的模型，这成为风险估测的基础。

8. 可控性。虽然商业银行风险具有隐蔽性和突发性，人们不可能从根本上消除它，但是可以从历史规律上找到风险的一般原则和规律，通过不断发展和完善的现代技术来识别和预测风险，通过建立严密的监管体制，最大限度地降低风险发生的概率、减少风险造成的损失。

二、商业银行风险管理

（一）商业银行风险管理含义

商业银行风险管理是指商业银行为了最大限度地减少因承担风险而可能遭受的损失，运用各种风险管理方法和工具，对风险进行识别和分析、评估和计量、监测和报告、控制和缓释等行为过程。

（二）商业银行风险管理流程

商业银行风险管理流程可以概括为风险识别、风险计量、风险监测和风险控制四个主要环节。

1. 风险识别。风险识别包括感知风险和分析风险两个环节：感知风险是通过系统化的方法发现商业银行所面临的风险种类、性质；分析风险是深入理解各种风险内在的风险因素。良好的风险识别应具有全面性和前瞻性，既要尽可能识别银行所面临的风险，确保覆盖银行面临的所有实质性风险，又能够前瞻性考察风险的变化趋势以及可能出现的风险种类和性质。风险识别的目标在于帮助银行了解自身面临的风险及严重程度，为下一步风险计量和防控打好基础。

2. 风险计量。风险计量是在风险识别的基础上，对风险发生的可能性、后果及严重程度进行充分分析和评估，从而确定风险水平的过程。风险计量是提升银行精细化管理水平、优化资源配置的基础，风险计量的结果可以应用于客户准入、授信审批、限额管理、经济资本、风险定价、绩效考核等领域。银行的风险计量能力已经成为衡量其风险管理水平的重要内容。

3. 风险监测。风险监测是指通过对一些关键的风险指标和环节进行监测，关注银行风险变化的程度，建立风险预警机制；同时，向内外部不同层级的主体报告风险的定性、定量评估结果，以及所采取的风险管控措施及其质量和效果。风险监测/报告过程看似简单，但实际上满足不同层级、不同部门对于风险状况的多样化需求是一项艰巨的任务。例如，高管层需要的是全行风险轮廓的报告；从事金融市场业务交易的人员需要的是具体头寸报告；风险管理委员会则通常要求提供风险防控与化解报告，以协助制定风险管理策略等。

4. 风险控制。风险控制是对经过识别和计量的风险采取分散、对冲、转移、规避、补偿等策略和措施，进行有效管理和控制的过程，目的是消灭或减少风险事件发生的各种可能性，或者减少风险事件发生时造成的损失。

（三）商业银行风险管理策略

当前，商业银行通常运用的风险管理策略可以大致概括为风险规避、风险分散、风险转移、风险对冲和风险补偿五种策略。

1. 风险规避。风险规避是指商业银行拒绝或退出某一业务或市场，以避免承担该业务或市场具有的风险。简单地说就是：不做业务，不承担风险。在现代商业银行风险管理实践中，风险规避主要通过经济资本配置来实现。首先将商业银行全部业务面临的风险进行量化，然后依据董事会所确定的风险战略和风险偏好确定经济资本分配，最终表现为信用限额和交易限额等各种业务限额。对于不擅长因而不愿承担的风险，商业银行设立非常有限的风险容忍度，对该类风险配置非常有限的经济资本，迫使业务部门降低对该业务的风险暴露，甚至完全退出该业务领域。

2. 风险分散。风险分散是指通过多样化的投资来分散和降低风险的策略性选择。对于难以规避的风险采取分散策略是商业银行普遍使用的方法。分散策略的目的在于选择多种多样、彼此相关系数小的资产进行搭配组合，以降低整个资产组合中的风险度，确保银行资产的安全性、流动性和盈利性。"不要将所有的鸡蛋放在一个篮子里"的古老投资格言形象地说明了这一方法。

3. 风险转移。风险转移是指通过购买某种金融产品或采取其他合法的经济措施将风险转移给其他经济主体的一种风险管理办法。如果风险分散后仍有很大风险存在，那么商业银行就应该利用合法的交易方式和业务手段进行风险转移。风险转移可分为保险转移和非保险转移。保险转移是指为商业银行投保，以缴纳保险费为代价，将风险转移给承保人。当被保险人发生风险损失时，承保人按照保险合同的约定责任给予被保险人经济补偿。非保险转移指利用其他方式等将风险合法转移给其他经济主体，如通过采取担保贷款的方式将风险转嫁给担保方。

4. 风险对冲。风险对冲是指通过投资或购买与标的资产收益波动负相关的某种资产或衍生产品，来冲销标的资产潜在风险损失的一种风险管理策略。

商业银行的风险对冲可以分为自我对冲和市场对冲两种情况。自我对冲是指商业银行利用资产负债表或某些具有收益负相关性质的业务组合本身所具有的对冲特性进行风险对冲；市场对冲是指对于无法通过资产负债表和相关业务调整进行自我对冲的风险，通过衍生产品市场进行对冲。

5. 风险补偿。风险补偿是指商业银行在所从事的业务活动造成实质性损失之前，对所承担的风险进行价格补偿的策略性选择。对于那些无法通过风险规避、风险分散、风险转移和风险对冲进行有效管理的风险，商业银行可以采取在交易价格上附加更高的风险溢价，即通过提高风险回报的方式，获得承担风险的价格补偿。

 知识链接 13－1
法国兴业银行巨亏

一、案情

2008年1月18日，法国兴业银行收到了一封来自另一家大银行的电子邮件，要求确认此前约定的一笔交易，但法国兴业银行和这家银行根本没有交易往来。因此，兴业银行进行了一次内部查清。结果发现，这是一笔虚假交易。伪造邮件的是兴业银行交易员凯维埃尔。更深入地调查显示，法国兴业银行因凯维埃尔的行为损失了49亿欧元，约合71亿美元。

凯维埃尔从事的是什么业务，导致如此巨额损失？欧洲股指期货交易，一种衍生金融工具产品。早在 2005 年 6 月,他利用自己高超的电脑技术,绕过兴业银行的五道安全限制,开始了违规的欧洲股指期货交易,"我在安联保险上建仓,赌股市会下跌。不久伦敦地铁发生爆炸,股市真的大跌。我就像中了头彩……盈利 50 万欧元。" 2007 年,凯维埃尔再赌市场下跌,因此大量做空,他又赌赢了,到 2007 年 12 月 31 日,他的账面盈余达到了 14 亿欧元,而当年兴业银行的总盈利不过是 55 亿欧元。从 2008 年开始,凯维埃尔认为欧洲股指上涨,于是开始买涨。然后,欧洲乃至全球股市都在暴跌,凯维埃尔的巨额盈利转眼变成了巨大损失。

二、特点

1. 风险巨大,破坏性强。由于衍生金融工具牵涉的金额巨大,一旦出现亏损就将引起较大的震动。巴林银行因衍生工具投机导致 9.27 亿英镑的亏损,最终导致拥有 233 年历史、总投资 59 亿英镑的老牌银行破产。法国兴业银行事件中,损失达到 71 亿美元,成为历史上最大规模的金融案件,震惊了世界。

2. 爆发突然,难以预料。因违规进行衍生金融工具交易而受损、倒闭的投资机构,其资产似乎在一夜间就化为乌有,爆发的突然性往往出乎人们的预料。巴林银行在 1994 年底税前利润仍为 1.5 亿美元,而仅仅不到 3 个月,它就因衍生工具巨额损失而破产。中航油(新加坡)公司在破产的 6 个月前,其 CEO 还公开宣称公司运行良好,风险极低,在申请破产的 1 个月,还被新加坡证券委员会授予"最具透明度的企业"。

3. 原因复杂,不易监管。衍生金融工具风险的产生既有金融自由化、金融市场全球化等宏观因素,也有管理层疏于监督、金融企业内部控制不充分等微观因素,形成原因比较复杂,即使是非常严格的监管制度,也不能完全避免风险。像法国兴业银行这个创建于拿破仑时代的银行,内部风险控制不可谓不严,但凯维埃尔还是获得了非法使用巨额资金的权限,违规操作近一年才被发现。这警示我们,再严密的规章制度,再安全的电脑软件,都可能存在漏洞。对银行系统的风险控制,绝不可掉以轻心,特别是市场繁荣之际,应警惕因盈利而放松正常监管。

三、启示

衍生金融工具的风险很大程度上表现为交易人员的道德风险,但归根结底,风险主要来源于金融企业内部控制制度的缺乏和失灵。在国家从宏观层面完善企业会计准则和增强金融企业实力的同时,企业内部也应完善财务控制制度,消除企业内部的个别风险。

1. 健全内部控制机制。在一定程度上,防范操作风险最有效的办法就是制定尽可能详尽的业务规章制度和操作流程,使内部控制制度建设与业务发展同步,并提高制度执行力。内部控制制度是控制风险的第一道屏障,要求每一个衍生金融交易人员均应满足风险管理和内部控制的基本要求,必须有来自董事会和高级管理层的充分监督,应成立由实际操作部门高级管理层和董事会组成的自律机构,保证相关的法规、原则和内部管理制度得到贯彻执行;要有严密的内控机制,按照相互制约的原则,对业务操作人员、交易管理人员和风险控制人员要进行明确分工,要为交易员或货币、商品种类设立金额限制、停损点及各种风险暴露限额等,针对特定交易项目与交易对手设计合理的"集中限额"以分散风险;交易操作不得以私人名义进行,每笔交易的确认与交割须有风险管理人员参与控制,并有完整准确的记录;要有严格的内部稽核制度,对风险管理程序和内部控制制度执行情况以及各有关部门工作的有效性要进行经常性的检查和评价,安排能胜任的人员专门对衍生金融交易业务进行定期稽核,确保各项风险控制措施落到实处;等等。

2. 完善金融企业的法人治理结构。金融交易人员的行为风险可以通过内部控制制度防范,但再严格的内控对于企业高层管理人员也可能无能为力,管理层凌驾于内控之上的现象是造成金融企业风险的深层原因。我国国有商业银行所有者虚位的现象严重,对管理层的监督和约束机制还相对较弱。对于金融企业主要领导者的监督应借助于完善的法人治理结构。首先是建立多元的投资结构，形成科学合理的决策机构；其次是强化董事会、监事会的职责，使董事会在风险管理方面扮演更加重要的角色；最后是强化内部审计人员的职责，建立内部审计人员直接向股东会负责的制度。

第二节 信用风险管理

信用风险是指借款人或交易对手不能按照事先达成的协议履行义务的可能性，它是商业银行业务经营中面临的最基本的风险。

一、信用风险的分类

按照风险能否分散，可以分为系统性信用风险和非系统性信用风险。系统性信用风险是指对各种金融工具都会产生影响的信用风险，不能通过分散而相互抵消或削弱。非系统性信用风险是指和特定对象相关的信用风险，这种信用风险可以采取分散的策略进行控制。

按照风险发生的形式，可分为结算前风险和结算风险。结算前风险指的是交易对手在合约规定的结算日之前违约带来的风险。结算风险作为一种特殊的信用风险，是指交易双方在结算过程中一方支付了合同资金但另一方发生违约的风险。结算风险在外汇交易中较为常见，涉及在不同的时间以不同的货币进行结算交易。

按照风险暴露特征和引起风险主体不同，可分为主权信用风险暴露、金融机构信用风险暴露、零售信用风险暴露、公司信用风险暴露、股权信用风险暴露和其他信用风险暴露六大类。其中，主权信用风险暴露、金融机构信用风险暴露、公司信用风险暴露统称为非零售信用风险暴露。

二、信用风险的计量

（一）信用风险参数

商业银行通过计量不同的风险参数，可以从不同维度来反映银行承担的信用风险水平，常用的风险参数包括违约概率、违约损失率、违约风险暴露、有效期限、预期损失和非预期损失等。

1. 违约概率（PD）。违约概率是债务人在未来一段时间内（一般是一年）发生违约的可能性。例如，某个客户群体有1 000个客户，预计在未来一年中有30个客户会发生违约，那么简单而言违约概率就是3%。

2. 违约损失率（LGD）。违约损失率指某一债项违约导致的损失金额占该违约债项风险暴露的比例，即损失占风险暴露总额的百分比。违约损失率估计应基于经济损失，包括各项直接和间接的损失或成本（如本金和利息损失、抵押品清收成本或法律诉讼费用、相关人员费用、管理费用等），同时还应考虑违约债项回收金额的时间价值影响。

3. 违约风险暴露（EAD）。违约风险暴露是指债务人发生违约时预期表内和表外项目风险暴露总额，反映了可能发生损失的总额度。一般包括已使用的授信余额、应收未收利息、未使用授信额度的预期提取数量以及可能发生的相关费用等。

4. 有效期限（M）。有效期限是指某一债项的剩余有效期限。一般而言，有效期限为债务人完成一项金融工具规定的所有义务（本金、利息和费用）所需要的最长剩余时间（以年计，通常为该金融工具的名义期限）；对于分期付款的金融工具，为剩余的最低本金合同还款额的加权期限。

5. 预期损失。预期损失是指银行承担的风险在未来一段时间内可能造成损失的均值。银行可通过风险定价来覆盖预期损失，还可以为风险资产计提损失准备金，以便在实际遭受损失时利用损失准备金来冲销损失。通过上述风险参数，可以按照如下公式计算预期损失：

$$预期损失 = 违约概率 \times 违约损失率 \times 违约风险暴露$$

6. 非预期损失。非预期损失是指在未来一段时间内，一定置信度（如 99.9%）下，银行承担的风险可能超出预期损失的损失水平。对非预期损失的计量比预期损失要复杂得多，且组合的非预期损失并不是单笔债项非预期损失简单相加，而是与各债项之间的相关性密切相关。在银行管理实践中，由于资产组合庞大，往往采用特定形式的组合管理模型进行计量。从风险管理的角度看，银行承担的非预期损失要靠银行持有的资本进行覆盖，对经济资本的计量实质上就是对非预期损失的计量。

（二）信用风险加权资产的计量

信用风险加权资产等于信用风险暴露与风险权重的乘积，综合反映了银行信贷资产的风险水平。我国《商业银行资本管理办法（试行）》规定了两种计算信用风险加权资产的方法：对不实施内部评级法的商业银行，需要运用权重法计算全行表内外资产的信用风险加权资产；对实施内部评级法的银行，内部评级法覆盖的表内外资产使用内部评级法计算信用风险加权资产，未覆盖的表内外资产使用权重法计算信用风险加权资产。

1. 权重法

（1）权重法的含义。权重法是指银行将全部资产按照监管规定的类别进行分类，并采用监管规定的风险权重计量信用风险加权资产的方法。采取权重法，信用风险加权资产为银行账户表内资产信用风险加权资产与表外项目信用风险加权资产之和。计量各类表内资产的风险加权资产，应首先从资产账面价值中扣除相应的减值准备，然后乘以风险权重；计量各类表外项目的风险加权资产，应将表外项目名义金额乘以信用转换系数得到等值的表内资产，再按表内资产的处理方式计量风险加权资产。

（2）资产分类与风险权重。在权重法下，表内资产划分为 17 个类型，根据每个资产类别的性质及风险大小，分别赋予了不同的权重，共分为 0、20%、25%、50%、75%、100%、150%、250%、400%、1 250% 等档次。

（3）信用转换系数。权重法下，银行的表外资产划分为 11 个类别，针对不同类别分别规定了 0、20%、50%、100% 四个档次不同的信用转换系数。例如，等同于贷款的授信业务转换系数为 100%，与贸易直接相关的短期或有项目转换系数为 20%。

2. 内部评级法

（1）内部评级法的定义。内部评级法是指商业银行通过构建自己的内部评级体系，估计各类信用风险暴露的违约概率、违约损失率、违约风险暴露及期限等风险参数，并按照统一的函数关系计算信用风险加权资产的方法。内部评级法的基本思想是由于借款人可能出现违约，银行必须根据已掌握的定性和定量信息对信用损失进行评估，并将这种评估与资本充足率挂钩。

内部评级法分为初级内部评级法和高级内部评级法。二者的区别在于，初级内部评级法下，银行自行估计违约概率，但要根据监管部门提供的规则计算违约损失率、违约风险暴露和期限。高级内部评级法下，银行可自行估计违约概率、违约损失率、违约风险暴露和期限。对于零售信用风险暴露，不区分初级法和高级法，即银行都要自行估计违约概率、违约损失率、违约风险暴露和期限。

（2）内部评级体系

①非零售风险暴露的内部评级体系。商业银行采用内部评级法计算信用风险加权资产，应该通过内部评级确定每个非零售风险暴露债务人和债项的风险等级。其中，债务人评级范围要包括所有的债务人与保证人，同一交易对手，无论是作为债务人还是保证人，在商业银行内部只能有一个评级。对债务人的每笔债项均应进行评级。

②零售风险暴露风险分池体系。所谓风险分池，是根据风险特征、交易特征和逾期信息等特征将每笔零售风险暴露划入到相应的资产池中，在此基础上估计 PD、LGD、EAD 等风险参数。与非零售风险暴露相比，零售风险暴露具有笔数大、单笔风险暴露较小、风险分散的显著特点，这一特点决定了商业银行普遍采用组合的方式对零售业务进行管理。商业银行对零售风险暴露实施内部评级法，应建立零售风险暴露的风险分池体系，确保将每笔零售风险暴露准确、可靠地分配到相应的资产池中，同一池中零售风险暴露的风险程度应保持一致。

三、信用风险的管控手段

常用的信用风险控制手段包括明确信贷准入和退出政策、限额管理、风险缓释、风险定价等。

（一）信贷准入和退出

1. 信贷准入。信贷准入是指银行通过制定信贷政策，明确银行意愿对客户开办某项信贷业务或产品的最低要求。常见的信贷准入策略考虑的因素包括客户的信用等级、客户的财务与经营状况、风险调整后收益（RAROC）等。

2. 信贷退出。信贷退出是指银行在对存量信贷资产进行风险收益评估的基础上，收回对超出其风险容忍度的贷款，以达到降低风险总量、优化信贷结构的目的。

（二）限额管理

限额是指银行根据自身风险偏好、风险承担能力和风险管理策略，对银行承担的风险设定的上限，防止银行过度承担风险。一般来说，银行既可对单个客户设定风险限额（授信额度），也可从国别或区域、行业、产品类型等组合维度设定限额。

(三) 风险缓释

信用风险缓释是指银行运用合格的抵质押品、净额结算、保证和信用衍生工具等方式转移或降低信用风险。信用风险缓释功能可以体现为违约概率、违约损失率或违约风险暴露的下降。

1. 抵质押品。抵质押品是指根据国家有关法律、法规，由借款人或第三人为担保银行债权实现而抵押或质押给银行的财产或权利。常见的抵质押品包括金融质押品、应收账款、商用房地产和居住用房地产、土地使用权等。抵质押品的风险缓释作用体现在客户发生违约时，银行可以通过处置抵质押品提高回收金额，降低违约损失率。

2. 保证。保证是指保证人和债权人约定，当债务人不履行债务时，保证人按照约定履行债务或者承担责任的行为。保证的缓释作用体现在客户违约时，由保证人代为偿还全部或者部分债务，提高回收率。

3. 信用衍生工具。信用衍生工具是用来分离和转移信用风险的各种工具和技术的统称，比较常见的衍生工具有信用违约互换、总收益互换、信用联系票据和信用利差期权等。

4. 净额结算。净额结算是指参与交易的机构以交易参与方为单位，对其买入和卖出交易的余额进行轧差，以轧差得到的净额组织交易参与方进行交割的制度。净额结算的缓释作用主要体现为降低违约风险暴露。

(四) 风险定价

银行承担风险就应获取相应的回报。信用风险也是银行面临的一种成本，银行需要通过风险定价加以覆盖，并计提相应的风险准备金，以便在实际遭受损失时进行抵补。例如，在贷款定价中，对信用等级高的客户，可以给予优惠利率，而对信用等级低的客户，则需要提高利率水平。

第三节 市场风险管理

市场风险是指因市场价格的不利变动而使银行表内和表外业务发生损失的风险。

市场风险存在于银行的交易和非交易业务中。过去，在金融市场价格比较稳定的背景下，人们更多地注重的是金融市场的信用风险，而几乎不考虑市场风险的因素。20世纪70年代初，布雷顿森林体系崩溃，浮动汇率制下的汇率、利率等产品价格的变动日益趋向频繁和无序。进入80年代后，金融创新的迅猛发展，以及世界各国金融自由化的浪潮使得金融市场的波动更加剧烈，这些给商业银行和金融系统带来了巨大的风险。

一、市场风险的分类

市场风险可以分为利率风险、汇率风险（包括黄金）、股票价格风险和商品价格风险。

1. 利率风险。利率风险是指市场利率变动的不确定对银行造成损失的风险。利率风险是银行面临的主要市场风险。利率风险按照来源的不同，可以分为重新定价风险、收益率曲线风险、基准风险和期权性风险。

2. 汇率风险。汇率风险是指由于汇率的不利变动导致银行业务发生损失的风险。根据产生的原因，汇率风险可以分为两类：(1) 外汇交易风险，主要来自两个方面：一是为客户提供外汇交易服务时未能立即进行对冲的外汇敞口头寸；二是银行对外币走势有某种预期而持有的外汇敞口头寸。(2) 外汇结构性风险，是因为银行结构性资产与负债之间币种的不匹配而产生的。

黄金被纳入汇率风险考虑，其原因在于，黄金曾长时间在国际结算体系中发挥国际货币职能，从而充当外汇资产的作用。

3. 股票价格风险。股票价格风险是指由于商业银行持有的股票价格发生不利变动而给商业银行带来损失的风险。目前，我国商业银行不能从事证券经营业务，因而我国商业银行很少直接面临股票价格风险，但是股票价格的波动会通过多种方式和渠道间接影响商业银行的资产质量。

4. 商品价格风险。商品价格风险是指商业银行所持有的各类商品的价格发生不利变动而给商业银行带来损失的风险。这里的商品包括在二级市场交易的某些实物产品，如农产品、矿产品（包括石油）和金属（不包括黄金）等。

二、市场风险的计量

（一）市场风险的计量方法

1. 缺口分析。缺口分析是衡量利率变动对银行当期收益影响的一种方法。具体而言，就是将银行不同时间段（如1个月以下，1~3个月，3个月~1年，1~5年，5年以上等）内的利率敏感性资产减去利率敏感性负债，再加上表外业务头寸，得到重新定价"缺口"。以该缺口乘以假定的利率变动，即得出这一利率变动对净利息收入变动的大致影响。当某一时段内的利率敏感性负债大于利率敏感性资产（包括表外业务头寸）时，就产生了负缺口，此时利率上升会导致净利息收入下降；相反，当某一时段内的利率敏感性资产（包括表外业务头寸）大于利率敏感性负债时，就产生了正缺口，此时利率下降会导致净利息收入下降。

2. 久期分析。久期分析也称为持续期分析或期限弹性分析，是衡量利率变动对银行经济价值影响的一种方法。具体而言，就是对各时段的缺口赋予相应的敏感性权重，得到加权缺口，然后对所有时段的加权缺口进行汇总，以此估算给定的小幅（通常小于1%）利率变动可能会对银行经济价值产生的影响。各个时段的敏感性权重通常是由假定的利率变动乘以该时段头寸的假定平均久期来确定。一般而言，金融工具的到期日或距下一次重新定价日的时间越长，并且在到期日之前支付的金额越小，则久期的绝对值越高，表明利率变动将会对银行的经济价值产生较大的影响。

3. 外汇敞口分析。外汇敞口分析是衡量汇率变动对银行当期收益影响的一种方法。当银行某一币种的多头头寸与空头头寸不一致时，所产生的差额就形成了外汇敞口，这时汇率变动就会给银行当前收益或经济价值带来影响。

4. 风险价值法。风险价值（VaR）是指在一定的持有期和给定的置信水平下，利率、汇率等市场风险要素发生变化时可能对某项资金头寸、资产组合或机构造成的潜在最大损失。目前常用的风险价值模型技术主要有三种：方差—协方差法、历史模拟法和蒙特卡洛模拟法。

风险价值是计量市场风险的一种较为先进的做法，其主要优点是可以将不同业务、不同类别的市场风险用一个确切的数值（VaR 值）表示出来，有利于进行风险的监测、管理和控制。

5. 敏感性分析与情景分析。敏感性分析是指在保持其他条件不变的前提下，研究单个市场风险要素（利率、汇率、股票价格和商品价格）的变化可能会对金融工具或资产组合的收益或经济价值产生的影响。与敏感性分析对单一因素进行分析不同，情景分析是一种多因素分析方法，研究多种因素同时作用时可能产生的影响。情景可以人为设定（如直接使用历史上发生过的情景），也可以从对市场风险要素历史数据变动的统计分析中得到。

6. 压力测试。银行不仅应采用各种市场风险计量方法对在一般市场情况下所承受的市场风险进行分析，还应当通过压力测试来估算突发的小概率事件等极端不利情况可能对其造成的潜在损失，评估银行在极端不利情况下的亏损承受能力。例如，在利率、汇率、股票价格等市场风险要素发生剧烈变动、国内生产总值大幅下降、发生意外的政治和经济事件或者几种情形同时发生的情况下，银行可能遭受的损失。

（二）市场风险资本要求的计量

《商业银行资本管理办法（试行）》规定，商业银行可以采用标准法或内部模型法计量市场风险资本要求。商业银行市场风险加权资产为市场风险资本要求的 12.5 倍，即市场风险加权资产 = 市场风险资本要求 × 12.5。

1. 标准法。标准法是将市场风险分为利率、股票、外汇、商品以及期权风险，银行根据监管机构提供的系数，分别计算交易账户利率产品和股票产品头寸的特定风险和一般市场风险，以及交易账户与银行账户外汇产品（包括黄金）和大宗商品的市场风险。此外，针对期权产品，银行还需要计算期权风险。市场风险资本要求等于上述五种风险资本要求之和。

2. 内部模型法。内部模型法核心是以风险价值为指标来度量市场风险，并在此基础上确定资本要求。内部模型法应涵盖的风险因素包括利率风险、股票风险、汇率风险、商品风险，以及能有效反映与上述四大类别市场风险相关的期权性风险、基差风险和相关性风险等风险因素。商业银行采用内部模型法，其最低市场风险资本要求为一般风险价值及压力风险价值之和。

三、市场风险的管控手段

商业银行实施市场风险管理的主要目的是，确保将所承担的市场风险规模控制在可以承受的合理范围内，使所承担的市场风险水平与其风险管理能力和资本实力相匹配。

（一）限额管理

常用的市场风险限额包括交易限额、风险限额和止损限额。

1. 交易限额。交易限额是指对总交易头寸或净交易头寸设定的限额。总头寸限额对特定交易工具的多头头寸或空头头寸分别加以限制，净头寸对多头头寸和空头头寸相抵后的净额加以限制。在实践中，商业银行通常将这两种交易限额结合使用。

2. 风险限额。风险限额是指对采用一定的计量方法获得的市场风险规模设置限额。例如，对采用内部模型法计量得出的风险价值设定的风险价值限额，对期权性头寸设定的期权性头寸限额等。

3. 止损限额。止损限额是指所允许的最大损失额。通常，当某项头寸的累计损失达到或接近损失额时，就必须对该头寸进行对冲交易或立即变现。止损限额具有追溯力，适用于一日、一周或一个月内等一段时间内的累计损失。

（二）风险对冲

市场风险对冲是指通过投资或购买与管理基础资产收益波动负相关的某种资产或金融衍生产品来冲销风险的一种风险管理策略。当原风险敞口出现亏损时，新风险敞口能够盈利，并且使盈利能够尽量全部抵补亏损。特别需要重视的是，金融衍生产品自身就潜藏着巨大的市场风险，商业银行必须正确认识和理解各种衍生产品的风险特征、多种金融产品组合在一起的复杂性以及利用其对冲市场风险所需具备的强大知识和信息技术支持。

第四节 操作风险管理

操作风险是指由不完善或有问题的内部程序、员工和信息科技系统，以及外部事件所造成损失的风险。操作风险是商业银行普遍存在的风险，自从商业银行的诞生伊始就伴随其左右，并存在于商业银行的各个业务环节之中。

一、操作风险的分类

根据引起原因的不同，操作风险可以分为由人员、系统、流程和外部事件所引发的四类风险。

1. 人员因素。人员因素主要是因银行内部员工发生内部欺诈、失职违规，以及员工的知识技能匮乏、关键人员流失、违反用工法、劳动力中断等造成损失或者不良影响的风险。

2. 内部流程。内部流程是指由于商业银行业务流程缺失、流程设计不合理，或者没有被严格执行而造成损失的风险，主要包括财务/会计错误、文件/合同缺陷、产品设计缺陷、结算/支付错误、错误监控/报告、交易/定价错误六个方面。

3. 系统因素。系统因素是指由于 IT 系统开发不完善、系统（软硬件）失灵或瘫痪、系统功能漏洞等导致银行不能正常提供服务或业务中断，以及由于系统数据风险影响业务正常运行而导致损失的风险。

4. 外部事件。外部事件是指由于外部主观或客观的破坏性因素导致损失的风险。外部事件引起银行损失的范围非常广泛，包括自然灾害、政治风险、外部欺诈、外部人员犯罪等。

此外，根据引发操作风险的事件类型，可以分为七种表现形式：内部欺诈事件，外部欺诈事件，就业制度和工作场所安全事件，客户、产品和业务活动事件，实物资产的损坏事件，信息科技系统事件，执行、交割和流程管理事件。

二、操作风险的计量

《商业银行资本管理办法（试行）》规定，商业银行可以使用基本指标法、标准法或高级计量法计量操作风险资本要求。操作风险加权资产为操作风险资本要求的12.5倍，即操作风险加权资产＝操作风险资本要求×12.5。

（一）基本指标法

银行采用基本指标法，应当以总收入为基础计量操作风险资本要求，总收入为净利息收入与净非利息收入之和。操作风险资本要求等于银行前三年总收入的平均值与一个固定比例（为15%）的乘积。总体上看，基本指标法计算方法较为简单，资本与收入呈线性关系，银行收入越高、资本要求越大。

（二）标准法

商业银行采用标准法，应当以各业务条线的总收入为基础计量操作风险资本要求。与基本指标法不同的是，标准法将银行全部业务划分为公司金融、交易和销售、零售银行、商业银行、支付和清算、代理服务、资产管理、零售经纪和其他业务等9个业务条线，操作风险资本要求等于各条线三年总收入的平均值乘上一个固定比例再加总。

（三）高级计量法

高级计量法是目前风险敏感度最高、最为科学的操作风险计量方法。操作风险计量模型主要包括损失分布法、内部衡量法、打分卡法。从当前业界实践看，最常用的是损失分布法，其主要原理是基于操作风险内外部历史损失数据对损失进行估算，再通过操作风险评估、关键风险指标、情景分析、业务环境和内部控制因素对损失进行前瞻性调整。

三、操作风险的管控手段

（一）操作风险管理工具

操作风险管理工具和手段主要有操作风险与控制自评估（RCSA）、关键风险指标（KRI）、损失数据库（LD）等。

1. 操作风险与控制自评估。操作风险与控制自评估主要包括风险评估和控制评价两个方面内容：风险评估是根据一定的标准对操作风险的发生频率、影响程度进行判断，并确定风险等级的过程；控制评价是根据一定标准对现有控制活动的质量和执行程度进行评价，确定控制效果等级，并对控制活动进行优化改进的过程。

2. 关键风险指标。关键风险指标是指对业务活动和控制环境进行日常监控的指标体系，能够反映系统、流程、产品、人员等风险信息的变化情况，对于风险预警、日常监控具有重要作用。例如，关键岗位人员未按规定进行轮岗或强制休假的比例就是一个关键风险指标，可反映关键岗位的风险情况。

3. 损失数据库。损失数据库是在标准化的操作风险事件分类基础上，对银行已发生的风险事件进行确认和记录，并采用结构化的方式进行存储。操作风险损失数据一般通过日常的风险报告制度、检查审计、历史损失数据收集等内部方式来累积，银行也可获取一些外部数据来弥补自身数据的不足。

（二）业务连续性管理

业务连续性管理是指为有效应对突发事件导致的重要业务运营中断，建设应急响应、恢复机制和管理能力框架，保障重要业务持续运营的一整套管理过程，包括组织架构、策略、预案体系、资源保障、演练和应急处置等。实施业务连续性管理首先需要识别重要业务及其恢复的优先顺序，明确恢复的时间目标。银行各级机构、各相关部门需要针对突发事件的影响范围，在职责权限内建立不同层级的业务连续性策略和预案，明确应急处理流程和机制。此外，还应定期组织培训和演练，确保突发事件发生时各项预案得到及时正确的执行。

第五节　流动性风险管理

流动性风险是指商业银行无法及时获得或以合理成本获得充足资金，用于偿付到期债务、履行其他支付义务或满足正常业务开展需要的风险。

一、流动性风险的分类

银行的流动性集中反映了其资产负债的均衡情况，主要体现在市场流动性风险和融资流动性风险两个方面。

（一）市场流动性风险

市场流动性风险是指由于市场深度不足或市场动荡，商业银行无法以合理的市场价格出售资产以获得资金的风险，反映了商业银行在无损失或微小损失情况下迅速变现的能力。资产变现能力越强，银行流动性状况越佳，其流动性风险也相应越低。

（二）融资流动性风险

融资流动性风险是指商业银行在不影响日常经营或财务状况的情况下，无法及时有效满足资金需求的风险，反映了商业银行在合理的时间、成本条件下迅速获取资金的能力。如果商业银行获取资金的能力较弱，则容易导致银行的流动性状况欠佳，其流动性风险也相应较高。

二、流动性风险的计量

用于反映银行流动性风险状况的指标包括流动性覆盖率、净稳定资金比例、流动性比例、流动性匹配率和优质流动性资产充足率，这五个指标也是银保监会的流动性风险监管指标。其中，流动性比例为流动性资产余额与流动性负债余额之比，不低于25%；流动性匹配率为加权资金来源与加权资金运用之比，不低于100%；优质流动性资产充足率为优质流动性资产与短期现金净流出之比，不低于100%。此外，资产规模不小于2 000亿元人民币的商业银行应当持续达到流动性覆盖率、净稳定资金比例、流动性比例和流动性匹配率的最低监管标准。资产规模小于2 000亿元人民币的商业银行应当持续达到流动性比例、流动性匹配率和优质流动性资产充足率的最低监管标准。

三、流动性风险的管控手段

流动性风险是一类比较特别的风险，当银行发生流动性危机事件时，即使银行具有较为充足的资本，仍然有可能因为流动性问题而破产。在解决流动性问题时，更需要的是现金流入，而银行获取资金的能力取决于银行总体的资产负债情况、银行在市场中的头寸和市场环境。因此，从银行业目前的普遍做法来看，较少对流动性风险计提资本要求，而更多的是要求银行具备完善的流动性管理体系和措施。

（一）现金流量管理

商业银行应通过计量、监测、分析资产和负债的未来现金流以及或有资产和或有负债的潜在现金流，并充分考虑支付结算、代理和托管等业务对现金流的影响，发现融资缺口和防止过度依赖短期流动性供给。银行可将表内外业务可能产生的未来现金流按照一定方法分别计入特定期间的现金流入和现金流出，以现金流入减现金流出取得现金流错配净额，并通过累计方式计算出一定期限内的现金流错配净额。银行应以其融资能力和风险承受能力为基础设定现金流期限错配限额，并保证每一期限内的现金流错配净额低于现金流期限错配限额。

（二）限额管理

商业银行应当对流动性风险实施限额管理，根据自身业务规模、性质、复杂程度、流动性风险偏好和外部市场发展变化情况，设定流动性风险限额。流动性风险限额包括但不限于现金流缺口限额、负债集中度限额、集团内部交易和融资限额。商业银行应当制定流动性风险限额管理的政策和程序，建立流动性风险限额设定、调整的授权制度、审批流程和超限额审批程序，至少每年对流动性风险限额进行一次评估，必要时进行调整。此外，商业银行还应当对流动性风险限额遵守情况进行监控，超限额情况应当及时报告。对未经批准的超限额情况应当按照限额管理的政策和程序进行处理。对超限额情况的处理应当保留书面记录。

（三）融资管理

商业银行融资管理的目的是提高融资来源的多元化和稳定程度。融资管理主要包括以下几个方面的内容：一是分析正常和压力情景下未来不同时间段的融资需求和来源；二是加强负债品种、期限、交易对手、币种、融资抵（质）押品和融资市场等的集中度管理，适当设置集中度限额，对于同业批发融资，应按总量和主要期限分别设定限额；三是加强融资渠道管理，积极维护与主要融资交易对手的关系，保持在市场上的适当活跃程度，并定期评估市场融资和资产变现能力；四是密切监测主要金融市场的交易量和价格等变动情况，评估市场流动性对商业银行融资能力的影响。此外，商业银行还应当加强对融资抵（质）押品的管理，确保其能够满足正常和压力情景下日间和不同期限融资交易的抵（质）押品需求，并且能够及时履行向相关交易对手返售抵（质）押品的义务。

(四) 压力测试

商业银行应当建立流动性风险压力测试制度，分析承受短期和中长期压力情景的流动性风险控制能力。流动性风险压力测试应当符合以下要求：合理审慎设定并定期审核压力情景，充分考虑影响商业银行自身的特定冲击、影响整个市场的系统性冲击和两者相结合的情景，以及轻度、中度、严重等不同压力程度；合理审慎设定在压力情景下商业银行满足流动性需求并可持续经营的最短期限，在影响整个市场的系统性冲击情景下该期限应当不少于30天；充分考虑各类风险与流动性风险的内在关联性和市场流动性对商业银行流动性风险的影响；定期在法人和集团层面实施压力测试，当存在流动性转移限制等情况时，应当对有关分支机构或附属机构单独实施压力测试；压力测试频率应当与商业银行的规模、风险水平及市场影响力相适应，常规压力测试应当至少每季度进行一次，出现市场剧烈波动等情况时，应当提高压力测试频率；在可能情况下，应当参考以往出现的影响银行或市场的流动性冲击，对压力测试结果实施事后检验，压力测试结果和事后检验应当有书面记录；在确定流动性风险偏好、流动性风险管理策略、政策和程序，以及制定业务发展和财务计划时，应当充分考虑压力测试结果，必要时应当根据压力测试结果对上述内容进行调整。

(五) 应急计划

商业银行应当根据其业务规模、性质、复杂程度、风险水平、组织架构及市场影响力，充分考虑压力测试结果，制定有效的流动性风险应急计划，确保其可以应对紧急情况下的流动性需求。商业银行应当至少每年对应急计划进行一次测试和评估，必要时进行修订。流动性风险应急计划应当符合以下要求：设定触发应急计划的各种情景；列明应急资金来源，合理估计可能的筹资规模和所需时间，充分考虑跨境、跨机构的流动性转移限制，确保应急资金来源的可靠性和充分性；规定应急程序和措施，至少包括资产方应急措施、负债方应急措施、加强内外部沟通和其他减少因信息不对称而给商业银行带来不利影响的措施；明确董事会、高级管理层及各部门实施应急程序和措施的权限与职责；区分法人和集团层面应急计划，并视需要针对重要币种和境外主要业务区域制定专门的应急计划，对于存在流动性转移限制的分支机构或附属机构，应当制定专门的应急计划。

【本章小结】

商业银行风险是指商业银行在经营过程中，由于不确定因素的影响，从而导致银行蒙受经济损失或获取额外收益机会的可能性；商业银行风险具体包括信用风险、市场风险、操作风险、流动性风险、国家风险、声誉风险、法律风险和战略风险八大类；商业银行风险具有不确定性、客观性、普遍性、隐蔽性、突发性、关联性、可测性和可控性特点。

商业银行风险管理是指商银行为了最大限度地减少因承担风险而可能遭受的损失，运用各种风险管理方法和工具，对风险进行识别和分析、评估和计量、监测和报告、控制和缓释等行为过程；商业银行风险管理流程可以概括为风险识别、风险计量、风险监测和风险控制四个主要环节。当前，商业银行通常运用风险规避、风险分散、风险转移、风险对冲和风险补偿五种风险管理策略。

信用风险是指借款人或交易对手不能按照事先达成的协议履行义务的可能性，它是商业银行业务经营中面临的最基本的风险；按照风险能否分散，信用风险可以分为系统性信用风险和非系统性信用风险；按照风险发生的形式，可分为结算前风险和结算风险；按照风险暴露特征和引起风险主体不同，可分为主权信用风险暴露、金融机构信用风险暴露、零售信用风险暴露、公司信用风险暴露、股权信用风险暴露和其他信用风险暴露六大类；商业银行通过计量不同的风险参数，可以从不同维度来反映银行承担的信用风险水平，常用的风险参数包括违约概率、违约损失率、违约风险暴露、有效期限、预期损失和非预期损失等；信用风险加权资产的计量方法主要有权重法和内部评级法两种；常用的信用风险控制手段包括明确信贷准入和退出政策、限额管理、风险缓释、风险定价等。

市场风险是指因市场价格的不利变动而使银行表内和表外业务发生损失的风险；市场风险可以分为利率风险、汇率风险（包括黄金）、股票价格风险和商品价格风险；市场风险的计量方法包括缺口分析、久期分析、外汇敞口分析、风险价值法、敏感性分析与情景分析以及压力测试；商业银行可以采用标准法或内部模型法计量市场风险资本要求；商业银行的市场风险的管控手段主要是限额管理和风险对冲，其中，常用的市场风险限额包括交易限额、风险限额和止损限额。

操作风险是指由不完善或有问题的内部程序、员工和信息科技系统，以及外部事件所造成损失的风险；根据引起原因的不同，操作风险可以分为由人员、系统、流程和外部事件所引发的四类风险；商业银行可以使用基本指标法、标准法或高级计量法计量操作风险资本要求；操作风险的管控手段主要体现在操作风险管理工具和业务连续性管理两方面，其中，操作风险管理工具和手段主要有操作风险与控制自评估（RCSA）、关键风险指标（KRI）、损失数据库（LD）等。

流动性风险是指商业银行无法及时获得或以合理成本获得充足资金，用于偿付到期债务、履行其他支付义务或满足正常业务开展需要的风险；流动性风险包括市场流动性风险和融资流动性风险；用于反映银行流动性风险状况的指标包括流动性覆盖率、净稳定资金比例、流动性比例、流动性匹配率和优质流动性资产充足率五个指标；流动性风险的管控手段主要包括现金流量管理、限额管理、融资管理、压力测试和应急计划。

【重点概念】

商业银行风险　信用风险　市场风险　操作风险　流动性风险　国家风险
声誉风险　法律风险　战略风险　风险管理　风险规避　风险转移　风险对冲
风险补偿　系统性信用风险　非系统性信用风险　违约概率　违约损失率
违约风险暴露　有效期限　预期损失　非预期损失　权重法　内部评级法
信贷准入　信贷退出　风险缓释　利率风险　汇率风险　股票价格风险
商品价格风险　风险价值

【思考与练习题】

1. 简述商业银行风险管理的流程。
2. 简述商业银行风险管理的策略。
3. 简述信用风险的管控手段。
4. 简述市场风险的管控手段。
5. 简述操作风险的管控手段。
6. 简述流动性风险的管控手段。
7. 流动性风险监管指标有哪些?

第十四章

商业银行资产负债管理理论与方法

【本章学习目标】
1. 了解资产负债管理的基本理论；
2. 掌握资金缺口、利率敏感比率的含义；
3. 掌握资金缺口、利率敏感比率与银行净利差三者之间的关系；
4. 了解资金缺口管理存在的问题；
5. 掌握持续期、持续期缺口的含义、持续期与利率风险的关系。

商业银行资产负债管理不能简单地等同于商业银行的资产和负债的管理。后者通常是指作为商业银行各种主要业务，即资产业务和负债业务的管理，而资产负债管理是商业银行一种全方位的管理，即银行为了达到已确定的经营目标，对银行的各种业务进行协调管理。这一管理过程的实质在于对银行资产负债表中各种账户包括各种资产、负债以及资本的数量水平、变化和相互之间的组合进行规划、支配和控制。

在长期的演进过程中，商业银行逐步形成、发展起来一套比较科学的管理理论和管理方法，并且在实践中不断地完善和丰富。

第一节 商业银行资产负债管理理论

从全球商业银行发展的轨迹来看，商业银行资产负债管理理论大致经历了资产管理理论、负债管理理论和资产负债综合管理理论三个发展阶段。

一、资产管理理论

资产管理理论是资本主义自由竞争阶段商业银行所奉行的经营管理理论，从时间段上来看，大致在20世纪60年代之前。该理论认为银行的负债主要来源于被动性的存款，银行无法掌握主动权，所以，商业银行经营管理的重要决策领域是资产而不是负债，即商业银行只能够对谁将获取数量稀缺的贷款以及获取贷款需要满足哪些条件进行决策。在这种资产管理战略的指导下，商业银行通过仔细管理其资产来满足现金的流动性要求，保证银行获取利润。

资产管理理论又经历了商业贷款理论、资产转换理论和预期收入理论三个不同发展阶段。

（一）商业贷款理论

商业贷款理论又称真实票据理论，也称为自偿性贷款理论。该理论源于亚当·斯密的《国富论》，是商业银行早期的经营管理理论。该理论认为：资金来源的高度流动性决定了资金运用的高流动性。银行的主要资金来源是存款，银行的大部分存款均为活期存款，存款人的提存是随机的，因此银行必须保持高度流动性。这就决定了银行发放的贷款必须满足两个条件：一是贷款仅能出于为生产流通提供融资的目的，二是提供的贷款能通过商品的出售来实现偿还。这一时期的贷款通常要求用真实的商业票据作为抵押，以减轻贷款出现问题时的损失。根据这一理论，商业银行不宜发放证券贷款、不动产贷款、长期农业贷款。即使发放这些贷款，也应将其限定在银行自有资本和现有储蓄存款水平范围内。

商业贷款理论体现了早期商业银行经营中追求安全稳定的朴素管理的思想，对于早期商业银行的发展壮大有着积极意义。但是同时，它的弊端也是明显的：第一，它在追求贷款的自偿性标准过程中，拒绝了其他类型的需求，如公共建设支出，这些中长期的贷款需求可能对整个社会的进步和发展是有利的。第二，贷款的自偿性也是有前提条件的，就是要商品能够顺利售出。以自偿性贷款为主的资产构成，在经济繁荣时期可能加快市场流通，但是在经济衰退时期，则会因为大量的自偿性贷款实际不能自偿，形成呆账而加速经济的衰退。商业贷款理论忽略了大数定理的现实存在，实践表明，虽然银行的活期存款的提存不定期发生，但是实际银行始终能够保持一个比较稳定的负债余额。商业银行如果能使用这部分资金来发放中长期贷款，不仅可以满足社会上的中长期资金需求，也能获得更高的经济利益。

（二）资产转换理论

该理论由美国人莫尔顿于1918年在《政治经济学杂志》上发表的《商业银行及资本形成》一文中提出。这一理论的发展与当时特殊的历史条件有关：由于经济危机和一战，当时经济萧条，工商业的资金需求萎缩，而政府的资金需求却激增，商业银行资产组合中的票据和短期国债比重迅速增加。当时银行业的危机表明，流动性并不取决于发放贷款的种类，而取决于银行持有资产的可转换性。对商业银行而言：一方面，投资国库券有尺度地保持了资产的流动性，支持了长期贷款资金的使用，另一方面转化为短期债券的资金部分也保证了盈利性。资产转换理论认为：要保持流动性以应付随时提存的需要，关键在于保证资产的变现能力。商业银行资产负债组合中可以用信用级别高、流动性好、期限短的金融工具来实现应对随机的现金流出，以代替持有巨额的不能产生盈利的现金。这样，在需要资金时，银行可以随时在市场上出售金融资产套现。

资产转换理论突破了传统的商业贷款理论的局限，总结了商业银行在实践中摸索得到的保持流动性的途径，并将之推广，使得商业银行的资产业务得以迅速扩张。但是，此理论作出的假设条件，如银行持有的金融资产随时可以变现、期限短所以价格波动小、变现的数额有保证等,其成立的前提是二级市场上的证券价格是相对稳定的,但是在实际市场条件下未必如此。例如,一旦商业银行变现某种资产的数量很大,肯定会使该资产的价值产生波动,影响银行资产价值的实现。又比如,银行持有的国债需要变现,而市场收益率此时大幅上扬,为了保持流动性商业银行势必承受一定的损失。

(三) 预期收入理论

预期收入理论最早由美国的普鲁克诺于1949年在《定期放款与银行流动性理论》一书中提出。二战后,经济的恢复带动了贷款的大量需求,工业设备需要更新、消费者需要提供消费贷款。商业银行因此减少了有价证券的投资比重,转向投放贷款。在这种背景下产生的预期收入理论为商业银行资产业务的扩张提供了新的理论指引,并极大地影响了商业银行的资产结构。预期收入理论指出,商业银行的流动性应该依靠贷款的有计划偿还来支持,而这取决于贷款人的预期收入,所以银行应当根据借款人的预期收入来安排贷款的期限结构,以保证现金流入的规律性。这样,银行除了自偿性商业贷款外,得以开发中长期贷款,如分期付款住房信贷、企业技术改造项目贷款等。

预期收入理论深化了对资产流动性的理解,指出了商业银行资产流动性的大小同借款人的预期收入大小呈正向关系,商业银行资产结构据此进行了调整,中长期贷款比重得以提高。商业银行在增加自身利润的同时,也给社会经济生活带来深刻变化。该理论的不足之处在于企业未来预期收入具有不确定性,很容易受外部环境的影响。企业自身可能无法准确预测其未来的现金流,而独立于企业之外的银行所预测的企业未来收入更可能与实际情况相去甚远。因此,预期收入理论的应用可能会在无形之中增加银行的信贷风险。

二、负债管理理论

负债管理理论产生于20世纪60年代,从时间段上看,可持续到80年代,但主要盛行于60年代与70年代之间。二战以后世界经济的飞速发展使得对于贷款的需求超过存款的自然增长,商业银行普遍缺乏可贷资金,于是纷纷把寻找资金的新来源作为业务重点,负债管理理论应运而生。负债管理理论是一种关于银行流动性的理论。它主张商业银行将其经营管理的重心放在负债管理方面,商业银行的流动性可以通过负债管理来保证。商业银行可以通过在金融市场上的主动性负债,如发行大额可转让定期存单、发行金融债券、同业拆借、向央行申请借款等方式来扩大资金来源,以便满足客户的提存和增加贷款的需要,保持资金清偿能力和流动性,并获取最大利润。

负债管理理论主要包括资金购买理论和金融产品销售理论。

(一) 资金购买理论

资金购买理论产生于20世纪60年代,其核心思想是变被动的存款观念为主动的借款观念。该理论认为,银行对于负债并非总是消极被动、无所作为的,它完全能够而且应该主动地到市场上购买资金、争夺资金。该理论认为银行购买资金的主要目的是增强银行的流动性,为了满足日益旺盛的贷款需求,银行完全可以以一定的成本来购买负债,从而减轻存款数额对银行扩大资产规模的限制。此外,银行的安全性和流动性也可以通过负债的安排和负债的创新去实现,而不必完全依赖资产管理。

资金购买理论使当时的商业银行经营管理更富有进取心和冒险精神,因而被称为"银行业的革命"。该理论一方面使商业银行更加积极主动地扩大资金来源以扩大资产规模,这样有利于信用的扩张和经济的增长,有利于增强商业银行自身实力;另一方面使商业银行可能片面扩大负债,加重了债务危机和通货膨胀,而且在资金购买管理过程中,也增加了利率风险和资金可得性风险。

(二)金融产品销售理论

金融产品销售理论出现于 20 世纪 80 年代初,该理论认为,商业银行应该以客户的需要和利益为其出发点和归宿。银行是金融产品的制造企业,由于客户的需要是多样化的,所以金融产品也应该多样化。银行应该将资产、负债联系起来,并根据公司或居民的喜好、收入、行业、职业、年龄、区域经济等特征,设计、创造形形色色的金融产品,然后通过广告宣传、公共关系等信息沟通渠道来努力推销这些产品,从而获得银行所需要的资金,并获得相应的效益。

该理论与商业银行以往的经营管理理论的不同之处在于,它不再单纯地着力于资金的来源与运用,而是立足于服务。强调银行应该做到客户至上,千方百计地满足客户的各种需要。实际上金融产品销售理论贯穿了一种市场服务的观念。

三、资产负债综合管理理论

资产负债综合管理理论兴起于 20 世纪 70 年代中后期,在整个 80 年代得到了全面的发展。20 世纪 70 年代,布雷顿森林体系瓦解,西方金融市场利率开始出现大幅上升,从而使负债管理在负债成本提高和经营风险增加等方面的缺陷日益突出。同时,政府要求商业银行控制信贷规模以稳定货币,并通过调整信贷结构提高资金的使用效益,从而刺激经济增长,客观上要求商业银行对资产和负债进行全面管理。

资产负债综合管理理论认为:商业银行要实现"三性"的均衡,不能只依靠对资产或负债单方面的管理,必须根据经济环境和商业银行经营情况的变化,应用各种手段对资产和负债进行综合计划、控制和管理,保持总量与结构的平衡,对资产结构和负债结构管理的基础应该是资金流动性管理。管理的目标是要在股东利益、金融管制等条件约束下,在市场利率频繁波动的情况下,使银行利差最大化、波动幅度最小化,即保持利差高水平的稳定,从而在保证流动性和安全性的前提下,实现最大限度的盈利。因此资产负债综合管理理论的初衷是为了解决利率风险给金融机构带来的资产和负债的不匹配问题。资产负债综合管理理论并不是对资产管理理论、负债管理理论的否定,而是吸收了这两种理论的合理部分,并对其进行了发展和深化。

20 世纪 80 年代末,在各国放松金融管制和金融自由化的背景下,银行业的竞争更加激烈,来自传统存贷业务的利差收入越来越少,银行必须开发新的利润增长点。同时,随着技术的进步和金融创新的发展,新的融资工具和业务方式层出不穷,为银行业务范围的拓展提供了新的可能性,于是资产负债外管理理论悄然而起。资产负债外管理理论认为,银行应从正统的负债业务和资产业务以外去开辟新的业务领域和盈利来源,即在存贷业务之外可以大力开拓期货、期权等衍生金融工具的交易,并提倡将原本资产负债表内的业务转化为表外业务,如将贷款转让给第三者,将存款转售给急需资金的单位等。资产负债外管理理论不是对资产负债综合管理理论的否定,而是对它的补充。

第二节 资金缺口管理

商业银行面临的最大挑战就是利率风险,利率的变化既影响银行的资产负债,也影响银行的收入和支出。对于任何一家商业银行而言,都难以决定利率的水平和走势,只能对利率的走势作出预测,并采取相应的措施,调整银行资产负债的结构,减少利率波动风险,保证银行盈利。

资金缺口管理是围绕回避利率波动风险而进行的,因而其核心是利率管理,主要内容是对资金缺口、敏感比率和净利差的管理。

一、资金缺口与利率敏感比率

(一)资金缺口

资金缺口(GAP)是一个银行的利率敏感性资产(IRSA)与利率敏感性负债(IRSL)之差,即

$$GAP = IRSA - IRSL$$

利率敏感性资产(Interest Rate Sensitive Assets,IRSA)和利率敏感性负债(Interest Rate Sensitive Liabilities,IRSL),是指市场利率的变动会使其利率也随之变动的资产或负债,如同业拆借、短期贷款、短期投资、浮动利率的定期贷款等资产与活期存款、短期存款、短期借款等负债。为简便起见我们先可以把利率敏感性资产理解为浮动利率资产,利率敏感性负债理解为浮动利率负债,与此相对应非利率敏感性资产就是固定利率资产,非利率敏感性负债就是固定利率负债。

银行资金缺口的形式有三种:正缺口、负缺口和零缺口。

正缺口,利率敏感性资产大于利率敏感性负债,即 $IRSA - IRSL > 0$;负缺口,利率敏感性负债多于利率敏性型资产,$IRSA - IRSL < 0$;零缺口,利率敏感性资产等于利率敏感性负债,即 $IRSA - IRSL = 0$。我们可以用图 14-1 形象地表示资金缺口的三种形式。

(二)利率敏感比率

利率敏感比率(Interest Rate Sensitive Ratio,IRSR)为银行利率敏感性资产与利率敏感性负债之比,即

利率敏感比率(IRSR) = 利率敏感性资产(IRSA) ÷ 利率敏感性负债(IRSL)

利率敏感比率和资金缺口之间的关系如下:当利率敏感比率大于 1 时(IRSA/IRSL > 1),资金缺口为正值;当利率敏感比率小于 1 时(IRSA/IRSL < 1),资金缺口为负值;而当利率敏感率等于 1 时(IRSA/IRSL = 1),资金缺口为零。

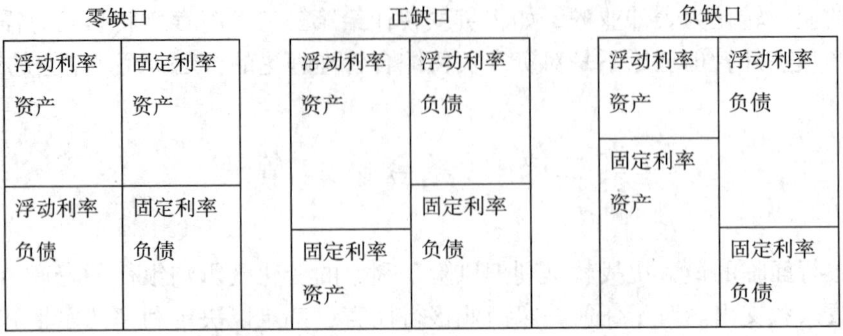

图14-1 正缺口、负缺口和零缺口简图

例如，一家银行的利率敏感性资产为1 000万元，而利率敏感性负债为500万元，那么，该银行资金缺口为500万元，利率敏感比率为2。

利率敏感比率和资金缺口之间的区别在于：资金缺口表示了利率敏感性资产和利率敏感性负债之间绝对量的差额，而利率敏感比率则反映了它们之间相对量的大小。例如，当利率敏感比率接近于1时，银行经营管理人员仅知道利率敏感性资产与利率敏感性负债相当接近，但它们之间的差额是多少并不知道，而资金缺口则准确反映了银行资金利率敞口部分的大小。

二、资金缺口、利率敏感比率与银行净利差

一家银行净利息收入的变动等于利率变动与资金缺口的乘积，即净利息收入变动 = 利率变动 × 资金缺口。

在假定借、贷利率变动一致的前提下，无论利率上升或下降，利率敏感性资产和利率敏感性负债的定价是按同方向和在等量金额基础上进行的。根据上面的计算公式，当资金缺口为正缺口时，由于利率敏感性资产 > 利率敏感性负债，市场利率上升时，银行收益会增加，反之减少；当资金缺口为负缺口时，由于利率敏感性资产 < 利率敏感性负债，市场利率上升时，银行收益会减少，反之增加；当资金缺口为零缺口时，由于利率敏感性资产 = 利率敏感性负债，市场利率变化，银行收益不受影响。

例如，假设东北银行在未来半年内的IRSA是1 500万美元，而IRSL是1 000万美元，则其资金缺口为500万美元。如果在未来的半年内市场利率上升，则银行利息总收入将大于利息总支出，银行净利息收入就会随之增加，反之，如果市场利率下降，则该银行的净利息收入也会随之下降。如果市场利率上涨1%，则东北银行的净利息收入将增加5万美元（1% × 500）。如果市场利率下降1%，则东北银行的净利息收入将减少5万美元（-1% × 500）。如果东北银行的IRSA是1 000万美元，IRSL是1 500万美元，资金缺口为负500万美元，利率上升1%，则该银行的净利息收入将下降5万美元，即 1% × (-500) = -5万美元。

需要指出的是，资金缺口是一个与时间长短相关的概念。缺口数值的大小与正负都

依赖于计划期的长短,这是因为资产或负债的利率调整期限决定了利率调整是否与计划期内利率相关。以浮动利率贷款为例,若拟定的调整期为每年调整一次,那么当计算未来 3 个月或 6 个月的资金缺口时,这笔贷款就会被认为是利率不敏感性资产;但是,当计算未来一年的资金缺口时,这笔贷款就是一笔利率敏感性资产。同样地,固定利率的定期存款在到期前是利率不敏感性负债,而到期后如果继续存在银行里,由于续存时的利率由当时的市场利率决定,则这笔存款便属于利率敏感性负债。

一般而言,银行的资金缺口绝对值越大(或利率敏感比率绝对值越大),银行所承受的利率风险也就越大(无论是正缺口还是负缺口)。如果银行能够准确预测利率走势的话,银行可利用较大资金缺口赚取较大的利息收入;但如果银行经营管理人员预测失误,较大的资金缺口也会导致巨额的利息损失。银行资金缺口、利率敏感比率与银行净利息收入变动关系如表 14-1 所示。

表 14-1　　　　　资金缺口、利率敏感比率与银行净利息收入变动

GAP	IRSR	利率变动	利息收入变动	变动幅度	利息支出变动	净利息收入变动
正值	>1	上升	增加	>	增加	增加
正值	>1	下降	减少	>	减少	减少
负值	<1	上升	增加	<	增加	减少
负值	<1	下降	减少	<	减少	增加
零值	=1	上升	增加	=	增加	不变
零值	=1	下降	减少	=	减少	不变

三、资金缺口管理

从理论上来说,银行经营管理人员可以运用缺口管理来实现计划的净利息收入,即根据预测的利率变动,通过调控资产和负债的结构、数量和期限,保持一定的资金正缺口或负缺口。

假设银行有能力预测市场利率变动的趋势,而且预测是较准确的,那么在不同的阶段运用不同的缺口策略,就可以使银行获取更高的收益率。当预测市场利率上升时,银行应当主动营造资金配置的正缺口,使利率敏感性资产大于利率敏感性负债,即使利率敏感比率大于 1,从而使更多的资产可以按照不断上升的市场利率重新定价,扩大净利息差额率;当预测利率开始下降时,银行应主动营造资金配置的负缺口,使利率敏感性负债大于利率敏感性资产,即敏感比率小于 1,使更多的负债可以按照不断下降的市场利率重新定价,减少成本,扩大净利息差额率;如果银行难以准确地预测利率走势,采取零缺口资金配置策略显得更为安全。

正因为如此,一些资金实力不够雄厚、缺乏足够外部信息资料和专业分析人员的中小银行,由于难以准确预测利率变动的方向,他们往往采取零缺口策略,也称作防御性策略。在零缺口策略下,无论利率如何变动均不会对银行净利差收入产生影响,银行固然借此有效地避免了由于利率变动给银行带来的利率风险,但同时银行也失去了获取利

率变动可能给银行带来收益的机会。与中小银行不同，一些资金实力雄厚的大银行，凭借着自己在技术、信息、人员上的优势，往往采取积极进取的主动性策略，也就是指商业银行预期市场利率的变化趋势，在利率波动的不同阶段，银行经营管理人员主动调整资金缺口的大小与方向，利用利率变动获取收益。例如，预期利率上升，商业银行通过增加敏感性资产或减少敏感性负债，将资金缺口调整为正值。

但是，缺口管理在实际操作中却有许多问题需要进一步研究解决。

1. 选择计划期。选择什么样的计划期，3个月、6个月、还是1年？而且，在许多情况下银行资金缺口的正负值会随着计划期的长短而变化。如果一家银行的大量贷款在3个月内要重新定价（利率调整），而更大数额的定期存款在6个月内到期并重新定价，那么这家银行的资金缺口在3个月内可能为正值而6个月内就可能为负值。也就是说，未来3个月内利率上升对该银行有利，但考虑6个月的计划期，利率下降反而能增加该银行的净利息收入。所以计划期长短、计划期内的资金缺口及利率走势对净利息收入有很大的影响。如果银行的既定目标是下一年度的净利息收入额，那么在年初采用1年的计划期是可行的。这样，即使短期预测有误，也仅仅是影响1个月或1个季度的利差收入，而如果对今后1年内的利率走势预测正确的话，配以适当的资金缺口，银行还是有可能达到既定的利差收入目标。

2. 预测利率走势。确定了计划期后，银行决策者的下一个问题就是预测利率在计划期内的走势。预测利率的变动是个理论上没有完全解决、实践中又常常出现偏差的难题。在一个竞争性的金融市场中，一家商业银行对利率的影响微不足道（就像在一个完全竞争的商品市场中，一个生产厂家无法控制生产要素的价格和产成品的价格一样）。利率的变动受到许多银行本身无法控制的外部因素的影响，如中央银行的货币政策、经济发展的周期性波动、失业率和通货膨胀率等。要预测这些因素的变动本来就非常困难，更复杂的问题是这些因素间相互作用并对利率的变化进一步产生影响。由于利率走势预测的准确率不高，而且计划期越长，准确率越低，许多银行更着重于考虑怎样控制利率风险。其中一个办法就是设法保持利率敏感系数为1或非常接近1，即保持利率敏感性资产等于或接近于利率敏感性负债。这样，利率的变动对净利息收入的影响就被控制在窄小的范围之内。当然，由于利率变动的幅度不一致，即使银行的利率敏感系数为1，银行还是可能要承受较大的利率风险。

因此，虽然商业银行可以利用缺口分析方法来增加商业银行的收入，但是应注意两点：一是我们在分析时，假设利率上升或下降的幅度是一致或基本一致的，如果利率上升或下降的幅度不一致，就要详细分析存款利率和贷款利率各自变动的幅度。通常情况下，存贷款利率的变动是同方向的，也就是说趋势是一致的，但变动的幅度不一定一致。二是商业银行对市场利率变动趋势的预测十分重要。当预测利率上升时，可以增加利率敏感性资产，减少利率敏感性负债。如果商业银行在预测利率变动趋势时，预测结果与利率的实际走势相反，不仅不能使商业银行获得更可观的收益，相反还会给商业银行造成损失。

3. 调整资金缺口。即使商业银行能够正确地预测利率的变动，该银行怎样根据"正确"的预测来调整资金缺口是缺口管理的第三个环节。实际上，银行并不能完全控制和调整它的资产和负债结构。虽然在一定程度上，银行可以通过不同的利率政策来调整存款和贷款的期限，但是存款者并不根据银行的意愿来选择存款期，而借款者又往往根据自己的需要来申请贷款期限的长短。确切地说，银行正确地控制和调整资产和负债结构的能力是建立在银行客户（借款者和存款者）错误地估计利率变动的基础上的。当然，由于银行具有信息和技术方面的优势，其专业人员的预测一般比单个的客户准确。但是，由于客户按自己的意愿选择存款额（或贷款数量）和期限，其中肯定有某些客户（即使是偶然地）作出和银行意愿相左的决定，所以银行要想根据自己的预测来调整资产和负债结构并不是一件容易的事。

最后，必须指出，利率敏感性资产和利率敏感性负债的缺口分析是一种静态的分析方法，该模型比较简单明了，但只考虑了资金流量，没有考虑资金的时间价值，也没有考虑外部利率条件和内部资产负债结构连续变动的情况，因此，这种静态分析具有很大的局限性，在实际操作中却有许多问题需要进一步研究解决。

第三节 持续期缺口管理

当市场利率变动时，不仅仅是各项利率敏感性资产与负债的收益与支出会发生变化，利率不敏感性资产与负债的市场价值也会不断变化，银行所要考虑的是整个银行的资产和负债所面临的风险。持续期缺口管理可以用来分析银行的总体利率风险。

一、持续期概念的引入

持续期也称久期，由美国经济学家麦考利（Macaulay）于1938年提出，最初持续期被用来应用于债券分析领域。

以债券为例，利率风险表现在两个方面：价格风险和再投资风险。价格风险是由于市场利率上升引起债券价格下跌给债券投资者带来的资产损失；再投资风险是由于市场利率下降引起利息的再投资收入减少给债券投资者带来的收入损失。当市场利率上升时，债券投资者面临着资产损失和再投资收入增加；而当市场利率下降时，债券投资者面临着资产增加和再投资收入损失。因此，债券的价格风险和再投资风险有相互抵消的特性。

考虑一个每年付息一次的中长期附息债券，如果持有期小于一年，投资者面临的风险只有价格风险，没有再投资风险。随着持有期的增加，价格风险减少而再投资风险增加。如果持有到期，则投资者面临的风险只有再投资风险，没有价格风险。如图14-2所示，价格风险是持有期的减函数，再投资风险是持有期的增函数。由于价格风险和再投资风险具有相互抵消的特性，于是存在一个适当的持有期，使得在该持有期下投资者的利率风险为零，我们将它称为持续期（Duration）。

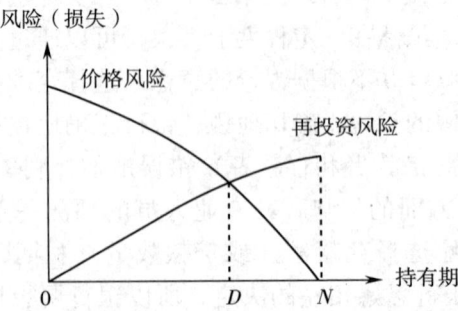

注：在利率变化时，价格风险和再投资风险的符号是相反的。为了简便，图中我们忽略了价格风险和再投资风险的符号，只表示它们的绝对值，以便说明在某一持有期时两者正好相等的情形。

图14-2 价格风险和再投资风险随持有期变化

二、狭义的持续期

麦考利（Macaulay）于1938年提出的持续期被用来研究债券的期限结构，所以，我们现在有时也称债券的持续期为狭义的持续期。债券的持续期是指债券的所有预期现金流量的加权平均时间，也可以理解为债券各期现金流量抵补最初投入的平均时间。

用公式表示为

$$D = \frac{\sum_{t=1}^{n} t \cdot PV_t}{\sum_{t=1}^{n} PV_t} = \frac{\sum_{t=1}^{n} \frac{tP_t}{(1+i)^t}}{\sum_{t=1}^{n} \frac{P_t}{(1+i)^t}} = \frac{\sum_{t=1}^{n} \frac{tP_t}{(1+i)^t}}{P}$$

其中，D 为持续期，t 为现金流发生的时间，PV 为现值，PV_t 为第 t 期的现金流的现值，$\sum_{t=1}^{n} PV_t$ 表示所有现金流的现值之和（也就是该债券当前的理论价格水平 P，根据债券的定价原理），n 为现金流发生的次数，P_t 表示第 t 期的现金流，i 为债券到期收益率。

我们可以将上面的公式看作现金流加权的现值总额与非加权现值总额之比。

◐【例1】面额为100美元的5年期债券，每年付息一次，年利率为8%，那么该债券的持续期为多少年？如表14-2所示。

表14-2

现金流发生时间（年）	现金流	现值	权数	加权现值
1	8	7.4	1	7.4
2	8	6.86	2	13.72
3	8	6.35	3	19.05
4	8	5.89	4	23.56
5	108	73.50	5	367.50
合计		100	—	431.23

$D = 431.23/100 \approx 4.31$（年）

经过计算得知，该债券的持续期为 4.31 年，这说明在 4.31 年这个时点上，该债券的价格风险和再投资风险是相等的，两者可以相互抵消。

★【例 2】假设面额为 100 美元的 5 年期债券，每年付息一次，年利率为 10%，那么该债券的持续期是多少年？

表 14 – 3　　　　　　　　　　　复利现值系数表

期数	1	2	3	4	5
10%	0.9091	0.8264	0.7513	0.6830	0.6209

$$D = \frac{\sum_{t=1}^{n} t \cdot PV_t}{\sum_{t=1}^{n} PV_t} = \frac{\sum_{t=1}^{n} \frac{tP_t}{(1+i)^t}}{\sum_{t=1}^{n} \frac{P_t}{(1+i)^t}} = \frac{\sum_{t=1}^{5} t \cdot PV_t}{\sum_{t=1}^{5} PV_t} = \frac{\sum_{t=1}^{5} \frac{tP_t}{(1+10\%)^t}}{\sum_{t=1}^{5} \frac{P_t}{(1+10\%)^t}}$$

其中，$\sum_{t=1}^{5} \frac{tP_t}{(1+10\%)^t} = \sum_{t=1}^{5} \frac{t \times 10}{(1+10\%)^t} + \frac{5 \times 100}{(1+10\%)^5} \approx 416.983$

$\sum_{t=1}^{5} \frac{P_t}{(1+10\%)^t} = \sum_{t=1}^{5} \frac{10}{(1+10\%)^t} + \frac{100}{(1+10\%)^5} = 100$

所以 $D \approx 416.983/100 \approx 4.17$（年）

在此例中，债券的到期期限为 5 年，而实际上持续期为 4.17 年。

以上给出的是分期付息的金融工具——息票债券的持续期，通过这两个例题，我们发现，对于那些分期付息的金融工具，其持续期总是短于偿还期限。这是由于同等数量的现金流量，早兑付的比晚兑付的现值高，所以持续期反映了现金流量的时间价值，持续期实际上度量了收回一项投资所需要的平均时间。

那么对于一次还本付息的金融工具，其持续期又如何计算呢？

★【例 3】某零息债券面值 100 万美元，期限 2 年，销售价格为 82.64 万美元，市场利率为 10%，则该债券的持续期是多少年？

$$D = \frac{\sum_{t=1}^{n} t \cdot PV_t}{\sum_{t=1}^{n} PV_t} = \frac{2 \times \frac{100}{(1+10\%)^2}}{\frac{100}{(1+10\%)^2}} = 2 \text{ 年}$$

因为零息债券到期按面值一次支付，只发生一次现金流，其持续期与偿还期相等，其他的任何类似零息债券的，在持有期间不支付利息的金融工具，其持续期也是一定等于到期期限或偿还期限的。对于那些分期付息的金融工具，其持续期与偿还期呈正相关关系，即偿还期越长，持续期越长；持续期与现金流量呈负相关关系，偿还期内金融工具的现金流量越大，持续期越短。

根据上面的论述，我们还可以推算出利率变化与债券价值变动的相互关系。这个变动关系同样适用于银行资产、负债的价值变动与市场利率变动之间的关系。

我们设 PV_A 为资产现值，ΔPV_A 为资产现值变动额，Δi 为利率变动；PV_L 为负债现值，

ΔPV_L 为负债现值变动额,则当市场利率变动时,资产和负债价值的变化可由下式表示:

$$\Delta PV_A = -D_A \times \Delta i/(1+i) \times PV_A$$
$$\Delta PV_L = -D_L \times \Delta i/(1+i) \times PV_L$$

注:因为 $PV = \sum_{t=1}^{n} \frac{P_t}{(1+i)}$ 对 i 求导,就可得到现值对利率变动的敏感程度,再套入久期的公式即可得到上述结论。

如【例1】中,如果利率上升100个基点,即上升1个百分点,则该债券的价格变动为: $-4.31 \times 0.01/(1+0.08) \times 100 \approx -3.99$ 美元。

【例2】中,当市场利率下降100个基点,即下降1个百分点时,则该债券的价格变动为: $-4.17 \times -0.01/(1+0.1) \times 100 = 3.79$ 美元。

这说明,当市场利率变动时,债券价值的变动方向和市场利率变动的方向相反,而且债券的持续期越长,债券价值变动的幅度越大,也就是利率风险越大。

三、广义的持续期

20世纪80年代以来,持续期被金融机构用于资产负债管理之中,广泛用于分析商业银行贷款等其他资产与负债的利率风险,并进而用于分析银行股东权益的变化,这样的持续期被称为广义的持续期。

(一)贷款的持续期

贷款是商业银行最重要的资产业务,按偿还方式划分,贷款有分期偿还贷款与一次还本付息贷款之分,其现金流分别与上面所述的附息债券和零息债券的现金流类似,只不过对分期偿还的贷款来说,其每次还本付息的额度并非固定不变的,有时候可能是不规则的,这取决于银行与客户之间事先的约定。

$$贷款的持续期 = \frac{PV_1 \times t_1 + PV_2 \times t_2 + \cdots + PV_n \times t_n}{PV_1 + PV_2 + \cdots + PV_n}$$

其中, PV_n 为各期现金流的现值, t_n 为第 n 年,即加权值。

★【例4】东北银行向一客户发放了一笔5年期贷款,金额为80万元,利率为10%,分期偿还,贷款本息之和为112万元。东北银行与该客户约定,第一、二、三、四、五年分别偿还10万元、15万元、20万元、30万元和37万元。则该笔贷款的现金流等状况如表14-4所示。

表14-4

年数	现金流	现值	加权现值
1	10	9.091	9.091
2	15	12.396	24.792
3	20	15.026	45.078
4	30	20.49	81.96
5	37	22.973	114.865
合计	112	80	275.786

该笔分期偿还、每期偿还额不规则的 5 年期贷款持续期为 $D = 275.786/80 \approx 3.447$（年）。

(二) 负债的持续期

商业银行负债主要是存款和借款。以存款为例，按照提取方式不同，存款可分为一次提取和多次提取两种。一次提取的多为定期存款，定期存款往往到期提取，只发生一次现金流，持续期即为到期期限。而活期存款和活期储蓄则可多次提取，因而只能在预知其现金流的时间和数额的情况下，才能计算出它的持续期。

计算存款与借款的持续期的意义在于，在市场利率变化的条件下，银行能预测出存款或借款的利息成本，从而有助于银行制定成本控制计划。

负债持续期计算方法与前面所述的贷款持续期计算方法大致相同，不再赘述。

四、持续期缺口管理

(一) 持续期缺口的含义

持续期缺口是指银行资产持续期与负债持续期和负债资产系数乘积的差额。用公式表示为持续期缺口 = 资产持续期 − (总负债/总资产×负债持续期)。即

$$D_{GAP} = D_A - \mu D_L$$

其中，D_{GAP} 为持续期缺口；D_A 为资产持续期；D_L 为负债持续期；μ 为负债资产系数，即 μ = 银行总负债/银行总资产 = V_L/V_A（由于负债不能大于资产，故 $\mu \leq 1$）。

负债的持续期被赋予了负债的市场价值与资产的市场价值之比这个权数。之所以要进行这个调整，是因为在一般情况下，银行资产和银行负债两者的规模是不同的，并且银行资产的规模一般都会大于银行负债的规模（否则银行将资不抵债）。如果银行想要使其避免利率风险的影响，就需要对银行资产的持续期与负债的持续期进行相应的调整，以使两者基本相等。

持续期缺口也存在三种情况，即正缺口、负缺口和零缺口。

(二) 持续期缺口与银行股权市场价值变动的关系

在市场利率变动的情况下，银行股权市场价值也随之变动，且变动的方向与大小同银行的持续期缺口方向与大小有直接关系。

当持续期缺口为零时，银行总资产价值和总负债价值都以同样幅度随着利率变化而变化，因此对银行股权市场价值没有影响。

当持续期缺口为正值时，有两种情况：一是当利率下降时，总资产和总负债的价值都会上升，但总资产价值升幅大于总负债价值的升幅，导致银行股权市场价值增加；二是当利率上升时，总资产和总负债的价值都会下降，但总资产价值降幅大于总负债价值降幅，导致银行股权市场价值下降。

当持续期缺口为负值时，同样也存在两种情况：一是当利率下降时，总资产价值升幅小于总负债价值的升幅，导致银行股权市场价值下降；二是当利率上升时，总资产和总负债的价值都会下降，但总资产价值降幅小于总负债价值降幅，导致银行股权市场价值增加。

银行股权市场价值变动、持续期缺口与利率变动三者之间的关系如表 14-5 所示。

表 14-5　　　银行股权市场价值变动、持续期缺口与市场利率变动的关系

D_{GAP}	利率变动	资产价值变动	变动幅度	负债价值变动	股权市场价值变动
正值	上升	减少	>	减少	减少
正值	下降	增加	>	增加	增加
负值	上升	减少	<	减少	增加
负值	下降	增加	<	增加	减少
零值	上升	减少	=	减少	不变
零值	下降	增加	=	增加	不变

（三）持续期缺口管理的应用

假设东北银行初始阶段拥有三种资产：现金 100 亿元、3 年期的商业贷款 700 亿元和 9 年期的政府债券 200 亿元，其中，3 年期的商业贷款利率为 14%，9 年期的政府债券利率为 12%（贷款每年年末支付利息，到期还本；政府债券为附息债券，每年付息一次，到期还本，经计算 3 年期贷款的持续期为 2.65 年，9 年期债券的持续期为 5.97 年）。该银行拥有两种负债：1 年期定期存款 520 亿元（百万元）和 4 年期 CD 单 400 亿元，其中，定期存款利率为 9%，CD 单利率为 10%（经计算定期存款持续期为 1 年，CD 单持续期为 3.49 年）。该银行的股本为 80 亿元，占资产总额的 8%。具体情况如表 14-6 所示。

表 14-6　　　　　　　　　东北银行的资产负债表

资产	市场价值（亿元）	利率（%）	持续期（年）	负债和股权	市场价值（亿元）	利率（%）	持续期（年）
现金	100	—	—	1 年期定期存款	520	9	1
				4 年期 CD	400	10	3.49
3 年期商业贷款	700	14	2.65	负债总额	920	—	2.08
9 年期政府债券	200	12	5.97	股权	80		
总计	1 000	—	3.05	总计	1 000		

3 年期商业贷款的持续期 = $(1 \times 98/1.14 + 2 \times 98/1.14^2 + 3 \times 798/1.14^3)/700 \approx 2.65$（年）；

9 年期政府债券的持续期 = $(1 \times 24/1.12 + 2 \times 24/1.12^2 + \cdots + 8 \times 24/1.12^8 + 9 \times 224/1.12^9)/200 \approx 5.97$（年）；

定期存款到期一次支付，其持续期就是到期期限，即为 1 年；

CD 持续期 = $(1 \times 40/1.1 + 2 \times 40/1.1^2 + 3 \times 40/1.1^3 + 4 \times 440/1.1^4)/400 \approx 3.49$（年）；

资产综合持续期 $D_A = 700/1\,000 \times 2.65 + 200/1\,000 \times 5.97 \approx 3.05$（年）；

负债综合持续期 $D_L = 520/920 \times 1 + 400/920 \times 3.49 \approx 2.08$（年）；

预期净利息收入 $=700\times14\%+200\times12\%-520\times9\%-400\times10\%=35.2$（亿元）；

$\mu=920/1\,000=0.92$；

$D_{GAP}=D_A-\mu D_L=3.05-0.92\times2.08\approx1.14$（年）。

由于东北银行出现持续期缺口，而且是正缺口，该银行将面临利率风险。此时，如果市场利率上升1%，该银行的资产、负债的市场价值都将发生变动，整个银行的股权价值将发生缩水。其中，资产市场价值将缩水27亿元，负债市场价值将缩水17.5亿元，总的股权价值缩水9.5亿元。具体变化情况见表14-7。

表14-7　　　　　　　当利率上升1%时该银行资产负债表

资产	市场价值（亿元）	利率（%）	持续期（年）	负债和股权	市场价值（亿元）	利率（%）	持续期（年）
现金	100	—	—	1年期定期存款	515.2	10	1
				4年期CD	387.3	11	3.48
3年期商业贷款	683.7	15	2.64	负债总额	902.5	—	2.064
9年期政府债券	189.3	13	5.897	股权	70.5	—	—
总计	973	—	3.001	总计	973	—	—

其中：

商业贷款市场价值变动 $=-2.65\times0.01/1.14\times700\approx-16.3$（亿元）

政府债券市场价值变动 $=-5.97\times0.01/1.12\times200\approx-10.7$（亿元）

定期存款市场价值变动 $=-1\times0.01/1.09\times520\approx-4.8$（亿元）

CD市场价值变动 $=-3.49\times0.01/1.1\times400\approx-12.7$（亿元）

资产市场价值变动总额 $=-16.3-10.7=-27$（亿元）

负债市场价值变动总额 $=-4.8-12.7=-17.5$（亿元）

银行股权市场价值变动额 = 资产市场价值变动总额 - 负债市场价值变动总额 $=-27-(-17.5)=-9.5$（亿元）

资产综合持续期 $D_A=683.7/973\times2.64+189.3/973\times5.89\approx3.001$（年）

负债综合持续期 $D_L=515.2/902.5\times1+387.3/902.5\times3.48\approx2.064$（年）

预期净利息收入 $=683.7\times15\%+189.3\times13\%-515.2\times10\%-387.3\times11\%=33.041$（亿元）

可见，在市场利率上升1%后，该银行的净利息收入比原来减少2.159（亿元），银行股权市场价值下降了9.5（亿元）。

同理，当利率下降时，该银行的股权市场价值将会上升，其净利息收入也会增加。如果该银行要使其股权市场价值不受利率变动的影响，就必须调整持续期缺口，或者把资产综合持续期缩短1.14年，或者把负债综合持续期延长1.14年。

一些大的银行或者比较富有冒险精神的银行资产负债管理部门（西方习惯上称为资产负债管理委员会，简称ALCO）并不单单是利用持续期缺口模型进行风险规避（$D_{GAP}=0$），它们可能会利用持续期缺口模型，使股东权益最大化，如表14-8所示。

表 14-8　　　　　　　　　　ALCO 的管理实施行为

预期利率变动	ALCO 管理行为	可能结果
利率上升	减少 D_A，增大 D_L（营造负的持续期缺口）	银行净值增加（预期正确） 银行净值减少（预期错误）
利率下降	增大 D_A，减少 D_L（营造正的持续期缺口）	银行净值增加（预期正确） 银行净值减少（预期错误）

持续期缺口管理资产负债也存在一定的缺陷：一是商业银行某些资产和负债项目的持续期计算较为困难。客户如果提前归还贷款，会扭曲预期现金流量，而活期存款和储蓄存款的现金流量则更难准确地确定。二是很难控制商业银行的持续期缺口为零。计算银行资产和负债类组合的持续期是一项繁重的工作。除了零息债券、一次性付息贷款等金融工具的持续期等于它们的到期日，其他分期付息的证券、贷款的持续期都小于它们的到期日，因此计算量非常之大。而对这些资产和负债的调整也是有所限制的。三是持续期缺口模型假设利率是稳定的，但在现实中利率的波动性却是非常频繁的。

【本章小结】

资产负债管理是商业银行一种全方位的管理，即银行为了达到已确定的经营目标，对银行的各种业务进行协调管理。

从全球商业银行发展的轨迹来看，商业银行资产负债管理理论大致经历了资产管理理论、负债管理理论和资产负债综合管理理论三个发展阶段。

从技术方法上来看，商业银行资产负债管理可采取资金缺口管理、持续期缺口管理等方法。

资金缺口管理是围绕回避利率波动风险而进行的，其核心是利率管理，主要内容是对资金缺口、敏感比率和净利差的管理。

资金缺口是一个银行的利率敏感性资产与利率敏感性负债之差，有正缺口、负缺口和零缺口三种存在形式；利率敏感比率为银行利率敏感性资产与利率敏感性负债之比，存在正、负、零三种状况。不同资金缺口或不同利率敏感比率情况下，银行净利息收入会随着市场利率的变动，出现不同的结果。

持续期又称久期，狭义的持续期是指债券的持续期，广义的持续期用于分析商业银行贷款、投资、存款等资产与负债的利率风险，并进而用于分析银行股东权益的变化。

持续期缺口是指银行资产持续期与负债持续期和负债资产系数乘积的差额。持续期缺口也存在三种情况，即正缺口、负缺口和零缺口。在市场利率变动的情况下，银行股权市场价值也随之变动，且变动的方向与大小同银行的持续期缺口方向与大小有直接关系。

第十四章 商业银行资产负债管理理论与方法

【重点概念】

利率敏感性资产　利率敏感性负债　资金缺口　利率敏感比率　持续期
持续期缺口

【思考与练习题】

1. 简述资产负债管理理论的三个发展阶段及其基本内容。
2. 简述利率敏感比率与资金缺口的联系。
3. 简述持续期与偿还期的关系。
4. 简述资金缺口管理策略。
5. 简述资金缺口、利率敏感比率与银行净利息收入变动的关系。
6. 简述持续期缺口与银行股权市场价值变动的关系。
7. 东北银行在未来1个月有利率敏感性资产87亿元,利率敏感性负债62.5亿元。该银行是何种资金缺口?如果利率上升银行的净利差会发生什么变化?利率下降时又会怎样呢?
8. 面额为100元的5年期债券,每年支付一次利息,到期还本,年息票率为10%,经计算该债券的持续期约为4.17年,此时,如果市场利率下降了1%,则该债券的价格变动多少元?
9. 如果一家银行资产为1 000亿元,负债为900亿元,所有者权益为100亿元,且该银行资产的持续期为3.05年,负债的持续期为2.08年,那么该银行的持续期缺口为多少年?如果利率上升一个百分点,则该银行的市场价值将如何变动?